결송유취보 역주
決訟類聚補

AKS 역주총서 041

결송유취보 역주
決訟類聚補

이지석 편저

한상권·김경숙·전경목·김현영·김영철 역주
박경·양진석·이혜정·한효정·허문행

한국학중앙연구원출판부

책머리에

『결송유취보(決訟類聚補)』는 18세기 초 의령현감 이지석(李志奭, 1652~1707)이 『결송유취(決訟類聚)』를 증보하여 개간(開刊)한 사찬 소송법서이다. 『결송유취보』에는 『결송유취』, 『대명률(大明律)』, 『수교집록(受敎輯錄)』 등의 법률서가 인용되었다. 특히 『대명률』의 형사소송 관련 내용을 대폭 첨보(添補)하였는데, 그 결과 『결송유취보』는 민·형사 소송지침서의 모습을 갖출 수 있었다. 『결송유취보』는 조선 후기에 소송에 대한 절차법이 강화되고 있는 흐름을 반영하였다. 그리고 『결송유취보』에 수록된 절차법 관련 조항은 18세기 중엽에 편찬된 『속대전(續大典)』에 실린다. 이로 볼 때 『결송유취보』는 『경국대전』 이래로 확립된 소송법규를 종합·정리하여 『속대전』에 전달하는 징검다리 역할을 했다고 할 수 있다.

당초 『결송유취보』 역주 작업은 두 군데서 진행했다. 하나는 한국학중앙연구원 한국학대학원 교수 전경목이 연구책임자가 되어 2017년 한국학중앙연구원의 고전자료 현대화 연구의 일환으로 스토리텔링과 함께 진행한 역주이다. 역주 연구자는 김동석·김덕수이며, 스토리텔링 연구자는 전경목·이월영·최연숙·박철상이다. 다른 하나는 서울대학교 교수 김경숙이 책임자가 되어 2018년 서울대학교 규장각한국학연구원에 제출한 중소규모집담회 연구결과물이다. 연구과제명은 2017년 서울대학교 규장각한국학연구원 한국학연구 클러스터 구축사업이며, 참여한 연구자는 김경숙·김영철·김현영·권이선·박경·손경찬·심희기·이혜정·한상권·한효정·허문행 등 11명이다.

 그러나 양쪽의 연구결과물 모두 곧바로 출간하지 못해 아쉬움이 있던 차, 두 책임자와 연구자들이 모여 기존 연구성과를 바탕으로 역주 작업을 속개하여 조속한 시일 내에 출판하는 데 의견의 일치를 보았다. 2019년 5월 11일 덕성여자대학교 종로캠퍼스에서 1차 모임을 가졌으며 이어 2차 모임에서 『결송유취보』 번역본 출판을 위한 작업 방향을 다음과 같이 정했다. 첫째, 기존 번역본을 참조하되 모임에서 합의된 형식에 의거하여 새롭게 번역한다. 둘째, 번역 및 교감 작업에 그치지 않고 실제 법 적용의 구체적 사례집을 출간한다. 이러한 원칙하에 역주 작업을 재개하였다. 격주로 모여 공동작업한 지 2년이 지난 2021년 4월에야 비로소 초벌 번역본을 마련할 수 있었다. 그러나 여전히 미흡한 점이 많아, 다시 2년에 걸친 수정과 첨삭을 거듭한 끝에 이제야 세상에 선을 보인다.

 이 책이 앞으로 더 완성도 높은 역주본을 위한 초석이 되기를 기대한다. 아울러 여러모로 미흡하지만 우리 역주본이 이 방면의 연구자에게 조금이나마 도움이 된다면 더 이상 바랄 나위가 없다.

2023년 10월
역주자 일동

차례

책머리에 ·· 4
해제 ·· 10
일러두기 ·· 44

결송유취보 역주

범례 凡例 ·· 49
목록 目錄 ·· 52
    명나라 연보　大明年紀 ··· 53
    청나라 연보【補】淸朝年紀 ··· 54
    조선 연보　本朝年紀 ··· 55
    조선 국기일【補】本朝國忌 ··· 56
    대전이 만들어진 시기　大典成就年月 ····························· 58
    오형도【補】五刑之圖 ··· 59
    태형과 장형에 대한 속전 징수도　笞杖收贖圖 ············· 60
    도형, 유형, 사형에 대한 속전 징수도【補】徒流死收贖圖 ·········· 61
    사손도　使孫圖 ··· 62
    소송 심리 절차　聽訟式 ··· 64

1. 상피　一 相避 ·· 68
2. 말로 다투다가 때림【補】二 鬪毆 ····································· 72
3. 책임지고 상해를 치료해주는 기한【補】三 辜限 ············ 75

4. 사람을 죽이거나 상해함【補】四 殺傷 ············· 77
5. 시체의 상처를 검사하고 살핌【補】五 檢驗 ············· 87
6. 남의 태아를 떨어뜨려 죽게 함【補】六 落胎 ············· 95
7. 도적【補】七 盜賊 ············· 97
8. 죄상을 철저하게 추궁하여 죄를 판정함【補】八 推斷 ············· 101
9. 관에 고하지 않고 사람을 함부로 죽임【補】九 擅殺 ············· 107
10. 형벌을 함부로 사용함【補】十 濫刑 ············· 110
11. 도망하는 범인을 체포함【補】十一 捕亡 ············· 112
12. 시집가거나 장가듦【補】十二 嫁娶 ············· 113
13. 간음죄를 범함【補】十三 犯姦 ············· 117
14. 거짓을 행하기 위해 위조·사칭함【補】十四 詐僞 ············· 120
15. 원통하고 억울한 일을 관아에 호소함【補】十五 告訴 ············· 123
16. 남을 말로 욕하거나 헐뜯음【補】十六 罵詈 ············· 127
17. 잡다한 부류의 범죄【補】十七 雜犯 ············· 129
18. 송사를 심리하지 아니함【補】十八 勿許聽理 ············· 132
19. 송사를 심리함 十九 聽理 ············· 146
20. 몸소 송정에 나가 출석 명단에 서명함 二十 親着 ············· 159
21. 후사를 세움 二十一 立後 ············· 164
22. 제사를 받듦 二十二 奉祀 ············· 173
23. 사노비 二十三 私賤 ············· 180
24. 공노비 二十四 公賤 ············· 199
25. 관아에 고발함 二十五 陳告 ············· 208
26. 노비 신분을 면제받음 二十六 贖身 ············· 214

27. 몰수해 국가에 귀속시킴 二十七 屬公 ·········· 229
28. 은혜를 베풀어 길러주고 돌보아줌 二十八 惠恤 ·········· 232
29. 역마가 다니는 길 二十九 驛路 ·········· 238
30. 공신에게 토지나 노비를 하사함 三十 功臣賜牌 ·········· 246
31. 권리를 증명하는 문서【補】三十一 文記 ·········· 251
32. 매매 三十二 買賣 ·········· 254
33. 매매 후 물릴 수 있는 기한 三十三 買賣日限 ·········· 258
34. 빚을 징수함 三十四 徵債 ·········· 260
35. 호적【補】三十五 戶籍 ·········· 265
36. 전결【補】三十六 田結 ·········· 268
37. 소송을 일시 중지함 三十七 停訟 ·········· 272
38. 소송을 판결해야 하는 기한 三十八 決訟日限 ·········· 274
39. 입안 발급에 필요한 종잇값【補】三十九 作紙 ·········· 279
40. 잡령【補】四十 雜令 ·········· 281
41. 범죄가 될 만한 재물을 받음【補】四十一 受贓 ·········· 292
42. 묘지 소송【補】四十二 山訟 ·········· 294

수령이 하직할 때, 승정원에서 내리는 별유【살피건대 별유 또한 법전이다. 그래서 이 편 끝에 써두었다.】【補】守令下直時 承政院別諭【按 別諭亦是法典 故書於篇末】 ·········· 300
토지 면적을 계산하는 방법【補】田算法 ·········· 301
재물을 베풀어 기민을 구제하는 방법【補】飢民賑濟法 ·········· 306
은을 동전으로 환산하는 방법【補】銀錢和賣法 ·········· 308

빌리는 말의 값을 치르는 방법 【補】貰馬給價法 ·················· 309
군병에게 군량을 지급하는 방법 【補】軍兵放料法 ·················· 310
전세에서 가승미를 거두는 방법 【補】田稅加升法 ·················· 311
환자를 나누어 주는 방법 【補】還上分給法 ·················· 312
환자의 모곡을 받지 아니하는 방법 【補】還上除耗法 ·················· 313

용어해설 ··· 315

해제

1. 편찬자

『결송유취보(決訟類聚補)』는 『결송유취(決訟類聚)』를 증보하여 1707년(숙종 33) 2월 의령현에서 개간(開刊)한 소송법서이다. 찬자는 지금까지 미상이었는데, 최근 이지석(李志奭, 1652~1707)임이 밝혀졌다.[1] 이지석은 1652년(효종 3)생으로 아버지는 이파(李坡)이며 어머니는 전주이씨 장령 증찬성(掌令贈贊成) 이형(李逈)의 딸이다. 자는 주경(周卿), 호는 규암(葵菴)이며 성주인(星州人)이다. 도암(陶菴) 이재(李縡)가 지은 묘갈명(墓碣銘)과 『승정원일기』를 바탕으로 그의 행력을 정리하면 〈표 1〉과 같다.

이지석은 1682년(숙종 8) 생원시에 합격하였으며, 1689년(숙종 15) 인현왕후 폐위에 반대하여 뜻을 같이하는 유생들과 함께 상소를 올렸으나 상소가 받아들

---

* 이 글은 한상권, 「18세기초『결송유취보』편찬의 성과와 한계」, 『조선시대사학보』 103, 2022를 바탕으로 작성하였다.
1 박철상, 「조선시대 詞訟法書의 編刊과 傳承」, 『大東漢文學』 54, 2018, 274쪽.

표 1 이지석(李志奭) 행력

구분	서기	왕력	나이	이력	사환(仕宦)	
					시작~마감일	기간
1	1652	효종 3		출생		
2	1682	숙종 8	31	생원시 합격		
3	1689	숙종 15	38	인현왕후 폐위반대 상소		
4	1694	숙종 20	43	의금부도사	1694.5.13.~윤5.22.	1개월
5				빙고별검(氷庫別檢)	1694.윤5.23.~1697.1.5.	2년 7개월
6	1697	숙종 23	46	사재감주부(司宰監主簿)	1697.1.6.~7.5.	6개월
7				영산현감(靈山縣監)	1697.7.6.~1702.6.15.	5년
8	1702	숙종 28	51	용궁현감(龍宮縣監)	1702.6.16.~1704.7.15.	2년
9	1704	숙종 30	53	전설사별제(典設司別提)	1704.7.18.~1705.2.27.	7개월
10	1705	숙종 31	54	형조좌랑	1705.2.28.~윤4.8.	2개월
11				형조정랑	1705.윤4.9.~1706.4.18.	1년
12	1706	숙종 32	55	의령현감	1706.4.19.~1707.8.13.	1년 4개월
13	1707	숙종 33	56	『결송유취보』개간(開刊)	1706.2.	
14				임지에서 사망	1707.8.13	

* 출처: 『승정원일기』, 「正郞李公墓碣」

여지지 않자 이들을 이끌고 궐문 밖에서 호곡(號哭)하였다. 이후 폐거(廢擧)하고 한묵(翰墨)으로 자오(自娛)하여 후에 시서화 삼절로 불렸다. 인현왕후가 복위한 1694년(숙종 20) 이후 벼슬길에 나아갔는데, 그의 환력(宦歷) 가운데 『결송유취보』 편찬과 관련하여 여러 고을 수령을 역임하였다는 사실이 주목된다. 영산현감이 되어서는 향중부로(鄕中父老)를 불러 상장(喪葬)에 한결같이 예제(禮制)를 준행하도록 교유(敎誘)하였으며,[2] 용궁현감이 되어서는 법으로 엄격하게 다스려 호우(豪石)들을 제압하였다고 한다.[3] 지방관으로서 청렴결백하여 "관직에 부임

---

2 『도암선생집(陶菴先生集)』 권313 墓碣[三] 正郞李公墓碣, "出爲靈山縣監 嶺左風俗尙拘忌 凡遭大小喪 家有疫 輒不成服 亦不葬 以至逾月經歲 祭祀多詣寺供佛 公歎曰 嶺南素稱文獻之邦 而謬習若此 甚可慨也 招鄕中父老 諄諄敎誘 一遵禮制"

3 『도암선생집』 권313 墓碣[三] 正郞李公墓碣, "後又拜龍宮縣監 痛繩以法 豪右帖息"

하여 청렴하고 신중하다"라는 평을 들었다. 그가 청렴, 강직한 인물이며 예와 법을 병용하여 고을을 다스렸다는 것을 말해준다.

대표적인 사법기관인 형조의 좌랑과 정랑을 역임하였다는 사실 또한 『결송유취보』 편찬과 관련하여 주목된다. 형조는 정2품아문으로 법률, 상언(詳讞), 사송(詞訟), 노비에 관한 정사를 관장하였다.[4] 형조의 기본 업무는 죄인의 형벌에 대해 법률적인 검토를 하여 조율(照律)하고(법률), 형조에 올라온 중죄 사건들에 대해 심의하여 죄를 논하고(상언), 민사소송을 처리하고(사송), 노비에 대한 정사를 관장하는 것이다. 형조 업무의 총책임은 판서에게 있고, 4사(司) 8방(房)[5]의 실무를 정랑과 좌랑이 직접 관장하였다. 형조의 각 방은 관찰사의 관할 범위 밖에 있는 전국의 형옥사건, 혹은 의정부나 승정원, 상급 관원들의 조사를 청하는 사건 또는 국왕이 조사를 명한 사건에 대해 실제 조사하고 조율하고 처리까지 진행하는 명실상부한 사법기관의 역할을 하였다. 지방 고을의 사건이 서울로 올라오기까지 지방 수령, 관찰사 등을 거치는 과정, 절차 등 실제 사법 행정이 운영되는 복잡한 구조의 최상위 혹은 그 안에 형조는 자리하고 있었다.[6]

이상 이지석은 수령으로서 7년가량 지방통치를 한 경험, 최고 사법기관인 형조에서 1년 2개월가량 정랑과 좌랑으로 재직하면서 실무를 총괄한 경험 등을 바탕으로 소송법서인 『결송유취보』를 편찬하였다.

---

4 『경국대전』 吏典 正二品衙門, "刑曹掌法律詳讞詞訟奴隸之政"
5 형조의 직제는 주관(周官)을 모방한 사(司)와 각 사당 두 개씩의 방(房)으로 구성되어 있다. 즉 상복사(詳覆司), 고률사(考律司), 장금사(掌禁司), 장례사(掌隸司)의 4사 아래에 상(詳)1방 2방, 고(考)1방 2방, 금(禁)1방 2방, 예(隸)1방 2방의 8방이며, 정랑·좌랑 8원이 8방의 실무를 담당하였다. 8명이었던 낭청은 1662년(현종 3)에 6명으로 감원되었으며, 4사 8방의 직제는 정조 대에 가서 형방을 더한 4사 9방으로 재편된다(조윤선, 「형조의 四司九房 직제와 실무: 『추관지』, 『육전조례』, 『추조결옥록』의 비교 분석」, 한국고전번역학회 제26회 학술대회 "18, 19세기 사법 실무와 소송·심리 자료", 2022).
6 조윤선(2022), 위의 글.

2. 편찬 배경

　수령이 판결하려면 방대한 법령을 일일이 검열·고증하여 사건에 부합하는 조문을 가려 뽑아내야 하는데, 이러한 수고를 덜기 위해 편찬한 것이 소송법서였다. 16세기 후반 간행된 『사송유취(詞訟類聚)』는 삼대전(『경국대전』·『대전속록』·『대전후속록』)에 근거하여 편찬하였지만 『대명률』은 거의 반영하지 않았다. 이는 『사송유취』가 민사 소송법서이기 때문에 나타난 현상이었다.[7] 17세기 중엽 『결송유취』가 편찬되었는데, 『결송유취보』는 『결송유취』를 소송의 지남서(指南書)라고 평가하였다.

　옛사람이 소송을 판결하는 데 긴요한 법령을 가려 뽑아 '결송유취'라 명명해서 세상에 전하게 했으니 소송 판결의 지침이라 이를 만하다.[8]

　이어 『결송유취』가 소송법서로서 지니는 한계 또한 적시하였다.

　그러나 기록한 것이 상세하고 빠짐없다고 하기에는 여전히 흠결이 있어, 살피고 검토하여 증거로 삼기에 적당하지 않다.[9]

　『결송유취』가 소송지침서이기는 하나 내용이 풍부하지 못해 이용에 한계가 있다는 지적이다. 『결송유취』의 문제점을 내용 측면에서 언급한 것이다. 『결송유취

7　한상권, 「『사송유취』 편찬과 改修」, 『규장각』 61, 2022, 252쪽.
8　『결송유취보』 범례, "古人旣已抄出條令之切要於決訟者 名曰決訟類聚 以行於世 可謂決訟之指南"
9　『결송유취보』 범례, "然其所錄 猶欠詳悉 不便考據"

보』는 이러한 문제점을 해결하기 위해 편찬된 소송법서임을 〈범례〉에서 밝혔다.

『대명률』과 『경국대전』, 『수교집록』 중에는 상고하거나 시행할 만한 법조문이 많아 이루 다 적을 수 없다. 이 책은 전적으로 옥송[10]을 위해 편찬한 것이므로 오직 옥송에서 긴요한 것만을 취하고 나머지는 모두 생략했다.[11]

이어 "(결송유취를) 첨보(添補)하였지만 감히 창시(創始)하려는 것은 아니다"라고 하였지만 이는 겸사일 뿐이다. 『결송유취보』는 내용과 성격 면에서 『결송유취』와는 다른 소송법서이다.

먼저 내용 면에서 보면, 『결송유취보』는 부록을 제외하고 본문만 42조목 516조문[12]으로 구성된 거질의 소송법서이다. 이를 24조목 250조문으로 구성된 『결송유취』와 비교할 때, 조목과 조문을 거의 두 배가량 첨보하였음을 알 수 있다. 그리고 성격 면에서도 『결송유취』는 사송 중심의 민사 소송법서인 반면, 『결송유취보』는 옥송[13] 관련 내용을 새롭게 첨보한 민·형사 소송법서이다.[14]

조선은 16·17세기에 두 차례의 전쟁을 치르면서 많은 사회경제적 변화를 겪

---

10 이때의 옥송은 사송(詞訟)과 구별되는 협의의 옥송이 아니라, 재판 일반을 가리키는 광의의 옥송이다. 광의의 옥송은 죄를 다투는 형사적 소송에 한정되지 않는 보다 넓은 의미, 즉 죄를 다투지 않고 순수하게 재물의 귀속을 다투는 소송까지도 포괄하는 의미를 지니고 있다(田中俊光, 『조선초기 斷獄에 관한 연구: 형사절차의 정비를 중심으로』, 서울대학교 박사학위논문, 2011, 24쪽).

11 『결송유취보』 범례, "大明律經國大典受教輯錄中科條之可考可行者 不可勝紀 而此篇 專爲獄訟而作 故只取切要於獄訟者 餘皆略之"

12 『결송유취보』는 범례에서 상피, 투구, 고한, 상살 등을 조목이라 하였다. "今此添入者 則條目上加補字 條目內添入者 亦書補字" 따라서 이 글에서도 이들을 '조목'이라 이름하고 그 표시는 〈 〉로 하겠다. 그리고 조목에 수록된 법문은 '조문'이라 하겠다.

13 이때의 옥송은 형사소송을 가리키는 협의 개념이다.

14 조윤선, 『조선후기 소송연구』, 국학자료원, 2002, 29쪽.

었다. 먼저 사회적으로 성리학적 지배이념이 뿌리를 내렸다. 성리학은 사회질서를 유지하기 위해 상하관계를 따지는 명분론을 중시하였다. 성리학적 사회윤리에서 가장 기본이 되는 덕목은 삼강오륜이었다. 이 삼강오륜은 현실적으로 가부장적 종법 질서로 구현되어 사족 중심의 사회를 유지·강화하는 데 기여하였다. 경제적으로는 17세기 이후 농업생산력의 발달로 상품화폐경제가 급속히 확산되었다. 농촌사회가 분화하고 계급 구성이 변화함에 따라 신분제도 동요하여갔다. 신분제의 가장 밑바닥에 자리 잡은 노비의 광범한 유리·도망은 신분제를 동요시킨 주요한 요인이었다. 경제구조의 변동과 신분제의 동요에 따라, 신분제에 기초하여 운영되었던 부세 제도도 많은 문제점을 드러냈다. 환곡은 본래 빈농의 구휼을 위해 마련되었으나, 16세기 이후 이자인 모곡이 점차 중앙과 지방관청의 재정 수입으로 전용되어오다 결국은 새로운 명목의 부세로 자리 잡았다. 이러한 사회 분위기 속에서 쟁송이 많아지고 투전이나 잡기 등 잡범이 성행하였다.[15]

정부는 17세기 이후의 사회변화에 대응하기 위하여 수교를 수시로 반하(頒下)하였다. 하지만 1543년(중종 38) 『대전후속록』 편찬 이후 체계적으로 법령을 정비하는 작업은 없었다. 국가적인 차원에서 수교를 체계적으로 정리하자는 논의가 17세기 중반부터 시작되어 1698년(숙종 24) 『수교집록』 편찬으로 일단락되었다. 『수교집록』은 『대전후속록』 이후 150여 년 만에 간행된 법전이었다. 『수교집록』 편찬으로 『결송유취』를 증보하는 작업이 가능해졌다. 그 결과 『수교집록』 간행 이후 10년 만에 『결송유취보』가 편찬되었다.

---

15   한국역사연구회, 『한국역사』, 역사비평사, 1992, 131-167쪽.

3. 편찬 방식

1) 첨보

『결송유취보』는 〈범례〉에서 편찬 방식에 대해 자세히 밝혔다.

(『결송유취』가) 기록한 것이 상세하고 빠짐없다고 하기에는 여전히 흠결이 있어 살피고 검토하여 증거로 삼기에 적당하지 않다. 이에 『결송유취』에 의거하면서 필요한 내용을 첨보했다.[16]

『결송유취보』는 〈범례〉에서 밝힌 대로 의거와 첨보의 두 가지 방식으로 내용을 증보하였다. 『결송유취』에서 필요한 조문을 인용하는 것이 '의거'이며, 여러 법률서에서 필요한 조문을 초록하는 것이 '첨보'였다. 그리고 첨보 방식은 다시 두 가지로 나뉜다고 밝혔다.

지금 이 책에서 첨입한 것은 조목 위에 【補】자를 더했고(A), 조목 가운데 (조문을) 첨입한 것도 【補】자를 썼다(B)(A, B 필자 표기).[17]

첨보 방식 가운데 A는 『결송유취』에 없는 조목을 신설한 것을 말한다. 예를 들면 〈투구〉의 경우 『결송유취보』는 【補】鬪毆'라 하여 조목 앞에 '【補】' 표기를 하였다(첨보 A). 이 경우 〈투구〉 내에 수록된 조문은 별도로 【補】 표기를 하지 않았어도 모두 첨보한 것이 된다. 다른 하나는 『결송유취』의 조목은 존치한 채 조문만 일부 첨보한 것이다(첨보 B). 이 경우 첨보한 조문 위에 【補】 표기를 하였으므

---

16   『결송유취보』 범례, "然其所錄 猶欠詳悉 不便考據 玆用依其書而添補之"
17   『결송유취보』 범례, "今此添入者 則條目上加補字 條目內添入者 亦書補字"

표 2 『결송유취보』가 첨보한 조목

법률서	대명률	경국대전	수교집록	결송유취보	계
조목명	투구(鬪毆), 고한(辜限), 도적(盜賊), 포망(捕亡), 범간(犯姦), 사위(詐僞), 매리(罵詈), 잡범(雜犯), 수장(受贓)	추단(推斷), 남형(濫刑), 호적(戶籍), 잡령(雜令)	검험(檢驗), 문기(文記)	살상(殺傷), 낙태(落胎), 천살(擅殺), 가취(嫁娶), 고소(告訴), 물허청리(勿許聽理), 전결(田結), 질지[作紙], 산송(山訟)	
계	9	4	2	9	24
비율(%)	37.5	16.7	8.3	37.5	100

로, 해당 조문이 첨보한 조문임을 쉽게 식별할 수 있다.

2) 조목

『결송유취보』는 42조목으로 구성된 소송법서이다. 『결송유취』에 있는 18조목을 존치하고,[18] 24조목을 첨보한 것이다. 『결송유취보』가 첨보한 조목을 정리하면 〈표 2〉와 같다.

첨보한 24조목 가운데 9조목은 『결송유취보』가 독자적으로 조목 이름을 설정하였으며, 나머지 15조목은 다른 법률서에서 인용하였다. 법률서별로는 『대명률』이 9조목(37.5%)으로 가장 많은데, 이는 16세기에 편찬된 『사송유취』가 『대명률』에서 한 조목도 인용하지 않은 것과 대비된다. 또한 『경국대전』에서 4조목(16.7%)만 인용하였는데, 이 역시 『사송유취』가 14조목(58.3%)을 인용한 것과 대조가 된다.[19] 『사송유취』 편찬에는 『경국대전』이, 『결송유취보』에는 『대명률』이 많

---

[18] 『결송유취』에 있는 〈상피〉, 〈청송〉('청리'로 이름을 바꿈), 〈친착〉, 〈결옥일한〉('결송일한'으로 이름을 바꿈), 〈속신〉, 〈진고〉, 〈정송〉, 〈속공〉, 〈매매〉, 〈매매일한〉, 〈징채〉, 〈입후〉, 〈봉사〉, 〈공신〉('공신사패'로 이름을 바꿈), 〈혜휼〉, 〈역로〉, 〈공천〉, 〈사천〉 등 18개 조목을 존치하였다. 그리고 『결송유취』에 있는 〈금제〉, 〈위조〉, 〈향역〉, 〈면역〉, 〈혼가〉 등의 조목은 폐기하였다.

[19] 한상권(2022), 앞의 글, 236쪽.

은 영향을 끼쳤음을 말해주는 것이다.

이처럼 『결송유취보』가 24조목(전체 42조목의 57.1%)이나 많이 첨보한 까닭은 다음과 같다.

이제 조목 가운데 〈투구〉, 〈고한〉과 같은 조목을 앞쪽에 두고, 소송 현장에서 긴절한 율령을 추가하여 20여 조를 덧붙임으로써, 살피고 검토하여 증거로 삼을 수 있도록 했다.[20]

〈투구〉, 〈고한〉과 같은 옥송에 필요한 조목을 새롭게 첨보하고 앞쪽에 배치함으로써 형사소송의 성격도 아울러 갖추는 소송법서가 되도록 하였다는 것이다. 그리고 '소송에 긴요하고 절실한 율령을 포괄'하기 위해, 다시 말하면 변화된 사회상을 반영할 목적으로 이들 조목을 대거 첨보하였다는 설명이다.

3) 조문

『결송유취보』에 수록된 조문은 516조이다. 이는 『결송유취보』가 조문을 시작하면서 표기한 'ㅇ'을 기준으로 계산한 수치이다. 이를 인용한 법률서별로 나누면 〈표 3〉과 같다.

『결송유취보』에 수록된 516조는 『수교집록』(177조, 34.3%), 『결송유취』(172조, 33.3%), 『대명률』(104조, 20.2%) 등에서 각각 인용한 것이다. 반면 『경국대전』에서 인용한 조문은 12조(2.3%)에 불과해, 역시 조선 전기에 편찬한 『사송유취』의 102조(41%)와 좋은 대비가 된다.

---

[20] 『결송유취보』 범례, "故今於篇中 首擧鬪毆辜限之類 且附律令之緊切於訟場者二十餘條 以備考據"

표 3 『결송유취보』가 조문을 인용한 법률서

법률서	결송 유취	대명률	무원록	경국 대전	대전 후속록	수교 (사목)	수교 집록	기타	계
조문	172	104	15	12	10	19	177	7	516
비율(%)	33.3	20.2	2.9	2.3	1.9	3.7	34.3	1.4	100

4. 활용한 법률서

1) 『결송유취』

『결송유취보』는 『결송유취』에서 172조문을 인용하였다. 이는 『결송유취보』 전체 516조문의 3분의 1이 되는 수치이다.[21] 그러나 『결송유취보』는 『결송유취』의 내용을 그대로 인용하지는 않았다. 두 소송법서는 몇 가지 점에서 차이가 있다.

첫째, 몇몇 조목의 이름을 달리하였다. 『결송유취』의 〈단송〉을 〈물허청리〉로 개명하였는데, 〈범례〉에서 그 이유를 다음과 같이 밝혔다.

『결송유취』 중의 단송(斷訟)은 무송(無訟)의 뜻으로, '청리를 허락하지 않는다'는 것과는 차이가 있으므로, 지금 물허청리(勿許聽理)로 고쳤다.[22]

단송은 '소송이 없도록 한다'는 무송의 뜻이므로, '청리를 하지 않는다'는 뜻과는 다르기에 사실에 가깝도록 조목 이름을 바꾸었다는 설명이다. 그리고 『결송유취』의 〈청송〉과 〈위조〉를 〈청리〉와 〈시위〉로 각각 개명하였다.

21　이는 『결송유취』 전체 248조문의 69.4%가 된다. 『결송유취보』는 『결송유취』의 3분의 2가량을 인용하였다.

22　『결송유취보』 범례, "決訟類聚中斷訟 卽無訟之意 而與勿許聽理有間 故今改以勿許聽理"

둘째, 조문의 편제를 새롭게 하였다. 이에 대해 〈범례〉에서 "분류가 정밀하지 않은 것과 순서가 뒤섞여 어지러운 것은 모두 바로잡아 뒤섞이지 않도록 만들었다"[23]라고 밝혔다. 그 결과 『결송유취』의 〈청송〉 가운데 6개 조문이 『결송유취보』의 〈친착〉(4개 조문), 〈물허청리〉(1개 조문), 〈속공〉(1개 조문)에 각각 편입되었다. 그리고 『결송유취』의 〈금제〉 가운데 6개 조문이 『결송유취보』의 〈청리〉(4개 조문), 〈공천〉(1개 조문), 〈산송〉(1개 조문)에 각각 편입되었다.

셋째, 소송에 그다지 긴요하지 않다고 생각하는 〈금제〉, 〈향역〉, 〈면역〉, 〈혼가〉 등은 삭제하고 인용하지 않았다.[24]

넷째, 사손도(使孫圖)에 대한 해설을 『결송유취』는 『대전속록』만 인용하였는데, 『결송유취보』는 『대전속록』과 『경국대전주해』 두 곳을 인용하였다.

다섯째, 조문과 주를 인용하는 방식이 다르다. 『경국대전』의 경우 조문은 대문(大文)으로 표기하고 해당 조문마다 소주(小註)가 붙는 편찬체제를 취함으로써 조문과 율주를 글자 크기로 구분하였다. 『결송유취』는 조문과 율주의 글자 크기는 똑같이 하되, 경서처럼 조문은 극항(極行)으로 하고 율주는 행을 바꾸고 낮추어 기록함으로써 양자를 분명히 구분하였다. 『결송유취』는 조종성헌(祖宗成憲)인 『경국대전』의 편찬체제에 충실히 따른 것이다. 반면 『결송유취보』는 대문과 소주를 구분하지 않고 양자를 연결해 하나의 조문이 되도록 하였다. 『결송유취』와 달리 『경국대전』 편찬체제를 무시한 것이다.

여섯째, 수교가 장문일 경우 핵심만 인용하였다. 『결송유취』가 장문의 수교를 거의 원문 그대로 인용한 반면 『결송유취보』는 산번취간(刪繁就簡)하여 간결하게 만들었다.

『결송유취보』는 『결송유취』를 저본으로 삼아 18조목 172조문을 인용하였다.

---

23 『결송유취보』 범례, "其他分類之未精者 次序之錯亂者 悉加釐正 俾勿混淆"
24 『결송유취보』 범례, "功臣名號有無 鄕吏免役與否 無甚緊要於相訟 故略而不錄"

그리고 절반 이상의 조목(42조목 가운데 24조목)과 3분의 2가량의 조문(516조문 가운데 344조문)을 다른 법률서에서 첨보하였다. 이는 『결송유취보』가 『결송유취』에 의거하였지만 17세기의 변화된 사회상을 반영하여 새롭게 편찬한 소송법서임을 말해준다.

2) 『대명률』

조선을 건국한 태조는 즉위 교서에서 『대명률』의 수용을 선언하였다.[25] 태조의 선언에 의하여 『대명률』은 시왕(時王)의 법제로서 조선시대 형사법의 일반법·보통법으로 적용되었다. 그리하여 모든 관민으로 하여금 명률을 주지시킬 필요에서 난해한 율문을 이두와 고유어를 사용하여 알기 쉽게 번역하도록 한 결과 『대명률직해』를 1395년(태조 4) 2월에 완성·배포하였다. 그리고 『경국대전』은 형사 법규의 적용은 "용대명률(用大明律)"이라고 하여, 『대명률』을 형사 법원(法源)으로 삼을 것을 표방하였다.

『결송유취보』는 조선의 형사 법원인 『대명률』을 활용하여 9조목(전체 42조목의 21.4%)과 104조문(전체 516조문의 20.2%)을 첨보하였는데, 그 내용을 정리하면 〈표 4〉와 같다.

표 4 『결송유취보』가 『대명률』을 인용하여 첨보한 조목과 조문

조목	투구(鬪歐)	고한(辜限)	살상(殺傷)	낙태(落胎)	도적(盜賊)	추단(推斷)	천살(擅殺)	포망(捕亡)	가취(嫁娶)	범간(犯姦)	사위(詐僞)	고소(告訴)	매리(罵詈)	잡범(雜犯)	수장(受贓)	산송(山訟)	계
첨보	○	○		○		○		○	○		○		○	○			
조문	7	1	31	1	9	2	4	2	13	8	5	3	4	11	2	1	104

25 『태조실록』, 1년 7월 28일.

『결송유취보』가『대명률』을 인용하여 증보하는 방식은 두 가지였다. 하나는 조목에【補】를 표기하고 조문을 첨보하는 방식이다(첨보 A). 〈표 4〉에서 'ㅇ' 표기가 있는 9개 조목(〈투구〉, 〈고한〉, 〈도적〉, 〈포망〉, 〈범간〉, 〈사위〉, 〈매리〉, 〈잡범〉, 〈수장〉)이 이에 해당한다. 즉 'ㅇ' 표기가 있는 9개 조목은『대명률』에서 조목뿐만 아니라 조문도 인용한 것이다. 다른 하나는『대명률』에서 필요한 조문만 인용하여 첨보한 경우이다(첨보 B). 〈표 4〉에서 'ㅇ' 표기가 없는 7개 조목(〈살상〉, 〈낙태〉, 〈추단〉, 〈천살〉, 〈가취〉, 〈고소〉, 〈산송〉)이 이에 해당한다.

『결송유취보』가『대명률』을 활용해 첨보한 104조문은 조선 전기에 편찬한『사송유취』가『대명률』에서 인용한 조문 10개(4%)와는 비교가 안 될 정도로 많은 수치이다. 그 까닭에 대해『결송유취보』는 다음과 같이 밝혔다.

> 결송유취가 오로지 송사의 판결만을 위주로 한 채, 재단(裁斷)할 법률을 수록하지 않아 한쪽으로 지나치게 치우쳐 형평을 잃었다.[26]

『결송유취』가 '송사의 판결' 즉 민사소송인 청송(聽訟)을 위주로 한 나머지 '재단할 법률' 즉 형사소송인 단죄(斷罪)에 필요한 법조문이 부족해 소송법서로서 균형을 잃었다는 지적이다. 그리고 그 한계를 다음과 같이 보완하였다고 밝혔다.

> 이제 조목 가운데 〈투구〉, 〈고한〉과 같은 조목을 앞쪽에 두고, 또 송사를 판결하는 데 긴요하고 절실한 율령을 추가하여, 20여 조목을 덧붙임으로써 살피고 검토하여 증거로 삼을 수 있도록 했다.[27]

---

26 『결송유취보』범례, "決訟類聚 專主訟事決折 不載法律裁斷 事甚偏枯"
27 『결송유취보』범례, "故今於篇中 首擧鬪歐辜限之類 且附律令之繁切於訟場者二十餘條 以備考據"

『결송유취보』는 결옥에 필요한 〈투구〉, 〈고한〉 등을 앞쪽에 첨보하였다고 하였는데,[28] 이 밖에도 〈살상〉, 〈검험〉, 〈낙태〉, 〈도적〉, 〈추단〉, 〈천살〉, 〈남형〉, 〈포망〉, 〈가취〉, 〈범간〉, 〈사위〉, 〈고소〉, 〈매리〉, 〈잡범〉 등 형사소송 관련 14개 조목이 앞쪽에 첨보되어 있다.

『결송유취보』는 『대명률』에서 9조목 104조문을 첨보함으로써 형사 소송법서로서의 성격도 아울러 가질 수 있었다. 『결송유취보』가 저본으로 삼은 『결송유취』는 『사송유취』와 다름없는 민사 소송법서였다. 반면 『결송유취보』는 『대명률』에서 옥송 관련 내용을 대폭 인용함으로써 명실상부한 민·형사 소송법서가 되었다.

3) 『수교집록』

조선시대 소송에서 법률상의 주장은 16세기 중엽까지 『경국대전』 등 법전을 인용하다가 후반에 이르면 각년 수교를 인용하는 양상으로 바뀐다.[29] 이에 따라 소송에서 수교의 중요성이 부각된다. 수교는 당대에 시행되는 개별 법령 또는 법령의 모음이라 할 수 있다. 수교는 이보다 상위법이라 할 수 있는 『대명률』, 『경국대전』, 『대전속록(大典續錄)』, 『대전후속록(大典後續錄)』 등과는 달리 그때그때 상황에 따라 승전하는 것이기 때문에 당시의 사회 현실을 좀 더 구체적으로 반영하고 있다.[30]

수교는 현실적 필요에 따라 수시로 제정되어 누적되었다. 1636년(인조 14) 『각사수교』 간행 움직임이 있었으나 1571년(선조 4) 이후의 수교를 추록한 것은 전체 188개 조문 가운데 6개 조문에 불과하였다.[31] 이처럼 국가가 수교를 체계적으

---

28 『결송유취보』 앞쪽에 첨보한 조목은 〈鬪歐〉, 〈辜限〉, 〈殺傷〉, 〈檢驗〉, 〈落胎〉, 〈盜賊〉, 〈推斷〉, 〈擅殺〉, 〈濫刑〉, 〈捕亡〉, 〈嫁娶〉, 〈犯奸〉, 〈詐僞〉, 〈告訴〉, 〈罵詈〉, 〈雜犯〉 등 16개이다.
29 한상권, 「조선시대 사송(詞訟)의 공정성과 송관(訟官)의 역할」, 『인문논총』 79-3, 2022, 36쪽.
30 한국역사연구회 중세2분과 법전연구반, 『수교집록』 해제, 청년사, 2001, 7쪽.
31 한국역사연구회 중세2분과 법전연구반, 『각사수교』 해제, 청년사, 2002, 16쪽.

로 모아 편찬한 법전이 없었기에 새로운 소송법서의 편찬도 사실상 불가능하였다. 17세기 중엽에 편찬된 『결송유취』가 『사송유취』를 재판하는 수준에 머물 수밖에 없었던 까닭은 이러한 요인 때문이었다.

수교를 집성한 법전 편찬작업은 1664년(현종 5)부터 논의되기 시작하였다. 숙종은 즉위 직후인 1675년(숙종 1)과 1676년(숙종 2)에 수교를 모아 간행하는 작업을 시도하였으나 이루지 못하고,[32] 1682년(숙종 8) 우부승지 서문중의 건의를 계기로 『수교집록』을 편찬하도록 명하였다.[33] 그 결과 수교를 육전체제로 분류·편집한 『수교집록』이 1698년(숙종 24)에 개간되었다.[34] 『수교집록』은 기존의 수교를 모아 육전체제를 갖추어 정리한 것으로서 행정 일선에서 실무에 적용하기에 편리한 집록류(輯錄類) 법전이다. 『수교집록』의 편찬은 곧 서로 충돌을 이루며 누락된 법제를 정리하고 국가 체제를 추스르는 일차적인 작업이었다. 그것이 이전의 『각사수교』처럼 단순히 필사 형태로 정리되는 데 그친 것이 아니라 활자로 간행되었다는 것은 널리 배포되고 시행되었음을 가리킨다.[35] 국가가 수교를 체계적으로 집성한 법전을 편찬하였기에, 이를 바탕으로 한 소송법서 편찬도 가능해졌다. 그 결과 18세기 초 『결송유취보』가 편찬되었다.

『결송유취보』 편찬에 『수교집록』이 어느 정도 영향을 끼쳤는지는 새롭게 첨보한 조목과 조문을 검토하면 알 수 있다. 먼저 조목이다. 『결송유취보』 42개 조목 가운데 『수교집록』에서 인용한 조목은 〈검험〉과 〈문기〉 2개 조목에 불과해, 『결송유취』(18개 조목)와 『대명률』(9개 조목)에 비해 현저히 적다. 이는 『결송유취보』

---

32 『비변사등록』, 숙종 8년 11월 25일.
33 『비변사등록』, 숙종 8년 11월 16일.
34 『수교집록』은 1697년(숙종 23) 1월 이미 편집은 완료되었던 것으로 보인다. 이후 작업은 활자본으로 간행하는 것으로 1698년(숙종 24) 3월 종료되어 『受敎輯錄』이라 이름하였다(홍순민, 「조선 후기 법전 편찬의 추이와 정치 운영의 변동」, 『한국문화』 21, 1998, 180쪽).
35 홍순민(1998), 위의 글, 186쪽.

표 5 『결송유취보』가 『수교집록』에서 첨보한 수교의 시기별 분포

시기	Ⅰ기 『사송유취』 편찬 (~1585)	Ⅱ기 『결송유취』 개간 (1586~1649)	Ⅲ기 『수교집록』 간행 (1650~1698)	계
수교 건수	40	13	124	177
비율 (%)	22.6	7.3	70.1	100

편찬에 『수교집록』이 그다지 영향을 주지 않았다는 의미가 아니라, '첨보 B'의 방식, 즉 기존 조목에 조문을 첨보하는 방식으로 『수교집록』을 활용하였음을 말해준다. 실제로 『결송유취보』 26개 조목[36]에 걸쳐 『수교집록』의 수교가 첨보된다.[37]

다음은 조문이다. 『결송유취보』가 『수교집록』을 활용하여 첨보한 조문은 177개이다. 이 역시 『결송유취』보다 많은 수치이다.[38] 이는 『결송유취보』 편찬에 가장 크게 영향을 미친 법률서는 『수교집록』이었음을 말해준다. 조선 전기 『사송유취』 편찬이 『경국대전』, 『대전속록』, 『대전후속록』 등 3대전이 있기에 가능했던 것처럼, 조선 후기 『결송유취보』 편찬은 『수교집록』이 있기에 가능한 일이었다.

『결송유취보』가 『수교집록』에서 어느 시기의 수교를 보충하였는지를 파악하기 위해 첨보한 수교의 시기별 분포를 보면 〈표 5〉와 같다.

Ⅰ기는 『사송유취』가 편찬되는 1585년(선조 18)까지이며, Ⅱ기는 그 이후 『결송유취』가 개간되는 1649년까지이다. Ⅲ기는 『결송유취』 이후 『수교집록』이 간행되는 1698년까지이다. 표를 보면 Ⅲ기에 승전한 수교가 124건(70.1%)으로 가장

---

36 〈살상〉, 〈검험〉, 〈추단〉, 〈천살〉, 〈남형〉, 〈사위〉, 〈고소〉, 〈물허청리〉, 〈입후〉, 〈봉사〉, 〈사천〉, 〈공천〉, 〈진고〉, 〈속신〉, 〈혜휼〉, 〈역로〉, 〈공신사패〉, 〈문기〉, 〈매매〉, 〈징채〉, 〈호적〉, 〈전결〉, 〈결송일한〉, 〈작지〉, 〈잡령〉, 〈산송〉 등이다.
37 이는 『결송유취보』 전체 조목의 61.9%가 된다. 『대명률』은 『결송유취보』의 16조목 38.1%, 『결송유취』는 『결송유취보』의 21조목 50%에 걸쳐 첨보되었다.
38 『결송유취보』는 『대명률』에서 104조문, 『결송유취』에서 172조문을 인용하여 첨보하였다.

표 6 『결송유취보』가 『수교집록』에서 첨보한 수교의 국왕별 분포

국왕	성종	연산	중종	명종	선조	인조	효종	현종	숙종	계
건수	2	1	6	23	13	8	12	44	68	177
비율(%)	1.1	0.6	3.4	13.0	7.3	4.5	6.8	24.9	38.4	100

많고 그 다음이 Ⅰ기 40건(22.6%), Ⅱ기 13건(7.3%) 순이다. 이를 다시 국왕별로 살펴보면 〈표 6〉이 된다.

　『결송유취보』가 가장 많이 첨보한 수교는 Ⅲ기 효종·현종·숙종 대 승전한 수교로 전체의 70.1%를 차지한다. 17세기 중후반 조선 사회가 격심한 변동을 겪고 있었던 데 따른 증보였다.

5. 편찬 의의

　『결송유취보』는 『결송유취』를 저본으로 18세기 초에 개간한 소송법서이다. 『결송유취』는 17세기 중엽에 개간되었지만, 16세기 후반에 편찬된 『사송유취』와 이름만 다를 뿐 내용이 거의 동일하였다. 『결송유취』는 사회변화를 반영하지 못한 낡은 소송법서였던 것이다. 이를 『결송유취보』는 〈범례〉에서 "(결송유취가) 내용이 상실(詳悉)하지 못해 고거(考據)에 불편한 흠결이 있다"[39]라고 표현하였다. 그리고 『수교집록』 편간(編刊)에 힘입어 『결송유취』를 증보하기에 이르렀다. 『결송유취보』 편찬의 의의로는 다음 몇 가지를 들 수 있다.

　첫째, 조선 최초의 민·형사 소송법서라는 점이다. 16세기에 편찬한 여러 소송법서는 민사 소송법서였다. 17세기 중엽에 편찬한 『결송유취』 역시, 부록에 오형

39　『결송유취보』 범례, "然其所錄 猶欠詳悉 不便考據"

에 따른 속전을 징수하는 〈징속〉을 새롭게 첨입하여 형사 소송법서의 성격을 지향하였다. 하지만 『사송유취』의 재판(再版)에 머물렀다. 반면 『결송유취보』는 『결송유취』를 저본으로 삼음으로써 일단 민사 소송법서의 성격을 갖추었다. 아울러 조선에서 의용(依用)하는 형사 법규를 수록한 『대명률』에서 소송 관련 조목과 조문을 대폭 첨보하여 형사 소송법서의 성격도 갖추었다. 그리고 다시 『수교집록』을 활용해 민·형사 관련 조문을 대거 첨보하였다.

둘째, 조선시대 마지막으로 편찬된 소송법서이다. 18세기 중반 이후로는 수령의 지방통치 이념과 방향을 기록한 각종 목민서류가 집중적으로 편찬되기 시작한다. 이들 목민서에서는 수령칠사(守令七事) 가운데 하나인 '사송간(詞訟簡)'과 관련하여 민소(民訴) 또는 청송(聽訟)이라는 조목을 만들고 관련 내용을 수록하였다. 이를 통해 지방관의 사법권, 특히 사송 처리에 대한 내용들이 대폭 강화되었다. 또한 소송이 일상화되는 가운데 18세기 말~19세기 초에 이르러 『유서필지(儒胥必知)』나 『항다반(恒茶飯)』과 같은 서식 용례집이 간행되기도 하였다. 그러나 새로운 소송법서가 편찬되지는 않았다.

셋째, 조선 후기 사회변화상을 반영하여 편찬한 소송법서이다. 『수교집록』에서 첨보한 수교 177건 가운데 1650년부터 1698년까지의 수교가 124건으로 전체의 70% 이상을 차지한다는 사실은 『결송유취보』가 17세기 후반의 사회상을 반영한 소송법서임을 말해준다. 이를 조목을 통해 구체적으로 확인하면, 첨보한 24개 조목 가운데 〈살상〉, 〈낙태〉, 〈천살〉, 〈가취〉, 〈고소〉, 〈물허청리〉, 〈전결〉, 〈작지〉, 〈산송〉 등 9개 조목은 『결송유취보』가 자체적으로 신설한 것이다. 이 가운데 특히 수복되는 조목이 〈산송〉이다. 산송은 분산(墳山)에서 묘지를 근거로 발생하는 사송(詞訟)이다. 묘지를 둘러싸고 일어나는 소송이기 때문에 정약용은 『목민심서』에서 이를 묘지송(墓地訟)이라고도 하였다. 산송은 17·18세기를 거치며 사회문제로 대두되는 과정에서 법 규정이 마련되고 소송의 체모와 격식을 갖추어 가는 모습을 보여주는데, 법률서에서 산송이라는 용어가 등장하는 것은 『수교집

록』부터이다.『경국대전』에서는 분묘의 보수(步數)를 규정하였으나 산송 조목이
나 용어는 등장하지 않는다.『수교집록』에 수록된「병인수교」(1686, 숙종 12)에서
산송 용어가 등장하고, 1743년(영조 19)경 편찬된『신보수교집록』에서 산송을 독
립된 조목으로 설정하여 산송의 다양한 형태와 소송 절차를 정리하였다. 이 때문
에『수교집록』과『신보수교집록』사이에 편찬된『결송유취보』에 〈산송〉이라는 조
목이 처음 설정된 것은 주목할 만한 현상이다.[40] 이후 산송 관련 조항은『속대전』
단계에 이르러 예전에서 형전으로 옮겨간다.『결송유취보』의 〈산송〉 신설은 조선
전기의 토지, 노비 소송에 이어 조선 후기에 이르러 산송이 사회문제로 새롭게
대두하고 확산되는 과정을 소송법서에 반영한 것이다.

넷째, 조선 후기 소송에서 절차법이 강화되고 있는 흐름을 반영하였다.『결송
유취보』의 〈물허청리〉, 〈청리〉, 〈문기〉, 〈호적〉, 〈결송일한〉, 〈작지〉, 〈금제〉 등의
조목은 청송의 공정성을 보장해줄 수 있다는 점에서,『사송유취』나『결송유취』단
계에 비해 보다 진전된 것이라고 할 수 있다. 이러한 흐름은 1746년(영조 22)에
편찬된『속대전』에 반영된다.『속대전』형전 신설 조항 중에서 26개 조의 내용을
가지면서 신설된 〈청리〉와 8개 조의 내용으로 구성된 〈문기〉가 신설되었는데 이
두 조항의 신설은 소송제도의 발전이라는 측면에서 주목된다. 법전 여러 곳에 흩
어져 있던 소송 절차에 관한 조항을 하나로 모아 정리한 〈청리〉는 소송 관계 법
규가 독립된 항목으로 설정되어야 할 만큼 소송이 일반화되었다는 것과 일반화
된 민의 법적 분쟁을 해결하기 위한 절차법적인 규정이 다수 마련되고 있었다는
것을 보여준다.[41]

다섯째, 법조문을 핵심 내용만 간추려 알기 쉽게 제시하였다.『결송유취보』

---

40 『결송유취보』〈산송〉은 9개 조문으로 구성되어 있는데,『경국대전』의 보수 조항을 시작으로 선
조 대부터 숙종 대에 걸쳐 130여 년 동안 마련된 수교들을 수록하고 마지막에『경국대전』과
『대명률』의 관련 조항을 첨가함으로써 마무리하였다.
41 조윤선(2002), 앞의 책, 29-36쪽.

는 새롭게 승전한 수교를 많이 첨보했는데, 문제는 각년 수교의 내용이 번잡하다는 점이었다. 정부에서 법전 편찬을 논의하는 과정에서도 이 점이 문제로 지적되었다.

> (형조가 이르기를) 각년의 수교를 상고해 보니 과조(科條)가 너무 많고 절목(節目)이 번다합니다. 반드시 번다한 것을 삭제하여 간결하게 만들어서 자세하고 간략함이 알맞게 된 다음에야 간행할 수 있을 것입니다.[42]

이에 『결송유취보』는 「범례」에서 율문의 번다한 내용을 간명하게 정리하여 알기 쉽게 한다는 원칙을 표명하였다.

> 법령 가운데 어의가 중첩된 것은 한 가지만을 취하였고, 문장이 길게 늘어진 것은 핵심적인 취지만을 거론하여 간편함을 취했다.[43]

여섯째, 부록을 대폭 증보하고 다양한 내용을 첨보하였다. 『결송유취보』 부록은 『결송유취』에 비해 배 이상 많다. 그리고 첨보한 몇몇 부록은 「범례」에서 그 취지를 밝혔다. 예를 들면 〈본조국기〉에 대해 "국기일에 송사를 판결하는 경우가 있으면 법례를 위반하는 것이므로 지금 국기일을 기록했다"[44]라고 하였다. 그리고 〈오형도〉와 〈수속도〉를 부록으로 수록한 취지에 대해서도 〈범례〉에서 다음과 같이 밝혔다.

---

[42] 『인조실록』, 3년 9월 19일, "刑曹覆啓曰 但竊考各年受敎 則科條浩穰 節目繁多 必須刪繁就簡 詳略得宜然後 可以刊行"

[43] 『결송유취보』 범례, "條令中 語意之重疊者 只取其一 文字之拖長者 只擧宗旨 以取簡便"

[44] 『결송유취보』 범례, "若有國忌日決訟者 則有違法例 故今於本朝年紀之下 書國忌日"

법률을 분명하게 이해한 뒤에야 법을 적용할 수 있기 때문에 대전성취연월 아래에 오형도와 수속도를 수록했다.[45]

오형 형벌의 등급을 20단계로 나누어 명시한 〈오형도〉는 범죄의 심각성에 따라 신체에 주는 고통의 정도를 체계화한 것으로, 『대명률』 역시 이를 권수(卷首)에 수록하였다. 〈수속도〉는 오형 20단계의 형벌에 대해 속전을 내고 형의 집행을 면제받을 수 있도록 하는 수속 규정이다. 〈오형도〉와 〈수속도〉는 『사송유취』에는 없는데, 그 까닭은 『사송유취』가 민사 소송법서이기 때문이다. 그러다가 『결송유취』 부록에 〈징속〉이 신설되는데, 이는 『결송유취』가 형사 소송법서의 성격을 지향하였음을 보여준다. 이어 『결송유취보』가 〈오형도〉와 〈수속도〉를 함께 첨보함으로써 형사 소송법서의 면모를 온전히 갖추었다.

일곱째, 다른 법률서에서는 찾아볼 수 없는 내용을 수록하였다. 이러한 성격의 자료가 총 16건인데, 이들 자료를 『수교집록』 편찬 이전과 이후로 나누어 정리한 것이 '부록 1'이다. 『결송유취보』에 수록된 수교의 하한선은 간행 1년 전인 1706년(숙종 32)이다.[46] 이는 『결송유취보』 찬자인 이지석이 1706년 4월까지 형조정랑으로 재직하였기에 가능한 일이었다.

6. 『결송유취보』 편찬의 한계

『결송유취보』는 여러 가지 장점이 있음에도 불구하고 소송법서로 미흡한 점 또한 여러 군데 발견되는데, 크게 네 가지를 들 수 있다.

첫째, 조목에 수록된 조문의 내용이 부실하다. 『결송유취보』는 42조목 516조

---

45 『결송유취보』 범례, "曉解法律然後 可以用法 故於大典成就年月之下 載五刑圖及收贖之圖"

문으로 구성되어 있어 하나의 조목에 평균 12개 조문이 있는 셈이다. 그런데 조문이 평균 이하인 조목이 27개나 되어[47] 전체 조목의 절반을 넘는다. 이 중에서도 〈고한(辜限)〉, 〈포망(捕亡)〉, 〈수장(受贓)〉에 수록된 조문은 각각 2개에 불과하여 내용이 매우 부실하다.

둘째, 율문 인용에 오류가 많다. 『결송유취보』의 인용 오류에는 여러 유형이 있는데, 이를 분류하면 다음과 같다.

1) 범죄 구성요건의 오류

〈표 7〉의 『결송유취보』 〈살상〉에 있는 조문은 『대명률』 305 〈모살인(謀殺人)〉에서 첨보한 내용이다.

조문 1은 "모살의 경우, 처음으로 의견을 낸 조의자는 참형, 지시에 따라 힘을 보탠 가공자는 교형, 힘을 보태지 아니한 불가공자는 장 100·유 3,000리에 처한다"라는 내용이다. 그런데 『대명률』에는 "杖一百流三千里" 뒤에 "殺訖乃坐"라 하여, "(피살자가) 죽어야 처벌한다"라는 내용이 포함되어 있다. 즉 모살의 경우, ① 살인할 계책을 꾸미고[豫謀], ② 실행하여[已行], ③ 피살자가 사망하는[旣遂] 등의 세 가지 범죄 구성요건을 모두 충족해야 해당 조문을 적용하여 처벌한다는 것이다. 그런데 『결송유취보』에는 ③에 해당하는 '殺訖乃坐'가 빠졌다. 이는 모살을 예모하고 실행만 하면 기수·미수 구분 없이 처벌한다는 의미가 되어, 범죄 구성요건이 둘이 되는 셈이다. 그런데 바로 이어진 조문 2에 '傷而不死'라 하여, 모

---

46 康熙丙戌(1706)에 承傳한 "濫率守令 營門決杖 曾經臺侍者 罷黜"과 "處女揀擇時 時任守令 及出入三司生存之人 女與孫女 並令捧單"이라는 수교가 하한선이다.

47 이들 조목의 조문 수는 다음과 같다. 〈상피〉(5), 〈투구〉(8), 〈고한〉(2), 〈낙태〉(4), 〈도적〉(10), 〈천살〉(5), 〈남형〉(4), 〈포망〉(2), 〈간음〉(8), 〈고소〉(7), 〈매리〉(4), 〈잡범〉(11), 〈친착〉(4), 〈진고〉(11), 〈속공〉(7), 〈혜휼〉(8), 〈공신사패〉(9), 〈문기〉(3), 〈매매〉(10), 〈매매일한〉(3), 〈호적〉(7), 〈전결〉(7), 〈정송〉(1), 〈결송일한〉(11), 〈작지〉(4), 〈수장〉(2), 〈산송〉(11).

표 7 『결송유취보』와 『대명률』 조문 내용 비교

구분	『결송유취보』〈살상〉	『대명률』305 〈모살인〉
기수	1. 謀殺 造意者 斬 從而加功者 絞 不加功者 杖一百流三千里	謀殺 造意者 斬 從而加功者 絞 不加功者 杖一百流三千里 殺訖乃坐
미수	2. 傷而不死 造意者 絞 從而加功者 杖一百流三千里 不加功者 杖一百徒三年	傷而不死 造意者 絞 從而加功者 杖一百流三千里 不加功者 杖一百徒三年

살하였으나 상해만 하고 죽이지 못한 경우, 즉 미수에 대한 처벌 내용이 별도로 있다. 이는 조문 1이 기수에 대한 처벌 내용임을 의미한다. 이는 『결송유취보』 조문 1에서 '殺訖乃坐'가 누락되었음을 말해주는 것이다.

2) 형벌의 오류

〈표 8〉의 『결송유취보』〈살상〉에 있는 조문은 『대명률』 319 〈거마살상인(車馬殺傷人)〉에서 인용한 내용이다.

『대명률』에 하나로 연결된 조문을 『결송유취보』는 '○'으로 구분하여 A와 B 두 조문으로 만들었는데, 그 결과 형벌이 차이 나게 되었다. A는 "(정당한 이유 없이 시가나 시장에서) 수레나 말을 급히 몰다가 사람을 상해하면 범투상(凡鬪傷)[48]에서 1등급을 감하고, 사망에 이르게 하면 장 100·유 3,000리에 처한다"라는 내용이며, B는 "향촌의 사람이 없는 광야에서 말을 급히 몰다가 그로 인해 사람을 상해하여 사망에 이르게 하면 장 100에 처하며 매장은(埋葬銀) 10냥을 추징한다"라는 내용이다. 그런데 『대명률』처럼 A와 B가 하나의 조문으로 연결되면, 매장은 10냥을 추징하는 대상은 A에도 해당한다. 실제로 『대명률』은 "竝追埋葬銀一十兩"이라 하여 A와 B '모두[竝]' 매장은 10냥을 추징한다고 하였다. 그런데 『결송

---

[48] 범투상이란 존비·친소 관계가 아닌 일반인끼리 다투다 상해한 경우를 말한다. 구체적인 처벌 내용은 『대명률』 325 투구에 규정되어 있다.

표 8 『결송유취보』와 『대명률』 조문 내용 비교

『결송유취보』〈살상〉	『대명률』 319 〈거마살상인〉
馳驟車馬傷人者 減凡鬪傷一等 至死者 杖一百流三千里(A) ○鄕村無人曠野地內馳驟 因而傷人致死者 杖一百 追埋葬銀一十兩(B)	馳驟車馬傷人者 減凡鬪傷一等 至死者 杖一百流三千里 鄕村無人曠野地內馳驟 因而傷人致死者 杖一百 竝追埋葬銀一十兩

* A, B는 필자 표기

『유취보』는 A와 B 조문을 분리하고 '병(竝)'자를 생략함으로써, 매장은 10냥 추징은 B에만 해당하는 것으로 하였다.

3) 율문 인용의 오류

〈표 9〉의 율문은 『결송유취보』〈추단〉에 있는 조문으로, 『대명률』 428 〈노유불고신(老幼不拷訊)〉과 『대명률』 444 〈부인범죄(婦人犯罪)〉에서 첨보한 것이다.

『결송유취보』는 A와 B를 '○' 표기 없이 하나의 율문으로 연결하였다. 하지만 A와 B는 별도의 조목에 있는 다른 내용이다. 율문 A는 『대명률』 428 〈노유불고신〉에서 첨보한 것으로 "팔의(八議)에 속하는 사람과 나이 70세 이상 15세 이하, 폐질자는 모두 마땅히 고신해서는 아니 되니 중증(衆證)에 의거하여 죄를 정한다"라는 내용이다. 즉 A는 고신을 가해서는 안 될 대상을 규정한 율문이다. 그런데 『결송유취보』는 율문이 '불합(不合)'에서 그치고 이어지는 내용인 '고신(拷訊)'을 생략해, 마땅히 해서는 안 될 대상이 무엇인지 알 수 없도록 하였다.

율문 B는 『대명률』 444 〈부인범죄〉에서 첨보한 것으로 "만약 부인이 임신 중에 죄를 지어 고결(拷決)해야 하면, 앞의 항목에 의거하여 보관하다가 모두 출산 후 100일을 기다려 고결한다"라는 내용이다. 그런데 『결송유취보』는 부인이 임신 중에 죄를 지어 고결해야 하면, '依土保管'이라 하여 무슨 내용인지 알 수 없도록 하였다. 『결송유취보』의 '依土'는 '依上'의 오기이며, '依上'은 '위의 율문에 따라서'라는 뜻이다. '위의 율문'을 파악하려면 『대명률』 444 〈부인범죄〉를 검토해야 하

표 9 『결송유취보』와 『대명률』 조문 내용 비교

『결송유취보』	『대명률』	
<살상>	<노유불고신>	<부인범죄>
凡應八議之人 及年七十以上十五以下 若廢疾者 並不合 皆據衆證定罪(A) 若婦人懷孕犯罪 應拷決者 依上保管 皆待産後一百日拷決(B)	凡應八議之人 及年七十以上十五以下 若廢疾者 並不合拷訊 皆據衆證定罪(A)	婦人懷孕犯罪 應拷決者 依上保管 皆待産後一百日拷決(B)

* A, B는 필자 표기

는데, 그 내용은 아래와 같다.

> 부인이 죄를 범하면, 범간(犯姦)이나 사죄(死罪)로 수금(收禁)하는 경우를 제외하고, 그 밖의 잡범은 본 남편에게 맡겨 거두어 관리하게 한다. 남편이 없으면 유복친속(有服親屬)이나 가까운 이웃에게 맡겨 보증하게 하고 관청의 지시를 기다린다. 일률적으로 감금하는 것은 허락하지 않는다. 어기면 태 40이다.[49]

『대명률』의 '위의 율문'과 함께 B를 다시 해석하면, "부인이 임신 중에 죄를 지어 고결해야 할 경우, 위의 율문에 따라 (본 남편 등에게) 보관(保管)하였다가 출산 100일 이후 고결한다"는 내용이 된다.

셋째, 대문과 소주를 구분하지 않아 내용 파악에 혼선을 주고 있다. 앞서 『결송유취보』가 『경국대전』 편찬 체제를 준수하지 않았음을 지적한 바 있다. 그 결과 내용 파악에 혼선이 나타나는데 그 사례를 들면 다음과 같다. <표 10>은 『결송유취보』 <산송>에 있는 내용이다.

<표 10>의 조문은 품계에 따른 분묘의 너비를 규정한 것이다. 『경국대전』은 대

---

49 『대명률』 444 婦人犯罪, "凡婦人犯罪 除犯姦及死罪收禁外 其餘雜犯責付本夫收管 如無夫者 責付有服親屬隣里保管 隨衙聽候 不許一概監禁 違者 笞四十"

표 10 『결송유취보』와 『경국대전』의 조문 표기 비교

구분	『결송유취보』〈산송〉	『경국대전』예전〈상장(喪葬)〉
대문	생략	墳墓 定限禁耕牧(A)
소주	宗親則一品四面各限一百步 二品九十步 三品八十步 四品七十步 五品六十步 六品五十步 文武官則遞減一十步 七品以下及生員進士有蔭子弟同六品 女從夫職(B)	宗親則一品四面各限一百步 二品九十步 三品八十步 四品七十步 五品六十步 六品五十步 文武官則遞減一十步 七品以下及生員進士有蔭子弟同六品 女從夫職(B)

문(A)과 소주(B)를 글자 크기로 구분하였기에, B "종친인 경우 1품은 4면 각 100보, 2품은 90보, 3품은 80보, 4품은 70보, 5품은 60보, 6품은 50보로 한정한다"라는 내용이 A에서 규정한 품계에 따른 분묘 보수(步數) 규정임을 알 수 있다. 반면 『결송유취보』는 대문인 A를 생략하고 소주인 B만 있어, B에서 말하는 보수가 무엇에 관한 너비 규정인지 알 수 없게 되어 있다.

넷째, 오자나 탈자가 빈번하게 발견된다. 『결송유취보』 오·탈자는 총 59건(오자 30건, 탈자 29건)으로,[50] 이는 전체 조문의 10%가 넘는 수치이다. 『결송유취보』가 이처럼 오·탈자가 많은 까닭은 별도의 교정 작업을 거치지 않은 때문으로 보인다.[51] 16세기에 편찬한 『사송유취』의 경우, 김백간이 편간(編刊)한 초고를 심희안(沈希安)이 수교(讎校)한 때문인지 오·탈자가 거의 없다. 그러나 『결송유취보』는 수교 작업을 거쳤다는 기록이 없다. 그 결과 앞서 언급한 것처럼 오·탈자로 인해 조문의 의미가 잘못 전달되거나 의미를 알 수 없는 사례는 물론, 심지어 율문의 의미가 정반대로 전달되는 사례마저 보인다. 그 실례로 〈표 11〉의 『결송유

50　이에 대해서는 〈부록 2〉와 〈부록 3〉에 총괄 정리하였다.

51　『결송유취보』가 1707년(숙종 33) 2월에 개간(開刊)되는데, 같은 해 8월 이지석이 감기로 사망한다. 이는 『결송유취보』 편찬 당시 이지석의 건강이 그다지 좋지 않았음을 말해주는 간접 증거이다. 『결송유취보』에 오·탈자가 많은 것은 편찬자가 건강 때문에 원고를 꼼꼼히 챙기지 못한 때문이 아닌가 생각된다.

표 11 『결송유취보』〈봉사〉 조문의 오자

『결송유취보』〈봉사〉	『경국대전』예전〈봉사〉
文武官六品以上 祭三代 七品以上 祭二代 庶人則只祭考妣	文武官六品以上 祭三代 七品以下 祭二代 庶人則只祭考妣

취보』〈봉사〉에 수록된 조문을 들 수 있다.

『경국대전』예전〈봉사〉에 수록된 위 율문은 "문무관 6품 이상은 3대를 제사 지내고, 7품 이하는 2대를 제사 지내며, 서인은 부모만을 제사 지낸다"라는 내용이다. 『경국대전』의 '以下'를 『결송유취보』는 '以上'으로 오기하여 의미가 정반대로 되었다.

7. 맺음말

『결송유취보』는 『결송유취』를 증보하여 편찬한 소송법서이다. 『결송유취』는 17세기 중엽 개간(改刊)되었지만, 16세기 후반 편찬된 『사송유취』와 이름만 다를 뿐 조목과 조문이 동일하였다. 이에 대해 『결송유취보』는 "(결송유취가) 내용이 상실(詳悉)하지 못해 고거(考據)에 불편한 흠결이 있다"라고 적시했다.

『사송유취』 편찬 이후 100여 년 동안 일어난 사회변화상을 반영한 새로운 소송법서의 편찬이 필요하였으나 이는 새로운 법전 편간(編刊)이 있어야 가능했다. 1698년(숙종 24) 국가가 수교를 체계적으로 집성한 법전인 『수교집록』을 편찬하였다. 이제 이를 활용한 새로운 소송법서 편찬도 가능해졌다. 그 결과 1707년(숙종 33) 42개 조목과 516개 조문으로 구성된 거질의 소송법서인 『결송유취보』가 개간(開刊)되었다.

『결송유취보』 편찬에는 『결송유취』, 『대명률』, 『수교집록』 등의 법률서가 활용되었다. 『결송유취보』는 『결송유취』에서 172개 조문을 인용하였다. 『결송유취보』 전체 조문의 3분의 1가량을 『결송유취』에서 인용한 것이다. 그리고 나머지 3분의 2가량은 다른 법률서에서 첨보(添補)하였다. 이는 『결송유취보』가 『결송유취』에 의거하였지만 17세기 변화된 사회상을 반영한 새로운 소송법서임을 말해준다.

『결송유취보』는 『대명률』에서 형사소송 관련 조목과 조문을 대폭 첨보하였다. 그 결과 『결송유취보』는 민사소송과 형사소송에 관한 내용을 포괄하는 종합 소송법서의 모습을 갖출 수 있었다. 『결송유취보』 편찬에 가장 크게 영향을 미친 법률서는 『수교집록』이었다. 조선 전기 『사송유취』 편찬이 『경국대전』, 『대전속록』, 『대전후속록』의 3대전이 있기에 가능했던 것처럼, 조선 후기 『결송유취보』 편찬은 『수교집록』이 있기에 가능했다.

『결송유취보』는 조선 후기 소송에 대한 절차법이 강화되고 있는 흐름을 반영하였다. 이런 의미에서 『결송유취보』는 『사송유취』나 『결송유취』보다 한 단계 진전한 소송법서였다. 그리고 『결송유취보』에 수록된 절차법 관련 조항은 이후 『속대전』에 반영된다. 이로 볼 때 『결송유취보』는 『경국대전』 이래로 확립된 소송법규를 종합 정리하여 『속대전』에 전달하는 징검다리 역할을 했다고 할 수 있다.

부록 1. 『결송유취보』에만 수록된 내용

1) 『수교집록』 편찬 이전(~1696)[1]

연번	조목 번호	조목 명	내용	연도	조문 번호[2]
①	18	물허청리	甲戌案以陳懸錄者~追後橫奪者 永勿聽理	康熙乙亥(1695)受敎	33
②	23	사천	同生四寸 雖不可使喚 至於五六寸 親屬 漸遠…明白定式 以爲奉行之地	康熙甲子(1684)受敎	35
③			大典賤妾子女條注…以息無窮之訟端 幸甚	筵中啓辭(1687)	39
④	40	잡령	各邑中 殿牌見失之後 勿爲啓聞 自本邑改造奉安	康熙甲辰(1664)受敎	32
⑤			場屋 擧子奴僕等 成羣作拏 首倡梟示 爲從者 限己身沒爲他道官奴	順治辛卯(1651)受敎	34
⑥	42	산송	有主山及人家近處 偸葬者 地師刑推一次	康熙丙子(1696)受敎	5

---

1 『수교집록』은 1698년(숙종 24) 3월 활자본으로 간행되었지만, 1697년(숙종 23) 1월 이미 완성된 것으로 보인다(홍순민, 「조선 후기 법전 편찬의 추이와 정치 운영의 변동」, 『한국문화』 21 1998, 180쪽). 이에 따라 『수교집록』에 수록된 수교의 하한선을 1696년으로 잡았다.
2 『결송유취보』에는 조문 번호가 없다. 역자가 내용을 구분할 수 있도록 조문의 'o'을 기준으로 순번을 매긴 것이다.

2) 『수교집록』 편찬 이후(1697~1707)

연번	조목번호	조목명	내용	연도	조문번호
①	7	도적	賊儻之自外打破獄門者外 雖自內脫枷柤破獄門自出 當該典守之人 嚴刑就服後 處之治盜之律 而尙未捕捉守令 營門決杖	康熙己卯(1699)受敎	10
②	40	잡령	凡推奴者~而每年貢以奴一疋半定式	康熙戊寅(1698)受敎	12
③			屠牛犯禁守令罷職 遞易重難 依還上未捧例 營門決杖	康熙庚辰(1700)受敎	13
④			私屠犯禁者 收贖 而未贖者 刑推三次後放送	康熙庚辰(1700)受敎	14
⑤			書院不請于朝 先自營建 首倡儒生停學 守令論罪	康熙癸未(1703)承傳	22
⑥			濫率守令 營門決杖 曾經臺侍者 罷黜	康熙丙戌(1706)承傳	23
⑦			大王子孫嫡派 當爲忠義者外… 有蔭役 及良役騎步兵 並爲充定事	康熙壬午(1702) 歲抄事目	26
⑧			處女揀擇時 時任守令 及出入三司生存之人 女與孫女 並令捧單	康熙丙戌(1706)承傳	40
⑨	42	산송	爭山相訟 無論曲直 姑先刑推地官 而理曲者 喪主定配 而勳戚大臣遷葬時 勿許禮葬	康熙戊寅(1698)受敎	6
⑩			人家百步內 不許入葬 乃是法典 今後則無論瓦草家 雖一人家舍 百步內 毋得許葬事 申飭京外	康熙癸未(1703)承傳	7

부록 2. 『결송유취보』 오자

연번	조목명	『결송유취보』	원문	원문 수록처
1	2 鬪歐	抉毀人耳鼻	毀缺人耳鼻	『대명률』325 鬪毆
2		抗拒不報	抗拒不服	『대명률』333 拒毆追攝人
3	4 殺傷	從夫家賣	從夫嫁賣	『대명률』390 犯姦
4	5 檢驗	抄箚屍之形狀四至 房可扛擡	抄箚屍之形狀四至 方可扛擡	『신주무원록』
5		水注不流	水住不流	
6		無罪非	無卽非	
7		次女前	次如前	
8		女驗中毒服毒法	如驗中毒服毒法	
9		母得推誘	母得推諉	
10	8 推斷	應拷決者 依土保管	應拷決者 依上保管	『대명률』444 婦人犯罪
11	12 嫁娶	斷付前夫完娶	斷付前夫 出居完聚	『대명률』110 逐壻嫁女
12		減二等 追還完娶	減二等 追還完聚	『대명률』123 出妻
13	13 犯姦	各杖一百徒二年	各杖一百徒三年	『대명률』392 親屬相姦
14	18 勿許聽理	宣頭案付奴婢 依各正案例 勿許爭訟 <弘治庚戌(1490)受敎>	宣頭案付奴婢 依各正案例 勿許爭訟 <弘治己酉(1489)受敎>	『대전속록』 刑典 公賤
15	19 聽理	註解 遺 流也	註解 遺 留也	『경국대전주해』 전집 형전 사천
16		成和 乙未年	成化 乙未年	중국 명대 연호
17	21 立後	同宗之子 雖得爲後	同宗支子 雖得爲後	『경국대전주해』 전집 예전 봉사

40 결송유취보 역주

연번	조목명	『결송유취보』	원문	원문 수록처
18	22 奉祀	七品以上 祭二代	七品以下 祭二代	『경국대전』 예전 봉사
19	24 公賤	雜犯屬定人	雜犯定屬人	『대전후속록』 형전 금제
20		情甚頑詐者 以外知部律罪之	情甚頑詐者 全家徙邊	『수교집록』 형전 공천
21	26 贖身	無贖身立後	無贖身立役	『경국대전』 형전 천처첩자녀
22		己酉以後 公私賤娶良女所生 從母許良… <康熙甲辰(1664)承傳>	己酉以後 公私賤娶良女所生 從母許良… <康熙甲子(1684)承傳>	『숙종실록』 10년 10월 23일
23		公私賤中 奴與婢交嫁者… <康熙甲申(1704)承傳>	公私賤中 奴與婢交嫁者… <康熙甲辰(1664)承傳>	『수교집록』 형전 속량
24		凡賤口幷子孫 永勿許爲良者	凡賤口幷子孫 永許爲良者	『대전후속록』 형전 금제
25	29 驛路	驛吏嫁公私賤所生子女	驛吏嫁公私賤所生女子	『수교집록』 병전 역로
26	31 文記	凡父母未分奴婢 其子孫	凡父母未分奴婢 其子女	『수교집록』 형전 문기
27	32 買賣	凡盜賣奴婢役價 徵於盜賣者【田宅花利同】	凡盜賣奴婢役價 徵於盜賣者【田地花利同】	『대전속록』 형전 사천
28	34 徵債	過一年 不告官者勿徵	過一年 不告官者勿聽	『경국대전』 호전 징채
29	40 雜令	各司官員數易 以斷公事淹滯	各司官員數易 以致公事淹滯	『대전후속록』 형전 잡령
30		豪强品官等 以其所耕 合錄於富民田畓	豪强品官等 以其所耕 合錄於貧民田畓	『각사수교』 호조수교

부록 3. 『결송유취보』 탈자

연번	조목명	『결송유취보』	원문	원문 수록처
1	1 相避	掌隷院 宗簿寺	掌隷院 司諫院 宗簿寺	『경국대전』 이전 相避
2		若受業師及舊有讎嫌之人 並聽移文	若受業師及舊有讎嫌之人 並聽移文回避	『대명률』 358 聽訟回避
3	3 辜限	破墮胎	破骨墮胎	『대명률』 326 保辜限期
4	4 殺傷	凡謀殺 造意者 斬…杖一百 流三千里	凡謀殺人 造意者 斬…杖 一百流三千里 殺訖乃坐	『대명률』 305 謀殺人
5		謀而已行…爲從者 杖一百	謀而已行…爲從者 杖一百 但同謀者 皆坐	『대명률』 305 謀殺人
6		鄕村無人曠野地內馳驟 因而傷人致死者 杖一百 追埋葬銀一十兩	鄕村無人曠野地內馳驟 因而傷人致死者 杖一百 並追埋葬銀一十兩	『대명률』 319 車馬殺傷人
7	5 檢驗	剪去中	剪去中指	『신주무원록』
8	7 盜賊	凡盜田野穀麥菜果及無人看守器物者 計贓	凡盜田野穀麥菜果及無人看守器物者 並計贓	『대명률』 294 盜田野穀麥
9		其已就拘執而擅殺傷者 減鬪殺罪	其已就拘執而擅殺傷者 減鬪殺傷罪	『대명률』 300 夜無故入人家
10	8 推斷	若廢疾者 並不合	若廢疾者 並不合拷訊	『대명률』 428 老幼不拷訊
11	16 罵詈	若妻之父母者	若罵妻之父母者	『대명률』 353 罵詈
12	18 勿許聽理	父母田宅合執者 仍並耕永執者 不限年	父母田宅合執者 因並耕永執者 賃居永執者 不限年	『경국대전』 호전 전택
13		以落訟上言者 三以後	以落訟上言者 三度以後	『수교집록』 형전 청리
14	23 私賤	有子女前母繼母奴婢 承重子則九分之一	有子女前母繼母奴婢 義子女 承重子則九分之一	『경국대전』 형전 사천
15	24 公賤	鄕吏之子孫 繼爲本役者 十七八	鄕吏之子孫 繼爲本役者 十無七八	『각사수교』 한성부수교

연번	조목명	『결송유취보』	원문	원문 수록처
16	26 贖身	文武官生員進士錄事有蔭子孫及無嫡子孫者之妾子孫承重者	大小員人【文武官生員進士錄事有蔭子孫及無嫡子孫者之妾子孫承重者】	『경국대전』 형전 천처첩자녀
17		宗親賤妾子 家畜所生與否	宗親賤妾女 家畜所生與否	『대전후속록』 형전 천첩자녀
18	29 驛路	驛吏娶公私所生 自顯宗朝甲辰年	驛吏娶公私賤所生 自顯宗朝甲辰年	『수교집록』 병전 역로
19		驛女嫁公賤所生男女 亦依顯宗朝己酉事目	驛女嫁公私賤所生男女 亦依顯宗朝己酉事目	『수교집록』 병전 역로
20	30 功臣賜牌	代盡復祭之	代盡不復祭之	『경국대전주해』 전집 호전 전택
21		只給三十結 其餘屬公	只給祭田三十結 其餘屬公	『경국대전』 호전 전택
22	31 文記	以後 並告官改給	自今以後 白文 並告官改給	『수교집록』 형전 문기
23	32 買賣	田畓家垈買賣後 官斜 京中自庚午八月初	田畓家垈買賣後 官斜作紙 依法捧上後 立案成給矣 依大臣定奪 楮注紙一卷 代以常用白紙一卷捧上 毋過二十卷 而京中自庚午八月初	『수교집록』 호전 매매
24	36 田結	分給與未捧中 五百石以上 決杖事	分給與未捧中 五百石以上 罷職 十石以上 決杖事	『수교집록』 호전 요부
25	38 決訟日限	凡訟決折	凡訟田民決折	『수교집록』 형전 청리
26	40 雜令	元惡鄕吏【…良家女及官婢作妾者】推劾科罪	元惡鄕吏【…良家女及官婢作妾者】許人陳告 亦許本官京在所告司憲府 推劾科罪	『경국대전』 형전 원악향리
27		不騎船色吏 嚴刑 全家 守令拿問定罪	不騎船色吏 嚴刑 全家定配 守令 拿問定罪	『수교집록』 호전 조전
28		驛馬濫乘者 並杖一百流三千里	驛馬濫乘者私與者 並杖一百流三千里	『경국대전』 형전 금제

일러두기

1. 이 책은 『결송유취보(決訟類聚補)』 역주본으로, 1996년 한국학중앙연구원에서 '한국학자료총서 8'로 간행한 영인본을 저본으로 삼았다.
2. '상피'에서 '산송'에 이르는 본문 42개 목록에 대한 이름은 『결송유취보』 범례에 따라 '조목'이라 하였으며, 〈 〉로 표시하였다.
   예: 1. 상피 → 1. 〈상피〉
3. 독자의 이해를 돕기 위해 '1. 〈상피〉'부터 '42. 〈산송〉'까지 각 조목마다 해설을 붙였다. 다만 부록에 해당하는 '수령하직시승정원별유'부터 '환자제모법'까지는 해설을 생략하였다.
4. 조목 내에 있는 율문은 '조문'이라 하였으며 내용을 구분할 수 있도록 번호를 붙였다.
   1) 번호는 『결송유취보』의 'ㅇ'을 기준으로 부여하였다.
   2) 『결송유취보』는 여러 조문으로 나뉘었으나 원 율문이 하나의 조문일 경우, 동일 번호 아래 세부 번호를 붙여, 원래 하나의 조문임을 밝혔다.
   예: 8-1, 8-2, 8-3
   3) 『결송유취보』는 하나의 조문으로 되어 있으나 원 율문이 여러 조문일 경우, 조문 번호 다음에 [ ] 표시를 하고 별도의 조문 번호를 부여하여, 원래 개별 조문임을 밝혔다.
5. 본문에 오자나 결락이 있는 경우, 본문을 수정하지 않고 각주를 달아 교감했다. 이와 함께 오탈자는 일괄 정리하여 해제의 부록으로 첨부하였다.
6. 조문 출전에 대한 번역은 다음과 같이 하였다.
   1) 조문의 원 소재를 상세히 밝혀 찾아보기 쉽도록 하였다.
   예: 1. 상피
   　원문: 若受業師 … 並聽移文 〈大明律〉
   　역문: 수업사나 … 모두 이문하게 한다. 『대명률』 358 청송회피〉
   2) 조문 출전 표기에 오류가 있는 경우 번역문에서 교감하였다.
   예: 24. 공천
   　원문: 雜犯屬定人 … 勿免放 〈前續錄 ○ 決訟類聚〉
   　역문: 잡범으로 노비가 된 사람이 … 석방하지 않는다. 〈『대전후속록』 형전 금제 ○ 『결송유취』 금제〉

7. 본문에 대한 설명은 각주로 하고, 주요 용어에 대한 해설은 일괄 정리하여 뒤에 '용어해설'로 첨부하였다. 해설 대상 용어는 본문 중 각 조문에서 최초 언급 시 *로 표시하였다.

8. 원문에 간지로 기록한 경우, 번역문에는 서기연도를 기록하고 왕력을 병기했다.
   예: 乙酉受敎 → 1645년(인조 23) 「을유수교」

9. 편찬자가 실제로 보(補)하였으나 【補】 표기를 생략한 조목이나 조문의 경우, 일일이 작은따옴표를 붙여 【補】라고 추기하였다.

10. 역주는 판본 내용에 한하였으며, 이용자가 판본에 손으로 첨기한 내용은 제외하였다.

11. 『대명률』 해석과 조문 표시는 국역 『대명률직해』(한국고전번역원, 2018)에 따랐다.

결송유취보 역주

범례
凡例

1. 법령은 국가의 전장이니 마땅히 강습하고 봉행해야 하며 초록하는 것은 옳지 않다. 다만 그 편질이 방대하고 절목이 번다한 탓에, 일일이 고열하여 법의에 부합하기 어렵다. 그러므로 옛사람이 소송을 판결하는 데 긴요하고 절실한 법조문을 이미 가려 뽑아 『결송유취』라 명명해서 세상에 전하게 했으니 소송 판결의 지침이라 이를 만하다. 그러나 기록한 것이 상세하고 빠짐없다 하기에는 여전히 흠결이 있어, 살피고 검토하여 증거로 삼기에 적당하지 않다. 이에 『결송유취』에 의거하고 필요한 내용을 더하여 보충했다. 이는 감히 고의로 새롭게 내세우려는 것이 아니니 읽는 이들이 혜량하기 바란다.
1. 『결송유취』는 오로지 송사의 판결만을 위주로 한 채 재단할 법률을 수록하지 않아 한쪽으로 지나치게 치우쳐 형평을 잃었다. 그러므로 이제 편목 가운데 〈투구〉, 〈고한〉과 같은 조목을 앞쪽에 두고 또 소송 현장에서 긴요하고 절실한 율령을 추가하여, 20여 조목을 덧붙임으로써 살피고 검토하여 증거로 삼을 수 있도록 했다.
1. 『결송유취』 중의 〈단송〉은 (소송이 일어나지 않게 한다는) '무송'의 뜻으로, '청리를 허락하지 않는다'는 것과는 차이가 있으므로 지금 〈물허청리〉로 고쳤다. 〈금제〉는 '사람으로 하여금 범하지 못하게 한다'는 의미인데, 사람들이 법리를 이해하지 못하여 매번 쟁송에 이르렀다. 그러므로 (삭제하고) 일부를 분리하여 〈청리〉에 첨입했다. 공신의 명호 유무, 향리의 면역 여부는 상송*에 그다지 긴요한 사항이 아니므로 생략하여 수록하지 않았다. 그 밖에 분류가 정밀하지 않은 것과 순서가 뒤섞여 어지러운 것은 모두 바로잡아 어지럽게 뒤섞이지 않도록 만들었다.

1. 법률을 분명하게 이해한 뒤에야 법을 적용할 수 있기 때문에 '대전성취연월' 아래에 오형도와 수속도를 수록했다.
1. 형조, 한성부, 장예원 및 지방의 수령은 국기일*을 만나면 관아에 나와 근무하지 않는 것이 법례이다. 만약 국기일에 송사를 판결하는 경우가 있으면 법례를 위반하는 것이다. 그러므로 지금 '본조년기' 아래에 국기일을 기록했다.
1. 〈잡령〉은 국가에서 단속하는 것이며, 〈수장〉 또한 관직에 있는 자가 마땅히 스스로 경계해야 하는 바이다. 그러므로 〈결송일한〉 아래[1]에 첨입했다.
1. 조령 가운데 어의가 중첩된 것은 한 가지만을 취하였고, 문장이 길게 늘어진 것은 핵심적인 취지만을 거론하여 간편함을 취했다.
1. 『대명률』과 『경국대전』, 『수교집록』* 중에는 상고하거나 시행할 만한 법조문이 많아 이루 다 적을 수 없다. 이 책은 전적으로 옥송[2]*을 위해 편찬한 것이므로 오직 옥송에서 긴요한 것만을 취하고 나머지는 모두 생략했다.
1. 『경국대전』과 수교 중에 내용이 서로 모순되는 부분은 『수교집록』의 범례[3]에 의거하여, 나중의 것을 따라 시행하되, 혹 두 가지를 모두 기록해두어 송관이 참작하여 처리할 수 있도록 하였다.
1. 『결송유취』 중의 조목은 그대로 존치시키고 '보(補)'자를 더하지 않았다. 지금 이 책에서 첨입한 것은 조목 위에 '보'자를 더했고, 조목 가운데 (조문을) 첨입한 것도 '보'자를 썼다. 편자의 견해를 삽입한 경우에는 '안(按)'자를 써서

---

1 정확하게 말하면 〈作紙〉 아래에 첨입했다.
2 이때의 옥송은 사송(詞訟)과 구별되는 협의의 옥송이 아니라 재판 일반을 가리키는 광의의 옥송이다. 광의의 옥송은 죄를 다루는 형사적 소송에 한정되지 않는 보다 넓은 의미, 즉 죄를 다투지 않고 순수하게 재물의 귀속을 다투는 소송까지도 포괄하는 의미를 지니고 있다(田中俊光, 「조선초기 斷獄에 관한 연구: 형사절차의 정비를 중심으로」, 서울대학교 박사학위논문, 2011, 24쪽).
3 『수교집록』의 범례: 『수교집록(受敎輯錄)』凡例, "한 가지 일에 대해 전후의 수교가 비록 혹 어긋나는 것이 있더라도 한데 아울러 기록하여 뒤의 것을 따라 시행할 바탕으로 삼았다(以一事前後受敎 雖或有牴牾者 一倂輯錄 以爲從後施行之地)."

구별했다.

一 條令是國家典章 固當講習奉行 不宜有所抄錄 第其篇帙浩大 節目繁縟 亦難一一考閱 以合法意 故古人旣已抄出條令之切要於決訟者 名曰決訟類聚 以行於世 可謂決訟之指南 然其所錄 猶欠詳悉 不便考據 玆用依其書而添補之 非敢故欲創始 覽者恕之

一 決訟類聚 專主訟事決折 不載法律裁斷 事甚偏枯 故今於篇中 首擧鬪歐辜限之類 且附律令之繁切於訟場者二十餘條 以備考據

一 決訟類聚中斷訟 卽無訟之意 而與勿許聽理有間 故今改以勿許聽理 禁制 卽使人勿犯之意 而人不曉法理 每致爭訟 故今破入於聽訟[4] 條 功臣名號有無 鄕吏免役與否 無甚繁要於相訟 故略而不錄 其他分類之未精者 次序之錯亂者 悉加釐正 俾勿混淆

一 曉解法律然後 可以用法 故於大典成就年月之下 載五刑圖及收贖之圖

一 刑曹漢城府掌隸院外方守令 若値國忌日 則例不開坐 而若有國忌日決訟者 則有違法例 故今於本朝年紀之下 書國忌日

一 雜令是朝家禁制 受贓又有官者所當自飭 故添入於決訟之下

一 條令中 語意之重疊者 只取其一 文字之拖長者 只擧宗旨 以取簡便

一 大明律經國大典受敎輯錄中 科條之可考可行者 不可勝紀 而此篇專爲獄訟而作 故只取切要於獄訟者 餘皆略之

一 大典及受敎中 語有牴牾者 依受敎輯錄凡例 從後施行 或兩存之 以備訟官酌處

一 決訟類聚中之條目 則仍存而不加補字 今此添入者 則條目上加補字 條目內添入者 亦書補字 挽入己見者 書按字而別之

---

4 聽訟: '聽理'의 오기이므로 번역에서 교감하였다.

목록
目錄

1 상피(相避), 2 투구(鬪歐), 3 고한(辜限), 4 살상(殺傷), 5 검험(檢驗), 6 낙태(落胎), 7 도적(盜賊), 8 추단(推斷), 9 천살(擅殺), 10 남형(濫刑), 11 포망(捕亡), 12 가취(嫁娶), 13 범간(犯姦), 14 사위(詐僞), 15 고소(告訴), 16 매리(罵詈), 17 잡범(雜犯), 18 물허청리(勿許聽理), 19 청리(聽理), 20 친착(親着), 21 입후(立後), 22 봉사(奉祀), 23 사천(私賤), 24 공천(公賤), 25 진고(陳告), 26 속신(贖身), 27 속공(屬公), 28 혜휼(惠恤), 29 역로(驛路), 30 공신사패(功臣賜牌), 31 문기(文記), 32 매매(買賣), 33 매매일한(買賣日限), 34 징채(徵債), 35 호적(戶籍), 36 전결(田結), 37 정송(停訟), 38 결송일한(決訟日限), 39 질지[作紙], 40 잡령(雜令), 41 수장(受贓), 42 산송(山訟)

명나라 연보
大明年紀

홍무원년 무신 고황제　재위 31년(1368~1398)
건문원년 기묘 건문　재위 4년(1399~1402)
영락원년 계미 태종　재위 22년(1403~1424)
홍희원년 을사 인종　재위 1년(1425)
선덕원년 병오 선종　재위 10년(1426~1435)
정통원년 병진 영종　재위 14년(1436~1449)
경태원년 경오 경황제　재위 7년(1450~1456)
천순원년 정축 영종　복위 8년(1457~1464)
성화원년 을유 헌종　재위 23년(1465~1487)
홍치원년 무신 효종　재위 18년(1488~1505)
정덕원년 병인 무종　재위 16년(1506~1521)
가정원년 임오 숙종　재위 45년(1522~1566)
융경원년 정묘 목종　재위 6년(1567~1572)
만력원년 계유 신종　재위 48년(1573~1619)
태창원년 경신 광종　재위 29일(1620)
천계원년 신유 장종　재위 7년(1621~1627)
숭정원년 무진 의종　재위 7년(1628~1644)

청나라 연보
【補】[1] 淸朝年紀

숭덕2년 정축 태종 재위 8년(1637~1643)
순치원년 갑신 세조 재위 18년(1644~1661)
강희원년 임인(1622)

---

1 **【補】**: 淸朝年紀는 『결송유취』에 없기에 **【補】**로 표기하였다.

조선 연보
本朝年紀

태조 재위 7년(원년 홍무 25년 임신/ 홍무 31년 무인 전위)

정종 재위 2년(원년 건문 원년 기묘/ 건문 2년 경진 전위)

태종 재위 18년(원년 건문 3년 신사/ 영락 16년 무술 전위)

세종 재위 32년(원년 영락 17년 기해/ 경태 원년 경오 승하)

문종 재위 3년(원년 경태 2년 신미/ 경태 4년 계유 승하)

단종 재위 2년(원년 경태 5년 갑술/ 경태 6년 을해 손위)

세조 재위 14년(원년 경태 6년 을해/ 성화 4년 무자 승하)

예종 재위 1년(원년 성화 5년 기축/ 성화 5년 기축 승하)

성종 재위 25년(원년 성화 6년 경인/ 홍치 7년 갑인 승하)

연산 재위 12년(원년 홍치 8년 을묘/ 정덕 원년 병인 폐)

중종 재위 39년(원년 정덕 원년 병인/ 가정 23년 갑진 승하)

인종 재위 1년(원년 가정 24년 을사/ 가정 24년 을사 승하)

명종 재위 22년(원년 가정 25년 병오/ 융경 원년 정묘 승하)

선조 재위 41년(원년 융경 2년 무진/ 만력 36년 무신 승하)

광해 재위 15년(원년 만력 37년 기유/ 천계 3년 계해 폐)

인조 재위 27년(원년 천계 3년 계해/ 순치 6년 기축 승하)

효종 재위 10년(원년 순치 7년 경인/ 순치 16년 기해 승하)

현종 재위 15년(원년 순치 17년 경자/ 강희 13년 갑인 승하)

조선 국기일
【補】本朝國忌

태조강헌대왕	5월	24일
신의왕후한씨	9월	23일
신덕왕후강씨	8월	13일
정종공정대왕	9월	26일	조[1]
순덕왕후김씨	6월	25일	조
태종공정대왕	5월	10일
원경왕후민씨	7월	10일
세종장헌대왕	2월	17일
소헌왕후심씨	3월	24일
문종공순대왕	5월	14일	조
현덕왕후권씨	7월	24일	조
단종공의대왕	10월	24일	조
정순왕후송씨	6월	4일	조
세조혜장대왕	9월	8일
정희왕후윤씨	3월	30일
덕종회간대왕	9월	2일	조
소혜왕후한씨	4월	24일	조
예종양도대왕	11월	28일	조
장순왕후한씨	12월	5일	조
안순왕후한씨	12월	24일	조

---

1 조: 조천(祧遷)*을 의미한다.

성종강정대왕	12월	24일	
공혜왕후한씨	4월	15일	
정현왕후윤씨	8월	22일	
중종공희대왕	11월	15일	
단경왕후신씨	12월	7일[2]	
장경왕후윤씨	3월	2일	
문정왕후윤씨	4월	7일	
인종영정대왕	7월	1일	조
인성왕후박씨	11월	29일	조
명종공헌대왕	6월	28일	조
인순왕후심씨	1월	2일	조
선조소경대왕	2월	1일	
의인왕후박씨	6월	27일	
인목왕후김씨	6월	28일	
원종공양대왕	12월	29일	
인헌왕후구씨	1월	14일	
인조헌문대왕	5월	8일	
인렬왕후한씨	12월	9일	
장렬왕후조씨	8월	26일	
효종장무대왕	5월	4일	
인선왕후장씨	2월	24일	
현종창효대왕	8월	18일	
명성왕후김씨	12월	5일	

[2] 이용자가 손으로 첨기하였다. 단경왕후는 『결송유취보』가 편찬된 이후인 1739년(영조 15)에 복위되었다.

대전이 만들어진 시기
大典成就年月

전대전*	성화 갑오(1474, 성종 5)
신대전*	성화 을사(1485, 성종 16) 1월 1일 최초 시행
전속록*	홍치 계축(1493, 성종 24) 5월 7일 최초 시행
후속록*	가정 계묘(1543, 중종 38) 11월 14일 최초 시행
수교집록*	강희 무인(1698, 숙종 24) 3월 최초 시행

오형도
【補】五刑之圖

오형지도					
태형 5등급	10	20	30	40	50
장형 5등급	60	70	80	90	100
도형 5등급	장 60 1년	장 70 1년 반	장 80 2년	장 90 2년 반	장 100 3년
유형 3등급	장 100 2,000리		장 100 2,500리		장 100 3,000리
사형 2등급	교수형 (지체*를 온전히 함)			참형 (머리와 몸통을 분리함)	

태형과 장형에 대한 속전 징수도
答杖收贖圖

		태형과 장형에 대한 속전 징수도
태형	10	『대명률』 동전 600문 『결송유취』 목면 7자 형조 현행 대전 70문
	20	『대명률』 동전 1관 200문 『결송유취』 목면 14자 형조 현행 대전 140문
	30	『대명률』 동전 1관 800문 『결송유취』 목면 반 필 3자 5치 형조 현행 대전 210문
	40	『대명률』 동전 2관 400문 『결송유취』 목면 반필 10자 5치 형조 현행 대전 280문
	50	『대명률』 동전 3관 『결송유취』 목면 1필 형조 현행 대전 350문
장형	60	『대명률』 동전 3관 600문 『결송유취』 목면 1필 7자 형조 현행 대전 420문
	70	『대명률』 동전 4관 200문 『결송유취』 목면 1필 14자 형조 현행 대전 490문
	80	『대명률』 동전 4관 800문 『결송유취』 목면 1필 21자 형조 현행 대전 560문
	90	『대명률』 동전 5관 400문 『결송유취』 목면 1필 반 10자 5치 형조 현행 대전 630문
	100	『대명률』 동전 6관 『결송유취』 목면 2필 형조 현행 대전 700문

도형, 유형, 사형에 대한 속전 징수도
【補】徒流死收贖圖

도형, 유형, 사형에 대한 속전 징수도		
도형	1년	『대명률』 동전 8관 400문[1] 『결송유취』 목면 3필 28자 형조 현행 동전 700문
	1년 반	『대명률』 동전 10관 800문[2] 『결송유취』 목면 3필 8자 형조 현행 동전 1,000문
	2년	『대명률』 동전 13관 200문[3] 『결송유취』 목면 5필 14자 형조 현행 동전 1,400문
	2년 반	『대명률』 동전 15관 600문[4] 『결송유취』 목면 5필 12자 형조 현행 동전 1,700문
	3년	『대명률』 동전 18관[5] 『결송유취』 목면 6필 형조 현행 동전 2,100문
유형	2,000리	『대명률』 동전 24관[6] 『결송유취』 목면 8필 형조 현행 동전 3,500문
	2,500리	『대명률』 동전 29관[7] 『결송유취』 목면 8필 32자 6치 형조 현행 동전 3,500문
	3,000리	『대명률』 동전 30관[8] 『결송유취』 목면 10필 형조 현행 동전 3,500문
사형	교형	『대명률』 동전 42관 『결송유취』 목면 62필
	참형	『대명률』 동전 42관 『결송유취』 목면 62필

【안】동전 1,000문이 1관이고, 목면 35자가 1필이다. 100문이 1냥이다.

---

1 『대명률』의 도형 1년, 속전은 동전 12관이다.
2 『대명률』의 도형 1년 반, 속전은 동전 15관이다.
3 『대명률』의 도형 2년, 속전은 동전 18관이다.
4 『대명률』의 도형 2년 반, 속전은 동전 21관이다.
5 『대명률』의 도형 3년, 속전은 동전 24관이다.
6 『대명률』의 유형 2,000리, 속전은 동전 30관이다.
7 『대명률』의 유형 2,500리, 속전은 동전 33관이다.
8 『대명률』의 유형 3,000리, 속전은 동전 36관이다.

사손도*
使孫圖[1]

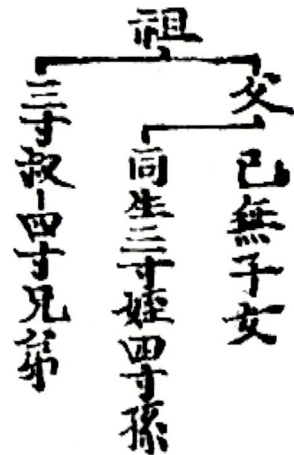

1. 『대전속록』*에 "(『경국대전』에 자녀가 없이 죽은 사람의 기물*은) 반드시 형제자매가 모두 사망한 연후라야 삼촌이 상속받고, 삼촌이 모두 사망한 연후라야 사촌이 상속받는다"라고 하였다. 그런데 관리가 생존한 사람에게만 지급하고 사망한 사람에게 지급하지 않는 것은 입법의 본래 취지에 매우 어긋난다. 지금

---

1 자손이 없이 죽은 이의 소유물은 약간의 봉사조를 제외하고는 본족에게 돌려주게 되어 있는데, 그 순위와 범위가 문제된다. 이에 대해 『경국대전』 형전 〈사천〉은 "형제자매가 없으면 삼촌에게, 삼촌이 없으면 사촌친에게 주고 본족이 없으면 속공하는 것"으로 하였다. 『경국대전주해』는 이에 대한 해설과 함께 그 순위와 범위를 도시(圖示)한 사손도를 제시하였다. 그런데 사손도와 관련된 해설은 『대전속록』과 『경국대전주해』에 서로 다른 내용이 있다. 『사송유취』와 『결송유취』는 『경국대전주해』에서 도시한 사손도를 인용하면서 관련 내용은 『대전속록』의 규정을 수록하였다. 반면 『결송유취보』는 『경국대전주해』에 수록된 사손도와 함께 이에 대한 『대전속록』과 『경국대전주해』의 규정 두 가지 모두를 실었다(임상혁, 『『대전사송유취』와 조선 전기의 법이론』, 『법제연구』 18, 2000).

이후로는 생존한 사람과 사망한 사람을 논하지 않고 균등하게 지급하며, 삼촌 이하도 이러한 예에 따른다"라고 하였다.
2. (『경국대전』 형전 〈사천〉의 '형제자매가 없으면 삼촌이, 삼촌이 없으면 사촌친'이 상속한다는 법에 대해) 『경국대전주해』*에 "자녀가 없이 죽은 이의 기물은 도로 부모에게 귀속시키기 때문에 형제자매의 자녀와 손은 본족이 되지만 삼촌숙과 사촌 형제는 여기에 들어가지 않는다. 사촌손조차 없는 경우에만 그 기물이 위로 조부모에게 귀속되기 때문에 삼촌숙과 사촌형제가 본족이 될 수 있다. 그러므로 범박하게 친족이라 말할 뿐 숙질과 형제 및 손이라고 지목하여 말하지 않았다. 본족이 없으면 속공*한다"라고 하였다.

1. 前續錄 必須同生皆歿然後三寸 三寸皆歿然後四寸 官吏只給見在者 而不給身死者 甚違立法本意 今後生歿勿論均給 三寸以下 亦依此例
2. 刑典註解 無子女己物 還係於父母 故同生子女若孫爲本族 而三寸叔四寸兄弟 則不與焉 無四寸孫然後 其己物當上係於祖父母 三寸叔四寸兄弟 得爲本族 故泛言親 而不指言叔姪兄弟與孫也 無本族 則屬公

소송 심리 절차
聽訟式[1]

1. 소송을 시작한다.
2. 원고와 피고가 원통하거나 억울한 일을 진술한다.
3. 증거 문기를 제출한다.
4. 증거 문기를 면밀하게 검토한 후에 봉인한다. 원고와 피고가 여기에 서명하고 원·피고로부터 그 사실에 대한 다짐을 받은 다음 본래 주인에게 문서를 돌려준다.[2]
5. 증거 문기를 나중에 다시 제출하게 할 때에는 원고와 피고를 또 불러 다짐을 분명하게 한 뒤에 개봉한다.
6. 증거 문기의 선후 관계를 조사한다.
7. (호적, 군적 등의) 입적 여부를 조사한다.[3]
8. 입안의 형식이 어긋났는지【노비는 장예원인지, 가옥과 전답은 한성부인지, 재주 거주지가 아닌지】와 기한이 지났는지 여부를 조사한다.[4]

---

[1] 청송식(聽訟式): 민사소송의 개시부터 심리, 판결에 이르기까지 과정을 순서대로 기술하면서 심리할 때 빠뜨리지 말아야 할 사항을 조목조목 정리하고 있다. 곧 민사소송 체계의 완성된 뼈대를 보여주고 있는 것이다[임상혁(2000), 앞의 글, 221쪽]. 청송식은 1585년(선조 18) 편찬된 『사송유취』에 처음 보인다. 『사송유취』보다 앞서 편찬한 『청송제강』과 『사송유초』에도 청송식이 보이지만 이는 후대에 필사로 보충한 것이다. 청송식은 1791년(정조 15) 국가가 편찬한 법률서인 『추관지』에도 수록되는데 소송 심리의 순서는 『사송유취』와 차이가 있다.

[2] 각자가 제출한 문기의 동일성과 진실성, 그리고 문기 소지의 사실을 확인하고 문기의 변조를 방지하기 위함이다(박병호, 『한국법제사고: 근세의 법과 사회』, 법문사, 1974).

[3] 군역, 납세 기타의 잡역의 면피(免避)를 조사하기 위한 것이었을 것이다[박병호(1974), 위의 책].

[4] 【 】는 주 표시이다. 매매와 상속으로 인해 입안을 받은 것이면 소할관사(所轄官司)에서 법정 기한 안에 받았는지 여부를 조사한다. 이를테면 매매의 경우는 매도인의 소재지를 관할하는 관사에서 받아야 하며, 한성부는 가사와 전답, 장예원은 노비에 대한 관할권이 있다. 또 입안 청구는 재주(매도인이나 피상속인) 소재처를 관할하는 수령에게 하며 계약 체결 후 100일 안

9. 법적인 권한을 갖지 못하는 사람이 재산을 허여하지 않았는지를 조사한다.【법적인 권한을 갖지 못하는 사람이란 부모, 조부모, 외조부모, 장인, 장모, 남편, 처, 첩이 아닌 자들이다.】
10. 증거가 될 만한 (여러 가지) 문기를 비교하여 대조한다.
11. 문서에 덧써넣었거나 문질러 지운 부분이 있는지를 조사한다.
12. 관청에서 증명하는 도장을 받은 뒤에 보태어 쓴 곳은 없는지를 조사한다.
13. 증인과 필집이 족친인지 현관*인지 여부를 조사한다.
14. 부인의 도장을 면밀하게 검토한다.
15. 관인의 흔적을 면밀하게 고찰한다.
16. 문기를 작성한 시기와 재산 소유주의 사망 시기를 함께 살펴본다.
17. 문기를 작성한 시기와 재산 소유주의 관직 제수 시기가 과연 같은지 다른지를 조사한다.
18. 다른 관청에서 작성한 문서를 가져왔을 경우, 문서를 연결한 부분에 위조의

에 해야 한다[박병호(1974), 앞의 책].

5 계약을 체결하거나 분재(分財)할 때에는 근친이나 인리인(隣里人)[삼절린(三切隣)이라고 하며 가까운 이웃을 뜻함] 중 2~3인 이상이 증인이나 필집인으로 입회해야 한다. 그러므로 당사자 외에 증인이 입회하여 서압(署押)하고 필집인이 문기를 작성하며, 역시 서압해야 한다. 이것은 문기 성립의 진정과 신적(信的) 보증을 위한 것이므로 증인과 필집이 법대로 되어 있는지를 조사하는 것이다[박병호(1974), 앞의 책].

6 양반의 처에 한하여 문기 작성 시에 인장을 사용하도록 되어 있다. 『경국대전』(禮典 用印조)에 의하면 2품 이상의 처는 방(方)이 1촌 7분, 6품 이상은 1촌 4분 7품 이하는 1촌의 인장을 소지하게 되어 있으며, '某妻某氏章'으로 각인하는 것이 보통이다. 후기에는 유품(有品)의 처가 아니더라도 양반의 처가 인장을 사용하는 것이 상례였다. 따라서 부인의 인장의 규격이나 각자(刻字) 내용 등을 조사하는 것이다[박병호(1974), 앞의 책].

7 문기 중에 날인된 관인을 조사하는 것이다. 관인은 반드시 문서의 연접선과 문면에 기수(奇數)로 날인하며 관인에 한하여 붉은 인육(印肉)을 사용한다. 그러므로 관인과 날인의 위조 여부를 조사하는 것이다[박병호(1974), 앞의 책].

8 문서명의인의 진실 여부를 조사하는 것이다[박병호(1974), 앞의 책].

흔적이 있는지와 다짐이 문서의 내용과 같거나 다른지를 살펴서 문서의 진위를 가려낸다.[9]
19. 입안에 기록된 소송을 판결한 당상관과 낭청의 재임 시기와 서명을 면밀히 살핀다.[10]
20. 노비의 부모 및 그들이 낳은 자식의 순서와 성명이 같은지 다른지를 조사한다.[11]
21. 가옥의 통기와 전답의 깃기*를 면밀하게 살핀다.[12]
22. 소장을 제출한 날짜, 관청에서 해당 문서를 증명해준 날짜, 관청에서 입안을 작성한 날짜, 작성된 모든 문서에 실린 다짐 받은 날짜가 국기일과 사고로 인하여 집무하지 않은 날짜에 해당하는지를 살핀다.
23. 소송 당사자의 귀농 때문에 정송*할 때에는 작성한 문서를 원고와 피고가 동봉한 후 서명·날인하여 다짐을 받고 창고에 보관한다.

1. 始訟
2. 元情

---

[9] 作文(질문)은 이두이며 관사가 보관하고 있는 양안, 호적 등의 공문서를 말한다. 타 관사에 의뢰하여 보내온 작문의 연접(連接)에 위조가 없는가, 그리고 다짐[侤音]의 이동(異同)을 조사 적발한다. 예컨대 지방관에서 패소하여 다짐을 제출하였는데 형조에서 그 다짐과 다른 내용의 다짐을 제출하는 일이 있으므로 그것의 이동을 적발하는 것이다[박병호(1974), 앞의 책].

[10] 형조나 한성부는 합의 관청이므로 판결도 합의하여 내리며, 입안에는 당상관 중 1인, 당하관 중 2~3인이 서압한다. 한성부는 판윤, 좌·우윤, 서윤(庶尹) 중 1인, 방장참군(房掌參軍)과 판관 중 각 1인이 서압하는 것이 상례이다. 그러므로 이들이 입안 당시 재직 중이었는가, 그리고 그들의 서압이 진정한가 여부를 조사하는 것이다[박병호(1974), 앞의 책].

[11] 노비의 매매, 소송에 있어 계쟁노비(係爭奴婢)의 부모, 출생 순서, 성명을 조사하여 동일성을 확인한 것이다[박병호(1974), 앞의 책].

[12] 가사통기(家舍統紀)는 가옥의 소재, 칸수, 소유주 등을 기록한 가옥대장이며, 전답깃기[田畓衿記]는 전답의 소재지, 자호집수[字號卜數], 면적, 소유주 또는 경작자를 기록한 문서이다. 계쟁토지(係爭土地)나 가옥을 이들 통기나 깃기에 의해 대조 확인하는 것이다[박병호(1974), 앞의 책].

3. 文記現納

4. 文記憑閱後封印 元隻着名 捧侤音 還給本主

5. 文記後日更納時 又招 完固侤音 開封

6. 文記先後

7. 入籍與否

8. 違格斜出【奴婢掌隷院 家舍田畓漢城府 非財主所居處】過限與否

9. 違格許與【非父母內外祖父母妻父母夫妻妾之類】

10. 可考文記比對

11. 文記塗擦

12. 印後加書

13. 證筆族親顯官與否

14. 婦人圖書憑閱

15. 印跡憑考

16. 文記成置年月 與財主身死年月相考

17. 文記成置年月 與財主除職見在月日 果異同事

18. 他司作文取來後 考粘連處有奸僞 及侤音異同事 摘發

19. 立案內 決折堂上郎廳在官年月及名署 憑閱

20. 奴婢父母及所生次第姓名 同異

21. 家舍統記 田畓衿記 憑考

22. 呈狀日斜出日立案日 凡作文內侤音日 國忌及有頉不坐日 相考事

23. 歸農停訟時 作文元隻同封 名署踏印 捧侤音庫上

1. 상피
一 相避

상피(相避)는 고려시대와 조선시대에 실시되었던 규정으로, ① 일정한 범위의 친족이 동일한 관사나 통속관계(統屬關係)에 있는 관사에서 같이 근무할 수 없는 것, ② 청송관이 소송 당사자와 친족일 때 해당 송사를 맡지 못하는 것, ③ 시관(試官)의 친족이 과시(科試)에 응시하였을 때 해당 응시자가 그 시관이 참여하는 시장(試場)에서 응시하지 못하는 것 등을 말한다. 여기에서 말하는 친족은 본족(本族), 모족(母族), 처족(妻族) 및 사돈 관계를 지칭한다. 또 특별한 연고가 있는 지역에 수령이나 사관(查官)으로 부임하지 못하게 하고, 사제 관계나 원한이 있는 경우에도 소송에서 회피하도록 했다. 친족 또는 사제 관계에 의해 발생할 수 있는 권력의 집중이나 부당한 특혜 등을 미연에 방지해서 제도가 정당하게 운영되고 정책이 공정하게 실시될 수 있도록 하기 위해 마련한 규정이다.

〈상피〉와 관련된 내용은 모두 5개 조문으로『경국대전』,『대명률』,『대전속록』에서 각기 1개 조문,『수교집록』에서 2개 조문을 발췌해 수록했다. 편찬자가 첫머리에 〈상피〉를 수록한 이유는 행정과 사법 등 수령의 모든 행위가 공정에 바탕을 두어야 한다는 점을 강조하려 한 것으로 보인다. 한편 송관이 상피에 해당되지 않음에도 불구하고 이 규정을 악용해 소송업무를 다른 고을에 떠넘기는 행위 등에 대한 처벌 규정도 마련하였다는 점이 주목된다.

1. 경관과 외관은 본종의 대공* 이상 친족과 사위·손녀사위·자형·매부, 외가의 시마 이상의 친족, 그리고 처가의 장인, 처조부, 처남 및 동서들과 모두 상피*한다.【주석】학관*과 군관은 상피하지 아니한다. 의정부, 의금부, 이조, 병

조, 형조, 도총부, 한성부, 사헌부, 오위장, 겸사복장, 내금위장, 승정원, 장예원, 사간원,1 종부시, 부장, 사관은 본종의 고모부·조카사위·사촌자형·사촌 매부, 외가의 이모부, 처첩 친족의 숙부·조카·고모부·조카사위·사촌 형제와 모두 상피한다. 송사를 처결하는 관원도 같다. 〈『경국대전』 이전 상피 [○『결송유취』 상피]2〉

2. (관원이 소송인 가운데)3 수업사*나 예전에 원한이 있는 사람과 관련되어 있으면, 모두 이문*하여 소송을 회피*하게 한다. 〈『대명률』 358 청송회피 [○『결송유취』 상피]〉

3. 『대전속록』에 "혼인 관계에 있는 집안과는 모두 상피한다"라고 하였다. 〈『대전속록』 이전 잡령 [○『결송유취』 상피]〉

4. 『경국대전』에 송사를 심리하고 옥사를 판결하는 관원이 상피하는 법규가 자세히 수록되어 있다. 하지만 요사이 나쁜 풍습을 그대로 답습하여 법률상 마땅히 상피할 상황이 아닌데도 소송을 다른 관사로 이송해줄 것을 끊임없이 계청*하므로, 피차간에 서로 떠넘기느라 사건 처리가 빈번히 지체되니 매우 온당치 못하다. 소송 당사자는 자기에게 불리할 경우 송관에게 허물을 돌리고 시일을 질질 끌며 회피할 것을 도모해 이러한 분위기가 도도한 흐름이 되어버렸다. 송관 또한 인혐*하여 소송을 기피하고 다른 관사로 이송하니 더욱 혼잡하게 되어 단송*할 기약이 없게 되었다. 지금 이후로는 법률상 마땅히 상피할 사안이 아닌 경우, 그리고 소송 당사자가 송관에게 허물을 돌리는 경우, (모두 이송을) 계청할 수 없다. 〈가정 경술(1550, 명종 5) 수교 ○『결송유취』 상피〉

---

1 사간원: 『경국대전』에 의거하여 보역하였다.
2 [ ]는 『결송유취보』에는 없으나 역주자가 추정하여 추기하였음을 나타내는 표시이다.
3 관원이 … 가운데: 『대명률』 358 〈聽訟回避〉에 의거하여 보역하였다.
4 소송을 … 한다: 『대명률』 358 〈聽訟回避〉에 의거하여 보역하였다.

5. 마땅히 상피할 상황이 아닌데도 고의로 (소송을) 지체하는 계책을 내어 혹은 다른 관사 혹은 다른 방*으로 이송하는 경우가 있다. 그리고 간사한 소인배들 또한 판결이 임박한 때에 자신에게 불리하면 온갖 수단을 동원하여 송관에게 허물을 돌려 (소송을) 억지로 다른 방이나 다른 관사로 옮김으로써 현재 점유하고 있는 이익을 계속 누리고자 한다. 지금부터는 (관원이) 법률상 마땅히 상피할 상황이 아닌 경우, 그리고 소송 당사자가 송관에게 허물을 돌리는 경우, 모두 이송할 수 없다. 이를 위반할 경우 관원은 모두 파직시키고, 소송 당사자는 장 80에 처한다. 〈가정 갑인(1554, 명종 9) 수교 ○『결송유취』상피〉

1. 京外官 本宗大功以上親及女夫孫女夫姊妹夫 外親緦麻以上 妻親父祖父兄弟姊妹夫 並相避 註 學官軍官則勿避 議政府義禁府本曹兵曹刑曹都摠府漢城府司憲府五衛將兼司僕將內禁衛將承政院掌隷院宗簿寺[5]部將史官 則並避本宗三寸叔母姪女夫四寸姊妹夫 外親三寸叔母夫 妻妾親同姓三寸叔姪叔母姪女夫四寸兄弟 聽訟同〈吏典〉
2. 若受業師及舊有讎嫌之人 並聽移文〈『大明律』〉
3. 吏典雜令條 婚姻家並相避〈『前續錄』○『受敎輯錄』〉[6]
4. 大典內 聽訟決獄相避之法 詳明載錄 近來因循弊習 非法當相避 續續啓請 移他司 彼此推移 事多淹滯 至爲未便 訟者不利於已 則歸咎訟官 延拖謀避 滔滔皆是 訟官引嫌 移送他司 尤爲紛紜 斷訟無期 今後 非法當相避 及訟者歸咎 毋得啓請〈○嘉靖庚戌受敎○『決訟類聚』〉
5. 不當相避者 故爲淹延 或移他司 或移他房 而奸細之徒 亦於臨決之時 若

5 　掌隷院宗簿寺:『경국대전』吏典〈相避〉에는 장례원(掌隷院)과 종부시(宗簿寺) 사이에 사간원(司諫院)이 있기에 번역에서 교감하였다.
6 　『수교집록』이 아니라『결송유취』에 해당 내용이 있기에 번역에서 교감하였다.

不利於己 則百般歸咎 强移他房他司 欲享其時執之利 自今以後 非法當相避 及訟者歸咎事 毋得相移 違者官員一切罷職 訟者杖八十〈○嘉靖甲寅受敎 ○『決訟類聚』〉

2. 말로 다투다가 때림
【補】二 鬪毆

> 투구(鬪毆)의 '투(鬪)'는 말로 다투다 감정이 격앙되어 손으로 잡았으나 때리는 데까지는 이르지 않은 경우를 말하며, '구(毆)'는 다투는 상대를 손과 발로 때린 경우를 가리킨다. 〈투구〉는 『대명률』에서 차용한 조목으로 『경국대전』에는 없다. 〈투구〉에는 일상생활 중 가장 자주 발생하는 폭력사건에 대한 8개 조문이 수록되어 있는데, 그중 7개 조문은 『대명률』에서 발췌한 것으로 상해의 종류나 정도에 따라 처벌을 달리했다. 이외에도 공무를 집행하는 사람의 명령을 거역하거나 그에게 폭력을 가한 사람에 대한 처벌 규정이 포함되어 있다. 나머지 1개 조문은 『수교집록』에서 가져온 것으로, 16세기 중엽 사족과 상민을 차별하는 반상제(班常制)를 엄격하게 집행하고자 하는 위정자의 의지가 강하게 반영된 내용이다.

1. 다른 사람과 말로 다투다 (다른 물건을 이용하여) 때려서 상해[1]하지 않았으면 태 30에 처하고, 상해하였으면 태 40에 처한다. 머리카락을 뽑은 것이 사방 1촌 이상이면 태 50에 처한다. 귀나 눈에서 피가 나거나, 내상으로 피를 토하거나, 오물을 가지고 다른 사람의 머리나 얼굴을 더럽히면 장 80에 처한다. 치아 한 개를 부러뜨리거나, 손가락이나 발가락 한 개를 부러뜨리거나, 한쪽 눈을 상하게 하거나, 다른 사람의 귀나 코를 훼손하거나, 다른 사람의 뼈에 금이 가게 하거나, 끓는 물이나 뜨거운 불 및 구리나 철의 쇳물로써 다른 사

---

[1] 상해: 맞은 곳의 피부가 푸르거나 붉은 색깔로 변해 부어오르는 것이다(『대명률』 325 鬪毆). 당률에서는 피가 보이는 것을 상해의 기준으로 삼았다(『당률소의(唐律疏議)』 37 犯罪未發自首).

람을 상해하면 장 100에 처한다. 오물을 다른 사람의 입이나 코안에 부어 넣으면 장 100에 처한다. 〈『대명률』 325 투구〉

2. 치아 두 개 이상을 부러뜨리거나, 손가락이나 발가락 두 개 이상을 부러뜨리거나, 다른 사람의 머리를 깎으면 장 60·도 1년에 처한다. 〈『대명률』 325 투구〉
3. 다른 사람의 갈비뼈를 부러뜨리거나, 다른 사람의 두 눈을 상하게 하거나, 다른 사람의 태아를 낙태시키거나,² 칼날로 다른 사람을 상해하면 장 80·도 2년에 처한다. 〈『대명률』 325 투구〉
4. 다른 사람의 지체*를 부러뜨리거나 어긋나게 하거나, 다른 사람의 한쪽 눈을 멀게 하면 장 100·도 3년에 처한다. 〈『대명률』 325 투구〉
5. 다른 사람의 두 눈을 멀게 하거나, 다른 사람의 지체 두 곳을 부러뜨리거나, 다른 사람의 신체 두 군데 이상을 손상하거나, 본래 있던 질환으로 인해 독질*에 이르게 하거나, 다른 사람의 혀를 절단하거나, 다른 사람의 생식기를 훼손하여 못쓰게 하면 모두 장 100·유 3,000리에 처하며, 이에 더하여 범인의 재산 절반을 상해를 입거나 독질이 된 사람에게 떼어주어 먹고 살게 해준다. 〈『대명률』 325 투구〉
6. 관사에서 사람을 차정하여 공무를 처리하는데 거역하며 복종하지 않거나, 차정된 사람을 때리면 장 80에 처한다. 상해가 무거워 내상으로 피를 토하는 것 이상에 이르거나, 본래 범한 것이 (일반인을 때린 것보다) 무거우면 각각 2등급을 더하되, 죄는 장 100·유 3,000리에 그친다. 〈『대명률』 333 거구추섭인〉
7. 위력으로 다른 사람을 제압하여 속박하거나, 사가에서 때리면서 고문하거나 감금하면 모두 장 80에 처한다. 〈『대명률』 335 위력제박인〉

---

2   낙태시키거나: 보고기한(保辜期限) 이내에 조산한 아기가 죽거나, 태아가 90일이 지나 형상을 갖춘 뒤 죽었을 때 비로소 처벌한다. 낙태가 비록 때린 것으로 말미암았을지라도, 만약 보고기한이 지나 아기가 죽거나, 태아가 90일이 안 되어서 형상을 갖추지 못하였으면 각각 구상(毆傷)의 본법(本法)에 따르고, 태아를 낙태시킨 죄로 처벌하지 않는다(『대명률』 325 鬪毆).

8. 우리나라는 사족과 상한의 구분이 매우 엄격하다. 서인이나 노비가 자기의 위세를 믿고 사족을 능욕하거나 구타하면 전가사변*에 처한다. 〈가정 갑신 (1524, 중종 19) 승전〉

1. 鬪歐人 不成傷者 笞三十 成傷者 笞四十 拔髮方寸以上者 笞五十 血從耳目出 及內損吐血者 以穢物汚人頭面者 杖八十 折人一齒 手足一指 眇一目 抉毁³人耳鼻 及破人骨 湯火銅鐵汁傷人者 杖一百 以穢物灌入人口鼻內者 杖一百 〈『大明律』〉
2. 折二齒二指以上 及髠髮者 杖六十徒一年 〈『大明律』〉
3. 折人肋 眇人兩目 墮人胎 及刀傷人者 杖八十徒二年 〈『大明律』〉
4. 折跌人肢體 及瞎人一目者 杖一百徒三年 〈『大明律』〉
5. 瞎人兩目 折人兩肢 損人二事以上 及因舊患令至篤疾 若斷人舌 及毁破⁴人陰陽者 並杖一百流三千里 仍將犯人財産一半 斷付被傷篤疾之人 養贍 〈『大明律』〉
6. 官司差人 勾攝公事 抗拒不報⁵ 及歐所差者 杖八十 傷重內損吐血以上 及本犯重者 各加二等 罪止杖一百流三千里 〈『大明律』〉
7. 威力結縛人 及私家拷打監禁者 並杖八十 〈『大明律』〉
8. 我國士族常漢之分 甚爲嚴峻 庶人賤口 恃其豪勢 凌辱歐打士族者 全家徙邊 〈○嘉靖甲申承傳〉

3 抉毁: 『대명률』에 '毁缺'로 되어 있어 번역에서 교감하였다.
4 毁破: 『대명률』에 '毁敗'로 되어 있어 번역에서 교감하였다.
5 不報: 『대명률』에 '不服'으로 되어 있어 번역에서 교감하였다.

3. 책임지고 상해를 치료해주는 기한
【補】三 辜限

> 고한(辜限)은 보고기한(保辜期限) 또는 보고한기(保辜限期)의 줄임말로, 가해자에 대한 처벌을 피해자의 생사가 판명될 때까지 보류하는 법정(法定) 치료 기한을 말한다. 이 경우 피해자가 보고기한 안에 죽으면 가해자를 살인죄로 논하지만, 기한을 넘겨 죽으면 죽음의 책임을 물을 수 없다는 뜻으로, 상해와 사망의 인과관계의 존부를 기한으로 의제하는 것이다.
> 고한은 상해의 정도에 따라 기한이 달랐는데 중상일수록 기한이 늘어났다. 그 기한 내에 정범(正犯), 즉 사건을 일으킨 주범은 도주의 우려가 있기 때문에 감옥에 가두었다. 〈고한〉은 두 조문으로 되어 있는데, 하나는 『대명률』에서 발췌한 것이며 다른 하나는 폭력 사건이 발생했을 경우 어떤 절차에 따라 처리해야 하는지를 『결송유취보』 찬자의 입장에서 살펴본 안설(按說)이다.

1. 다른 사람을 구타하여 상해하면 고한*을 20일로 하고, 칼날이나 끓는 물, 불을 가지고 상해하면 30일로 기한한다. 다른 사람의 지체를 부러뜨리거나 어그러뜨리거나 뼈에 금이 가게 하거나 낙태하게 만들면 모두 50일로 기한한다. 〈『대명률』 326 보고기한〉
2. 생각건대, 상해를 입은 사람 집에서 소장을 올려 형조에 고발하면, 형조는 원고에게 상해를 입은 사람을 들것에 실어 데려오게 한다. 섬률과 의관 등이 상처를 자세히 살펴 보고서를 작성하여 올린 뒤, 정범*을 감옥에 가두고 고한을 기다린다.

1. 打傷人者 辜限二十日 以刃及湯火傷人者 限三十日 折跌肢體 及破墮胎 者

皆限五十日〈○『大明律』〉

2. 按 被傷人家 發狀告刑曹 刑曹使元告眞來被傷人 檢律醫官等 傷處看審 手本後 囚禁正犯人 以待辜限

1　破墮胎: 『대명률』에 '破骨墮胎'로 되어 있어 번역에서 교감하였다.

4. 사람을 죽이거나 상해함
【補】四 殺傷

살상(殺傷)은 '살인'과 '상해'를 합한 말로, 사람의 목숨을 빼앗거나 신체를 손상하는 행위를 말한다. 〈살상〉은 『결송유취보』가 새롭게 마련한 조목이다. 『경국대전』에는 독립 항목이 보이지 않다가 『수교집록』 형전에 살인 관련 처벌 조목을 수록한 〈살옥〉이 등장한다. 그리고 『속대전』에 〈살옥〉, 『전율통보』에 〈살상〉이 나타난다.

〈살상〉은 『대명률』에서 발췌한 27개 조문, 『수교집록』에서 발췌한 2개 조문 등 총 29개 조문으로 구성되어 있다.

『대명률』에서 발췌한 내용은 당률에서 규정한 모살(謀殺)·고살(故殺)·투살(鬪殺)·희살(戲殺)·오살(誤殺)·과실치사(過失致死) 등의 육살(六殺)과 명률에서 새롭게 규정한 위핍인치사(威逼人致死)가 있는데, 이들 죄를 범한 죄인에 대한 처벌은 가해자와 피해자의 관계(일반인, 오복친, 가장과 노비·고공)에 따라 가중 또는 감경하도록 규정하였다. 그리고 『대명률』에서 엄격하게 금지한 사화(私和)에 대한 처벌과, 간음으로 인한 살상에 대한 처벌이 있다. 이 중 간음은 〈범간〉이 열세 번째 조목으로 설정되어 있으므로 이와 함께 검토할 필요가 있다.

조선의 사례는 고공이 가장을 살인할 경우 삼성추국을 규정한 1650년(효종 1) 수교 및 남편을 죽여 사형에 처해진 죄인의 자녀들은 삼강을 적용하여 속공하고 집은 허물어 연못을 만들도록 규정한 1597년(선조 30) 수교가 추가되었다. 이들 수교는 16·17세기를 거치며 강상 범죄에 대한 처벌 강도가 강화되는 양상을 보여준다는 점에서 주목되는 현상이다.

1. 모살*의 경우 조의자*는 참형, 지시에 따른 가공자*는 교형, 불가공자는 장

100·유 3,000리에 처한다.[1] 〈『대명률』 305 모살인〉
2. 상해하였으나 죽지 않았으면 조의자는 교형, 지시에 따른 가공자는 장 100·유 3,000리, 불가공자는 장 100·도 3년에 처한다. 〈『대명률』 305 모살인〉
3. 살인을 모의하여 이미 실행하였으나 사람을 상해하지 않았으면 조의자는 장 100·도 3년, 지시에 따른 종범은 장 100에 처한다. 〈『대명률』 305 모살인〉
4. 살인을 모의하여 그로 인해 재물을 얻었으면 강도*와 똑같이 보아 수범과 종범을 구분하지 않고 논죄하여 모두 참형에 처한다. 〈『대명률』 305 모살인〉
5. 장난하다가 다른 사람을 살상하거나[2] 말로 다투다 구타하여 착오로 옆에 있는 사람을 살상하면,[3] 각각 투살상(鬪殺傷)* '으로써[以]'* 논한다.[4] 〈『대명률』 315 희살오살과실살상인〉
6. 과실로 사람을 살해하거나[5] 상해하면 각각 투살상(鬪殺傷)에 '준[准]하여'* 율에 따라 속전을 거두어 피해자의 집에 지급한다.【주에 이르기를 "귀로 듣지 못하거나 눈으로 보지 못하거나 생각이 미치지 못하여 예기치 못하게 살인한 경우이다.】〈『대명률』 315 희살오살과실살상인〉
7. [성시(城市)나 사람이 거주하는 주택에서] 탄환을 발사하거나 화살을 쏘거나 돌을 던지면 태 40에 처한다. 그로 인해 사람을 상해하면 범투상(凡鬪傷)*에

---

1 『대명률』에는 '杖一百流三千里' 뒤에 '殺訖乃坐'라 하여, "죽어야 처벌한다"라는 내용이 추가되어 있다. 이는 모살의 경우, 살인할 계책을 꾸미고[豫謀], 실행하여[已行], 피살자가 사망하는[旣遂] 등의 세 가지 범죄 요건을 모두 충족해야 해당 조문으로 처벌함을 의미한다. 반면 『결송유취보』에는 '殺訖乃坐'가 빠졌다. 이는 모살을 예모·실행하면, 기수·미수 구분 없이 처벌한다는 의미가 되는데, 이는 바로 다음에 있는 '傷而不死' 즉 미수에 대한 처벌 조항과 모순되므로 '殺訖乃坐'가 누락된 것으로 보는 것이 합리적이다.
2 장난하다가 … 살상하거나: 육살 가운데 하나인 희살(戲殺)이다.
3 말로 … 살상하면: 육살 가운데 하나인 오살(誤殺)이다.
4 희살이나 오살을 범하면 투살(鬪殺)과 똑같이 교형에 처하는 것이다.
5 과실로 … 살해하거나: 육살 가운데 하나인 과실살(過失殺)이다.

서 1등급을 감하고, 그로 인해 사망에 이르게 하면 장 100·유 3,000리에 처한다. 〈『대명률』 318 궁전상인〉

8. (정당한 이유 없이 시가나 시장에서) 수레나 말을 급히 몰다가 사람을 상해하면 범투상에서 1등급을 감하고, 사망에 이르게 하면 장 100·유 3,000리에 처한다. 〈『대명률』 319 거마살상인〉

8-1. 향촌의 사람이 없는 광야에서 말을 급히 몰다가 그로 인해 사람을 상해하여 사망에 이르게 하면 장 100에 처한다. 모두[6] 매장은* 10냥을 추징한다. 〈『대명률』 319 거마살상인〉

9. 시급한 공무로 인하여 (수레나 말을) 급히 몰다가 사람을 죽이거나 상해하면 과실살상*으로 논한다. 〈『대명률』 319 거마살상인〉

10. 어떤 일[7]로 인하여 사람을 위핍치사*하면 장 100에 처한다.[8] 만약 관리나 공사인* 등이 공무가 아닌 일[9]로 죄가 없는 백성[10]을 위세로 핍박하여 사망에 이르게 하면 죄가 동일하다. 모두 매장은 10냥을 추징한다. 〈『대명률』 322

---

[6] 모두: 『대명률』에는 8조문과 8-1조문이 하나로 연결되어 있다. 따라서 본 조문의 매장 비용은 앞 조항의 '수레나 말을 급히 몰다가 사람을 상해'하는 경우에도 해당한다. 『결송유취보』에는 '並'자가 누락되었으나 『대명률』에 의거하여 보역하였다.

[7] 어떤 일: 이치에 어긋나는 일을 이른다(『대명률강해』 322 威逼人致死).

[8] 인명사건임에도 불구하고 형량이 장 100에 매장은 10냥으로 비교적 가벼운데, 이는 살옥이 일반인 사이에서 발생하였으며 피해자가 두려움을 느껴 스스로 죽은 것이지 고의로 죽인 것이 아니기 때문이다. 만약 기꺼이 죽으려 하지 않았는데 강제로 핍박하여 죽였거나 남의 재산이나 부인 딸 등을 차지하기 위해 강제로 죽도록 하였으면, 위핍치사가 아니라 사람을 고의로 죽인 고살(故殺)로 논해야 한다(안상권, 「내명률 위핍치사(威逼致死)의 범리와 조선에서의 적용」, 『법사학연구』 50, 2014).

[9] 공무가 아닌 일: "非因公務"라고 하였으므로, 만약 관리가 정당하게 공무를 집행하다가 백성을 핍박하여 죽게 하였으면 죄를 논하지 않는다. 가령 관리가 돈이나 곡식을 추징하거나 공무를 처리하거나 죄인을 뒤쫓아 가서 잡는 것 등으로 인해 백성을 위핍하여 자진하였으면, 관리의 소행은 법을 바르게 집행한 것이고 죽은 이가 스스로 목숨을 가볍게 여긴 것이므로 죄를 주지 않는다는 것이다.

[10] 죄가 없는 백성: 여기서 평민은 죄가 없는 백성이다.

위핍인치사〉

11. (비유*가) 기친* 존장*을 위세로 핍박하여 사망에 이르게 하면 교형에 처하고, 대공친 이하이면 차례로 1등급씩 감한다.¹¹ 〈『대명률』322 위핍인치사〉

12. 간음¹²이나 도적질¹³로 인하여 사람을 위세로 핍박하여 사망에 이르게 하면 참형에 처한다. 〈『대명률』322 위핍인치사〉

13. 조부모·부모 및 남편이나 가장이 살해당했는데 아들·손자·처첩·노비·고공인이 사화*하면, 장 100·도 3년에 처한다. 〈『대명률』323 존장위인살사화〉

13-1. 기친 존장이 피살되었는데 비유가 사화하면 장 80·도 2년에 처한다. 대공친 이하이면 차례로 1등급씩 감한다. 〈『대명률』323 존장위인살사화〉

13-2. 비유가 피살되었는데 존장이 사화하면 각각 1등급을 감한다.¹⁴ 〈『대명률』323 존장위인살사화〉

13-3. 처첩·아들·손자 및 며느리·손자며느리·노비·고공인이 피살되었는데 조부모·부모·가장이 사화하면 장 80에 처하고, 재물을 받으면 장(贓)*

---

11 대공친 … 감한다: 비유(卑幼)가 대공친 존장(尊長)을 위세로 핍박하여 죽게 하면 사죄(死罪)인 교형(絞刑)에서 1등급 감한 장 100·유 3,000리, 소공친 존장이면 장 100·유 3,000리에서 1등급 감한 장 100·도 3년, 시마친 존장이면 장 100·도 3년에서 1등급 감한 장 90·도 2년 반이 된다.

12 간음: '因姦威逼'이란, 강간으로 인해 부녀를 위세로 핍박하여 자진하게 하거나 화간하려다 방해하는 그 남편이나 혹은 그 친속들을 위세로 핍박하여 자진하게 하는 경우 모두가 이에 해당한다. 이 경우 기수, 미수를 구분하지 않고 참형으로 엄하게 처벌하였다.

13 도적질: '인도위핍(因盜威逼)'이란, 강도질로 인해 비록 재물은 얻지 못했으나 재물 주인이 강도의 겁박에 두려움을 느껴서 스스로 죽었거나 혹은 절도하는 것으로 인해 발각되어 재물 주인이 고발하려 하자 도리어 재물 주인을 위세로 핍박하여 죽음에 이르게 하는 것과 같은 따위를 이른다.

14 1등급을 감한다: 기친 존장이 사화하면 비유가 사화한 죄 장 80·도 2년에서 1등급을 줄인 장 70·도 1년 반, 대공친은 2등급을 줄인 장 60·도 1년, 소공친은 3등급을 줄인 장 100, 시마친은 4등급을 줄인 장 90이다.

을 계산하여 절도에 준(准)*하여 논하되, 무거운 쪽으로 처벌한다.[15] 〈『대명률』 323 존장위인살사화〉

14. 일반 사람[16]이 살인사건을 사화하면 장 60에 처한다. 〈『대명률』 323 존장위인살사화〉

15. 조부모·부모 및 기친 존장·외조부모·남편·남편의 조부모나 부모를 죽이려고 모의하여 실행하였으면 모두[17] 참형에 처하고, 죽였으면 모두 능지처사*한다. 시마친* 이상의 존장을 죽이려고 모의하여 실행하였으면 장 100·유 2,000리에 처하고, 상해하였으면 교형, 죽였으면 모두 참형에 처한다. 〈『대명률』 307 모살조부모부모〉

16. 존장이 비유를 죽이려고 모의하여 실행하였으면 각각 고살* 죄에 의거하여 2등급을 감하고, 상해하였으면 1등급을 감하고, 죽였으면 고살법에 의거한다.[18] 〈『대명률』 307 모살조부모부모〉

17. 노비나 고공인이 가장이나 가장의 기복친·외조부모 또는 시마친 이상을 죽이려고 모의하면 죄가 아들이나 손자가 (죽이려고 모의한 것과) 동일하다. 〈『대명률』 307 모살조부모부모〉

18. 처나 첩이 다른 사람과 간통할 경우, 간통 현장에서 간통한 남자와 부인을 직접 붙잡아서 그 자리에서 바로 죽이면 죄를 논하지 않는다. 만약 간통한

---

15 무거운 … 처벌한다: 사화(私和)와 수재(受財) 중에서 무거운 쪽으로 처벌한다는 뜻이다. 수재는 절도죄에 준하는데, 20관을 절도하면 장 80, 30관은 장 90에 해당한다(『대명률』 292 竊盜). 따라서 사회하면서 장(贓) 30관 이상을 수재하면 수재 죄가 장 80의 사화 죄보다 무거우므로 수재 죄를 적용하고, 20관 미만이면 사화 죄를 적용하여 장 80에 처한다는 의미이다.

16 일반 사람: 앞 조문에서 제시한 존장이나 비유와 관계없는 일반 사람을 지칭한다.

17 모두: 수번(首犯)과 종번(從犯)을 구분하지 않고 처벌한다는 것이다.

18 존장이 … 의거한다: 존장(尊長)이 비유(卑幼)를 고살한 율문에 따라 논죄한다는 것이다. 가령 조부모나 부모가 자(子)나 손(孫)을 고살하면 장 60·도 1년인데(『대명률』 342 毆祖父母父母), 모살을 이행(已行)하면 2등급을 줄인 장 90, 이상(已傷)이면 1등급을 줄인 장 100, 이살(已殺)이면 장 60·도 1년이 된다.

남자만 죽였으면 간통한 부인은 율에 의거하여[19] 단죄하고 남편의 뜻에 따라 다른 사람에게 시집보내거나 판다.[20] 〈『대명률』 308 살사간부〉

19. 처나 첩이 간통으로 인하여 간통한 남자와 함께 본남편을 죽이려고 모의하여 죽이면 능지처사하고 간통한 남자는 참형에 처한다. 만약 간통한 남자 자신이 그 본남편을 죽이면 간통한 부인은 비록 실정을 알지 못했어도 교형에 처한다. 〈『대명률』 308 살사간부〉

20. (개가한) 처나 첩이 죽은 남편[21]의 조부모나 부모를 죽이려고 모의하면 모두 시부모를 죽이려고 모의한 죄와 같다. 〈『대명률』 309 모살고부부모〉

21. 노비가 옛 가장을 죽이려고 모의하면 일반인으로 논한다.[22] (율문 주에 이르기를) 자기 노비를 다른 사람에게 전매하면 모두 일반인과 같다는 것이다. 나머지 조항도 이에 준한다. 〈『대명률』 309 모살고부부모〉

22. 화간*하면 장 80, 남편이 있으면 장 90, 조간*하면 장 100에 처한다. 강간하면 교형이고, 미수에 그치면 장 100·유 3,000리에 처한다. 〈『대명률』 390 범간〉

23. 12세 이하의 여자아이를 강간하면 비록 합의하였을지라도 강간과 마찬가

---

19 율에 의거하여: 『대명률』 390 犯姦을 지칭한다.

20 본문의 從夫嫁賣에 대한 해석은 ① "남편의 뜻에 따라 다른 남자에게 시집보내거나 팔게 한다."(『대명률직해』) ② "본 남편에게 데리고 살거나 방매하거나 임의로 하도록 허용해준다(本夫亦中 率居爲去乃 放賣爲去乃 任意以 使內只爲 准受齊)."(『대명률직해』) ③ "그 남편이 임의대로 돈을 받고 다른 사내에게 시집보내는 것을 허락한다(許令其夫從便嫁賣而已)."(『흠흠신서』 卷8 祥刑追議十一 情理之恕六) 등 다양한데, 여기서는 ①의 견해를 따랐다.

21 죽은 남편: 처나 첩이 남편이 죽어 개가한 경우를 말한다(『唐律』 255 謀殺故夫祖父母). 처나 첩이 남편이 죽어 개가하면 부인이 지조를 끝까지 지키지는 못했으나 남편에 대한 의리는 아직 끊어지지 않은 것이다.

22 일반인으로 논한다: 친소·존비 관계가 없는 일반인 사이에 모살한 경우에 해당함을 말한다. 주인이 자신의 노비를 타인에게 전매(轉賣)하였기에 노주 간 의리가 끊어져 일반인의 관계로 논하는 것이다. 구체적인 처벌 내용은 『대명률』 305 謀殺人에 규정되어 있다.

지로 논한다. 〈『대명률』 390 범간〉

24. 화간하거나 조간하면 남녀가 같은 죄이다. 간통으로 낳은 아들이나 딸은 간통한 남자에게 책임을 지워 거두어 기르게 한다. 간통한 부인은 본남편의 뜻에 따라 다른 사람에게 시집보내거나 판다. 그 남편이 머물기를 원하면 들어준다. 만약 간통한 남자에게 돈을 받고 시집보내면 간통한 남자와 본남편 모두 각각 장 80에 처하고, 부인은 이혼시켜 친정에 돌려보내고, 부인의 재산은 관에 들인다. 〈『대명률』 390 범간〉

25. 강간이면 부녀는 처벌하지 않는다. 〈『대명률』 390 범간〉

26. (간통을) 중개하거나 자기 집에 머무르게 하여 간통하게 하면 각각 범인의 죄에서 1등급을 감한다. 간통한 일을 사화*하면 (각각 화간, 조간, 강간죄에서) 2등급을 감한다. 〈『대명률』 390 범간〉

27. 간통하는 현장에서 붙잡은 것이 아니거나 (증거 없이) 간통하였다고 지목만 하면 죄를 논하지 않는다.[23] 만약 간통한 부인이 임신하면 부인 본인만 처벌한다. 〈『대명률』 390 범간〉

28. 고공이 가장을 살해하면 참형에 처하는 율을 가볍게 시행해서는 아니 되며 삼성추국*한다. 〈순치 경인(1650, 효종 1) 수교 ○『수교집록』 형전 살옥〉

29. 남편을 죽인 죄인이 이미 자복하여 사형당했다면 삼강은 한가지이니 (아들이 아버지를 죽인 것과 마찬가지로) 그 자녀는 속공하며 그가 살던 집은 파가저택*한다.[24] 〈만력 정유(1597, 선조 30) 수교 ○『수교집록』 형전 살옥〉

---

[23] 간통하는 … 않는다: 통간(通姦)의 정황은 애매하고 증빙할 만한 자취가 없어 무함하기 쉬우므로 통간자의 체포는 반드시 통간 현장에서 이루어져야 한다. 통간 현장에서 잡은 것이 아니면 그 일을 증명할 수 없고, 아무개가 아무개와 간통하였다고 지칭만 하면 그 말을 증명할 수 없으므로 더 이상 추론(追論)하지 않는다.

[24] 남편을 … 한다: 이 수교는 『속대전』 刑典에 반영되었다.

1. 謀殺 造意者 斬 從而加功者 絞 不加功者 杖一百流三千里〈『大明律』〉

2. 傷而不死 造意者 絞 從而加功者 杖一百流三千里 不加功者 杖一百徒三年〈『大明律』〉

3. 謀而已行 未曾傷人者 杖一百徒三年 爲從者 杖一百[25]〈『大明律』〉

4. 謀殺人 因而得財者 同強盜 不分首從論 皆斬〈『大明律』〉

5. 因戲而殺傷人 及因鬪毆而誤殺傷人者 各以鬪毆殺傷[26]論〈『大明律』〉

6. 過失殺傷人者 各准鬪殺傷罪 依律收贖 給付其家【註云 耳目所不及 思慮所不到 不期而殺人者】〈『大明律』〉

7. 放彈射箭投石者 笞四十 傷人者 減凡鬪傷一等 因而致死者 杖一百流三千里〈『大明律』〉

8. 馳驟車馬傷人者 減凡鬪傷一等 至死者 杖一百流三千里〈『大明律』〉

8-1.[27] 鄕村無人曠野地內馳驟 因而傷人致死者 杖一百 追埋葬銀一十兩〈『大明律』〉

[9].[28] 若因公務 急速而馳驟 殺傷人者 以過失論〈『大明律』〉

10. 凡因事威逼人致死者 杖一百 若官吏公使人等 非因公務 而威逼平民致死

---

25 『대명률』 305 謀殺人에는 "함께 모의하기만 하면 모두 처벌한다(但同謀者皆坐)"라는 내용이 추가되어 있다.

26 鬪毆殺傷: 『대명률』에 '鬪殺傷'으로 되어 있어 번역에서 교감하였다.

27 8-1: 『결송유취보』는 "○馳驟車馬傷人者 減凡鬪傷一等 至死者 杖一百流三千里(A) ○鄕村無人曠野地內馳驟 因而傷人致死者 杖一百 追埋葬銀一十兩(B)"라 하여, A와 B를 두 개의 조문으로 나누었다. 하지만 『대명률』은 A와 B가 하나의 조문으로 연결되어 있다. B가 A 8과 연결된다는 점을 나타내기 위해 8-1로 표시하였다. 이하 동일하다.

28 [9]: 『결송유취보』는 "○鄕村無人曠野地內馳驟 因而傷人致死者 杖一百 追埋葬銀一十兩(A) 若因公務 急速而馳驟 殺傷人者 以過失論(B)"라 하여, A와 B가 하나의 조문으로 연결되어 있다. 그러나 『대명률』은 "○鄕村無人曠野地內馳驟 因而傷人致死者 杖一百 追埋葬銀一十兩(A) ○若因公務 急速 而馳驟 殺傷人者 以過失論(B)"라 하여, A와 B가 별도의 조문으로 되어 있다. 이를 나타내기 위해, B에 새로 조문 번호 9를 부여하고 [ ] 표시를 하였다. 이하 동일.

者 罪同 竝追埋葬銀一十兩〈『大明律』〉

11. 若威逼期親尊長致死者 絞 大功以下 遞減一等〈『大明律』〉

12. 若因姦盜而威逼人致死者 斬〈『大明律』〉

13. 祖父母父母及夫若家長 爲人所殺 而子孫妻妾奴婢雇工人 私和者 杖一百 徒三年〈『大明律』〉

　13-1. 期親尊長被殺 而卑幼私和者 杖八十徒二年 大功以下 遞減[29]一等〈『大明律』〉

　13-2. 卑幼被殺 而尊長私和者 各減一等〈『大明律』〉

　13-3 妻妾子孫及子孫之婦奴婢雇工人被殺 而祖父母父母家長私和者 杖八十 受財者 計贓 准竊盜論 從重科斷〈『大明律』〉

14. 常人私和人命者 杖六十〈『大明律』〉

15. 凡謀殺祖父母父母及期親尊長外祖父母夫夫之祖父母父母 已行者 皆斬 已殺者 皆陵遲處死 謀殺緦麻以上尊長 已行者 杖一百流二千里 已傷者 絞 已殺者 皆斬〈『大明律』〉

16. 其尊長謀殺卑幼 已行者 各依故殺罪 減二等 已傷者 減一等 已殺者 依故殺法〈『大明律』〉

17. 若奴婢及雇工人 謀殺家長及家長之期親外祖父母若緦麻以上親者 罪與子孫同〈『大明律』〉

18. 凡妻妾與人通奸 而於奸所 親獲奸夫奸婦 登時殺死者 勿論 若止殺死奸夫者 奸婦依律斷罪 從夫嫁賣〈『大明律』〉

19. 其妻妾因奸 同謀殺死親夫者 凌遲處死 奸夫處斬 若奸夫自殺其夫者 奸婦雖不知情 絞〈『大明律』〉

20. 凡妻妾謀殺故夫之祖父母父母者 竝與謀殺舅姑罪同〈『大明律』〉

29　遞減:『대명률』에는 '各減'으로 되어 있다.

21. 若奴婢謀殺舊家長 以凡人論 謂將自己奴婢 轉賣他人者 皆同凡人 餘條准此〈『大明律』〉
22. 凡和姦 杖八十 有夫 杖九十 刁姦 杖一百 强奸者 絞 未成者 杖一百流三千里〈『大明律』〉
23. 强奸幼女十二歲以下者 雖和 同强論〈『大明律』〉
24. 其和奸刁奸者 男女同罪 奸生男女 責付奸夫收養 奸婦 從夫家賣[30] 其夫願留者 聽 若嫁賣與奸夫者 奸夫本夫 各杖八十 婦人離異歸宗 財產入官〈『大明律』〉
25. 若强奸者 婦女不坐〈『大明律』〉
26. 若媒合容止通奸者 各減犯人罪一等 私和奸事者 減二等〈『大明律』〉
27. 其非奸所捕獲及指奸者 勿論 若奸婦有孕 罪坐本婦〈『大明律』〉
28. 雇工殺家長者 不當輕施處斬之律 三省推鞫〈順治庚寅承傳 ○『受敎輯錄』〉
29. 弒夫罪人 旣已就服正刑 三綱一體 子女屬公 破家潴澤〈萬曆丁酉承傳 ○『受敎輯錄』〉

---

30 家賣:『대명률』에 '嫁賣'로 되어 있어 번역에서 교감하였다.

5. 시체의 상처를 검사하고 살핌
【補】五. 檢驗

검험(檢驗)이란 '검사험간(檢查驗看)'의 줄임말로, 시체의 상처를 검사하고 살피는 것이다. 〈검험〉은 『경국대전』에는 없고 『수교집록』에 처음 보이며 이후 『속대전』에 이르러 대전류에 신설된다.

살인사건이 발생하면 검험을 통해 살해된 사람의 사망 원인인 실인(實因)을 규명하고 범인을 확정하는 절차를 밟는다. 살인사건의 검험은 그 중요성 때문에 초검에 그치지 않고 복검하는 것이 원칙이었고, 만일 복검의 결과가 초검의 사인과 상이할 경우 삼검·사검이 이루어지기도 하였다. 초검관은 변사사건이 발생한 고을의 수령이, 복검관은 사건이 발생한 고을의 이웃 수령이 담당하였다. 서울의 경우 초검은 5부의 부관(部官), 재검은 한성부 혹은 형조의 낭관(郎官)이 담당하였다. 검험 기록인 검안(檢案)을 종합하여 사건의 최종 판결을 내리는 사람은 국왕이었다.

조선의 검험제도는 여말선초에 중국에서 간행된 『세원록(洗冤錄)』, 『평원록(平冤錄)』, 『결안정식(決案程式)』과 같은 여러 법의학서가 수입되면서 그 기틀이 마련되었다. 1418년(태종 18)에는 『의옥집(疑獄集)』이 간행되었고, 1435년(세종 17)에는 법의학 지침서로 『무원록(無冤錄)』의 활용이 거론되기도 하였다. 이러한 책들은 독해가 까다롭고 용어가 생소할 뿐만 아니라 조선과 다른 중국의 제도에 기초하고 있어 검시 과정에서 표준 지침서로 활용하기에는 많은 장애가 있었다. 이에 세종은 『무원록』의 소신판 간행에 착수하여 1438년(세종 20) 『신주무원록(新註無冤錄)』을 완성하였고, 이듬해 봄에 이를 인쇄하여 전국에 배포토록 하였다. 이후 『신주무원록』은 영·정조 대 간행된 『증수무원록(增修無冤錄)』(1748, 영조 24)과 이의 한글 언해집인 『증수무원록언해(增修無冤錄諺解)』(1790, 정조 16)와 함께

> 조선 법의학의 기본 지침서로 활용되었다.
> 『결송유취보』〈검험〉에도 『신주무원록』의 내용이 그대로 반영되어, 총 16개 조문 가운데 12개 조문이 『신주무원록』에 수록된 내용이다. 말미의 4개 조문은 『수교집록』에 실린 내용으로 검시를 담당하는 수령의 책임과 의무를 규정하였다.

1. 시체를 검험*할 초기에는 시체의 형상과 시체가 놓여 있는 사방 경계를 기록한 후에 바야흐로 두 손으로 시체를 들어 평평하고 밝고 깨끗한 땅으로 옮긴다. 먼저 몸에 걸친 의복을 벗기고, 머리부터 신과 버선에 이르기까지 일일이 조사하여 기록한다. 몸에 지닌 물건²이 있으면 그 또한 일일이 이름과 가짓수를 기록하고 마친다. 《무원록》

2. 건험을 한 차례 하고 다음으로 더운물로 때를 씻어내며, 또 물을 뿌려서 깨끗이 씻어낸다. 만일 푸르고 검은 부위가 있으면 물을 그 시신 위에 방울방울 떨어뜨려 상흔 부위라면 단단하여 물이 머물며 흐르지 않고, 상처 부위가 아니라면 부드러워 물이 곧 흘러간다. 또 잠시 거적으로 시체를 싸서 덮고 얼마의 시간이 지나서 시체가 부드러워지면 덮었던 것들을 치우고 물을 세차게 뿌려 지게미와 초를 제거한 후에 검험한다. 만일 상처 부위라면 사방 둘레에 피멍 자국이 있을 것이다. 《무원록》

3. 만약 상해를 입은 흔적이 분명하지 않으면 다시 초와 지게미 등을 사용하여 덮어둔다. 한참이 지난 후에 지게미를 제거하고 물을 세차게 뿌려 씻어낸 후 바깥에 눕힌다. 새로 기름칠한 비단이나, 기름칠해 반투명한 우산으로 보고

---

1 기록: '抄'는 등사하는 것이고 '箚'는 기록한다는 의미이다(왕여 저, 최치운 외 주석, 김호 옮김, 『신주무원록』 사계절, 2003).
2 몸에 … 물건: '행리(行李)'는 길을 오가는 사람들이 싸서 가지고 다니는 잡물을 일컫는다[왕여(2003), 위의 책].

자 하는 곳을 가린 후 햇빛을 향하여 우산을 그 사이에 두고 보면 흔적이 바로 나타난다. 만일 흐리고 비가 온다면 숯불로 비추어 보는데 이는 매우 좋은 방법이다. 〈『무원록』〉

4. 시체에 상흔이 없고 오직 머리에만 푸른 점이 있거나, 혹은 한편이 흡사 부은 듯하면 대개 이는 어떤 물건으로 입과 코가 틀어 막히거나 덮여서 죽은 것이다. 혹 수건이나 포대 따위로 목을 졸라 살해하였는데 상흔이 보이지 않는다면, 다시금 정수리 부분의 살이 단단한지, 혀끝에 깨문 흔적이 있는지, 대변과 소변을 보는 두 부위에 밟아 부어오른 흔적이 있는지를 살펴보아야 한다. 〈『무원록』〉

5. 스스로 목을 매달아 죽은 경우는 목 졸린 상흔이 귀를 지나 목덜미에 이르고, 다른 사람에 의해 목이 졸려 죽은 경우는 목에 상흔이 빙 둘러 평평하게 지나간다. 〈『무원록』〉

6. 죽은 후에 다른 사람에 의해 목이 졸린 경우는 피멍이 없고 다만 흰 빛을 띨 뿐이다. 〈『무원록』〉

7. 목이 졸려 죽게 되면 본래 시체는 입이 벌어지고 눈을 부릅뜨며, 목 주위에 졸린 흔적이 검은색이고 둘레는 몇 촌, 깊이와 너비는 몇 푼이 된다. 식도가 꺼지고 목에 상흔이 둘러 교차되어 있으면 이는 남에게 목이 졸려 살해된 것이 틀림없다. 〈『무원록』〉

8. 스스로 목을 매거나 남에게 목을 졸린 경우, 혹은 계획해서 살해하고 스스로 목을 맨 것으로 위장한 경우 등은 쉽게 구별할 수 있다. 진실로 스스로 목을 매고 죽은 경우는 꼬아 만든 띠, 새끼줄이나 천 등을 사용하여 목을 매

---

3 목덜미: '際'는 교차하고 마주치는 곳이다. 목과 두발이 서로 마주치는 부위이다[왕여(2003), 앞의 책].

4 식도: '顙'은 '嗓'과 같다. 즉 목구멍이다. 식기상(食氣顙)은 인후의 아래이다[왕여(2003), 앞의 책].

고, 얽어맨 줄이 교차하다 좌우의 귀 뒤까지 이른다. 이 경우 목 졸린 상흔은 짙은 자색이 되며, 눈은 감기고 입은 벌어지고 주먹을 쥐며 이가 드러난다. 《무원록》

9. 생전에 물에 빠진 시체의 경우 남자는 엎어져 누워 있고, 여자는 위를 보며 누워 있게 된다. 머리와 얼굴이 위를 향하고, 두 손과 두 다리는 모두 앞을 향하고, 입은 다물고, 눈은 뜨기도 감기도 하여 일정하지 않고, 양손은 주먹을 쥐고, 복부는 팽창하여 두드리면 소리가 난다. 두 발바닥은 쪼글쪼글 주름이 잡히고 허옇게 되었으나 부어오르지는 않는다. 상투는 단단하며 머리와 목, 등 또는 목덜미, 그리고 손톱 사이와 발톱 사이, 혹 다리에 신발이 신겨 있으면 신발 안에, 각각 모래와 진흙이 들어 있고, 입과 코안에 물거품과 옅은 핏자국이 있거나 긁힌 상처가 있다. 이것이 생전에 물에 빠진 증거이다. 《무원록》

10. 물에 빠진 후 오래 있다⁵ 죽은 경우, 시체의 안색이 약간 붉고 입과 코에서 진흙 물거품이 나오고, 배에 물이 차서 복부가 약간 팽창하게 되는데, 이것은 물에 빠져 오랜 후에 죽은 것이다. 《무원록》

11. 부인을 검험하는 데 수치스러움을 피할 수는 없다. 처녀인지, 처녀가 아닌지 검험할 때는 시체 주위의 사방을 모두 측정하여 기록한 후 밝고 평평한 곳으로 (시체를) 옮기고, 산파⁶에게 중지의 손톱을 깎고 솜을 손가락에 감아 묶도록 한다. 먼저 죽은 이의 어미와 친속 및 이웃 부녀 2~3인이 함께 검험에 참가하게 한다. 처녀인지의 여부는 산파에게 솜으로 싼 손가락을 음호에 넣게 하여 검은 핏자국이 있으면 처녀요, 없으면 처녀가 아니다. 이어서

---

5   물에 … 있다: 엄(淹)은 물에 빠진 지 오래되었다는 말이다[왕여(2003), 앞의 책].
6   산파: '收生婆'는 자식 낳는 것을 돌보는 여자이다. 온파(穩婆)라고도 한다[왕여 저(2003), 앞의 책].

전과 같이 닦아내고 법물로 덮어두었다가 검시한다. 〈『무원록』〉

12. 산문에서 혈수와 오물이 흘러나오면 이는 태아를 낳지 못하고 목숨을 잃었거나 혹은 임신하였는데 독약을 먹어 낙태하려다 사망한 경우이다. 마땅히 은비녀를 산문에 넣어 시험해 보아야 하는데 중독이나 복독을 검험하는 것과 같다. 〈『무원록』〉

13. 요동 자문에 이르기를 "장문좌·장문학 형제는 합혈*할 적에 깨끗한 물이 담긴 대야를 준비하여 평평하고 밝은 곳에 두고 동생 문학이 바늘로 자신의 손가락을 찔러 피 한 방울을 내어 남쪽 가장자리에 떨어뜨리고, 형 문좌 또한 손가락을 찔러 피 한 방울을 북쪽 가장자리에 떨어뜨리니, 바람이 불어 잠깐 사이에 붉은 핏방울이 저절로 한곳에 모여 같은 빛을 띠므로 한 어머니의 소생임을 증명하였다"라고 하였다. 〈만력 기묘(1579, 선조 12) 승전 ○『수교집록』 형전 검험〉

14. 죽은 사람을 검시할 때는 반드시 수령이 직접 시체가 놓인 곳으로 나아가 검시한 후에 물고입안을 작성한다. 비록 (시체가) 다른 고을에 있을지라도 그곳의 수령이 또한 법례에 따라 검시하고, (죽은 이의 거주지 고을 수령에게) 책임을 전가하여 시체를 싣고 오가는 폐단이 없도록 한다.[7] 〈강희 무신(1668, 현종 9) 승전 ○『수교집록』 형전 검험〉

15. 수령이 관할하에 있는 사람을 때려 혹 죽음에 이르게 한 경우에는 영불서용*하는 것이 본래 적용하는 형률이다. 수령이 (자신이) 때려죽인 시신을 검험하는 것은 일의 체모에 문제가 있으니 시신을 검험하지 않는 것이 마땅하다.[8] 〈만력 신축(1601, 선조 34) 승전 ○『수교집록』 형전 검험〉

---

7 비록 … 한다: 이 규정은 『속대전』 刑典 檢驗에 반영된다.
8 수령이 … 마땅하다: 이 규정은 『속대전』 刑典 檢驗에 반영된다.

16. 실인*이 병환이면 죽은 다음 초검과 복검을 하며[9] (검시관의 보고를 받아) 형조에서 임금에게 아뢴다. 삼검은 초검과 복검이 의지하고 믿을 데가 없으면 실시한다.[10] 사검은 상처로 인해 죽어 실인이 확실하지 않을 때 실시하며, 오검은 (사검이) 의지하고 믿을 만한 검험이 아니거나 (살옥의) 송사를 고의로 물리칠 경우 실시한다. 삼검 이상은 형조 낭청이 의금부 낭청과 함께 검험하는데, 만약 (검험 결과가) 어긋나는 단서가 있으면 사검 오검을 해도 무방하다. 〈만력 갑진(1604, 선조 37) 수교 ○『수교집록』 형전 검험〉

1. 檢屍之初 抄箚屍之形狀四至[11] 房[12]可扛擡 出乎穩明淨地上 先剝在身衣服 自頭上至鞋襪等 逐一抄箚 有隨身行李 亦具名件 訖 《無冤錄》
2. 乾驗一番 次以湯水洗滌垢膩 又以水衝湯洗淨 若有青黑去處 將水滴屍上 是痕處則硬 水注[13]不流 不是痕處則軟 水便流去 又以薦席罨一時 久候 屍體透軟 則去罨物 以水衝去糟醋方驗 而是痕處 則有血癊四畔 《無冤錄》

---

9   실인이 … 하며: 살옥사건이 발생하였을 경우 검험은 기본적으로 초검과 복검 두 차례 실시하였다. 시체가 있는 장소에 검시관이 직접 가서 검증하는 제1차 검험을 초검이라 하는데, 중앙에서는 5부의 관원, 지방에서는 관할 수령이 검시관이 된다. 검시관은 사인에 참고될 만한 모든 사실을 조사한 뒤 시장식(屍帳式)에 따라 검안서를 작성하여 상부인 한성 또는 관찰사에 보고한다. 제2차 검험을 복검이라 하는데 중앙에서는 한성부의 낭관을 검시관으로 차출, 초검과 같은 방법으로 실시하고, 그 결과를 한성부에 보고하면 한성부는 이를 형조에 보고한다. 지방에서는 사건을 통문(通文)받은 인접 수령이 맡는다. 만약 인접 수령이 유고 시에는 다른 고을 수령이 검시관이 되어 초검과 같은 방법으로 실시하여 관찰사에 보고하고 관찰사는 형조에 보고한다.
10 삼검은 … 실시한다: 형조에서는 접수된 초·복검의 각 검안서를 대조하여 내용이 일치할 때, 입안을 발급하고 매장을 허가한다. 그러나 그 내용이 일치하지 않고 검시관 사이에 이의가 있을 때는 삼검을 실시한다.
11 四至: 『新註無冤錄』에 '四至訖'로 되어 있어 번역에서 교감하였다.
12 房: 『新註無冤錄』에 '方'으로 되어 있어 번역에서 교감하였다.
13 水注: 『新註無冤錄』에 '水住'로 되어 있어 번역에서 교감하였다.

3. 若傷損痕跡未甚分明 却再用醋糟擁罨 良久去糟 以水衝洗 於露天處 以新油絹或明油雨傘覆蓋欲見處 迎日隔傘看 痕即現 若陰雨 以熟炭隔照 此良法也 〈『無冤錄』〉

4. 屍首無痕 惟頭面有靑點 或一邊似腫 多是被物搭口鼻及罨掩殺 或用手巾布袋之類絞殺 不見痕 更看頂上肉硬 舌尖上恐有嚼破痕 大小便二處是不是踏腫痕 〈『無冤錄』〉

5. 自縊痕 項痕橫過耳後髮際 被勒痕 項痕周匝平過 〈『無冤錄』〉

6. 死後被勒痕 無血痕瘀黑跡 只白色 〈『無冤錄』〉

7. 勒死 本屍口開眼瞪 項上勒痕黑色 圍圓長若干寸 深闊若干分 食氣顙塌 項痕交匝 委是被人勒死 〈『無冤錄』〉

8. 自縊 被人勒殺 或箏殺假作自縊 甚易辨 眞自縊者 用繩帶索帛之類 繋縛處交至左右耳後 深紫色 眼合唇開手握齒露 〈『無冤錄』〉

9. 生前溺水屍首 男仆臥 女仰臥 頭向仰 兩手兩脚俱向前 口合眼開閉不定 兩手拳握 腹肚脹 拍著響 兩脚底皺白不脹 頭髻緊 頭與髮際手脚爪縫 或脚着鞋 則鞋內 各有沙泥 口鼻內有水沫及有些少淡色血污 或有磕擦損處 此是生前溺水之驗也 〈『無冤錄』〉

10. 渰水死者 若屍面色微赤 口鼻內有泥水沫 肚內有水 腹肚微脹 是渰水身死 〈『無冤錄』〉

11. 驗婦人不可避羞 驗是處女不是處女 打量笴下四至訖 捭出光明平穩處 令收生婆剪去中[14] 指甲用綿扎 先勒死人母屬及血屬并隣婦二三人同看驗 是與不是處女 令收生婆以中指入産門中 有點血即是 無罪[15] 非 次女[16] 前洗罨

---

14 剪去中:『新註無冤錄』에 '剪去中指'로 되어 있어 번역에서 교감하였다.
15 無罪:『新註無冤錄』에 '無卽'으로 되어 있어 번역에서 교감하였다.
16 次女:『新註無冤錄』에 '次如'로 되어 있어 번역에서 교감하였다.

驗屍〈『無冤錄』〉

12. 産門血水惡物流出 驗是産子不下 致命身死 或是有姙 用毒藥墮胎 致命身死 當用銀釵入産門試看 女驗[17]中毒服毒法〈『無冤錄』〉

13. 遼東咨云云 張文佐文學兄弟合血 取淨水一椀 放在平明地上 文學手指用針刺血一點 先滴椀南邊水內 文佐手指亦用針刺血一點 滴椀北邊水 並爲風吹 片時血點 自行和成一處一色 驗決一母所生云云〈『無冤錄』〉[18]

14. 物故檢屍 守令必親往停屍處檢屍後 立案成給 雖在他邑 其地守令 亦爲依例檢屍 母得推諉[19] 俾無載屍往來之患〈康熙戊申承傳 ○受敎輯錄〉

15. 守令打管下 或有致死者 永不敍用 自有其律 檢屍有妨事體 不宜檢屍〈萬曆辛丑承傳 ○受敎輯錄〉

16. 初覆檢實因病患致死後 刑曹入啓 三檢則無憑檢驗 四檢則因傷致死 五檢無憑檢驗故黜其訟 三檢以上本曹郞廳與禁府郞廳同爲檢驗 若有違端 則四五檢無妨〈萬曆甲辰承傳 ○受敎輯錄〉

---

17 女驗: 『新註無冤錄』에 '如驗'으로 되어 있어 번역에서 교감하였다.
18 無冤錄: '萬曆己卯承傳 受敎輯錄'의 오기이므로 번역에서 교감하였다.
19 推諉: 『受敎輯錄』은 '推諉'로 되어 있어 번역에서 교감하였다.

6. 남의 태아를 떨어뜨려 죽게 함
【補】六 落胎

> 낙태(落胎)는 남의 태아를 떨어뜨려 죽게 한 사람에 대한 처벌로, 각 개월 수별로 태아의 성숙 정도를 묘사하고, 낙태 판단의 주요 기준을 아직 형상이 완성되지 않은 태아와 이미 형상이 완성된 태아로 구분하여 처벌 기준을 달리했다. 낙태를 별도의 조목으로 설정한 법률서로는 『결송유취보』가 유일하다. 〈낙태〉는 4개 조문으로 이루어져 있는데, 제1조는 『대명률』〈투구〉에서 인용한 태아를 떨어뜨려 죽게 한 사람에 대한 처벌 규정, 제2조는 『무원록』과 『대명률부례』에서 인용한 태아 성형(成形) 과정, 제3~4조는 『무원록』에서 인용한 태아의 미성형(未成形), 이성형(已成形)에 대한 정의이다.

1. 남의 태아를 떨어뜨려 죽게 한 경우, 태아의 형상이 이루어지지 아니하였으면 장 100, 이미 형상이 이루어졌으면 장 80·도 2년에 처한다.[1] 〈『대명률』 325 투구〉
2. 태아는 1개월에는 구슬 같고, 2개월에는 복숭아꽃 같고, 3개월에는 남녀가 구분되고, 4개월에는 형상이 온전해지고, 5개월에는 골격이 이루어지고, 6개월에는 머리카락이 나고, 7개월에 왼손을 움직이면 남자이고, 8개월에 오른

---

[1] 남의 … 처한다: 타인을 낙태시키면 보고기한(保辜期限) 이내에 조산한 아기가 죽거나, 태아가 90일이 지나 형상을 갖춘 경우이어야 비로소 처벌한다. 낙태가 비록 때린 것으로 말미암았을지라도, 만약 보고기한이 지나 아기가 죽거나, 태아가 90일이 안되어서 형상을 갖추지 못하였으면 각각 투구상해(鬪毆傷害)의 본법(本法)에 따르고, 태아를 낙태시킨 죄로 처벌하지 않는다(『대명률』 325 鬪毆).

손을 움직이면 여자이고,² 9개월에는 3차례 몸을 돌리고, 10개월에는 배에 꽉 찬다. 〈『무원록』〉

3. 태아의 형상이 이루어지지 아니하였다는 것은 핏덩이 한 조각 또는 한 덩어리일 뿐인 것을 말하며, 여러 날을 경과하여 오래되면 문드러져 대부분 더러운 물로 변한다. 〈『무원록』〉

4. 태아의 형상이 이미 이루어졌다는 것은 두뇌와 입, 눈, 귀, 코, 손과 다리, 손톱, 발톱 등이 완전한 경우를 말하며, 또한 탯줄 같은 것들도 있다. 〈『무원록』〉

1. 墮胎者 未成形象 杖一百 已成形象 杖八十徒二年 〈『大明律』〉
2. 胎 一月如珠露 二月如桃花 三月男女分 四月形象具 五月筋骨成 六月毛髮生 七月動左手是男 八月動右手是女 九月三轉身 十月滿足 〈『無冤錄』〉
3. 未成形象者 謂作血肉一片或一塊 若經日久壞爛 多化爲惡水 〈『無冤錄』〉
4. 已成形象者 謂頭腦口眼耳鼻手脚指甲等全者 亦有臍帶之類 〈『無冤錄』〉

---

2 왼손을 … 여자이고: 『신주무원록(新註無冤錄)』에는 오른손, 왼손이 반대로 되어 있다[왕여 저(2003), 앞의 책].

7. 도적
【補】七 盜賊

〈도적(盜賊)〉은 『대명률』에 있으며, 우리나라는 『경국대전』·『사송유취』·『결송유취』에는 없고 『수교집록』〈적도(賊盜)〉에 처음 보인다. 〈도적〉에는 총 10개 조문이 있다. 제1조부터 제9조까지는 『대명률』을 인용한 것이고 제10조만 우리나라의 수교이다. 그 내용은 우마 도둑(제1조), 상인도(常人盜)(제2조), 강도(제3조), 백주창탈(白晝搶奪)(제4조), 절도 초범·재범·삼범(제5조), 말·소·나귀 등 가축류 도둑(제6조), 들판의 곡식이나 채소 및 지키지 않는 기물(器物) 도둑(제7조), 남의 과일이나 채소를 함부로 먹는 천식(擅食)(제8조), 야간 무단 주거침입 및 침입자 살상(제9조) 등에 대한 처벌 규정이다. 마지막 제10조는 1699년(숙종 25) 수교로, 숙종 대 명화적(明火賊)이 횡행하면서 옥수(獄囚)를 탈출시키는 파옥(破獄)이 잇따르자 탈옥 죄수를 제대로 관리하지 못한 옥지기와 수령을 처벌하는 규정이다.

도적에 대한 처벌 규정을 주로 『대명률』을 원용한 것은 도적이라는 보편적 범죄에 대한 기존 형법의 원용을 의미한다. 그런 가운데 제1조 "죄를 범한 도적은 사람이 살지 않는 외딴섬으로 보내 도형(徒刑)에 처하고 영구히 노비로 삼는다"라는 부분은 중국에 없고 우리나라에서 추가한 것으로, 『대명률』을 준용하면서도 우리나라 실정에 맞게 개찬(改撰)한 내용이다.

1. 소나 말을 훔치면 절도 50관의 법례에 따라 장 60·도 1년에 처한다. 쇠를 범한 도적은 사람이 살지 않는 외딴섬으로 보내 도형에 처하고 영구히 노비로

1　50관의 … 처한다: 말, 소, 나귀, 노새, 돼지, 양, 닭, 개, 거위, 오리 따위를 훔치면 모두 장(贓)을 계산하여 절도로 논하는데(『대명률』 293 盜馬牛畜産), 절도 50관 이상 60관 미만이면 장 60·도 1년 반이다(『대명률』 292 竊盜).

삼는다. 부가형으로 '절도' 두 글자를 (오른쪽 팔뚝의 안쪽에) 자자한다.² 〈『대명률』 293 도마우축산〉

2. 일반사람³이 창고의 돈·곡식이나 그 밖의 물건을 훔치려다가 재물을 얻지 못하였으면 장 60에 처하고 자자는 면해준다. 만약 재물을 얻었으면 수범과 종범을 구분하지 않고 병장*으로 죄를 논한다. 〈『대명률』 288 상인도창고전량〉

3. 강도는 행하였지만 재물을 얻지 못하였으면 수범과 종범 모두 장 100·유 3,000리에 처한다. 만약 재물을 얻었으면 수범과 종범을 구분하지 않고 모두 참형에 처한다. 〈『대명률』 289 강도〉

4. 대낮에 남의 재물을 창탈*하면 장 100·도 3년에 처한다. 장물의 수를 계산하여, (절도죄보다) 무거우면 절도죄에 2등을 가중하여 논죄한다.⁴ 남을 상해하면 참형에 처하고, 종범은 각 1등을 감하고 모두 오른쪽 팔뚝의 안쪽에 '창탈' 두 글자를 자자한다. 〈『대명률』 291 백주창탈〉

5. (절도) 초범은 모두 오른쪽 팔뚝 안쪽에 '절도' 두 글자를 자자하고, 재범은 왼쪽 팔뚝 안쪽에 자자하고, 삼범이면 교형에 처한다.⁵ 일찍이 자자형을 받은 것을 근거로 처벌한다. 〈『대명률』 292 절도〉

2 부가형으로 … 자자한다: 초범은 수범과 종범 모두 오른쪽 팔뚝의 안쪽에 '절도' 2자를 자자하고, 재범은 왼쪽 팔뚝의 안쪽에 자자하며, 3범은 교형이다(『대명률』 292 竊盜).

3 일반사람: 창고에 보관된 재물을 감수(監守)하는 관원이나 이전(吏典)이 아닌 사람이다.

4 장물의 … 논죄한다: 창탈한 죄는 강도보다 가볍고 절도보다 무겁다. 그런데 장 100·도 3년은 절도한 장물 90관에 해당하는 죄이다. 따라서 90관 이상을 창탈할 경우 오히려 죄가 절도보다 가볍게 된다. 그러므로 장을 계산하여 무거우면 2등급을 더하여 과단(科斷)하는 것이다. 가령 80관을 절도하면 장 90·도 2년 반이므로 창탈한 것이 80관이면 2등급을 더한 장 100·유 2,000리로 논죄한다.

5 초범은 … 처한다: 절도를 범하였을 경우 자자하는 것이므로, 앞부분에 절도에 대한 처벌 조항이 있어야 한다. 조문 내용은 다음과 같다. "절도를 행하였으나 재물을 얻지 못하면 태 50이고 자자는 면해준다. 단, 재물을 얻으면 '일주위중(一主爲重)'과 '병장(倂贓)'으로 논죄한다. 종범은 각각 1등급을 줄인다(『대명률』 292 竊盜).

6. 말, 소, 나귀, 노새, 돼지, 양, 닭, 개, 거위, 오리를 도둑질하면 모두 장물을 계산하여 절도'로써[以]' 논한다. 만약 관의 가축을 도둑질하면 일반 사람이 관물을 도둑질한 죄'로써[以]' 논한다.[6] 〈『대명률』 293 도마우축산〉

7. 들판의 곡식이나 채소, 과일 및 지키는 사람이 없는 물건을 도둑질하면 장물을 계산하여 절도에 '준(准)*'하여 논하고, 자자는 면제한다. 〈『대명률』 294 도전야곡맥〉

8. 타인의 전지나 과수원에서 채소나 과일 따위를 함부로 먹으면 좌장*으로 논하며,[7] 관물이면 2등급을 더한다. 〈『대명률』 105 천식전원과과〉

9. 밤에 까닭 없이 남의 집안에 들어가면 장 80에 처한다. 주인이 그 자리에서 바로 죽이면 죄를 논하지 않는다. 이미 붙잡았는데 함부로 죽이거나 상해하면 투살상죄*에서 2등급을 감하고, 죽음에 이르게 하면 장 100·도 3년에 처한다.[8] 〈『대명률』 300 야무고입인가〉

10. 도적의 무리가 외부에서 옥문을 부순 것을 제외하고, 비록 안에서 칼과 수갑을 벗고 옥문을 부수고 스스로 나갔더라도, 해당 옥지기를 (토포사가) 엄하게 형추(刑推)*하여 범죄 사실을 자백받은 후 도적을 다스리는 법률로 처벌한다. 붙잡지 못한 수령은 영문에서 장을 친다.[10] 〈강희 기묘(1699, 숙종

---

6   일반 사람이 … 논한다: 『대명률』 288 常人盜倉庫錢糧에 따라 과죄(科罪)한다는 것이다.
7   좌장으로 논하며: 채소나 과일 따위를 함부로 먹는 것은 타인에게 손해를 끼치는 일이므로 먹은 물건의 가격을 계산하여 좌장으로 논하는 것이다.
8   이미 … 처한다. 침입자를 붙잡아 결박하였으면 관에 보내야 하며 함부로 죽일 수 없기 때문이다.
9   도적의 무리: 명화적(明火賊)을 말한다. 도적 집단은 17세기 말부터 서서히 무장을 강화하기 시작하여, 18세기 전반에 이르러서는 총포류를 소지하고 말을 타고 도처에서 출몰하여 사회 전반에 큰 파문을 일으켰다. 이들 명화적은 무장력, 조직력, 전투력을 갖추었다는 점에서 이전 도적과는 다른 특징을 지니고 있었다. 명화적이 이처럼 무장력을 갖추었기에 관군에 체포된 뒤에도 탈옥 투쟁을 벌일 수 있었다(한상권, 「18세기 前半 明火賊 활동과 정부의 대응책」, 『韓國文化』 13, 1992).
10 도적의 … 친다: 이러한 왕명을 내린 과정에 대해서는 『비변사등록』 숙종 25년 5월 27일 참조.

25) 수교〉

1. 盜牛馬者 依五十貫例 杖六十徒一年 犯盜 徒以絶島 永屬爲奴 刺竊盜二字 〈『大明律』〉
2. 凡常人盜倉庫錢粮等物 不得財 杖六十免刺 但得財者 不分首從 併贓論罪 〈『大明律』〉
3. 凡强盜 已行而不得財者 皆杖一百流三千里 但得財者 不分首從 皆斬 〈『大明律』〉
4. 白晝搶奪人財物者 杖一百徒三年 計贓 重者 加竊盜二等 傷人者 斬 爲從 各減一等 並於右小臂膊上 刺搶奪二字 〈『大明律』〉
5. 初犯 並於右小臂膊上 刺竊盜二字 再犯 刺左小臂膊[11] 三犯者 絞 以曾經刺字爲坐 〈『大明律』〉
6. 凡盜馬牛驢騾猪羊鷄犬鵝鴨者 並計贓 以竊盜論 若盜官畜産者 以常人盜官物論 〈『大明律』〉
7. 凡盜田野穀麥菜果及無人看守器物者 計贓 准竊盜論 免刺 〈『大明律』〉
8. 擅食田園他人果瓜者 坐贓論 官物 加二等 〈『大明律』〉
9. 凡夜無故入人家內者 杖八十 主家登時殺死者勿論 其已就拘執而擅殺傷者 減鬪殺[12]罪二等 至死者 杖一百徒三年 〈『大明律』〉
10. 賊儻之自外打破獄門者外 雖自內脫柙枉破獄門自出 當該典守之人 嚴刑就服後 處之治盜之律 而尙未捕捉守令 營門決杖 〈康熙己卯受敎〉[13]

11 左小臂膊: 『대명률』에 '左小臂膊上'으로 되어 있어 번역에서 교감하였다.
12 鬪殺: 『대명률』에 '鬪殺傷'으로 되어 있어 번역에서 교감하였다.
13 이 조문은 『신보수교집록(新補受敎輯錄)』 刑典 贓盜조에 수록된다.

8. 죄상을 철저하게 추궁하여 죄를 판정함
【補】八 推斷

추단(推斷)이란 죄상을 추문(推問)하여 죄를 결단(決斷)하는 것이다. 〈추단〉은 『대명률』에는 없고 『경국대전』에 처음 보인다. 그리고 『사송유취』와 『결송유취』에는 보이지 않다가 『수교집록』에 다시 보인다. 〈추단〉은 당시의 사건 수사에서 추문과 형신(刑訊)을 규정한 조선 고유의 조목으로 총 13개 조문으로 이루어져 있다.

제1조는 고의로 살인한 사람에 대한 고한(辜限)을 적용한다는 것, 제2조는 살인죄는 사화할 수 없다는 것, 제3조는 살인자의 가옥이라도 가사를 부수거나 재산을 빼앗으면 강도율로 논하고 빼앗은 재산은 환원하고 배상한다고 하는 내용이다. 제4조는 살옥은 매우 중대한 사건이므로 신중하게 조사하여 의심과 혼란이 없어야 한다는 것, 어린 아이의 증언은 증거가 되지 못한다는 것을 규정하였다. 제5조는 도망한 죄인의 가까운 친척을 대신 구속하지 말고 당사자를 잡아들이라는 것, 제6조는 팔의(八議)에 해당되는 사람, 고령자, 유아나 폐질자, 나아가 임산부 등 고신(拷訊)을 해서는 안 되는 사람에 대한 규정이다. 제7조는 신장(訊杖)에 사용하는 장의 크기에 관한 규정, 제8조는 추국(推鞫)에 사용하는 장의 크기, 제9조는 검시 관련 담당 부서와 절차, 제10조와 제11조는 혹한, 폭염 때나 잉태한 여인의 형추(刑推)는 수속(收贖)을 원칙으로 한다는 것, 제12조는 고신과 사형을 집행하지 못하는 금형일(禁刑日)에 관한 규정이다. 마지막 제13조는 사대부 자제늘은 선가사변율을 적용하지 않는다는 것을 밝히고 있다.

이상의 〈추단〉 13개 조문은 『대명률』에서 인용한 6조를 제외하고는 용형(用刑)하는 과정에서 내려진 우리나라의 수교이다. 따라서 〈추단〉은 조선의 특징을 보여주는 흠형(欽刑) 이념이 내포된 조목이라고 할 수 있다.

1. 사람을 고살*하면 모두 고한*을 적용한다. 〈융경 정묘년(1567, 명종 22) 승전 ○『수교집록』 형전 살옥〉

2. 각 도의 관찰사는 만약 살인사건을 보고받으면 곧바로 강명한 (수령을) 차사원으로 정하여 각별히 법의 적용을 엄하게 하여 사화*할 수 없게 하고 율문에 따라 죄준다.[1] 〈만력 무인(1578, 선조 11) 승전 ○『수교집록』 형전 살옥〉

3. 살인한 정범*의 가사를 때려 부수고 재산을 강제로 빼앗은 이는 (『대명률』의) 강도에게 적용하는 형률[2]로 논하고, 빼앗은 재산은 아울러 모두 배상하게 한다. 〈숭정 임신(1632, 인조 10) 승전 ○『수교집록』 형전 살옥〉

4. 살옥*은 관계되는 것이 매우 중대하므로 반드시 자세하고 신중히 하여 의심되고 혼란스러운 걱정거리가 없게 해야 하니, 나이가 (10세가) 차지 않은 아이를 증인으로 삼지 않도록 하여[3] 법문을 준수한다. 〈강희 임술(1682, 숙종 8) 승전 ○『수교집록』 형전 추단〉

5. 도망 중인 죄인의 아들이나 동생, 조카, 손자를 (인질로) 잡아 가두지 말고, 죄인을 각별히 추적하여 체포하도록 한다. 〈강희 계묘(1663, 현종 4) 승전 ○『수교집록』 형전 추단〉

6. 팔의*에 속하는 사람과 나이 70세 이상 15세 이하, 폐질자*는 모두 마땅히 고신*해서는 안 되니 중증*에 의거하여 죄를 정한다. 〈『대명률』 428 노유불

---

[1] 각 도의 … 죄준다: 통상적으로 살옥 사건은 초검, 복검, 양검관(兩檢官)의 회추(會推), 녹계(錄啓), 차사원고복(差使員考覆), 관찰사친문(觀察使親問), 봉결안수계(捧結案修啓), 형조계하(刑曹啓下), 상복(詳覆), 계복(啓覆), 판부(判付)의 과정을 거쳐서 판결이 확정된다(김선경, 「감영의 사법기능을 통해서 본 조선 후기 사법 시스템」, 『판례집을 통해 본 동아시아의 법과 사회』, 2011).

[2] (『대명률』의) … 형률: "강도를 행하였으나 재물을 얻지 못하면 모두 장 100·유 3,000리이다. 만약 재물을 얻으면 수범과 종범을 구분하지 않고 모두 참형이다"(『대명률』 289 強盜).

[3] 나이가 … 하여: 살인사건은 반역살인(反逆殺人) 이외에는 나이가 10세 이하이면 증인을 삼지 못하도록 하였다(『승정원일기』, 숙종 8년 12월 15일).

고신〉

7. 만약 부인이 임신 중에 죄를 지어 고결*해야 하면, 전항⁴에 의거하여 보관*하다가 모두 출산 후 100일을 기다려 고결한다. 만약 출산 전에 고결하여 이로 인해 낙태하면, 관리는 범투상(凡鬪傷)* 죄에서 3등을 감하며,⁵ 사죄에 이르면 장 100·도 3년에 처한다. 출산 후 100일의 기한이 차지 아니한 때에 고결하면 1등급을 감한다. 〈『대명률』 444 부인범죄〉

8. 신장*은 추국*할 때는 너비 9푼, 두께 4푼짜리를 쓰며, 삼성추국*할 때에는 너비 8푼, 두께 3푼짜리를 쓴다. 길이는 『경국대전』에 따라 영조척*을 적용한다. 〈천계 계해(1623, 인조 1) 승전 ○『수교집록』 형전 추단〉

9. 살피건대, 형조에서 지금 사용하는 신장은 너비 1촌 3푼, 두께 3푼이고, 장은 지름 1촌 4푼, 길이는 9척이며, 태는 지름 1촌 1푼, 길이 8척으로, 모두 주척*을 적용한다.

10. 살피건대, 살옥을 검시할 때, 서울은 오부 관원이 초검하고 한성부에서 복검하여 형조에서 추단한다. 지방은 살옥이 발생한 관아의 수령이 초검하고 이웃 관아의 수령이 복검하며, 이어서 동추관*이 되어 함께 가서 형추*한다. 만약 자백한 경우에는, 관찰사가 따로 고복*관 2원을 정하여 다시 범죄사실을 신문하게 하고, 또 직접 신문한 후 계문하여 단죄한다. 강도 옥사를 다스릴 때에는, 서울에서는 포도청이 추문하여 사실조사를 하고, 만약 자백한 경우에는 형조로 이문하여 형조가 고복관이 되어 다시 범죄 사실을 신문한

---

4 전항: 『대명률』 444 婦人犯罪에 있는 다음 내용을 이른다. "부인이 죄를 범하면, 범간(犯姦)이나 사죄(死罪)로 수금(收禁)하는 경우를 제외하고, 그 밖의 잡범은 본 남편에게 맡겨 거두어 관리하게 한다. 남편이 없으면 유복친속(有服親屬)이나 가까운 이웃에게 맡겨 보증하게 하고 관청의 지시를 기다린다. 일률적으로 감금하는 것은 허락하지 않는다. 어기면 태 40이다."

5 관리는 … 감하며: 다투다가 타인의 태아를 낙태시키면 장 80·도 2년(『대명률』 325 鬪毆)이므로, 여기서 3등급을 줄이면 장 100이다.

후에 입계하여 단죄한다. 지방은 토포사가 추문하여 사실조사를 하고 만약 자백한 사람이 있으면 관찰사에게 보고하여, 관찰사가 따로 고복관 2원을 정하여 다시 범죄 사실을 신문한 후 계문하여 단죄한다.

11. 혹한이나 폭염 때【11월에서 정월까지와 5월에서 7월까지이다.】에는 강상이나 장·도죄에 관계된 사건으로 남자는 장 60 이상, 여자는 장 100 이상에 처해야 할 사건을 제외하고, 그 나머지 장 100 이하는 모두 속전을 받는다. 장을 맞기를 자원하는 사람은 들어준다. 〈『경국대전』 형전 휼수〉

12. 임신한 여인에게 형벌을 가해 조사하는 것은 법례에 어긋나니, '나이 70세 된 사람의 법례'[6]에 따라 속전을 받는다. 〈강희 신해(1671, 현종 12) 승전 ○『수교집록』 형전 추단〉

13. 서울과 지방의 각 아문은, 매번 왕과 왕비의 탄일, 왕세자의 생신, 대제사* 및 치재,* 삭망(매달 초하루와 보름), 상현(매달 7, 8일)과 하현(매달 22, 23일), 정조시일*을 당해서는 고신이나 형벌 집행을 하지 않는다. 이상 항목의 각 날짜 및 24절기,* 비가 개지 않은 때, 밤이 새지 않은 때에는 사형을 집행하지 않는다.[7] 〈『경국대전』 형전 금형일〉

14. 사대부 자손에 대해서는 전가사변율*을 쓰지 않는다.[8] 〈가정 경인(1530, 중

---

6 나이 … 법례: 나이 70세 이상이나 15세 이하 및 폐질(廢疾)인 사람이 유죄(流罪) 이하의 죄를 범하면 속전을 받는다(『대명률』 21 老小癈疾收贖).

7 서울과 … 않는다: 부대시(不待時)일지라도 금형일(禁刑日)을 피하는 것은 형벌을 마지못해 쓰는 것임을 보여주는 것이다.

8 사대부 … 않는다: 중종 대 사대부의 자손을 전가사변의 대상에서 제외하면서, 사족의 범위를 정하였는데 이와 관련된 수교는 다음과 같다. "성종조 이전에는 사족으로 가족 모두가 변방으로 옮겨져 변방을 충실하게 하는 사람이 없었다. 1525년(중종 20)에 받은 전교에 '죄를 지어 입거 대상이 된 사람 중에 ① 문무과에 합격한 사람의 아들과 손자 ② 본가와 외가 양쪽의 4조(부, 조, 증조, 외조)에 모두 현관(동서반 정직의 5품 이상, 육조의 낭관, 감찰, 수령, 부장, 선전관)이 있는 자 ③ 본인이 생원·진사인 이는 모두 전가입거의 형벌을 면제하고 바로 아래 등급의 형률을 적용하여 정배한다'고 하였으니, 입법한 것이 지극히 상세하다. 이 전교를 거듭 밝혀 거행하도록 하며 영구히 정법으로 삼는다[가정 경술년(1550, 명종 5) 승전]."(『수교집록

종 25) 수교 ○『수교집록』형전 추단〉

1. 故殺人者 皆用辜限〈隆慶丁卯承傳 ○『受敎輯錄』〉
2. 各道觀察使 若聞殺人之事 卽定剛明差使員 各別嚴法 使不得和論 罪之以律〈萬曆戊寅承傳 ○『受敎輯錄』〉
3. 殺人正犯人家 打破家舍 搶奪財産者 論以强盜之律 所奪財産 並皆還償〈崇禎壬申承傳 ○『受敎輯錄』〉
4. 凡殺獄 關係甚重 必須詳愼 可無疑亂之患 年未滿之兒 勿以爲證 以遵法文〈康熙壬寅[9]承傳 ○『受敎輯錄』〉
5. 在逃罪人 子弟姪孫 勿爲囚禁 別爲跟捕〈康熙癸卯承傳 ○『受敎輯錄』〉
6. 凡應八議之人 及年七十以上十五以下 若廢疾者 並不合[10] 皆據衆證定罪〈『大明律』〉
[7]. 若婦人懷孕犯罪 應拷決者 依土[11]保管 皆待産後一百日拷決 若未産而拷決 因而墮胎者 官吏減凡鬪傷罪三等 致死者 杖一百徒三年 産限未滿而拷決者 減一等〈『大明律』〉
8. 訊杖 推鞫則廣九分厚四分 三省則廣八分厚三分 長依大典用營造尺〈天啓癸亥承傳 ○『受敎輯錄』〉
9. 按 刑曹時用訊杖 廣一寸三分厚三分 杖 圓經一寸四分長九尺 笞 圓經一寸一分長八尺 並用周尺
10. 按 殺獄檢屍時 京則部官初檢 漢城府覆檢 刑曹推斷 外方則本官初檢 隣

(受敎輯錄)』刑典 推斷)

9　康熙壬寅:『수교집록』刑典〈推斷〉에 康熙壬戌로 되어 있으며, 관련 내용이『승정원일기』, 숙종 8년 12월 15일에 있으므로, 번역에서 康熙壬戌(1682)로 교감하였다.
10　不合:『대명률』에 '不合拷訊'으로 되어 있어 번역에서 교감하였다.
11　依土:『대명률』에 '依上'으로 되어 있어 번역에서 교감하였다.

官覆檢 仍爲同推官按同刑推 如有承款者 觀察使別定考覆官兩員 更問情實 又親問後 啓聞斷罪 强盜治獄時 京則捕盜廳推覈 如有承款者 移文刑曹 刑曹爲考覆官 更問情實後 入啓斷罪 外方則討捕使推覈 如有承款者 報于觀察使 觀察使別定考覆官兩員 更問情實後 啓聞斷罪

11. 隆寒極熱時【自十一月至正月 自五月至七月】事干綱常贓盜 男人杖六十以上 女人杖一百以上外 其餘杖一百以下 並收贖 自願受杖者 聽〈『經國大典』〉

12. 孕胎女人刑推 有違法例 依年七十例 收贖〈康熙辛亥承傳 ○『受教輯錄』〉

13. 京外各衙門 每遇大殿王妃誕日王世子生辰 大祭祀及致齋朔望上下弦 停朝市日 勿行拷訊決罰 上項各日及二十四氣 雨未晴 夜未明 勿行死刑〈『經國大典』〉

14. 士夫子支 勿用全家之律〈嘉靖庚寅受教 ○『受教輯錄』〉

9. 관에 고하지 않고 사람을 함부로 죽임
【補】九 擅殺

천살(擅殺)이란 사람을 관에 고하지 않고 멋대로 살해하는 것을 의미하는데, 응당 죽여야 할 사람일지라도 함부로 죽이면 처벌하였다. 〈천살〉은 『결송유취보』에서 독자적으로 마련한 조목으로 『경국대전』이나 『수교집록』에는 보이지 않는다. 노비를 천살한 경우에 해당하는 4개 조문 중 3개 조문은 『대명률』 〈노비구가장(奴婢毆家長)〉에서 가장이나 가장의 기복친·외조부모가 노비나 고공인을 구타하여 살해한 경우의 처벌 규정을 초록하여 수록했다. 나머지 1개 조문은 투기로 여종을 살해한 여성을 종루(鍾樓)에서 결장하고 정배하도록 한 『수교집록』의 규정이다.

『대명률』에서는 여성에게 태형이나 장형을 가할 때 홑옷에 집행하고, 간음죄는 옷을 제거하여 신체를 드러내고 집행하도록 했다. 그러나 조선에서는 사족 여성의 태형이나 장형은 실제로 집행하지 않고 수속하거나 다른 형벌로 대체하는 것이 관례였다. 1517년(중종 12)에 처음 장형을 실제로 집행한 사례가 나타나며, 1691년(숙종 17)에는 "투기로 여종을 살해한 부녀는 종루에서 장을 치고 정배한다"라는 수교가 반포되었다.

노비와 구가장(舊家長) 상호 간의 구타 사건은 일반적인 관계의 사람끼리 구타한 경우의 형량을 적용시키도록 한 『대명률』 규정을 수록했다. 반면 조선에서는 예전 가장과의 관계도 중시하여 『경국대전』 〈고존장(告尊長)〉에 옛 노비나 고공이 구가장을 구타하거나 욕하거나 관에 고한 경우에는 가장을 구타하거나 욕하거나 관에 고한 경우의 형률에서 2등을 감하도록 하였다.

1. 가장이 (죄가 없는) 노비를 (관에 고하지 않고) 때려서 죽이면 장 60·도 1년에

처한다.[1] 노비가 죄가 있지만 (관에 고하지 않고) 죽이면 장 100에 처한다. 〈『대명률』 337 노비구가장〉

2. 가장이 고공인을 때려서 죽음에 이르게 하면 장 100·도 3년에 처한다. 고살*하면 교형에 처한다.[2] 〈『대명률』 337 노비구가장〉

3. 노비가 예전 가장을 때리거나 가장이 예전 노비를 때리면 각각 일반적인 관계의 사람끼리 때린 죄'로써[以]' 논한다. 〈『대명률』 345 처첩구고부부모〉

4. 노비가 죄가 있어 가장의 기복친이나 외조부모가 관사에 고하지 않고 때려서 죽이면 장 100에 처한다. 〈『대명률』 337 노비구가장〉

5. 투기로 인하여 여종을 죽인 부녀는 종루에서 장을 치고 정배*한다.[3] 〈강희 신미(1691, 숙종 17) 승전 ○『수교집록』 형전 살옥〉

1. 家長毆殺奴婢者 杖六十徒一年 有罪而殺者 杖一百 〈『大明律』〉
2. 家長毆雇工人致死者 杖一百徒三年 故殺者 絞 〈『大明律』〉

1　가장이 … 처한다:『결송유취보』〈천살(擅殺)〉은『대명률』〈노비구가장(奴婢毆家長)〉의 노비를 구타하여 죽인 경우의 처벌 규정을 첫 번째 조문과 네 번째 조문에 나누어 수록했다.『대명률』337〈노비구가장〉의 해당 조문은 다음과 같다. "若奴婢有罪 其家長及家長之期親若外祖父母 不告官司而毆殺者 杖一百(A) 無罪而殺者 杖六十徒一年(B)"『대명률』은 노비가 유죄인 경우(A)와 무죄인 경우(B) 둘로 나눈 다음, 가장·가장의 기복친·가장의 외조부모가 A와 B 각각의 경우에 관에 고하지 않고 구살(毆殺)한 경우에 대한 처벌을 하나의 조문에 담았다. 반면『결송유취보』는 노비를 구살하는 주체에 따라 율문을 나누어, 1조는 가장, 4조는 가장의 기복친과 가장의 외조부모로 구분하였다. 그 결과 이들이 노비가 죄가 없는데 구살한 경우에 대한 처벌 조항인『대명률』의 (B)가 누락되었다.

2　가장이 … 처한다: 이 조문은『대명률』〈노비구가장〉의 가장, 가장의 기복친, 외조부모가 고공인을 구타한 것에 대한 처벌 규정에서 가장이 고공인을 구타하여 죽음에 이르게 된 경우와 고의로 죽인 경우에 대한 처벌 부분만 발췌한 것이다.

3　투기로 … 정배한다: 투기로 여종을 살해한 여성을 결장하도록 한 판결이 내려지고, 법제화되기에 이른 것은 조선의 지배층들이 형정(刑政)을 통해 부계 중심적 가족질서에 반하는 행위를 심각한 범죄로 취급함으로써 여성들이 이 질서에 순응하도록 강력하게 주문한 것이라 할 수 있다(박경,「조선시대 사족 여성 決杖 논의의 사회적 함의」,『사학연구』128, 2017).

3. 若奴婢毆舊家長 及家長毆舊奴婢者 各以凡人論〈『大明律』〉
4. 若奴婢有罪 家長之期親若外祖父母 不告官司 而毆殺者 杖一百〈『大明律』〉
5. 因妬殺婢婦女 鍾樓決杖定配〈康熙辛未承傳 ○『受敎輯錄』〉

10. 형벌을 함부로 사용함
【補】十 濫刑

> 남형(濫刑)은 관리가 법 외의 형벌을 남용하는 것을 규제하는 조목으로 『경국대전』에 처음 보인다. 〈남형〉에는 『경국대전』 1개 조문과 『수교집록』 3개 조문 등 총 4개 조문이 수록되어 있다. 『경국대전』 규정은 형벌을 남용한 관리는 장 100·도 3년에 처하도록 하고, 사람이 사망하면 장 100에 영불서용(永不敍用)하도록 한 기본적인 규정이다. 또 『수교집록』의 규정은 외방에 사신으로 나간 관원이나 군관, 향소, 감관, 유사, 약정 등의 남형을 규제하는 내용이다.

1. 관리가 형벌을 남용하면 장 100·도 3년에 처한다. 이로 인해 사망에 이르게 되면 장 100에 처하고, 영불서용*한다. 〈『경국대전』 형전 남형〉
2. 외방에 왕명을 받들고 나간 사람이 정2품 이상의 관원이나 의정부, 사헌부의 관원인 경우 이외에는 형벌의 사용을 엄히 금한다. 〈강희 임술(1682, 숙종 8) 승전 ○『수교집록』 형전 남형〉
3. 각 읍의 군관, 향소, 감관, 유사, 약정 같은 무리 중에 태나 장으로 사람을 죽인 죄를 범한 자가 있으면, 먼저 공사와 사사의 구분을 논한다. 만약 사사에서 나왔으며 원래 관장의 분부가 아니었으면 법대로 판결한다. 만약 공사에서 나왔으면 형벌을 남용했는지의 여부를 조사하여 그 경중을 참작하여 논죄한다.[1] 색리에 이르러서는 태나 장을 쓸 수 없으니 공사와 사사를 논하지

---

1 경중을 … 논죄한다: 남형의 죄가 무거우면 장 100·도 3년에 처하고, 매장은 10냥을 추징하도록 했으며, 가벼우면 장 100에 처하고, 매장은 10냥을 추징하도록 했다(『典錄通考』 刑典 濫刑).

말고, 일체 일반 사람들이 서로 살해한 법례에 따라 처리한다.[2] 〈강희 임자(1672, 현종 13) 승전 ○『수교집록』형전 남형〉

4. 왕명을 받든 사신이 사사로운 일로 사람을 죽이면 역시 목숨으로 갚도록 한다. 〈강희 을축(1685, 숙종 11) 승전 ○『수교집록』형전 남형〉

1. 官吏濫刑 杖一百徒三年 致死者 杖一百 永不叙用〈刑典〉
2. 外方奉使之人 正二品以上政府憲府外 用刑事 嚴禁〈康熙壬戌承傳 ○受敎輯錄〉
3. 各邑軍官鄕所監官有司約正之類 有犯笞杖殺人之罪者 先論其公私之分 若出於私事 而元非官長分付 則斷之以法 若出於公事 則覈其濫刑與否 酌其輕重而論罪 至於色吏 則不可用笞杖 勿論公私[3] 一依平人相殺例 處之〈康熙壬子承傳 ○受敎輯錄〉
4. 奉命使臣 以私事殺人者 亦爲償命〈康熙乙丑承傳 ○『受敎輯錄』〉

---

[2] 각 읍의 … 처리한다: 1672년(현종 13) 사헌부에서 '군관, 향소, 감관, 유사, 약정이 태나 장을 집행했다가 사람을 죽게 한 경우 살인의 율로 단죄하는데, 이 때문에 관가의 명을 봉행하는 이가 없을까 염려된다며 공사(公事), 사사(私事)를 구분하여 논죄하도록 하자'며 이 법 제정을 건의함에 따라 제정되었다(『승정원일기』, 현종 13년 4월 10일).

[3] 公私: 『수교집록(受敎輯錄)』, 『전록통고(典錄通考)』, 『증보전록통고(增補典錄通考)』에는 '公事'로 표기되어 있고, 『승정원일기』, 『추관지(秋官志)』, 『속대전(續大典)』, 『대전통편(大典通編)』, 『대전회통(大典會通)』에는 '公私'로 되어 있다.

11. 도망하는 범인을 체포함
　【補】十一 捕亡

> 포망(捕亡)은 범인의 체포와 도망에 관한 조목으로 『대명률』에 보인다. 〈포망〉은 『대명률』〈죄인거포(罪人拒捕)〉 중에서 체포에 저항하는 범인에 대한 처벌 규정과 체포에 저항하는 죄수를 죽이거나 죽게 한 관리를 처벌하지 않는 규정을 발췌하여 수록했다.

1. 죄를 범하고 도주하다 체포에 저항하면 각각 본래 범한 죄에 2등급을 더하되 죄는 장 100·유 3,000리에 그친다.[1] 〈『대명률』 412 죄인거포〉
2. 만약 범인이 병장기를 가지고 체포에 저항하기에 체포하려는 사람이 격투하다 그를 죽이거나, 죄수가 도주하기에 체포하려는 사람이 쫓아가 죽이거나, 죄수가 궁지에 몰려 자살하면 모두 죄를 논하지 않는다. 〈『대명률』 412 죄인거포〉

1. 凡犯罪逃走 拒捕者 各於本罪上 加二等 罪止杖一百流三千里 〈大明律〉
2. 若犯人持杖拒捕 其捕者 格殺之 及囚逃走 捕者 逐而殺之 若囚窘迫而自殺者 皆勿論 〈大明律〉

---

[1] 죄를 … 그친다: 『대명률』 412 〈죄인거포(罪人拒捕)〉에는 체포에 저항하다가 체포하려는 사람을 구타하여 절상(折傷) 이상의 상해를 입히거나 죽인 경우의 형량과 종범에 대한 형량까지 규정되어 있다. "체포하려는 사람을 때려 절상 이상에 이르면 교형에 처하고, 사람을 죽이면 참형에 처한다. 종범은 수범의 죄에서 각각 1등급을 감한다."

12. 시집가거나 장가듦
【補】十二 嫁娶

가취(嫁娶)는 혼인을 의미하는데, '가(嫁)'는 여성이 남성에게 시집가는 것이고, '취(娶)'는 남성이 여성을 처로 맞이하는 것이다. 〈가취〉는 『결송유취보』가 독자적으로 마련한 조목으로 『경국대전』이나 『수교집록』에는 보이지 않는다.

남성의 중혼(重婚)에 대한 처벌 및 규제(제1조, 제13조), 사위를 쫓아내고 딸을 시집보내거나 딸을 중혼시킨 경우에 대한 처벌(제2조, 제3조), 상중 혼인에 대한 처벌(제4조), 승려·도사의 혼인에 대한 처벌(제5조), 딸을 파혼시킨 행위에 대한 처벌(제6조~제8조), 관할 지역 부녀를 처나 첩으로 삼은 목민관 처벌(제9조), 양가의 딸을 강탈하여 처나 첩으로 삼은 권세가 처벌(제10조), 출처(出妻) 관련 처벌(제11조, 제12조), 남편을 배반한 처에 대한 처벌(제12-1조) 등 총 14개 조문으로 구성되어 있다. 이 중 13개 조문은 『대명률』에서 발췌한 내용이고, 남성 중혼에 대한 규제 중 적첩 분간에 관한 내용인 제13조는 『경국대전』 규정이다.

유교 이념에 따라 부부의 의(義)가 매우 강조되었던 조선 사회에서는 남성에게는 중혼과 출처, 여성에게는 개가(改嫁)에 대한 규제가 이루어졌다. 개가 규제는 자손의 사로(仕路) 진출을 제한하는 법으로, 이 세 규제 중 가장 강력한 규제였음에도 불구하고 처벌 규정이 아니었기 때문에 『결송유취보』에는 수록되지 않았다.

1. 처가 있는데 다시 처를 맞이하면 장 90에 처하고, 이혼시킨다. 〈『대명률』 109 처첩실서〉
2. 사위를 쫓아내고 딸을 (다시) 시집보내거나 거듭 사위를 맞이하면 장 100에

처한다. 〈『대명률』 110 축서가녀〉

[3]. 그 딸은 전남편에게 보내 완취*하도록 한다. 〈『대명률』 110 축서가녀〉

4. 부모나 남편의 상중에 자신이 스스로 시집가거나 처를 맞이하면 장 100에 처한다. 〈『대명률』 111 거상가취〉

5. 승려나 도사가 처를 맞이하면 장 80에 처하고, 환속시킨다. 여자 집도 같은 죄를 준다. 혼인한 남녀는 이혼시킨다. 〈『대명률』 120 승도취처〉

6. 딸을 시집보내기로 허락하고 이미 혼서에 회답했거나 사약¹했는데, 갑자기 후회하여 (혼약을 파기하면) 태 50에 처한다. 비록 혼서가 없고 빙재*만 받았다 하더라도 또한 이와 같다. 〈『대명률』 107 남녀혼인〉

[7]. (혼약을 했는데) 다른 사람에게 다시 혼인을 허락한 경우, 미성혼²이면 (여자 쪽 혼주를) 장 70에 처한다. 〈『대명률』 107 남녀혼인〉

[8]. 이미 성혼하였으면 장 80에 처한다. 〈『대명률』 107 남녀혼인〉

9. 부·주·현의 목민관이 관할 지역 민가의 부녀를 맞이하여 처나 첩으로 삼으면 장 80에 처한다. 〈『대명률』 116 취부민부녀위처첩〉

10. 호세*한 사람이 양인 집안의 처나 딸을 강탈해서 간음하여 차지하여 처나 첩으로 삼으면 교형에 처한다. 〈『대명률』 118 강점양가처녀〉

11. 처에게 마땅히 쫓아내야 하거나 의절*해야 할 정상이 없는데 그녀를 쫓아내면 장 80에 처한다. 비록 칠출*을 범했다 하더라도³ 삼불거*가 있는데, 그래

---

1 사약(私約): 먼저 남편 될 사람이 질병이 있거나 잔질(殘疾)이거나 나이가 너무 많거나 어리석거나 서출(庶出)이거나 양자(養子)인 것 따위를 이미 알고 혼인을 약속한 것을 이른다(『대명률』 107 男女婚姻).

2 미성혼: 비록 혼인 예물을 받고 정혼(定婚)하였으나 남녀가 아직 친영례를 치르지 않은 상태를 말한다.

3 비록 … 하더라도: 『대명률』에서는 칠출에 해당하면 처를 쫓아내는 것이 용인되었다. 그러나 조선에서는 처의 실행이나 신분이 문제가 되는 경우를 제외하고 이를 모두 용인하지는 않았다. 실행이 문제가 된 경우는 그 실행 여부를 철저히 조사하여 사실일 경우에는 그 여성을 처

도 쫓아내면 2등급을 감하고 쫓아낸 처는 다시 돌아오게 하여 완취하도록 한다. 〈『대명률』 123 출처〉

[12]. 만약 남편과 처가 서로 화목하지 못하여 양쪽이 헤어지기를 원하면 처벌하지 않는다.⁴ 〈『대명률』 123 출처〉

12-1. 처가 남편을 배반하고 도망하면 장 100에 처하고, 남편 뜻에 따라 팔아 시집보낸다. 도망하여 개가하면 교형에 처한다.⁵ 〈『대명률』 123 출처〉

13. 처가 있는데 처를 맞이한 것이 바로 발각되지 않았다가, 당사자가 사망한 후 자손이 적자인지를 다투면 먼저 혼인한 처를 적실로 삼는다. 〈『경국대전』 형전 노비결송정한〉

1. 有妻娶妻者 杖九十 離異 〈『大明律』〉
2. 逐婿嫁女 或再招婿者 杖一百 〈『大明律』〉
[3]. 斷付前夫 完聚 〈『大明律』〉
4. 居父母及夫喪 而身自嫁娶者 杖一百 〈『大明律』〉

벌하였고 무고일 경우에는 남편을 무고율로 처벌하였다. 그리고 시부모에게 불효하였을 경우 기처(棄妻)를 용인해주기도 하였지만 그 적용이 일률적이지 않았다. 이 외의 항목은 거의 고려 대상이 되지 않았다고 해도 과언이 아닐 정도로 인정되지 않았다(박경, 「조선전기 棄妻 규제 정책의 영향과 한계」, 『사학연구』 98, 2010).

4   만약 … 않는다: 이 율문의 앞에 있는 다음 내용이 생략되었다. "처가 의절해야 할 죄를 범하여 이혼해야 하는데 이혼하지 않으면 또한 장 80에 처한다"(『대명률』 123 出妻).

5   도망하여 … 처한다: 『대명률』을 포괄적으로 수용하여 형률로 이용하였던 조선에서도 이 율이 적용되었는데, 1423년(세종 5) 남편을 배반하고 개가하였다 하여 전의판관(典醫判官) 황순지(黃順之)의 처 세은가이(世隱加伊)를 교형에 처한 사례가 그 첫 번째 적용 사례였다. 이후로도 왕이 감형해주지 않는 한 남편에게서 도망하여 개가한 여성은 교형에 처해졌다. 이 때문에 남편과 헤어지고자 했던 여성들은 남편으로부터 기별(棄別) 문서를 받기도 하였다. 남편과 혼인 관계를 해소하자는 합의를 하지 않은 상태에서 처가 자신의 의지로 남편을 떠나는 경우 무거운 형벌을 받아야 했기에 남편과 헤어지고자 했던 여성들은 남편에게 버려졌다는 내용의 문서를 받아야 했던 것이다[박경(2010), 앞의 글].

5. 僧道娶妻 杖八十 還俗 女家同罪 離異 《大明律》

6. 若許嫁女已報婚書 及有私約 而輒悔者 笞五十 雖無婚書 但曾受聘財者 亦是 《大明律》

[7]. 若再許他人 未成婚者 杖七十 《大明律》

[8]. 已成婚者 杖八十 《大明律》

9. 凡府州縣親民官 任內 娶部民婦女 爲妻妾者 杖八十 《大明律》

10. 豪勢之人 强奪良家妻女 奸占爲妻妾者 絞 《大明律》

11. 凡妻無應出及義絶之狀 而出之者 杖八十 雖犯七出 有三不去 而出之者 減二等 追還完聚 《大明律》

[12]. 若夫妻不相和諧 而兩願離者 不坐 《大明律》

12-1. 若妻背夫在逃者 杖一百 從夫嫁賣 因而改嫁者 絞 《大明律》

13. 有妻娶妻 不卽發覺 身歿後 子孫爭嫡者 以先爲嫡 《經國大典》

---

6 『경국대전』 형전 奴婢決訟定限에 '永樂癸巳三月十一日以後'라는 시점을 명기하였는데, 이는 처를 맞이한 경우 선취(先娶)를 적처로 삼도록 한 이 법이 중혼을 금지한 1413년(영락 계사) 3월 10일 다음 날부터 적용된다는 점을 명시한 것이다.

13. 간음죄를 범함
【補】十三 犯姦

〈범간(犯姦)〉은 간음죄에 대한 처벌 규정을 담은 조목으로 『대명률』에서 발췌한 8개 조문으로 구성하였다. 그 내용은 화간, 조간, 강간의 기본 형량(제1조~제3조), 친족 간 간음에 대한 형량(제4조~제6조), 노비, 고공인이 가장이나 가장 친족의 처나 딸과 간음한 경우의 형량(제7조, 제8조) 등이다.
　배우자가 없더라도 혼인 외 간음이면 처벌하도록 했으며, 강간을 제외하고 화간, 조간은 간음한 남녀 모두를 처벌했다. 친속끼리의 간음은 친속 관계가 가까울수록 중형에 처했고, 노비나 고공인이 가장이나 가장 친족의 처나 딸을 간통하면 가중 처벌했다. 한편, 여성의 정절을 중시했던 조선에서는 사족 여성의 간음은 『대명률』 규정에 비해 무겁게 처벌하는 경향을 보였다. 조목 아래에 수기(手記)로 "當與殺傷條參看"이라고 첨기하여, 제4조목 〈살상(殺傷)〉을 참조해 함께 검토하도록 하였다.

1. 강간하면 교형에 처한다. 미수에 그쳤으면 장 100·유 3,000리에 처한다. 화간하면 장 80에 처하는데,[1] 남편이 있으면 장 90에 처한다. 조간하면 장 100에 처한다. 〈『대명률』 390 범간〉
[2]. 화간하거나 조간하면 남성과 여성에게 같은 죄를 준다. 〈『대명률』 390 범간〉
[3]. 강간이면 여성은 처벌하지 않는다. 〈『대명률』 390 범간〉
4. 동종 무복친* 및 무복친의 처와 간통하면 (남녀) 각각 장 100에 처한다. 만약 의붓딸과 간통하면 1등급을 더한다. 〈『대명률』 392 친속상간〉

1　화간하면 … 처하는데: 뒤에 "남편이 있으면 장 90에 처한다"라는 내용으로 미루어 볼 때, 앞의 화간하는 여성은 미혼 여성임을 알 수 있다.

5. 시마 이상 친족 및 시마 이상 친족의 처,[2] 혹은 처의 전남편의 딸 및 어머니는 같고 아버지가 다른 자매와 간통하면 각각 장 100·도 3년에 처하고,[3] 강간하면 참형에 처한다. 종조모,[4] 종조고,[5] 종백숙모,[6] 종고모,[7] 종자매,[8] 어머니의 자매 및 형제의 처, 형제의 며느리와 간통하면 각각 교형에 처한다. 강간하면 참형에 처한다. 아버지나 할아버지의 첩, 백모, 숙모, 고모, 자매, 아들이나 손자의 처, 형제의 딸과 간통하면 각각 참형에 처한다. (위 친족들의) 첩과 간통하면 각각 1등급을 감하고, 강간하면 교형에 처한다. 〈『대명률』392 친속 상간〉

[6]. 만약 걸양*자손의 처와 간통하면 각각 1등급을 감한다. 〈『대명률』392 친속상간〉

7. 노나 고공인이 가장의 처나 딸과 간통하면 각각 참형에 처한다. 〈『대명률』 394 노급고공인간가장처〉

[8]. (노나 고공인이) 가장의 기복친이나 기복친의 처와 간통하면 교형에 처한다. 부녀는 1등급을 감한다. 〈『대명률』394 노급고공인간가장처〉

1. 强奸者 絞 未成者 杖一百流三千里 和奸 杖八十 有夫 杖九十 刁姦 杖一百 〈『大明律』〉

2　시마 … 처: 내외 유복친을 이르는 것이다. 『대명률』392 親屬相姦.

3　처의 … 처하고: "처의 전남편의 딸과 어머니는 같고 아버지가 다른 자매는 비록 모두 복상 관계가 없지만 의(義)가 또한 무거우므로 특별히 무복친 중에 이 두 가지를 지적해 시마 이상과 같이 논했다.

4　종조모: 종조부(할아버지 형제)의 처로 소공친이다.

5　종조고: 할아버지의 누이로 소공친이다.

6　종백숙모: 종조부 아들의 처, 5촌 백숙모로 소공친이다.

7　종고모: 종조부의 딸, 5촌 고모로 소공친이다.

8　종자매: 당자매, 4촌 자매로 소공친이다.

[2]. 其和奸刁奸者 男女同罪〈『大明律』〉

[3]. 强奸者 婦女不坐〈『大明律』〉

4. 凡奸同宗無服之親 及無服親之妻者 各杖一百 若奸義女者 加一等〈『大明律』〉

5. 若奸緦麻以上親 及緦麻以上親之妻 若妻前夫之女 及同母異父娣妹者 各杖一百徒二年[9] 强者 斬 若奸從祖祖母姑從祖伯叔母姑從父娣妹母之姊妹 及兄弟妻兄弟子妻者 各絞 强者 斬 若奸父祖妾伯叔母姑姊妹子孫之婦兄弟之女者 各斬 妾 各減一等 强者 絞〈『大明律』〉

[6]. 若姦乞養子孫之婦者 各減一等〈『大明律』〉

7. 奴及雇工人奸家長妻女者 各斬〈『大明律』〉

[8]. 若奸家長之期親若期親之妻者 絞 婦女 減一等〈『大明律』〉

---

9 二年: 『대명률』에 '三年'으로 되어 있어 번역에서 교감하였다.

14. 거짓을 행하기 위해 위조·사칭함
【補】十四 詐僞[1]

사위(詐僞)는 거짓을 행하기 위해 문서나 인장 및 화폐 등을 위조하거나 관원을 사칭하는 것을 이른다. 〈사위〉는 『대명률』에서 차용한 조목으로 13개 조문으로 구성되었다. 이 중 『대명률』과 『수교집록』에 수록된 것이 각각 5개 조문이며 나머지 3개 조문은 『대전후속록』에 수록되었다. 『대명률』에서 발췌한 것은 제서(制書), 아문인신(衙門印信), 아문문서(衙門文書), 화폐 등을 위조하거나 관원을 사칭하는 경우 처벌하는 내용이다(제1조~제5조). 『수교집록』에서 인용한 것은 호패(號牌), 호장인신(戶長印信), 가은(假銀), 재상서간(宰相書簡), 제향소용중포(祭享所用中脯)를 거짓으로 만든 경우 처벌하는 내용이다(제6조~제10조). 『대전후속록』에서 초록한 것은 문서를 위조하여 간사한 속임수가 드러나거나 공·사노비를 숨겨놓고 부리다가 죄를 모면하기 위해 문서를 위조하거나, 위조문서를 이용해서 소송하는 경우 처벌하는 내용이다(제11조~제13조). 사위와 관련된 범위가 후기로 오면서 문서나 인신 및 화폐에서 호패, 가은, 서간 및 중포로 점차 넓어지고 있는 점이 주목된다.

1. 제서*를 사위*하면 참형에 처하고, 종범은 장 100·유 3,000리에 처한다. 아직 시행하지 않았으면 1등급 감한다. 〈『대명률』378 사위제서〉

---

[1] 『결송유취보』 소장자가 〈사위〉 아래에 수기(手記)로 "인신을 위조하는 이는 인문(印文)이 비록 갖추어져 있지 않더라도 참형에 처하며, 처자는 영원히 각읍 노비로 소속시키며, 체포하여 보고하면 범인의 재산을 지급한다(僞造印信者 印文雖未成 處斬 妻子永屬諸邑奴婢 捕告者 給犯人財産). ○저화를 위조하면 교형이고 체포하여 보고하면 범인 재산을 상으로 준다(○僞造楮貨者 絞 捕告者 論賞給犯人財産)"라는 내용을 첨기하였다.

2. 아문 인신을 위조하면 참형에 처하고, 관방인기를 위조하면 장 100·도 3년에 처한다. 〈『대명률』 389 위조인신력일등〉

3. 육부* 아문의 문서를 위조하거나 서명을 모사하거나 인신을 도용하면 장 100·유 3,000리에 처하고, 그 밖의 아문은 장 100·도 3년에 처한다. 종범은 각각 한 등급 감한다. 시행하지 않았으면 또 1등급을 감한다. 〈『대명률』 378 사위제서〉

4. 화폐를 위조하면 수범이나 종범을 구분하지 않고 참형에 처하며, 와주* 및 실정을 알고도 사용한 이는 모두 참형에 처한다. 〈『대명률』 381 위조보초〉

5. 관아에서 파견된 관리라고 사칭하여 사람을 체포하거나, 관원의 성명을 거짓으로 사용한 경우에는 장 100·도 3년에 처한다. 〈『대명률』 383 사가관〉

6. 호패를 위조하면 아문 인신을 위조한 것과 같으니 사형에 해당하는 죄로 논한다. 〈강희 을축(1685, 숙종 11) 승전 ○『수교집록』 형전 위조〉

7. 호장의 인신을 위조하면 멀리 떨어진 외딴 섬으로 보내 노비로 삼고 물간사전*한다. 〈강희 신미(1691, 숙종 17) 승전 ○『수교집록』 형전 위조〉

8. 거짓으로 가은*을 만들면 부대시참*한다. 〈강희 임신(1692, 숙종 18) 승전 ○『수교집록』 형전 위조〉

9. 재상의 서간을 위조하면 불한년* 변원정배*한다. 〈강희 기유(1669, 현종 10) 승전 ○『수교집록』 형전 위조〉

10. 제향에 사용하는 중포*를 사사로이 만들거나 구매하여 상납하면 모두 사죄로 논하여 처벌한다. 〈강희 병오(1666, 현종 7) 승전 ○『수교집록』 형전 위조〉

11. 문서를 위조하여 간사한 속임수가 명백히 드러나면 양계*나 황해도로 전가사변한다. 〈『대전후속록』 형전 잡령 ○『결송유취』 위조〉

12. 공노비나 사노비를 용은*하여 부리면서 죄를 모면하고자 자기의 노비라고 사칭하며 문서를 위조하여 소송을 일으키면 물간사전*하고 역가를 징수하며 전가사변*한다. 〈『대전후속록』 형전 잡령 ○『결송유취』 위조〉

13. 위조문기를 가지고 쟁송하면 비록 조상이 행한 것이라 변명하더라도 물간사전하고 전가사변한다. 〈『대전후속록』 형전 잡령 ○『결송유취』 위조〉

1. 凡詐僞制書者 斬 爲從者 杖一百流三千里 未施者 減一等〈『大明律』〉
2. 凡僞造諸衙門印信者 斬 僞造關防印記者 杖一百徒三年〈『大明律』〉
3. 詐僞六部衙門文書套畫押字盜用印信者 杖一百流三千里 其餘衙門 杖一百徒三年 爲從者 各減一等 未施者 又減一等〈『大明律』〉
4. 僞造寶鈔 不分首從 及窩主若知情行使者 皆斬〈『大明律』〉
5. 詐稱官司差遣而捕人 及詐冒官員姓名者 杖一百徒三年〈『大明律』〉
6. 僞造號牌者 與印信僞造同 論以一罪〈康熙乙丑承傳 ○『受敎輯錄』〉
7. 戶長之印僞造者 絶島爲奴 勿揀赦前〈康熙辛未承傳 ○『受敎輯錄』〉
8. 僞造假銀者 不待時處斬〈康熙壬申承傳 ○『受敎輯錄』〉
9. 宰相書簡僞造者 不限年邊遠定配〈康熙己有承傳 ○『受敎輯錄』〉
10. 祭享所用中脯 私造及貿納人 並以死罪論斷〈康熙丙午承傳 ○『受敎輯錄』〉
11. 僞造文記 奸詐現著者 兩界及黃海道全家徙邊〈『後續錄』○『決訟類聚』〉
12. 公私賤容隱役使 而謀欲免罪 詐稱自己奴婢 僞造文記爭訟者 勿揀赦前 徵役價 全家徙邊〈『後續錄』○『決訟類聚』〉
13. 凡持僞造文記爭訟者 雖言祖上所爲 勿揀赦前 全家徙邊〈『後續錄』○『決訟類聚』〉

15. 원통하고 억울한 일을 관아에 호소함
【補】十五 告訴

'고(告)'란 타인이 죄를 범한 사실을 관헌에게 고발하는 것이고, '소(訴)'란 자기가 타인으로부터 받은 침해나 억압에 대해 구제해줄 것을 관헌에게 신청하는 것으로, 양자는 어의(語義)를 분명히 달리한다. 그러나 양자의 구별이 법 개념으로까지 발전한 것은 아니다. 〈고소(告訴)〉는 『결송유취보』가 독자적으로 마련한 조목이다. 모두 7개 조문으로 구성되어 있는데, 이 중 『대명률』에서 3개 조문을 발췌하였으며, 『경국대전』과 『수교집록』에서 각각 2개 조문씩 인용했다. 『대명률』에서 발췌한 것은 월소 금지와 익명 고발 처벌 및 친척 고발과 관련된 내용이다(제1조~제3조). 『경국대전』에서 인용한 것은 서울과 지방의 원억자가 고발하는 절차와 하급자가 상급자 또는 부민이 수령이나 관찰사를 고발하지 못하게 하는 법규 및 유언비어에 대한 처벌 규정이다(제4조). 또 타인을 사주해서 고발하도록 하거나 무소(誣訴)했을 경우 처벌 규정도 포함되었다(제5조). 이것들은 모두 고발의 남발로 인한 사회적 불안을 해소하려는 취지로 제정된 법규로 판단된다. 마지막으로 『수교집록』에서 인용한 조문은 등문고를 치거나 격쟁할 때 사건사(四件事) 이외에는 허락하지 않는다는 내용이다(제6조, 제7조).

1. 군인이나 민인의 사송*은 모두 반드시 아래로부터 위로 진고*해야 한다. 만약 자신을 관할하는 관아를 뛰어넘어 멋대로 상급 관아에 나아가 호소하면 태 50에 처한다. 〈『대명률』 355 월소〉
2. 자신의 이름을 숨긴 문서를 제출하여 남의 죄를 고발하면 교형에 처한다. 익명 문서를 발견한 이는 곧장 불태우거나 찢어버려야 하는데, 관아에 들여보내면 장 80에 처하고, 관아에서 접수하여 처리하면 장 100에 처한다. (익명

문서로) 고발당한 사람은 (투서한 내용이 모두 사실이라 하더라도) 처벌하지 않는다. 〈『대명률』 356 투익명문서고인죄〉

3. 아들이나 손자가 조부모나 부모를 고발하거나, 처나 첩이 남편이나 남편의 조부모나 부모를 고발하면 장 100·도 3년에 처한다. 만약 무고*이면 교형에 처한다. 기복친 존장이나 외조부모¹를 고발하면 비록 고발한 내용이 사실이라 하더라도 장 100에 처한다. 대공친 존장이면 장 90에, 소공친 존장이면 장 80에, 시마친 존장이면 장 70에 처한다. 고발을 당한 기복친과 대공친 존장, 외조부모나 처의 부모는 모두 자수*한 것과 같이 보아 죄를 면해준다. 소공친이나 시마친 존장은 본죄에서 3등급을 감한다. 만약 무고한 일이 무거우면,² 무고한 죄에 각각 3등급을 더하여 처벌한다. 〈『대명률』 361 간명범의〉

4. 원통하고 억울한 일을 호소할 경우, 서울에서는 주장관*에 올리고, 지방에서는 관찰사³에게 올린다. 그렇게 하여도 여전히 원억이 있으면 사헌부에 고하고, 그래도 원억이 있으면 신문고*를 친다. 종묘·사직이나 비법살인*에 관계된 것 이외에, 이전*이나 복예*가 자신이 속한 관청의 관원을 고발하거나, 품관*이나 아전, 백성이 관할 관찰사나 수령을 고발하면 모두 접수하지 말고 장 100·도 3년에 처한다. 몰래 다른 사람을 사주하여 소장을 제출하면 죄가 또한 같다. 자기의 원통한 일을 호소하면 모두 들어서 청리*하되, 무고하는 이는 장 100·유 3,000리에 처한다. 〈『경국대전』 형전 소원〉

---

1   외조부모: 외조부모는 소공친인데 복은 가벼우나 은혜는 무거우므로 기복친과 같이 논한다.
2   무고한 … 무거우면: 죄가 무겁다는 것은 干名犯義의 죄인 장 100보다 무겁다는 것이다. 가령 무고한 일이 간명범의 장 100보다 가벼우면 간명범의로 처벌하며, 무고한 죄가 간명범의 장 100보다 무거우면 무고죄에 3등급을 더한다. 가령 기친 존장을 무고한 것이 장 60·도 1년에 해당하면, 이는 장 100보다 무거우므로 무고한 죄 장 60·도 1년에 3등급을 더하여 장 90 도 2년 반인 따위이다.
3   관찰사: 1402년(태종 2) 1월 26일에 신문고 설치를 알리는 교서를 내린 바 있다. 태종의 교서는 수령과 관찰사에게 호소하도록 하였는데, 『경국대전』은 관찰사에게만 호소하도록 하였다.

5. 난언*하는 이는 국왕에게 아뢴 뒤 추핵*하고 장 100·유 3,000리에 처한다. 만약 국왕을 범하는 말을 했는데 실정이 매우 나쁜 이는 참형에 처하고 가산을 적몰*한다. 무고하는 이는 반좌*하고, 알면서도 고발하지 아니하는 이는 그 죄에서 각각 1등급 감한다. 〈『경국대전』 형전 추단〉
6. 등문고*를 쳐서 상언*하는 것은 형벌로 자신이 죽게 된 경우, 부자 관계를 분간하는 일, 본처인지 첩인지 분간하는 일, 양인인지 천인인지 분간하는 일 이외에는 받아들이는 것을 허락하지 아니한다. 〈가정 정사(1557, 명종 12) 승전○『수교집록』 형전 고소〉
7. ○ 사건사가 아닌 일로 격쟁하는 이는 모두 엄형에 처한다. 〈강희 무오(1678, 숙종 4) 승전○『수교집록』 형전 고소〉

1. 凡軍民詞訟 皆須自下而上陳告 若越本管司 輒赴上司稱訴者 笞五十 〈『大明律』〉
2. 凡投隱匿姓名文書 告言人罪者 絞 見者 卽便燒毁 若將送入官司者 杖八十 官司受而爲理者 杖一百 被告者 不坐 〈『大明律』〉
3. 凡子孫告祖父母父母 妻妾告夫及夫之祖父母父母者 杖一百徒三年 但誣告絞 若告期親尊長外祖父母 雖得實 杖一百 大功杖九十 小功杖八十 緦麻杖七十 其被告期親大功尊長 及外祖父母 若妻之父母 並同自首免罪 小功緦麻尊長 得減本罪三等 若誣告重者 各加所誣罪三等 〈『大明律』〉
4. 訴冤抑者 京則呈主掌官 外則呈觀察使 猶有冤抑 告司憲府 又有冤抑則擊申聞鼓 關係宗祀及非法殺人外 吏典 僕隸告其官員者 品官·吏·民告其觀察使·守令者 並勿受 杖一百徒三年 陰嗾他人發狀者 罪亦如之 其自己訴冤者 並聽理 誣訴者 杖一百流三千里 〈『經國大典』〉

4   本管司:『대명률』에 '本管官司'로 되어 있어 번역에서 교감하였다.

5. 凡亂言者 啓聞推覈 杖一百流三千里 若干犯於上 情理切害者 斬 籍沒家産 誣告者 反坐 知而不告者 各減一等〈『經國大典』〉
6. 擊登聞鼓上言 刑戮及身父子分揀嫡妾分揀良賤分揀事外 勿許捧入〈嘉靖丁巳承傳 ○『受敎輯錄』〉
7. 擊錚者 非四件事者 並爲嚴刑〈康熙戊午承傳 ○『受敎輯錄』〉

16. 남을 말로 욕하거나 헐뜯음
【補】十六 罵詈

> 오늘날 명예훼손죄에 해당하는 매리(罵詈)의 '매(罵)'는 악한 말로 능욕하는 것을, '리(詈)'는 더러운 말로 해하고 서로 헐뜯는 것을 가리킨다. 또한 '매'는 바로 앞에서 배척하는 것을, '리'는 곁에서 말하여 그의 귀에 들리게 하는 것을 지칭한다. 〈매리〉는 『대명률』에서 차용한 조목이며, 조문 역시 모두 『대명률』에 있는 것이다. 악하거나 더러운 말로 상대방(제1조), 상관(제2조), 친인척(제3조), 존장(제4조) 등을 욕해 명예를 실추시키는 것을 금지하는 규정이다. 가정이나 사회 및 행정 혹은 군사 조직을 안정시키기 위해 마련된 조문이지만 당사자가 직접 듣고 고발해야만 처벌하는 친고죄(親告罪)라는 점이 특징이다.

1. 타인을 욕하면 태 10에 처하고, 서로 욕하면 각각 태 10에 처한다. 〈『대명률』 347 매인〉

2. 왕명을 받들고 외방에 파견되었는데, 소재지의 관리가 욕하거나, 부민이 자신이 속한 지부, 지주, 지현을 욕하거나, 군사가 자신을 관할하는 지휘, 천호, 백호를 욕하거나, 이졸이 자신이 속한 부의 장관을 욕하면 장 100에 처한다. 모두 직접 들어야 처벌한다.[1] 〈『대명률』 348 매제사급본관장관〉

3. 노비가 가장을 욕하면 교형에 처하고, 가장의 기복친이나 외조부모를 욕하면 장 80·도 2년에 처하며, 대공친이면 장 80, 소공친이면 장 70, 시마친이면

1　모두 … 처벌한다: 진실로 직접 들은 것을 처벌하지 않고 다른 사람이 전하는 말에 의거하여 증거로 삼으면, 악담으로 남을 모함하는 말이 날로 생기고 서로 욕하고 꾸짖는 근원을 열게 되므로 반드시 욕하는 소리를 관리가 직접 들어야만 비로소 처벌하는 것이다.

장 60에 처한다. 고공인이 가장을 욕하면 장 80·도 2년에 처하고, 가장의 기복친이나 외조부모를 욕하면 장 100에 처하며, 대공친이면 장 60, 소공친이면 태 50, 시마친이면 태 40에 처한다. 모두 반드시 욕을 들은 당사자가 직접 고소해야 처벌한다. 〈『대명률』350 노비매가장〉

4. 처나 첩이 남편의 기복친 이하, 시마친 이상의 존장을 욕하면 남편이 그들을 욕한 죄와 같다. 첩이 남편을 욕하면 장 80에 처하고, 첩이 처를 욕하면 죄가 또한 같다. 처의 부모를 욕하면 장 60에 처한다. 모두 반드시 당사자가 직접 고소해야 처벌한다. 〈『대명률』353 처첩매부기친존장〉

1. 凡罵人者 笞一十 互相罵者 各笞一十 〈『大明律』〉
2. 奉制命出使而官吏罵詈 及部民罵本屬知府知州知縣 軍士罵本管指揮千戶百戶 若吏卒罵本部長官 杖一百 並親聞乃坐 〈『大明律』〉
3. 凡奴婢罵家長者 絞 罵家長之期親及外祖父母者 杖八十徒二年 大功杖八十 小功杖七十 緦麻杖六十 若雇工人罵家長者 杖八十徒二年 罵家長之期親及外祖父母者 杖一百 大功杖六十 小功笞五十 緦麻笞四十 並須親告乃坐 〈『大明律』〉
4. 凡妻妾罵夫之期親以下緦麻尊長 與夫罵罪同 妾罵夫者 杖八十 妾罵妻者 罪亦如之 若妻之父母者 杖六十 並須親告乃坐 〈『大明律』〉

17. 잡다한 부류의 범죄
【補】十七 雜犯

〈잡범(雜犯)〉은 『대명률』에서 차용한 조목으로, 방화(放火)·발총(發塚)·기훼(棄毁)·실화(失火)·도박(賭博)·사조(私造) 등 여섯 가지 범죄로 구성되어 있다.

방화(제1조~제3조)는 고의로, 실화(제9조)는 실수로 불을 내는 행위에 대한 처벌 규정이다. 자기 소유의 건물에 방화하였다가 타인 소유의 건물이나 물건에 불이 옮겨 붙은 경우와 타인 소유의 건물이나 물건에 고의로 방화한 경우를 구분하고, 사람이 거주하는 집인지 빈집인지, 건물의 담장 안에 쌓아둔 물건인지 밖에 쌓아둔 물건인지를 구분한다.

발총(제4조)은 무덤을 파헤치거나 시신을 훼손하는 행위(제5조)에 대한 처벌 규정이다. 『대명률』 형률 도적 편은 발총을 별도로 중요하게 다루고 있으며, 그 내용 또한 훨씬 자세하다.

기훼(제6조~제8조)는 타인의 기물을 훼손하면 처벌하는 내용이다. 신주(神主)나 비갈(碑碣), 석수(石獸) 같은 기물은 모두 조상을 제사 지내는 물건이므로 이를 손상하면 처벌하였다. 또 타인의 수목이나 농작물을 훼손하면, 자신은 비록 얻은 바가 없으나 다른 사람은 잃은 물건이 있으므로 처벌하였다. 이와 관련된 내용은 『대명률』에 있다.

도박(제10조)은 재물을 걸고 내기를 하는 행위를 금지하고자 마련한 규정이다. 단 술과 먹을 것을 걸고 내기를 하는 것은 이로움을 추구하는 것이 아니므로 죄를 논하지 않았다.

사조(제11조)는 길이를 재는[度] 자, 부피를 재는[量] 되나 말, 무게를 재는[衡] 저울 등의 도량형을 개인이 규격에 맞지 않게 사사로이 제조하면 처벌하는 내용이다.

1. 방화하여 고의로 자기의 건물을 태우면 장 100에 처한다. 불이 이웃으로 번져 관이나 민간의 건물이나 쌓아놓은 물건을 태우면 장 100·도 3년에 처한다. (방화인이) 이 틈을 타 재물을 훔쳐 취하면 참형에 처하며, 사람을 살해하거나 상해하면 고살상*으로 논한다. 〈『대명률』 407 방화고소인방옥〉

[2]. 방화하여 고의로 관이나 민간의 건물·관청건물·창고·관에서 쌓아놓은 물건을 태우면 모두 참형에 처한다. 주석에 이르기를, 뚜렷한 흔적이 있고 증거가 명백해야 비로소 처벌한다. 〈『대명률』 407 방화고소인방옥〉

3. 남의 빈 건물이나 들판에 쌓아놓은 물건을 고의로 태우면 (방화에서) 각각 1등급 감한다.[1] 〈『대명률』 407 방화고소인방옥〉

4. 무덤을 파헤쳐 관곽을 드러내면 장 100·유 3,000리에 처하고, 관곽을 열어 시신을 드러내면 교형에 처한다. 〈『대명률』 299 발총〉

5. 타인의 시신을 훼손하거나 물속에 버리면 각각 장 100·유 3,000리에 처한다.【(타인의 시신을 훼손한다는 것은) 시신이 집에 있거나 들판에 있어, 아직 출빈*하거나 장사 지내지 않았는데 시신을 태우거나 사지를 해체하는 따위이다.】〈『대명률』 299 발총〉

6. 남의 신주를 훼손하면 장 90에 처한다. 〈『대명률』 104 기훼기물가색등〉

7. 남의 비갈*이나 석수를 훼손하면 장 80에 처한다. 〈『대명률』 104 기훼기물가색등〉

8. 남의 기물이나 농작물을 버리거나 훼손한 경우, 수목을 벤 경우 장 60에 처한다. 〈『대명률』 104 기훼기물가색등〉

9. 실화하여 자기의 건물을 태우면 태 40에 처하고, 불이 번져 관이나 민간의 건물을 태우면 태 50에 처한다. 이로 인하여 사람을 상해하면 장 100에 처한다. 〈『대명률』 406 실화〉

10. 재물을 걸고 도박하면 (수범과 종범을 가리지 않고) 모두 장 80에 처한다. 음

---

1   남의 … 감한다: 방화죄의 참형에서 1등급을 감하여 장 100·유 3,000리에 처하는 것이다.

식을 걸고 내기하는 것은 죄를 논하지 아니한다. 〈『대명률』402 도박〉

11. 섬·말·저울·자 등을 규격에 맞지 않게 사조*하여 사용하면 장 60에 처한다. 〈『대명률』174 사조곡두칭척〉

1. 凡放火故燒自己房屋者 杖一百 若延燒官民房屋及積聚之物者 杖一百徒三年 因而盜取財物者 斬 殺傷人者 以故殺傷論 〈『大明律』〉

[2]. 若放火故燒官民房屋及公廨倉庫係官積聚之物者 皆斬 註云 有顯跡證驗明白者 乃坐 〈『大明律』〉

3. 其故燒人空閑房屋及田場積聚之物者 各減一等 〈『大明律』〉

4. 凡發掘墳塚 見棺槨者 杖一百流三千里 已開棺槨見屍者 絞 〈『大明律』〉

5. 若殘毀他人死屍 及棄屍水中者 各杖一百流三千里【謂死屍在家或在野 未殯葬 將屍燒焚 支解者絞】〈『大明律』〉

6. 毀人神主者 杖九十 〈『大明律』〉

7. 毀人碑碣石獸者 杖八十 〈『大明律』〉

8. 棄毀人器物稼穡者 及伐樹木者 杖六十 〈『大明律』〉

9. 凡失火燒自己房屋者 笞四十 延燒官民房屋者 笞五十 因而致傷人命者 杖一百 〈『大明律』〉

10. 凡賭博財物者 皆杖八十 若賭飲食者 勿論 〈『大明律』〉

11. 私造斛斗秤尺不平 行使者 杖六十 〈『大明律』〉

2   支解者絞: 『대명률』에 '支解之類'로 되어 있어 번역에서 교감하였다. '謂' 이하의 문장은 율문 '殘毀他人死屍'에 대한 주석이므로, 支解之類로 마무리하는 것이 맞다. 그런데 『결송유취보』는 '謂' 이하의 문장을 하나의 율문으로 보고 支解者絞라 하였는데, 이는 오류이다. 『대명률』 310 殺一家三人에서 지해인(支解人)은 십악 가운데 하나인 부도(不道)에 해당하여 능지처사(凌遲處死)로 처벌하기 때문이다.

3   大明律: 아래에 수기(手記)로 "穿壙處放火者 杖一百 成墳後放火者 依放火延燒官民房屋律 杖一百徒三年"이라는 내용이 첨기되어 있다.

18. 송사를 심리하지 아니함
【補】十八 勿許聽理

물허청리(勿許聽理)는 송관이 소장을 받아주지 않는다는 것으로, 소송의 수리 요건에 관한 내용이다. 〈물허청리〉는 『결송유취』〈단송〉에 해당하는데, 범례에서 "단송이 '소송을 없게 한다'라는 무송의 의미를 내포하기 때문에, 〈단송〉을 〈물허청리〉로 바꾼다"라고 하였다. 총 35개 조문으로 구성되었는데, 『결송유취』의 〈단송〉 15개 조문 및 〈청송〉 1개 조문, 수교 18개 조문에 이어 편찬자의 견해를 밝힌 안설(按說)이 있다.

　조선은 개국 초기부터 소송의 범람을 억제하는 단송 정책을 지향했다. 적체된 소송의 신속한 처리를 위해 1481년(성종 12) 단송도감(斷訟都監)을 설치했지만 운영과정에서 잦은 오결(誤決)의 폐단이 나타나자, 이후 소송 지체에 대한 근본적 해결 방안이 모색되었다. 이에 과한법(過限法), 삼도득신(三度得伸) 등 소송 적체의 원인을 법으로 규제하여 단송의 효과를 거두고자 하는 절차법이 제정되었다.

　과한법은 소송을 제기할 수 있는 정소기한에 관한 규정으로, 『경국대전』에 전택 및 노비에 관한 소송은 5년을 과한으로 규정하였다. 그리고 도매(盜賣), 확정 판결이 없는 경우, 부모 전택의 합집(合執), 병작인이 그대로 영집(永執)한 경우, 임대인이 집을 차지한 경우 등은 이를 적용하지 않는 예외 규정으로 두었다. 이후 부·조 때에는 분쟁이 없었던 사안을 자·손 대에 이르러 다시 소송하는 폐단이 나타나자, 1518년(중종 13) 도매·합집의 경우를 제외하고 30년 이전의 사실을 다투는 소송은 수리하지 않도록 규정했다.

　삼도득신은 소송을 확정적으로 종결하기 위해 마련한 조선 고유의 사법제도였다. 그러나 삼도득신은 일방이 세 번 승소한 경우를 의미하는지,

혹은 일방이 두 번 승소하고 타방이 한 번 승소한 경우를 의미하는지 명백하지 않아 운용에 통일성이 없었다. 이후 1651년(효종 2) 통산하여 세 번의 소송에서 일방이 두 번 승소하는 것으로 규정하고, 두 번 패소한 자는 다시 제소할 수 없는 것으로 확정했다(제20조).

한편, 과한이 지난 이후 또는 삼도득신 이후에 다시 소송을 제기하는 이는 비리호송으로 논하여 전가사변에 처하고, 소송을 판결한 관리는 지비오결(知非誤決)로 논하여 영불서용(永不敍用)하는 규정도 마련했다(제16조).

1. 전택*에 관한 소송은 5년이 경과하면 청리*하지 않는다. 도매*한 경우, 상송* 중이어서 아직 (확정) 판결이 나지 않은 경우, 부모의 전택을 합집*한 경우, 남의 토지를 병작하다 그로 인해 영집*한 경우, (남의 가옥에 세 들어 살다가 영집한 경우) 등은 (정소) 기한을 두지 않는다.² 〈『경국대전』 호전 전택 ○『결송유취』 단송〉
2. 고장*했으나 입송*하지 않은 채 5년을 경과하면 역시 청리하지 않는다. 노비에 관한 소송도 이와 동일하다.³ 〈『경국대전』 호전 전택 ○『결송유취』 단송〉
3. 대신이 의논하기를, "(『경국대전』 호전) 전택 조항에 이미 소송 기한을 정하고,⁴ 그 주에 이르기를 '노비에 관한 소송도 동일하다'라고 하였다. 그러므로 (『경국대전』) 형전에 노비에 관한 소송 기한을 다시 정하지 않은 것이니, 조문의 뜻이나 사리로 볼 때 '노비에 관한 소송도 동일하다'라는 것이 분명하여 쉽게

---

1   5년이 경과하면: 『경국대전』 頒降 이후 비로소 계산한다(『대전속록(大典續錄)』 刑典 決獄日限).
2   도매한 … 않는다: 이 내용은 『경국대전』에 "凡訟田宅 過五年 則勿聽"의 주석으로 되어 있다.
3   고장했으나 … 동일하다: 이 내용은 『경국대전』에 "凡訟田宅 過五年 則勿聽"의 주석으로 되어 있다.
4   전택 … 정하고: "凡訟田宅 過五年 則勿聽"(『경국대전』 戶典 田宅)을 이른다.

알 수 있다. (노비에 관한 소송은) 마땅히 앞의 세 조항[5]과 함께 살펴보아야 한다"라고 하였다. 〈만력 정축(1577, 선조 10) 수교 ○『결송유취』단송〉

4. (『경국대전』 형전) 사천조에, "삼도득신*하면 그 송사에 대해 다시 청리하지 않는다. 모든 쟁송이 동일하다"라고 하였다. 〈『경국대전』 형전 사천 ○『결송유취』단송〉

[5]. (『경국대전』 형전) 결옥일한* 주에 "오결은, 부자분간, 적첩분간, 양천분간 등의 사안과 같이 정리에 절박한 일은 즉각 다른 관사에 제소하는 것을 허용한다. 그 밖의 사안은 판결한 당상관 및 방장*이 교체된 뒤에 다시 제소하되, 교체 후 3년이 지난 사안은 청리하지 않는다"라고 하였다. 〈『경국대전』 형전 결송일한 ○『결송유취』단송〉

6. 토지와 노비에 관한 소송은 시집*자를 우선으로 한다. 이치가 바르지 못한 이가 승소하여 (소송물을) 시집하고, 바른 이가 패소하여 빼앗기면 억울함을 하소연할 길은 오직 사헌부뿐이다. 오결을 정소하였는데 소송이 다른 관사로 이송되어 다시 분간하는 경우 (삼도득신) 도수에 계산하지 않는다.[6] 〈가정 병진(1556, 명종 11) 수교 ○『결송유취』단송〉

7. 부모나 조부모의 토지나 가옥을 대상으로 하는 소송은, 장년의 자손이 유약한 자제를 거느리고 합집하거나 함부로 방매한 경우를 제외하고는, (5년이 지난 사안은) 모두 청리하지 않는다. 《『대전전속록』 호전 전택 ○『결송유취』단송〉

5 세 조항: 『경국대전』의 '凡訟田宅過五年 則勿聽' 주의 "盜賣者 相訟未決者 父母田宅合執者 因幷耕永執者 賃居永執者" 등을 가리킨다.

6 토지와 … 않는다: 소송에 있어서 종국판결이 있을 때까지는, 사적재산권을 보호한다는 취지에서 현재의 점유자인 시집자를 보호하는 방향으로 수교가 만들어졌다. 그러면서도 설혹 부당한 점유자가 승소하더라도 패소한 정당한 소유권자도 오결을 이유로 상소할 수 있도록 하고, 이에는 삼도득신법을 적용하지 않기로 하였다. 이와 같은 시집자위중(時執者爲重)의 정책은 양안의 등록에까지도 일관하여 소송미결의 토지를 양안에 등록할 때에는 일단 현재의 점유자를 소유권자로서 등록하고, 판결의 결과 시집자가 패소한 경우에는 양안상 명의 여하에 불구하고 승소자에게 이급(移給)하도록 하였다(박병호, 『한국법제사고』, 법문사, 1974).

8. 선두안*에 등록된 노비에 대해서는 각 관청 정안*에 등록된 노비의 법례에 따라 쟁송을 허용하지 않는다. 〈홍치 기유[7](1489, 성종 20) 수교 ○『결송유취』 단송〉

9. 선두안은 1480년(성종 11) 이후부터 고칠 수 있는 것은 분간하되,[8] 진고인이 사망하면 청리하지 않는다. 〈홍치 경술(1490, 성종21) 수교 ○『결송유취』 단송〉

10. 속공노비와 관련된 상송은 (속공한 지) 3년이 경과하였으면 일절 청리하지 않는다. 〈『대전후속록』 형전 결송일한 ○『결송유취』 단송〉

11. 전득노비*나 매득노비는 1년 이내에[9] 소지를 제출하면 모두 입안을 발급해 준다. (1년이 경과한 후[10] 다시) 1년이 지나면 청리하지 않는다. 〈『대전후속록』 형전 결송일한 ○『결송유취』 청송〉

12. 양인을 모점*하거나, 타인의 노비를 (자신의) 노와 양처 사이에서 낳은 소생이라고 일컫거나 또는 조상의 도망 노비라고 일컬으며 다투는 경우, 현재 소송 대상인 당사자가 살아 있지 않거나 60년이 넘은 사안이면 청리하지 않는다.[11] 〈『대전후속록』 형전 결송일한 ○『결송유취』 단송〉

---

7 기유: 『결송유취보』는 홍치 '경술' 수교로 되어 있으나, 『대전속록』 刑典 公賤에 '弘治二年七月二十三日承傳'으로 되어 있기에, 번역에서 기유(홍치 2)로 교감하였다.

8 선두안은 … 분간하되: 선두안에 등록되어 있는 내수사 노비는 공천의 법례에 의거하여 고칠 수 있는 것이면 고쳐준다. 고칠 수 있는 것은 1490년(성종 21) 12월 그믐 이전에 고장(告狀)을 올린 것에 한하여 들어주며, 그 후에 고장을 올린 것은 들어주지 않는다(『전록통고(典錄通考)』 刑典 公賤 續錄).

9 전득노비나 … 이내에: 노비를 매득했거나 부모, 조부모, 외부모, 처부모, 부부의 상송 및 형제간 화회분재(和會分財) 이외의 노비상속은 관청에서 발급하는 사급입안(斜給立案)을 받아야 법적 효력을 인정하였다. 증인 및 필집의 서명이 있고 사안이 발생한 후 1년 이내에 재주가 거주하는 관청에 신고해야 입안을 발급받을 수 있었다(『경국대전』 刑典 私賤).

10 1년이 … 후: 『대전후속록』에 '期年後'라는 내용이 있어 번역에 반영하였다. 사급입안을 신청할 수 있는 기한은 1년이었으나 만약 1년이 지나도 신고에 따라 입안을 발급했고 총 2년이 지나면 발급하지 않았다(『대전후속록(大典後續錄)』 刑典 決訟日限).

11 양인을 … 않는다: 이 율문에 대한 해석은 보충 설명을 필요로 한다.

13. 30년이 넘은¹² 사안을 대상으로 하는 소송은 청리하지 않는다. 도매나 합집 '등'¹³의 사항은 이 규정을 적용하지 않는다. 〈『대전후속록』 형전 결송일한 ○『결송유취』 단송〉

14. 조상노비를 대상으로 상송하였다가 승소하지 못함에 소송 기한이 지나서 몰래 다른 자손에게 부탁하여 소장을 내어 다투면, 일절 과한법*으로써 논하여 접송*하지 않는다. 〈『대전후속록』 형전 결송일한 ○『결송유취』 단송〉

15. 토지와 노비에 관한 소송은, 고장 이후 정해진 연한 이내에 원고*와 피고*가 함께 출두하여 (송관의) 추문에 초사를 바친 것 이외에, 다만 한두 차례 추가로 소지를 제출하거나, 혹은 한두 차례 상언*한 경우는 모두 소송이 연속되는 것으로 논하지 않는다. 〈『대전후속록』 형전 결송일한 ○『결송유취』 단송〉

---

1) 모점의 대상이다.
① 양인과 타인노비로 볼 경우: 凡冒占良人及他人奴婢(A) 或稱奴良妻所生 或稱祖上逃奴婢 爭訟(B) … 勿許聽理라 하여, A와 B가 물허청리의 대상이 된다.
② 양인으로만 볼 경우: 凡冒占良人(A) 及他人奴婢 或稱奴良妻所生 或稱祖上逃奴婢 爭訟(B) … 勿許聽理라 하여, A와 B가 물허청리의 대상이 된다.
여기서는 ②의 입장을 취하였다. 그 근거는 『속대전』에 "其冒占良人 及他人奴婢爭訟者 各依本律論"(刑典 聽理)에 있다. 『속대전』은 모점양인(冒占良人)과 타인노비쟁송자(他人奴婢爭訟者)는 '各'依本律論이라 하여 모점 대상을 양인으로만 보았다.

2) 물허청리의 조건이다.
非當身現存과 事在六十年以前 두 가지 조건을 동시에 만족시키는 'and'로 볼 것인가 아니면 한 가지 조건만 만족시키는 'or'로 볼 것인가 하는 문제이다. 여기서는 한 가지 조건만 갖추면 된다고 보아 'or'로 해석하였다.

12 30년이 넘은: 『경국대전』 戶典 田宅은 "凡訟田宅 過五年 則勿聽"이라 하여 토지와 가옥에 대하여는 5년이라는 소멸시효가 적용되며, 여기에는 盜賣者, 相訟未決者, 父母田宅合執者, 因井耕永執者, 賃居永執者 등 다섯 가지 예외가 있다고 하였다. 그러나 16세기 초 『대전후속록』 단계에 이르러 사실상 30년이 일반적인 소멸시효의 기간이 되었다[임상혁, 『나는 선비로소이다』, 역사비평사, 2020].

13 등: 『경국대전』 호전 전택조에 도매, 합집의 두 사례를 포함하여 다섯 가지 경우가 있는 점으로 보아 '등'은 그 나머지 셋인 상송미결자(相訟未決者), 인병경영집자(因井耕永執者), 임거영집자(賃居永執者)를 가리킨다고 할 수 있다[임상혁(2020), 위의 책].

16. 과한*이나 삼도득신한 사안을 상송하면 문기의 유무와 사정의 곡직을 불문하고 비리호송*으로 논하여 전가사변*한다. 관리가 이러한 사정을 알고도 결급*하면 지비오결*로 논하여 영불서용*한다. 〈가정 계축(1553, 명종 8) 수교 ○『결송유취』단송〉

17. 【보】공신에게 사패한 노비나 토지에 대해 이미 30년이 경과한 뒤 요행을 바라며 어지럽게 다투어 소송하는 것은 절대 청리하지 않는다. 〈순치 경인(1650, 효종 1) 수교 ○『수교집록』형전 청리〉

18. 【보】서울과 지방에서 취송*하는 사람이 본관의 오결로 해당 지역에서는 이치를 펼 수 없어 (다른 지역으로 소송을 옮기는) 경우 이외에는 각각 거주하는 지역에서 판결하도록 한다. 법을 어기고 월소*하는 경우 청리하지 않는다. 〈강희 을사(1665, 현종 6) 승전 ○『수교집록』형전 청리〉

19. 【보】동일 노비에 대해 두 번 승소 판결을 받은 후, 원고나 피고 중 패소한 쪽이 자신의 가까운 친척 중에서 소송 당사자를 바꾸어 소송을 제기하는 경우 일절 청리하지 않는다. 이를 어기면 제서유위율*로 논한다.【장 100에 처한다.】만약 전에 소송을 벌인 양편 가운데 소송에 관여하지 않았던 사람이 명백한 문기를 가지고 소송을 제기하는 경우, 이미 내린 판결에 구애받지 않고 추단*을 허락한다. 〈강희 갑자(1684, 숙종 10) 승전 ○『수교집록』형전 청리〉

20. 【보】소송에서 한 번 지고 한 번 이기면 다시 소송하는 것을 허락한다. 두 번 승소 판결을 받은 후에는 다시 접송하지 않는다. 〈강희 임인(1662, 현종 3) 승전 ○『수교집록』형전 청리〉

21. 【보】두 차례 관이 재주가 되어 처분했으면,[14] 두 차례 상송*에서 승소한 예

---

14 관이 … 처분했으면: 재산의 소유자가 재산을 처분하지 않고 사망하여 그 유산을 둘러싸고 분쟁이 생겼을 때, 이를 공평하게 분배하기 위해 관에서 재주를 대신하여 처분하는 것을 가리킨다.

에 따라 다시 청리하지 않는다. 〈강희 기유(1669, 현종 10) 승전 ㅇ『수교집록』 형전 청리〉

22. 【보】 낙송하여 상언하는 경우, 삼도득신 이후이면 해당 관사에서 청리하지 않는다. 〈강희 을축(1685, 숙종 11) 승전 ㅇ『수교집록』 형전 청리〉

23. 【보】 사천으로서 주인을 배반하고 공천으로 투속한 사람이, 각 관사의 두목과 한통속이 되어 간사한 꾀를 써서 (공천) 본안에 기재된 오래된 도망 노비를 찾아내 자신을 도망 노비의 자손으로 칭한다. 1655년(효종 6) 을미 추쇄* 이전에 (공노비 안에서) 누락된 공천은 진위 여부를 막론하고, (공노비라고) 자수하거나 진고*함으로써 의도적으로 소송을 제기하는 경우 일절 청리하지 않는다. 〈강희 병인(1686, 숙종 12) 승전 ㅇ『수교집록』 형전 청리〉

24. 【보】 소송에서 '두 번 승소한 경우는 다시 청리하지 않는다'는 것은 정해진 법식이다. 속공 또한 청리에 해당하므로,[15] 지금부터는 두 번 승소한 이후에는 속공하지 않는다. 〈강희 무신(1668, 현종 9) 승전 ㅇ『수교집록』 형전 청리〉

25. 【보】 한쪽 편에서 (두 차례 패소하고) 접송하는 경우, 비록 두세 사람이 당사자를 바꾸어 번갈아 소송하더라도, 앞뒤의 소송이 단지 동일한 대대로 전해오는 노비이고 승소 판결을 받은 자 또한 계속 이전 소송에서와 같은 상대라면, 삼도득신으로 논하여 청리하지 않는다. 그러나 소송의 이치에는 여러 이유가 있으니, 비록 동일 노비라 하더라도 혹 별다른 곡절이 있으면 또한 이 규정에 구애되어 청리하지 않는 것은 옳지 않다. 〈강희 정묘(1687, 숙종 13) 승전 ㅇ『수교집록』 형전 청리〉

26. 【보】 어느 한 편에서 두 차례 승소한 이후에는 다른 한 편에서 설사 다시

---

15 속공 … 해당하므로: 노비 관련 소송에서 양측 모두 타당하지 않은 경우에는 소송 대상인 노비를 속공한다. 하지만 『속대전』 三度得伸에 "두 번 승소한 이후에는 속공 또한 청리에 해당하므로, 속공하지 않는다"라는 조항에 따라, 두 번 승소한 이후에는 속공하지 않는다는 뜻이다(『속대전』 刑典 聽理).

여러 번 승소하더라도 일절 효력을 인정하지 않는다. 〈강희 무진(1688, 숙종 14) 승전 ○『수교집록』 형전 청리〉

27. 【보】 갯벌이나 산야의 묵은 땅에 입안을 받아놓고 3년 이내에 개간하여 경작하지 못하였을 경우, 3년 이후에 그곳을 개간하여 경작한 사람이 있으면 입안을 받은 자가 쟁송하지 못하도록 한다.[16] 〈강희 무진(1688, 숙종 14) 승전 ○『수교집록』 형전 청리〉

28. 【보】 지금 이후로는 세 차례 식년*에 걸쳐 호적에 기재된 노비에 대한 소송은 청리하지 않는다. 〈순치 신묘(1651, 효종 2) 승전 ○『수교집록』 형전 청리〉

29. 【보】 1655년(효종 6) 을미 추쇄 당시 (공)노비안에 기재된 노비에 대한 소송은 일절 청리하지 않는다. 〈순치 경자(1660, 현종 1) 승전 ○『수교집록』 형전 청리〉

16　갯벌이나 … 한다: 간석지에 둑을 쌓아 갯벌을 농지로 바꾼 것을 언전(堰田)이라고 한다. 양안에 등재되지 않은 묵은 땅인 한광지(閑曠地)나 갯벌인 해택(海澤)에 둑을 막아 작답수세(作畓收稅)하기 위해서는 관의 입안을 받도록 하는 법은 조선 건국 초부터 행해지고 있었다. 호강들이 강점하여 입안만 받아놓고 버려두고 있어서, 개간하고자 하는 사람이 있더라도 입안받은 땅이라는 이유로 탈경(奪耕)하는 사례가 많았기 때문이다. 이에 『경국대전』 戶典 田宅조에서 "3년이 지난 진전(陳田)은 관에 고하고 경작하는 것을 허락한다. 갯벌은 10년을 기한으로 한다. 주인이 없는 전지(田地)는 타인에게 옮겨준다"라고 하여, 진전이나 갯벌의 무주지는 타인이 경작할 수 있도록 하였다. 이는 개간자에게 영구히 전지를 준다는 것은 아니고 주인이 돌아와서 추심하는 동안 임시로 경작을 허용한다는 것이다(『속대전』 戶典 田宅). 이후 1688년(숙종 14) 수교에 의하여 갯벌이나 산야의 진황처(陳荒處)는 입안을 받은 지 3년이 지나도록 개간하지 않으면 3년 후 개간한 자에게 소송으로 다툴 수 없도록 하였다. 그리고 1729년(영조 5) 수교에 "산골짜기의 경작하지 않는 빈터를 힘을 들여 밭을 일군 이후에 한 상의 입안을 근거로 차지하는 것은 매우 근거가 없는 것이니, 앞으로는 밭을 경작하는 사람을 주인으로 삼으며, 만약 스스로 밭을 일구어 경작하지 않았으면서도 입안으로 민전에서 세를 거두는 자는 『대명률』 '남의 전택을 침범한 이는 장 80·도 2년에 처한다'는 율문에 따라 처벌한다"라고 하였다. 이는 『속대전』 戶典 田宅조에 반영되어 "황무지는 개간한 자를 주인을 한다"라고 하였으며, "간혹 미리 입안을 발급받고는 자신이 기경(起耕)하지 않고 입안을 빙자하여 남의 경작지를 강제로 빼앗거나, 입안을 근거로 (타인이 경작하는 땅을) 사사로이 매매하는 이는 『대명률』 침점전택율(侵占田宅律)로 다스려 장 80·도 2년에 처한다"라고 하였다.

30. 【보】 정소기한은 30년이라는 법규[17]에 따라, 2대에 걸쳐 양역에 종사하여 30년이 지난 경우 (노비소송을) 모두 청리하지 않는다. 〈강희 임인(1662, 현종 3) 승전 ○『수교집록』형전 청리〉

31. 【보】 60년, 30년의 정소기한은 도망했거나 (공노비안에서) 누락된 공천에게는 적용하지 않는다. 〈가정 신유(1561, 명종 16) 승전 ○『수교집록』형전 결옥일한〉

32. 【보】 빚을 내어주고 작성해 받은 문서는 반드시 증인과 필집을 갖추어야 청리한다. 언문으로 작성하였거나 증인과 필집이 없으면 청리하지 않는다. 〈강희 을묘(1675, 숙종1) 승전 ○『수교집록』호전 징채〉

33. 【보】 1634년(인조 12) 갑술양안*에 진전으로 기재된 토지 또는 대대로 전해 내려와 문권이 있는 토지를, 때마침 양전할 때에 진황되어 진전으로 기재되었으나 그 후 때로 경작하고 때로 묵혀두어 경작을 포기하지 않았는데, 다른 사람이 불법으로 차지했다면 조상으로부터 물려받은 가업을 보전할 수 없게 되니 이는 본주에게 돌려주지 않을 수 없다. 그러나 본래 문권이 없는 경우, 또한 중간에 개간한 일이 없이 다만 양전할 때 우연히 그 이름을 주인으로 기재하고 수십 년 동안 경작을 포기한 경우, 다른 사람이 개간하여 경작한 후에 한 푼도 들이지 않고 추후에 불법으로 빼앗는 경우, (세 경우 모두) 영원히 청리하지 않는다. 〈강희 을해(1695, 숙종 21) 수교〉

34. 【보】 여러 해 동안 토지를 버려둔 경우나 입안을 받아놓고 갈아먹지 않는 경우, 모두 개간하여 경작하는 자를 주인으로 삼는다. 개간하여 경작한 지 여러 해가 지났는데 문적을 가지고 불법으로 빼앗고자 계획하는 경우는 청

---

17 정소기한은 … 법규: 정소기한인 과한은 『경국대전』 단계에서 5년이었는데, 1518년(중종 13)에 이르러 30년으로 연장되었다. "소송에서 30년 이전의 일을 대상으로 하는 소송은 청리하지 않는다. 도매(盜賣)나 합집(合執)은 이 규정을 적용하지 않는다(『대전후속록』 刑典 決獄日限)."

리하지 않는다.〈열조수교〉[18]

35. **【보】** 살피건대, 세상에서는 30년을 소한으로 삼고 60년을 대한으로 삼는데, 법문을 상고해 보면 명백하게 의거할 단서가 없다. 오직 『경국대전』 호전 전택조에 "전답이나 가옥에 관한 소송은 5년이 경과하면 청리하지 않는다"라고 하였고, 『대전속록』에 "5년이 지난 경우는 청리하지 않는다. 노비도 마찬가지다"라고 하였다. 『대전후속록』에 "소송에서 30년이 넘은 일을 대상으로 하는 소송은 청리하지 않는다. 도매나 합집은 이 규정을 적용하지 않는다"라고 하였고, 또 "양인을 모점하거나, 타인의 노비를 (자신의) 노와 양처 사이에서 낳은 소생이라고 일컫거나 또는 조상의 도망 노비라고 일컬으며 다투는 경우, 현재 소송대상인 당사자가 살아 있지 않거나 60년이 넘은 사안이면 청리하지 않는다"라고 하였다. 1561년(명종 6) 「신유수교」에 "60년, 30년의 정소기한은 도망 또는 (공노비안에서) 누락된 공천에게는 적용하지 않는다"라고 하였다. 1650년(효종 1) 「경인수교」에 "공신에게 사패한 노비나 전답에 대해 이미 30년이 지난 뒤 요행을 바라며 번잡하게 쟁송하는 경우 절대 청리하지 않는다"라고 하였다. 1662년(현종 3) 「임인수교」에 "정소기한은 30년이라는 규정에 따라, 2대에 걸쳐 양역에 종사하거나 양역에 종사한 지 30년이 지난 경우 모두 청리하지 않는다"라고 하였다. 『경국대전』이나 「열조수교」에서 정소기한이 이처럼 동일하지 않아 적용하기 어렵다. 수교의 내용 중에 혹 서로 거스르거나 저촉되는 경우에는 뒤에 반포한 것을 따라서 시행함이 또한 마땅할 듯하다. 1650년(효종 1) 「경인수교」와 1662년(현종 3) 「임인수교」에 준하여 30년을 대한으로 삼는다. 일단 이렇게 기록하고 법문에 밝은 이의 가르침을 기다린다.

---

[18] 강희 을해(1695, 숙종 21) 수교로 『탁지지(度支志)』에 수록되어 있다.

1. 凡訟田宅 過五年 則勿聽 盜賣者 相訟未決者 父母田宅合執者 仍[19] 幷耕永執者[20] 不限年 〈戶典 ○『決訟類聚』〉
2. 告狀而不立訟過五年者 亦勿聽 奴婢同 〈戶典 ○『決訟類聚』〉
3. 大臣議 田條[21] 旣立限 而曰田宅奴婢同[22] 故刑典更不立奴婢之限 文義事理 昭然可見[23] 奴婢同 當與上三條通看 〈萬曆丁丑受敎 ○『決訟類聚』〉
4. 私賤條 三度得伸 勿更聽理 凡爭訟同 〈刑典 ○『決訟類聚』〉
[5]. 決訟[24] 日限註 凡誤決 如父子嫡妾良賤分揀等項 情理切迫事 許卽訴他司 其餘 決折堂上官 及房掌遞代後 更訴 遞代後 過三年者勿聽 〈刑典 ○『決訟類聚』〉
6. 凡田民之訟 時執者爲重 曲者勝而時執 直者負而見奪 只在憲府 有呈誤決 移他司 改分揀者 勿計於度數 〈嘉靖丙辰受敎 ○『決訟類聚』〉
7. 父母祖父母田宅 年壯子孫率幼弱子弟合執及擅賣者外 並勿聽理 〈『前續錄』○『決訟類聚』〉
8. 宣頭案付奴婢 依各司正案例 勿許爭訟 〈弘治庚戌受敎 ○『決訟類聚』〉
9. 宣頭案 自庚子年以後可改者 分揀 陳告人物故 則勿聽 〈弘治庚戌受敎 ○『決訟類聚』〉
10. 凡相訟屬公奴婢 過三年 則一切勿聽 〈『後續錄』○『決訟類聚』〉
11. 凡傳得買得奴婢 限內告狀 則並給立案 過一年 則勿許聽理 〈『後續錄』

---

19 仍: 『경국대전』은 '因'으로 되어 있다.
20 幷耕永執者: 『경국대전』은 '幷耕永執者' 다음에 '賃居永執者'가 있기에 번역에서 보충하였다.
21 田條: 『수교집록』에 '田宅條'로 되어 있어 번역에서 교감하였다.
22 田宅奴婢同: 『수교집록』에 '奴婢同'으로 되어 있어 번역에서 교감하였다.
23 昭然可見: 『수교집록』에 '昭然可見' 이후에 "송관이 소송을 서로 미루어 끝내 결절(決折)하지 못한다면 매우 옳지 않은 일이다(互相推移 而終不決折 殊爲未便)"라는 내용이 추가되어 있다.
24 決訟: 『경국대전』에 '決獄'으로 되어 있어 번역에서 교감하였다.

○『決訟類聚』〉

12. 凡冒占良人及他人奴婢 或稱奴良妻所生 或稱祖上逃奴婢 爭訟 而非當身現存 事在六十年以前者 勿許聽理〈『後續錄』○『決訟類聚』〉

13. 凡訟 事在三十年以前者 勿許聽理 盜賣合執等項 不在此限〈『後續錄』○『決訟類聚』〉

14. 祖上奴婢相訟不勝 過限而陰囑他子孫告爭者 一切論以過限 勿許接訟〈『後續錄』○『決訟類聚』〉

15. 凡訟田民 告狀後 年限內 元隻齊現推招[25]者外 只一二度追呈 或一二度上言者 並勿以連訟論〈『後續錄』○『決訟類聚』〉

16. 凡過限之事 三度得伸 相訟者 不問文記有無 事狀曲直 論以非理好訟 全家徙邊 官吏決給者 論以知非誤決 永不敍用〈嘉靖癸丑受敎 ○『決訟類聚』〉

17. 【補】功臣賜牌奴婢田畓 已過三十年後 希冀僥倖 紛紜爭訴者 切勿聽理〈順治庚寅承傳 ○『受敎輯錄』〉

18. 【補】京外就訟之人 本官誤決 不得伸理者外 各令所居官決給 冒法越訴者 勿爲聽理〈康熙己巳[26]承傳 ○『受敎輯錄』〉

19. 【補】以一般奴婢 兩度得決後 彼此訟隻近族屬中 換面起訟者 一切勿許聽理 違者 論以制書有違之律【杖一百】若或前訟兩隻中 不干之人 持明白文記起訟者 勿以已決爲拘 許令推斷〈康熙甲子承傳 ○『受敎輯錄』〉

20. 【補】凡訟 一落一勝 則許其更訟 二度得勝之後 則更勿接訟〈康熙壬寅承傳 ○『受敎輯錄』〉

21. 【補】再度 官作財主 則依再度相訟得訟例 更勿聽理〈康熙己酉承傳

25　推招 :『대전후속록』에 '取招'로 되어 있어 번역에서 교감하였다.
26　康熙己巳 :『수교집록』에 '康熙乙巳'로 되어 있어 번역에서 교감하였다.

○『受敎輯錄』〉

22. 【補】 以落訟上言者 三以後[27] 該曹勿爲聽理 〈康熙乙丑承傳 ○『受敎輯錄』〉

23. 【補】 私賤叛主投公者 與各司頭目 符同用奸 得其久遠逃亡奴婢之懸在本案者 則稱以逃亡奴婢之子孫 乙未推刷以前漏落公賤 勿論眞假 自首陳告 用意起訟者 一切勿許聽理 〈康熙丙寅承傳 ○『受敎輯錄』〉

24. 【補】 凡訟 再度得伸者 更勿聽理事 定式 屬公亦涉聽理 今後勿爲屬公 〈康熙戊申承傳 ○『受敎輯錄』〉

25. 【補】 一邊接訟者 雖是換面二三人 前後所訟 只是一般世傳奴婢 而所決得者 又是一邊人 則論以再度得伸 更勿聽理 而訟理多端 雖云一般奴婢 或有別樣曲折 則亦不可拘泥於此而不爲聽理 〈康熙丁卯承傳 ○『受敎輯錄』〉

26. 【補】 此邊二度得勝之後 彼邊設或更勝屢度者 一切勿施 〈康熙戊辰承傳 ○『受敎輯錄』〉

27. 【補】 海澤山野陳荒處 受出立案 三年之內 不得耕墾 而三年之後 有起耕則使受立案者 不得爭訟 〈康熙戊辰承傳 ○『受敎輯錄』〉

28. 【補】 今後 三式年戶籍懸付奴婢 勿許聽理 〈順治辛卯承傳 ○『受敎輯錄』〉

29. 【補】 乙未推刷[28] 錄案奴婢 切勿許聽理 〈順治庚子承傳 ○『受敎輯錄』〉

30. 【補】 依訟限三十年之規 連二代良役 及過三十年者 並勿許聽理 〈康熙壬寅承傳 ○『受敎輯錄』〉

31. 【補】 六十年三十年限 不用於逃漏公賤 〈嘉靖辛酉承傳 ○『受敎輯錄』〉

32. 【補】 出債成文 必具證筆者 聽理 諺文及無證筆者 勿許聽理 〈康熙乙卯

---

27 三以後: 『수교집록』에 '三度以後'로 되어 있어 번역에서 교감하였다.
28 乙未推刷: 『수교집록』에 '乙未推刷時'로 되어 번역에 반영하였다.

承傳 ○『受敎輯錄』〉

33. 【補】甲戌案以陳懸錄者 或是其世傳有文卷之地 適於量時陳荒 以陳懸錄 其後或起或陳不至抛棄 而被人橫占 則是將不得保其祖業 此則不可不還給本主 至於本無文卷 又無中間起墾之事 而但於量田時 偶以其名懸主 累十年抛棄 及他人起耕之後 不費一錢 追後橫奪者 永勿聽理〈康熙乙亥受敎〉

34. 【補】積年廢棄者 及圖出立案不爲耕食者 並以起耕者爲主 起耕年久之後 持文籍橫奪設計者 勿許聽理〈列朝受敎〉

35. 【補】按 世以三十年爲小限 六十年爲大限 而考見法文 無明白可據之端 惟戶典田宅條曰 凡訟田宅過五年 則勿聽 前續錄曰 過五年者勿聽 奴婢同 後續錄曰 凡訟事在三十年以前者 勿許聽理 盜賣合執 不在此限 又曰 冒占良人 及他人奴婢 或稱奴良妻所生 或稱祖上逃奴婢 爭訟 而非當身現存 事在六十年以前者 勿許聽理 嘉靖辛酉受敎曰 六十年三十年限 不用於逃漏公賤 順治庚寅受敎曰 功臣賜牌奴婢田畓 已過三十年後 希冀僥倖 紛紜爭訴者 切勿聽理 康熙壬寅受敎曰 依訟限三十年之規 連二代良役及過三十年者 並勿聽理云 大典及列朝受敎 訟限年歲多寡 如是不同 難以適從 凡受敎辭意 或有牴牾者 則從後施行 此亦似當 以庚寅壬寅受敎爲准 以三十年爲大限 姑書此以俟曉達法文者

19. 송사를 심리함
十九 聽理

청리(聽理)는 송관이 분쟁 당사자로부터 사건의 진상을 듣고 심리하는 것을 의미하며, 청송(聽訟)이라고도 한다. 〈청리〉는 소송을 효율적으로 처리하기 위해 마련한 조목이다.

조선왕조의 개창 이후 소송이 지속적으로 증가함에 따라 절차법의 정비가 요구되어 수시로 수교를 통해 관련 규정이 마련되었고, 실효성이 검증된 규정이 『경국대전』에 수록되었다. 그러나 소송 절차 규정이 육전 체제에 따라 흩어져서 실제 소송에서 법 적용의 어려움이 가중되어 체계적이고 일원화된 소송 절차법의 정리가 필수적으로 요청되었다. 이에 『경국대전』에 없던 〈청송〉이 16세기 사송법서인 『사송유취』에 등장하고, 이어 18세기 초 『결송유취보』에서 〈청리〉로 이름이 바뀌었다가, 18세기 중반 『속대전』에 이르러 〈청리〉 조목으로 대전류에도 수록되는데, 이는 소송의 절차법이 정비되는 과정을 보여준다.

『결송유취보』는 소송 관련 절차법 규정을 〈물허청리〉와 〈청리〉 조목으로 구분하여 수록하였는데, 〈청리〉는 총 31개 조문이다.

〈청리〉의 내용 구성은 ① 소송인 요건(제1조~제4조), ② 상속·화해문기·유서의 진정 성립과 효력(제5조~제8조, 제11조~제15조), ③ 무자녀·유자녀 부부의 노비 처분(제9조, 제10조), ④ 입안 발급요건(제16조~제18조), ⑤ 타인노비 거집·결절후 잉집과 부모노비 합집자의 처벌(제19조), ⑥ 진전 분쟁의 계쟁물 처분(제20조~제22조), ⑦ 노비소송의 공동참여(제23조~제25조, 제28조), ⑧ 증거문기의 이송과 감봉(제26조, 제27조), ⑨ 결송일한(제29조, 제31조), ⑩ 소송에서 상피 처리방식(제30조) 등으로 나누어 볼 수 있다.

이 가운데 ②, ④, ⑧은 소송 문기의 효력에 관련된 조문으로 〈청리〉 전체의 절반가량을 차지한다. 조선시대의 재판에서 가장 중요하게 여겨졌던 증거는 권리의 존재를 추단(推斷)할 수 있게 해주는 문기였다. '종문권시행(從文券施行)'은 조선시대 민사재판의 지침이었다. 이 때문에 『사송유취』는 〈청송식〉에서 원고가 소장을 제출하면, 원고와 피고에게 원정(原情)을 제출하게 하고 원정에서 각자가 주장하는 문기를 서증(書證)으로 제출하도록 하였다. 이어 제출 문기의 동일성과 진실성을 확인하기 위해 청송관이 조사해야 할 사항 20가지를 제시하였다. 『결송유취보』가 〈청리〉에서 문기의 진정 성립에 중점을 둔 것도 이러한 점 때문이었다.

1. 형제자매, 삼촌 숙질이나 사촌 형제 사이에 까닭 없이 소송을 제기하여 간사함이 드러나면 국왕에게 아뢰어 과죄*한다. 〈『대전속록』 형전 금제 ○『결송유취』 금제〉
2. 상을 당한 사족이나 관원이 원고가 되어 상중임을 망각하고 친히 송정에 나가면 (사족·관원) 모두 청리*하지 않고 치죄한다. 만약 (상을 당한) 소송을 담당하는 노비 외에 달리 일을 시킬 노비가 없거나, 또는 대송*할 사람이 없어 형세가 궁박한 경우에는 영장*한 다음 소송하여 다투도록 한다. 피고가 상을 당하면 역시 장례를 치른 뒤에 청리한다. 〈『대전속록』 형전 금제 ○『결송유취』 금제〉
3. 결송*하는 아문에 날마다 서 있으면서 남을 부추기고 꾀어 쟁송하도록 하는 것을 업으로 삼는 사람은 결송하는 아문으로 하여금 듣는 즉시 형조에 이문*하도록 한다. 형조에서 추핵*하여 장 100을 치고 전가사변*한다. 또 다른 사람에게 체포하거나 고발하도록 하여, 강도를 잡은 법례에 따라 1인당 면포 50필을 지급한다. 〈『대전후속록』 형전 잡령 ○『결송유취』 금제〉
4. 한 사람이 두세 곳에 이치에 맞지 않은 일로 소송을 제기하면 전가사변한

다.1 〈『대전후속록』 형전 잡령 ○『결송유취』 금제〉

5. 부모·조부모·외조부모와 (자·손 사이), 처의 부모와 (사위 사이), 남편과 처·첩 (사이) 그리고 형제자매가 화회*하여 분집*하는 이외에는 관서문기*를 사용한다. 아들과 아버지 사이에도 또한 반드시 관의 서명을 필요로 하는 것은 아니다. 〈『경국대전』 형전 사천 ○『결송유취』 청송〉

6. (백문기는) 반드시 증인과 필집을 갖추어야 하되,2 족친 또는 현관* 가운데 2~3인으로 한다.3 전택*도 같다. 〈『경국대전』 형전 사천 ○『결송유취』 청송〉

7. 계모*가 재산을 상속하는 문서는 관서문기를 사용한다. 적모* 서모*도 같다. 〈『대전후속록』 형전 사천 ○『결송유취』 청송〉

8. 형제·자매 이상이 문기를 직접 쓴 경우 반드시 증인과 필집을 갖추지 않아도 된다.4 〈『경국대전』 형전 사천 ○『결송유취』 청송〉

9. 자녀가 없는 부부의 노비는 비록 상속문기가 없더라도 (둘 중) 생존자가 구처*하되 본족 외에 남에게 줄 수 없으며, 가령 첩자녀, 의자녀, 양자녀가 있더

---

1   한 사람이 … 전가사변한다: 이 조항은 『속대전(續大典)』 刑典 聽理에 수록되는데, 형벌이 전가사변에서 장 100·유 3,000리로 바뀐다. 1744년(영조 20) 전가사변 자체를 완전히 폐지하고 유형으로 대체하였기 때문이다.

2   반드시 … 하되: 1405년(태종 5) 4월 의정부의 수판(受判)으로 노비 전계문기(傳係文記)의 법을 세웠다. "노비의 상속문서는 이전의 관례대로 족친 또는 관직을 가진 이웃 2~3인을 증인과 필집으로 삼아 작성하되, 문계(文契)에 따라 노비를 전해 받은 이는 4년 안에 관에 정장(呈狀)을 하여야 하며, 관에서는 이를 접수하여 재주 및 증인, 필집자의 답통(答通)을 받아 확인한 다음에 입안을 작성하여 발급해준다. 그러나 재주가 문계만 만들어두고 증인, 필집 없이 죽은 경우는 시병(侍病), 족친 및 노비에게 빙고(憑考)를 최초(取招)하여 입안을 작성·발급하며, 자식도 없고 문계도 만들어놓지 않은 채 죽은 경우에는 '노비를 친족에게 전계(傳繼)하는 법'에 의하여 한정된 촌수에 한하여 분급한다"(『태종실록』, 5년 4월 10일).

3   족친 … 한다: 일반 백문기의 경우, '현관이 아닌 족친'이나 '족친이 아닌 현관' 모두 증필이 될 수 있다(『경국대전주해』 前集 刑典 私賤).

4   형제·자매 … 된다: 이 부분은 6조의 '須具證筆'에 이어지는 내용이다. 부자 형제 사이에서는 그 이름과 서명 필획(筆畫)을 분명히 알고 있기 때문에 증인과 필집을 반드시 갖출 필요는 없는 것이다(『경국대전주해』 後集 刑典 私賤).

라도 또한 그 자신의 몫을 넘지 못한다. 처가 다른 사람에게 시집갈 경우, 그 처의 구처는 효력이 없다. 〈『경국대전』 형전 사천 ○『결송유취』 청송〉

10. 계모가 한 집안의 권한을 멋대로 휘둘러 죽은 남편의 소유물을 전처의 자녀에게 주지 않고, 혹은 별급이라 칭하고 혹은 방매라 칭하여 명목을 바꾸어 자기 자녀에게 주거나, 또는 남편이 후처의 자녀를 편애하여 자녀가 있는 전처의 소유물을 후처의 자녀에게 주려고 하는 경우가 있다. 『경국대전』에 "자녀가 없는 부부의 노비는 생존자가 구처한다"라고 하였으니, 앞으로는 자녀가 있는 사람의 노비나 전택은 생존한 배우자가 결코 구처할 수 없다. 〈가정 갑인(1554, 명종 9) 수교 ○『결송유취』 청송〉

11. (문기를) 고치고자 하는 경우, (관서문기는) 사유를 갖추어 관에 신고하면 고쳐주되, 문기를 받은 사람이 죽었으면 고치지 못한다. 부모·조부모·외조부모가 자·손에게, 남편이 처·첩에게 (준 백문기)는 고치는 것을 허락한다. 〈『경국대전』 형전 사천 ○『결송유취』 청송〉

12. 조부모 이하는 유서를 사용한다. 조 및 부는 반드시 직접 써야 하고, 조모 및 모는 반드시 족친 가운데 현관이 증인과 필집이 되어야 한다. (재주가) 직접 쓸 수 없는 것을 여러 사람이 모두 알고 있는 사람, 질병이 있는 사람은 모두 부인의 예에 따른다. 〈『경국대전』 형전 사천 ○『결송유취』 청송〉

---

5   문기: 관서문기(官署文記)와 백문기(白文記)를 모두 가리켜 말하는 것이다(『경국대전주해』 前集 刑典 私賤).

6   사유를 … 고쳐주되: 관서문기를 가리켜 말한 것이다(『경국대전주해』 後集 刑典 私賤).

7   문기를 … 못한다: 관서문기는 사사로이 고칠 수 없는 것으로서 주는 자와 받는 자 양편에서 함께 갖춘 것이 아니면 간위(奸僞)가 생길 것이 당연하므로 받은 자가 죽었으면 고치지 못한다고 한 것이다(『경국대전주해』 後集 刑典 私賤).

8   조부모 … 사용한다: 유서의 법률적 공인은 1426년(세종 8) 정월 "유서는 비록 一家의 법이라 할지라도 따르지 않을 수 없다"라고 한 것으로 처음 이루어졌다(『세종실록』, 8년 1월 22일).

9   부인의 예: 조모와 모의 경우를 말한다.

[13]. 『경국대전주해』에 '유(遺)'는 '남긴다'는 뜻이다. 유서는 당연히 재주가 사망한 후에 나오는 것이어서 거짓으로 위조할 염려가 있으므로, 조부 및 부가 직접 쓴 것이 아니면 효력이 없다. (재주가) 직접 쓸 수 없다는 것을 모든 사람이 알고 있는 자, 질병이 있는 자와 조모 및 모의 경우 반드시 현관인 족친이 증인·필집이 되어야 효력이 있고, 현관인 족친이 증인·필집이 아닌 경우에는 효력이 없다. 앞서 (일반 백)문기의 증인, 필집과 같지 않다.[10]
〈『경국대전주해』 전집 형전 사천 ○『결송유취』 청송〉

14. (『경국대전』 형전) 사천조(조부모 이하는 유서를 쓴다는 대문)의 주[11]에, "3세 전에 삼은 양자녀[12]나 승중*한 의자*는 곧 친자녀와 똑같이 한다.[13] 비록 유서

---

10 앞서 … 같지 않다: 백문기의 증인·필집 요건이 족친 또는 족친이 아닌 현관인 것과 대비하여, 유서의 경우는 족친인 현관만을 증인·필집으로 허용한다는 의미이다. 유서는 일반 백문기와 구별하여 엄격한 법률적 요건을 갖추어야만 증거문서로서 인정되었음을 알 수 있다. 이러한 차이는 『경국대전주해』에 "유서(遺書)는 범문기(凡文記)의 증필과는 같지 않다"라고 하는 데서 잘 드러난다.

11 사천조의 주: 『경국대전』 刑典 私賤의 율문 "用祖父母以下遺書"에 대한 주를 이른다.

12 3세 … 양자녀: 1426년(세종 8) 유서의 법률적 효력이 공인된 이후, 1433년(세종 15) 7월 그 적용 범위에 관한 논의에서, 3세 전 수양의 경우 친자로 간주할지 유서의 내용에 따를지가 문제되었다. 즉 1405년(태종 5) 수판(受判)에는 "자식이 없는 사람이 온전히 후사를 이으려고 3세 전의 아이나, 내어 버린 아이를 거두어 기른 것은 곧 자기의 자식과 같아서, 비록 전계문기(傳係文記)가 없더라도 노비를 모두 준다"라고 하였고, 1425년(세종 7) 수교에 "일체로 조상의 유서에 따른다"라고 하여 수교 내용이 서로 충돌하였다. 이에 세종은 '3세 전에 거두어 기른 것은 곧 자기 자식과 같은즉 노비를 다 주고 조상의 유서는 상관하지 말 것인가' 아니면 '비록 3세 전에 거두어 길렀어도 그 자손 아닌 것으로 친다면 유서를 좇아서 노비를 주지 말 것인가'에 대해 의논하여 아뢰도록 하였다(『세종실록』, 15년 7월 14일). 그 결과 1433년(세종 15) 윤 8월 친자와 같이 하되 손외(孫外)는 유서에 따르는 것으로 결정하였다(『세종실록』, 15년 윤8월 2일).

13 승중 … 한다: 승중한 의자를 친자식과 같은 비중으로 간주하는 논의는 15세기 중엽부터 본격적으로 제기된다. 고려조 이래 조선 초기까지 무자녀망처(無子女亡妻)의 재산이 본족(本族)에 우세하게 귀속되다가 16세기를 전후해서 의자녀로의 귀속이 강화되는데, 이는 망처(亡妻)에 대한 봉사(奉祀)를 의자녀가 맡게 되고 또한 부계친족(父系親族)을 중시하게 되는 시기적 변화가 중요한 요인으로 작용한 때문이었다(文叔子, 「朝鮮前期 無子女亡妻財産의 相續을 둘러싼 訴訟事例」, 『古文書研究』 5, 1994). 조선 전기까지 '손외여타금지(孫外與他禁止)'라 하

에 '타인에게 주지 말라'는 말이 있어도 효력이 없다"라고 하였다. 〈『경국대전』 형전 사천 ○『결송유취』 청송〉

[15]. 『경국대전주해』에 (유서에 '타인에게 주지 말라'는) 이것은 증여를 가리켜 말하는 것이고, 법정상속분[14]으로 마땅히 얻는 바를 가리키는 것이 아니다. 승중한 의자는 증여받는 바가 있으면 유서의 내용에 구애받지 않는다. (승중한 의자 이외의) 의자녀*의 경우, ('타인에게 주지 말라'는) 유서가 있다면 비록 증여받지 못하지만 그의 법정상속분을 응당 받는 것은 역시 제사를 위해서 주는 것이다. 이는 실로 국가의 공법이니, 사문서인 유서를 가지고 공법을 폐할 수 없는 것이다. 〈『경국대전주해』 전집 형전 사천 ○『결송유취』 청송〉

16. 전득노비*는 1년 이내[15]에 관에 신고하여 입안을 받는다. 재주가 문계를 작

여 혈손(血孫) 이외의 타인에게는 재산을 주지 못하도록 하는 금지 조치가 엄격하였다. 이에 따라 자식이 없이 죽은 여자의 재산은 친정으로 돌려보내는 것을 법례상·관습상 당연한 것으로 인식하였다. 그러나 15세기 중엽부터 죽은 다음에 제사를 지내줄 사람 즉 봉사손(奉祀孫)이 강조되면서 '손외여타금지'라는 혈연을 중심으로 한 사고에서 탈피하는 인식의 전환이 일어난다. 1448년(세종 20)에 출가한 여자는 이미 본종(本宗)에서 떠나 남편의 집을 더 중하게 알고 의자를 자기 아들로 삼는 까닭에 자기의 노비를 의자에게 주는 것이 의리에 합당한데, 만약 그 노비와 재산을 유서에 구애되어 후사로 삼은 의자에게 전하지 못하고 본종에 되돌리면 의리에 어긋나는 일이므로, 출가한 여자는 의자를 한결같이 친아들과 다름없이 결단해 노비를 그에게 주는 것이 온당하다는 주장이 제기되었다(『세종실록』, 20년 9월 12일). 이후 『경국대전』에서 "승중한 의자는 친자녀와 같아서 비록 유서에 '남에게 주지 말라'는 말이 있더라도 효력이 없다"라고 하여, 승중한 의자를 친자식과 똑같이 대우하도록 하였다.

14 법정상속분: 『경국대전』에서 정한 의기녀의 법정상속분을 의미한다. 자녀가 없는 진모와 세모의 노비는 의자녀에게 전체의 5분의 1을 주고 승중자에게는 3분을 더하여 준다(『경국대전』 刑典 私賤).

15 1년 이내: 전득노비의 사급입안(斜給立案)을 신청할 수 있는 기한은 1년이었다. 하지만 1521년(중종 16) 수교에 의해, 매득노비를 포함하여 전득노비는 만약 1년이 지났더라도 기한 이내에 신청했다면 입안을 발급했고 2년이 지나면 발급하지 않도록 하였다(『대전후속록(大典後續錄)』 刑典 決訟日限). 그리고 이는 『속대전』 刑典 文記에도 실린다(『대전후속록』, 刑典 決訟日限).

성하고 죽은 경우에는 시병하던 족친 혹은 노비를 불러서 사실을 조사하고 입안을 발급해 준다. 토지나 가옥도 같다. 각기 그 사는 곳에서 관에 신고하며, 해당 관에 상피*해야 할 사람이 있으면 타관으로 옮긴다. 〈『경국대전』 형전 사천 ○『결송유취』 청송〉

17. (『경국대전』 형전) 노비결송정한조에, "1475년(성종 6) 이후로 관서문기*는 재주가 사는 곳에서 발급한 것이 아니면 접수해서 처리하지 않는다"[16]라고 하였다. 〈『경국대전』 형전 노비결송정한 ○『결송유취』 청송〉

18. (『경국대전』 형전) 사천 조항[17]의 주에, "소송이 이미 결절*되었으나 입안을 발급하기 전에 송관이 체직되었으면 교대한 관리가 성급한다"라고 하였다. 〈『경국대전』 형전 사천 ○『결송유취』 청송〉

19. 타인의 노비를 거집*하거나 결절한 이후에도 잉집*하는 경우, 장 100·도 3년에 처하며 그동안의 역가를 추징하여 주인에게 지급한다. (부모의 노비를) 균등하게 분집*하지 않은 경우, 합집*하여 이익을 독차지한 경우는 죄를 논한 후 그가 마땅히 차지해야 할 노비를 속공시킨다. 토지나 가옥도 같다. 〈『경국대전』 형전 사천 ○『결송유취』 청송〉

20. 도망한 수군의 토지는 팔아서 번가*로 충당하거나 또는 타인에게 절수한다. 이후 만약 수군이 돌아오면, 모두 도망 기한에 관계 없이 주인인 수군에게 돌려주고, 토지의 값은 돌아온 수군에게 추징하여 배상한다. 〈『대전후속록』 병전 ○『결송유취』 청송〉

21. 3년이 경과한 진전은 타인이 진고*하여 경작하는 것을 허락한다. 해택*은 10년을 기한으로 한다. 『경국대전주해』에 "비록 묵혔지만 세금을 거둔 경우,

---

16 관서문기는 … 않는다: 비재주소거처(非財主所居處)에서 사급(斜給)받은 관서문기는 위격사출(違格斜出)한 문서이기 때문에 소송의 증거문서로 인정하지 않는다는 것이다.

17 사천 조항: "傳得奴婢者 期年內告官受立案 若財主成文契而死者 召侍病族親或奴婢 閱實給立案"이다.

또는 물력이 전부 경작하기에 충분하지 않아서 기경할 곳이 남아 있는 경우, 모두 타인이 진고하여 경작하는 것을 허락하지 않는다"라고 하였다. 〈『경국대전』 호전 전택 ○『결송유취』 청송〉

22. (3년이 지난 진전은 타인이 신고하여 경작하는 것을 허락한다는 것은) '영구히 주는 것이 아니라, 본 주인이 다시 추심할 때까지 다른 사람이 신고하여 잠시 갈아먹는 것을 허락함'을 이른다.[18] 〈가정 병진(1556, 명종 11) 수교 ○『결송유취』 청송〉

23. (『경국대전』 형전) 사천조[19]의 주에, "상송*한 노비는 더불어 동송*하지 않았으면 지급하지 않는다. 부모의 노비는 (동송하지 않았으면) 절반을 감하여 지급한다.[20] 토지도 같다"라고 하였다. 〈『경국대전』 형전 사천 ○『결송유취』 청송〉

24. 부모의 노비를 합집하여 소송을 통해 다투어 이겼다면 동송 여부를 논하지 않고 평균 분급한다.[21] 〈『대전후속록』 형전 사천 ○『결송유취』 청송〉

25. 형제자매가 합집하여 상송한 노비는 동송 여부를 논하지 않고 평균 분급한다.[22] 〈가정 계축(1553, 명종 8) 수교 ○『결송유취』 청송〉

26. 송사를 심리하는 각사는 만약 장적*을 살필 일이 있다면 사유를 갖추어 (장적이 소재한 관사에) 이문하고, (장적이 소재한 관사에서) 원고*와 피고*를 대질하고 문건을 보여준 뒤 (이문한 관사에) 회답하며, 장적을 보내지는 않는다.[23]

---

18 영구히 … 이른다: 3년이 지난 진전 또는 10년 이상 묵힌 해택(海澤)을 진고한 타인에게 경작을 허가한다는 조항은 소유권의 이전이 아니라 일시적으로 경작권을 허가했음을 밝히는 내용이다.

19 시킨고: "二度得伸 勿更聽理"이다.

20 부모의 … 지급한다: 부모의 노비를 타인에게 빼앗겨서 상송하여 승소한 경우를 이른다(『각사수교(各司受敎)』掌隸院受敎 律學牒呈內).

21 부모의 … 분급한다: 형제자매 중 한 사람이 부모의 노비를 독차지하여 소송한 경우, 함께 소송에 참여했는지의 여부를 따지지 않고 균등하게 분급한다는 의미이다.

22 형제자매가 … 분급한다: 바로 위에 있는 조문과 같은 내용이다.

23 송사를 … 않는다: 송관이 보내는 이문은 원고와 피고가 직접 가지고 가서 전달하고 대질하였

⟨『대전속록』 호전 잡령 ○『결송유취』 청송⟩

27. 서울과 지방의 사송*에서 원고와 피고 가운데 제출한 증거 문기는 관리가 감봉*하여 원고와 피고로 하여금 함께 착명하게 하고, 장부에 기록한 뒤 본 주인에게 돌려주어 후일 참고할 근거로 삼는다. ⟨『대전속록』 형전 결옥일한 ○『결송유취』 청송⟩

28. 토지나 노비를 쟁송할 때, 당초 소장에 연명하였으나 중간에 관망하는 태도로 바뀌었다가 판결에 임박하여 갑자기 나타나서 (소송물을) 같이 나누고자 한다면, 송정에 입송*한 부지런함과 게으름을 살펴 일수가 적은 경우 3분의 1을 지급한다. 한 번도 취송*하지 않은 경우 동송한 법례로 논하지 않는다. ⟨『대전후속록』 형전 사천 ○『결송유취』 청송⟩

29. 소송에서, 도형·유형·충군*의 죄를 받은 모든 사람과 공적 임무로 외직에 파견된 사람 가운데, 대송할 수 있는 아들·사위·노비가 없는 경우를 제외하고, 그 기간 동안 외지에 있었던 햇수·달수를 계산하여 (결송기한에서) 공제하는 것을 허용하지 않는다.[24] ⟨『대전후속록』 형전 결송일한 ○『결송유취』 청송⟩

30. 송사를 상피 때문에 다른 관사로 이송한 경우, 상피해야 하는 관리가 비록 체직했더라도 (원래 관사로) 돌려보내지 말고 (이송한 관사에서) 결절을 마쳐야 한다. ⟨『대전후속록』 형전 잡령 ○『결송유취』 청송⟩

31. 갑이 기한 내에 소장을 제출하여 여러 달이 지나고 해가 바뀌도록 오랫동안

다. 장적뿐만 아니라 군안과 같은 다른 서증(書證)들에 대해서도 소재 관사에서 원과와 피고가 함께 대질하여 확인하였다(김경숙, 「조선시대 송관의 공문서와 송자의 역할」, 『인문논총』 79-3, 2022).

24 소송에서 … 않는다: 『경국대전』 이후 법률 규정에서 상인(喪人)·유배죄인·지방에 파견된 관료, 일반 부녀에게 대송을 허용하고 대상도 점차 확대되었다(한효정, 「조선전기 대송제도의 변화」, 『조선시대사학보』 90, 2019). 이에 따라 대송할 수 있는 아들·사위·노비가 있는 도형·유형·충군의 죄인이나 공차인의 경우 정소기한(呈訴期限)을 연장해주지 않았다.

송정에 나아가 출석을 독촉하였으나 을이 끝내 나타나지 않아서 과한*에 이른 경우, 비록 원고와 피고가 나란히 송정에 출석하여 진술을 받지 않더라도 과한으로 논하지 않는다.[25] 다시 소송하는 것을 허락하여 한편으로 (을의) 간사한 술수를 막고 다른 한편으로 (갑의) 억울함을 해소하도록 한다. 〈가정 병인(1566, 명종 21) 수교 ○『결송유취』청송〉

1. 同生兄弟三寸叔姪四寸兄弟之間 無故起訟 奸詐現著者 啓聞科罪〈『前續錄』○『決訟類聚』〉

2. 凡遭喪士族人員 以元告忘哀 親立訟庭者 並勿聽治罪 若所訟奴婢外 他無可役奴婢 又無代訟人 而事勢窮迫者 永葬後告爭 其被論人遭喪者 亦於葬後聽理〈『前續錄』○『決訟類聚』〉

3. 長立決訟衙門 以敎誘人爭訟爲業者 令決訟衙門 隨所聞 移文本曹 推覈決杖一百 全家徙邊 又許人捕告 依捕强盜例 一人給綿布五十匹〈○『前續錄』[26] ○『決訟類聚』〉

4. 一人於二三處 非理立訟者 全家徙邊〈○『前續錄』[27] ○『決訟類聚』〉

5. 父母祖父母外祖父母 妻父母 夫妻妾 同生[28]和會分執外 用官署文記 子之於親 亦不須官署〈刑典 ○『決訟類聚』〉

6. 須具證筆 族親及顯官中二三人 田宅同〈刑典 ○『決訟類聚』〉

7. 繼母傳係文記 用官署 嫡母庶母同〈『後續錄』○『決訟類聚』〉

---

25 갑이 … 않는다: 갑은 법정 기한 내에 소장을 올렸는데, 을이 불출석하여 소송을 제기할 수 있는 기한을 넘겼다면 불출석한 을에게 책임이 있으므로 과한 즉, 소멸시효를 인정하지 않는다는 것이다.
26 前續錄: 관련 내용이『대전후속록』에 있어 번역에서 교감하였다.
27 前續錄: 관련 내용이『대전후속록』에 있어 번역에서 교감하였다.
28 夫妻妾 同生:『경국대전』에 '夫妻妾'과 '同生' 사이에 '及'이 있어 번역에서 반영하였다.

8. 同生以上文記手書者 不必俱 〈刑典 ○『決訟類聚』〉
9. 無子女夫妻奴婢 雖無傳係 生存者區處 本族外不得與他 如有妾子女義子女養子女 亦無過其分 妻適他者 其所區處不用 〈刑典 ○『決訟類聚』〉
10. 繼母擅權一家 亡夫己物 不給前妻之子女 或稱別給 或稱放賣 而易色給其己之子女 夫之偏愛後妻之子女者 亦有以有子女前妻之己物 圖給後妻之子女 大典內 無子女夫妻奴婢 生存者區處 自今以後 有子女者之奴婢田宅 生存者 固不得區處
11. 欲改者 具由告官 改給 受者身死 勿改 父母祖父母外祖父母之於子孫 夫之於妻妾 許改
12. 用祖父母以下遺書 祖及父則須手書 祖母及母則須族親中顯官證筆 衆所共知未手書者 疾病者 並依婦人例
[13]. 註解 遺 流[29]也 遺書當出於財主身後 恐有詐僞 故祖及父非手書者 不用 衆所共知未手書者 疾病者 與祖母及母 則必須族親之有顯官者證筆 然後可用 無顯官族親證筆者 不可用也 與前文記證筆不同 〈以上嘉靖甲寅受教[30] ○『決訟類聚』〉
14. 私賤註 三歲前養子女承重義子 卽同親子女 雖遺書有勿與他之語 勿用
[15]. 註解 此指贈與而言 非指分數所得也 承重義子 則有所贈與 不拘遺書之意 若義衆子女有遺書 雖不得贈與 而其分數應得者 則亦爲祭祀而給之 此實國家公法 不可以私書而廢公法也 〈刑典 ○『決訟類聚』〉
16. 傳得奴婢者 期年內告官受立案 若財主成文契而死者 召侍疾族親或奴婢 閱實 給立案 田宅同 各其所居處告官 有相避者 移他官 〈刑典 ○『決訟類聚』〉

29　流: 『경국대전주해』에 '留'로 되어 있어 번역에서 교감하였다.
30　嘉靖甲寅受敎는 조문 10에 해당.

17. 奴婢決訟定限 成和[31]乙未年以後 凡文記官署 非財主所居處 勿受理〈刑典 ○『決訟類聚』〉

18. 私賤註 凡訟事 雖已決折 未成立案而遞 交代官吏成給〈刑典 ○『決訟類聚』〉

19. 據執他人奴婢 及決後仍執者 杖一百徒三年 徵役價給主 其不均分執者 合執專利者 論罪後 其應得奴婢屬公 田宅同〈刑典 ○『決訟類聚』〉

20. 逃亡水軍田地 或賣充番價 或爲人折受 後若還來 並勿拘限還主 田價追償〈『後續錄』○『決訟類聚』〉

21. 過三年陳田 許人告耕 海澤 則限十年 註解 雖陳而收稅 或力未盡 耕有起處 並勿許告〈戶典 ○『決訟類聚』〉

22. 非謂永給 待本主還推間 因人告狀 姑許耕食〈嘉靖丙辰受敎 ○『決訟類聚』〉

23. 私賤條註 相訟奴婢 不與同訟者 勿給 父母奴婢 則減半給 田地同〈刑典 ○『決訟類聚』〉

24. 有父母奴婢合執者 而告爭得決 則毋論不同訟 平均分給〈『後續錄』○『決訟類聚』〉

25. 同生合執相訟奴婢 勿論同訟不同訟 平均分給〈嘉靖癸丑 ○『決訟類聚』〉

26. 聽訟各司 若有考帳籍事 具由移文 元隻質示 回答 勿送帳籍〈『前續錄』○『決訟類聚』〉

27. 凡京外詞訟 元告被論中 所納可考文記 官吏監封 令元告被論同着名 置簿 還授本主 以憑後考〈『前續錄』○『決訟類聚』〉

28. 凡爭訟田民者 當初連名告狀 而中立觀變 臨決輒現 謀欲共分者 考立訟勤慢 日數少者 給三分之一 一不就訟者 不與同訟例論〈『後續錄』○『決訟類聚』〉

29. 凡訟 一應被罪徒流充軍人 及公差外任人中無子婿奴婢可以代訟者外 其

---

31 成和: '成化'의 오기이다.

間在外年月 勿許計除〈『後續錄』○『決訟類聚』〉
30. 凡訟事 以相避移送他司者 相避官吏雖遞 勿還畢決〈『後續錄』○『決訟類聚』〉
31. 甲者 限內告狀 累朔經年 長立督現 而乙者終不現身 以致過限者 元隻雖不齊現取招 勿以過限論 許令更訴 一以杜其奸術 一以解其冤悶〈嘉靖丙寅受敎 ○『決訟類聚』〉

20. 몸소 송정에 나가 출석 명단에 서명함
二十 親着

친착(親着)은 소송에서 원고나 피고가 몸소 재판이 열리는 송정(訟庭)에 나아가 출석의 증표로서 자필 서명하는 것을 이른다. 조선시대 소송은 당사자의 주도하에 진행되는 것을 원칙으로 했기 때문에 한쪽의 불출석에 따라 소송이 무한정 지연되는 문제가 발생하였다. 이에 일정한 기한 내에 출석을 강제하는 법안이 요구됨에 따라 『경국대전』에 친착결절법(親着決折法)이 마련되었다. 친착결절은 소송에서 불리한 당사자가 고의로 송정에 출두하지 않는 경우, 다투는 사안의 시비를 따지지 않고 취송(就訟)한 상대방에게 승소 판결하는 법으로 친착결급(親着決給)이라고도 하였다. 당사자 주장의 시비곡직을 판단하는 것보다, 신속한 판결을 위해 소송이 계속 지연되는 체송(滯訟)의 폐단을 막기 위해 마련한 정책이다.

친착결절법은 『경국대전』을 바탕으로 준행되었지만, 친착 기일에 대한 부분이 지나치게 간략해서 논란이 되자 세부적인 내용을 보충해서 『대전후속록』과 「갑인수교」(1554, 명종 9)에 추가 수록하였다. 또한 공동소송이나 귀농정송(歸農停訟) 사례에서 고의적인 참석 회피로 취송을 기피하여 친착법의 적용이 어려워지는 문제가 발생하자, 「계축수교」(1553, 명종 8)에 보완 규정을 마련하였다. 이처럼 친착 규정은 『경국대전』, 『대전후속록』, 각 수교를 통해 산발적으로 제정되다가 『속대전』〈청리〉에 종합적으로 정리되어 수록하게 된다.

『결송유취보』는 『사송유취』와 마찬가지로 〈친착〉 조항을 독립된 항목으로 편제했다. 양자를 비교해볼 때, 『결송유취보』는 『사송유취』가 수록한 『대전후속록』 형전 사천, 「갑인수교」, 「을묘수교」(1555, 명종 10) 등 3개 조문을 생략하였다.

> 『결송유취보』에 수록된 내용은 『경국대전』의 친착결절에 대한 정의를 비롯하여(제1조), 친착일수 계산 방식(제2조), 공동소송에서 일부 당사자의 출석을 인정해서 소송 지연을 방지한 규정(제3조), 귀농정송에 따른 소송 회피를 방지하는 규정(제4조) 등으로 실무적 활용도가 큰 규정이었다.

1. 노비를 상송*할 때, 원고*와 피고* 가운데 스스로 이치가 불리한 것을 알고 여러 달 (송정에) 나타나지 않아서 재차 가동*을 가둔 뒤 만 30일이 되도록 나타나지 않는 경우¹와 시송다짐을 바친 뒤 50일 안에 이유 없이 취송*하지 않고 30일이 경과한 경우²에 (두 경우) 모두 취송한 자에게 (노비를) 준다. 송정에 나와 이름을 친착*한 것을 증거로 삼는다. 〈『경국대전』 형전 사천 ○『결송유취』 청송〉

2. 갑과 을이 상송할 때, 갑이 이치가 불리해서 물러나 피하고 을이 취송하여 (친착한 것이) 거의 21일에 가깝다면, 갑이 하루 이틀 출석한 것으로 을이 친착한 것을 폐기할 수 없으니, 앞으로는 송정에 (잠시) 나왔다 사라진 기간에 착명한 것은 사용하지 않는다.³ 관원이 집무를 보지 않은 일수는 50일의 기

---

1 상송할 … 경우: 처음부터 취송하지 않는 경우를 이른다(『경국대전주해』 前集 刑典 私賤). 즉 제소(提訴) 이후 당사자 한쪽이 응소하지 않아 소송이 지연되는 상태를 가리킨다.

2 시송다짐 … 경우: 시송다짐을 바친 이후에 취송하지 않는 경우를 이른다(『경국대전주해』 前集 刑典 私賤). 즉, 소송당사자가 소장을 제출한 뒤 양측이 소송 개시 절차를 밟았지만 그 이후 당사자 한쪽이 송정에 나타나지 않아서 소송이 지연된 경우를 의미한다.

3 이 조문은 『경국대전』 친착결절(親着決折) 규정의 친착 일수에 대한 『대전후속록』의 보완 규정의 일부이다. 『대전후속록(大典後續錄)』에 따르면 소송 개시 이후 50일 이내에 송정에 나오지 않는 경우, 송정에 나온 사람에게 소송대상 노비를 지급하는 규정은 반드시 50일을 채운 뒤에 판결해야 한다는 것은 아니었다. 가령 소송을 개시한 뒤 갑이 30일을 경과하도록 송정에 나오지 않았는데 을이 송정에 나왔다면 비록 30일을 채우지 않았더라도 을에게 지급하고, 이때 을이 송정에 나온 일수가 21일에 근접했다면 갑이 잠시 나왔더라도 을에게 지급하라는 내용이다. 친착기일에 대해 좀 더 자세하게 보완한 규정은 『각사수교(各司受敎)』에 수록되었다. 을이 친착한 지 21일인데 갑도 불출석 일수가 21일인 경우, 원고와 피고가 함께 출석하지 않

한에 포함하지 않는다. 〈『대전후속록』 형전 사천 ○『결송유취』 청송〉

3. 동송*한 경우, 그 소송의 형세가 거의 자기 편에 불리한 것을 보고, (동송인이) 함께 나타나지 않고 번갈아 출입하여 심리하지 못하게 하거나, 또는 원고나 피고가 친착하지 못하게 하는 등, 소송을 지연시키는 술책을 펼쳐 결절*을 기약하지 못한다. 지금부터 비록 같은 편 사람이 함께 나타나지 않아도, 당시 나온 사람이 친착하고 다른 경우처럼 청리*한다. 그 가운데 이유 없이 취송하지 않았던 동송인은 그 친착이 채워지는 날에 따라 쫓아내고 동송한 것으로 인정하지 않는다. 〈가정 계축(1553, 명종 8) 수교 ○결송유취 친착〉

4. 귀농으로 정송*한 이후, (소송업무가 재개되어) 원고나 피고 가운데 올바른 판결을 얻으려고 장기간 송정에 나타난다고 할지라도, (어느 한 편이 나오지 않기 때문에) 오랫동안 억울함을 풀 수가 없다. 때로는 3, 4년간 체송되는 데 이르러, 친착결절*하고자 하지만 법례가 없기 때문에, (정송 이전에) 원고와 피고가 함께 봉한 문서를 마음대로 열고 봉할 수가 없어서 단송*할 기약이 없이 도리어 간사한 술책에 빠진다. 지금부터 정송한 사람들이 무개*한 즉시 나타나지 않는 경우, 무개 일부터 거주하는 곳의 거리의 원근을 상고하여 일수를 헤아려서 제하고, 원고와 피고 가운데 당시 송정에 출두한 사람에게 취송하지 않은 법례에 따라 친착결급*한다. 〈가정 계축(1553, 명종 8) 수교 ○『결송유취』 청송〉

1. 相訟奴婢 元告被論中 自知理屈 累月不現 再囚家僮後 滿三十日不現者 始訟後五十日內 無故不就訟 過三十日者 並給就訟者 以就訟庭親着名字

    는 일수를 함께 계산한다. 즉 갑이 출석하지 않은 9일이 지난 뒤 법정 불출석 일수인 30일을 채워서 친착결절한다는 것이다(『각사수교』 掌隷院受敎 甲寅七月二十七日傳).

4 滿三十日不現者: 『결송유취』에는 滿三十日不現者 다음에 쌍협주로 "註解 此指初不就訟者而言"가 명기되어 있다.

5 並給就訟者 : 『결송유취』에는 並給就訟者 다음에 쌍협주로 "註解 此指始訟後 不就訟者而

爲驗〈刑典 ○『決訟類聚』〉

2. 甲乙相訟 甲者理屈退避 乙者就訟將近二十一日 則不可以甲者一二日出現 旋棄乙者親着 今後勿用出沒間着 官員不坐日 不在五十日之限〈『後續錄』○『決訟類聚』〉

3. 凡訟者 觀其訟勢 將不利於己 則不爲齊現 互相出入 使不得推閱 又不得元隻親着 以遂淹延之術 決折無期 自今以後 雖同邊人齊不現身 時現人親着 依他聽理 其中無故不就訟人 隨其親着滿日而黜送 勿許同訟 〈嘉靖癸丑受敎 ○『決訟類聚』〉

4. 歸農停訟後 元隻中 欲取其正者 長立訟庭 久不得伸 或抵三四年滯訟 欲以親着決折 而無法例 故元隻同封作文 擅不得開閉 斷訟無期 反陷於奸術 自今以後 停訟人等 務開卽時不現者 務開日爲始 所居程道遠近相考 日數計除 元隻中 時立訟人處 依不就訟例 親着決給 〈嘉靖癸丑受敎 ○『決訟類聚』〉

言也"가 명기되어 있다.

6 凡訟:『각사수교』에 "一邊同訟人歧等如爲白在如中者"로 되어 있어 이에 의거해 번역하였다.

7 『수교집록(受敎輯錄)』刑典 聽理에는 밑줄 친 내용이 추가되어 있다. "元告被論中 無故不就訟者 親着決給 而一邊同訟人數雖多 皆在應着之限 則元隻兩邊 依法親着 一邊同訟人 觀其訟勢不利 不爲齊現 互相出入 使不得推閱 又不得親着 決折無期 今後 同邊人雖不盡現 以時現人捧親着 依他聽理 而其中 無故不就訟者黜送 勿許同訟 永爲恒式 嘉靖癸丑傳"

8 『각사수교』漢城府受敎에는 밑줄 친 부분이 추가되어 있다. "癸丑九月二十一日 掌隸院牒呈內 刑典公賤條 相論奴婢 元告被論中 自知理屈 初不就訟之人 及無故不就訟者 皆有親着決給之法爲白乎矣 停訟後 仍還就訟不冬人段 法無乙仍于 或奸計恐露 故爲退縮 僥幸後日 或奴婢時執 甘心專利 不樂就訟 並只苟延歲月 私圖其便 元隻中 欲取其正者 長立訟庭 久不得伸 或抵三四年滯訟 爲訟官者 欲以親着決折爲白良置 無法例乙仍于 元隻同封作文 擅自開閉不得 斷訟無期 反陷於奸細之術 今後 停訟人等 務開卽時還現不冬爲去等 務開日爲始 所居遠近程途相考 日數計除 元隻中 時立訟人中 依□□□□決折爲白乎矣 新立科條乙 院以獨擅爲難 請□□□□□□爲定法 使中外通諭 定限行用 何如 臣連源等議 甚利防奸□(斷)訟之意 院所啓施行宜當 伏惟上裁 啓下 掌隸院啓目及大臣議得內辭緣是白置 京畿則今癸丑十月二十日 淸洪黃海江原等道乙良 同年十一月初十日 全羅慶尙等道乙良 十二月初十日 平安咸鏡等道乙良 甲寅正月初一日 爲等如行用日期定限 行移何如 啓 依允" 추가된 내용은 첫째, 수교가 마련된 목적이 원피고 가운데 소송에서 불리하거나 또는 소송대상물

을 이미 점유하고 있는 경우에 귀농정송 이후 업무개시일에 출석하지 않아서 고의적으로 소송 재개를 방해하는 폐단의 방지라는 내용이 기록되었다. 둘째, 귀농정송 이후 소송 개시일 규정은 경기도에서 1553년(명종 8) 10월 20일, 충청도·황해도·강원도에서 11월 10일, 전라도·경상도에서 12월 10일, 평안도·함경도에서 1554년 1월 1일부터 순차적으로 시행하였다고 기록되었다.

21. 후사를 세움
二十一 立後

> 입후(立後)는 '후사를 세운다'는 의미로, 아들이 있는 사람이 아들 중에서 가계계승자를 세우는 것과 아들이 없는 사람이 양자를 입양하여 가계계승자로 세우는 것 두 가지를 모두 지칭하는 용어이다. 이 중 조선에서는 주로 후자를 의미하는 용어로 사용되었고, 『경국대전』 입후조에서도 후자에 대한 것을 규정하였다. 조선에서 입후는 아들이 없는 사람이 남편 쪽의 동성 친족 중 소목(昭穆)에 합당한 자를 입양하여 가계계승자로 삼는 것을 의미하는 용어로 주로 사용되었던 것이다.
>
> 〈입후〉는 후사가 없는 사람이 가계를 잇기 위해 부계(父系) 동성 친족 중에서 소목에 합당한 자를 양자로 들여 '법적인 계승자'로 삼을 때 필요한 사항을 정리한 규정이다. 『경국대전』·『경국대전주해』·『대전후속록』의 〈입후〉 각 1개 조문, 『대명률』의 〈입적자위법(立嫡子違法)〉에서 5개 조문, 『각사수교(各司受敎)』의 예조 수교 2개 조문, 『수교집록(受敎輯錄)』의 〈입후〉에서 6개 조문 등 총 16개 조문으로 이루어져 있다.

1. (가장이) 적처와 첩 사이에서 모두 아들이 없으면,[1] 관에 고하여[2] 동종지자*를

---

1 적처와 … 없으면: 적실에 아들이 없더라도 첩자가 승중하면 입후하지 못한다는 것이다. 『경국대전』에 이 규정이 수록된 이후 첩자를 승중자로 삼기를 꺼려하는 사람들이 많았다. 현실적으로 첩자는 천한 존재라는 인식이 있었던 데다 과거 응시나 관직 진출에 있어서 제한을 받고 있었기 때문에 첩자가 승중한다는 것은 가격(家格)을 떨어뜨리는 결과를 가져올 수 있었다. 따라서 이 규정에 대해서 성종 대 이후에 많은 논란이 벌어지고 1553년(명종 8)에는 첩자가 있더라도 동생제(同生弟)의 아들을 입후할 수 있도록 규정이 완화되었다(박경, 「15세기 입후법(立後法)의 운용과 계후입안(繼後立案)」, 『역사와 현실』 59, 2006).

2 관에 고하여: 사가(私家)의 입후에 대해 국가의 허가를 받도록 한 것은 유교적 가계계승 형태를 정착시키려고 제정한 입후법을 철저하게 준수하도록 하기 위한 것이었다. 이때 관의 허가

후사로 삼는다. 양가의 아버지가 함께 명하고 (관에 고하여) 후사로 세우는데, 아버지가 사망하였으면 어머니가 관에 고한다. 존속*과 형제 및 손자 항렬은 서로 후사로 삼지 못한다.³ 〈『경국대전』 예전 입후 ○『결송유취』 입후〉

[2]. 『경국대전주해』에 "적장자가 본처와 첩 사이에서 모두 아들이 없어서 입후* 하는 경우, 반드시 동생의 아들로 후사를 삼은 연후에야 할아버지 이상의 제사를 받들 수 있다. 동종지자는 비록 후사가 될 수는 있을지라도 할아버지 이상의 제사를 받들 수는 없으니,⁴ 대개 선조는 자신의 자손을 버려두고, 형제의 자손으로부터 제사를 받을 수 없기 때문이다. 동생에게 아들이 없는 경우에는 이 규정을 적용하지 않는다. 〈『경국대전주해』 전집 예전 입후 ○『결송유취』 입후〉

3. 적장자가 후사가 없는 경우 동종의 가까운 친속으로 입후하되, 자신이 별도

를 받았다는 증빙 문서가 예조에서 발급한 계후입안(繼後立案)이다[박경(2006), 위의 글].

3   존속과 … 못한다: 입후는 반드시 조카 항렬에서 취해야 하며, 손위 항렬이나 같은 항렬, 손자 항렬에서는 취할 수 없다는 것이다.

4   동종지자는 … 없으니: 이와 관련해 1483년(성종 14) 신자수(申自守) 봉사(奉祀) 사례를 들 수 있다. 신자수의 장자와 차자는 모두 후사가 없었는데, 차자 신윤저(申允氐)가 동생의 아들 신승연(申承演)을 후사로 삼았다. 이에 신자수의 제사를 신승연이 받들어야 하는지, 아니면 신자수의 셋째 아들의 자(子)인 신승민(申承閔)이 받들어야 하는지에 대한 논란이 발생하였다. 결국 장자와 차자가 모두 후사가 없으면 셋째 아들의 자(子)가 대종(大宗)의 제사를 받드는 것이 당연하지만, 이미 신윤저가 친동생의 아들을 입후했으므로, 입후자인 신승연이 봉사하도록 결정되었다. 하지만 먼 친족을 후사로 세울 경우는 가능하지 않다는 점을 명백히 밝혔다. 이러한 인식은 『경국대전주해』 입후조(立後條)에 "입후자(立後者)가 조(祖)이상의 제사를 받들려면 반드시 아우의 아들이어야 한다"라는 해석으로 재확인되었다. 『경국대전』상의 제사승계 원칙은 적장자(嫡長子)·손(孫)으로의 제사 승계를 우선시하고, 적장자가 후사 없이 사망했을 경우에 한해 형망제급(兄亡弟及)하여 차자가 봉사하도록 하는 것이었다. 따라서 형망제급은 그 자체로 장자가 무후(無後)로 사망하였기 때문에 차자가 장자를 대신하여 조상을 봉사(奉祀)한다는 의미를 담고 있었다. 반면 입후를 통해 선조의 제사를 승계하는 것은 제(弟)의 자(子)를 입후했을 때 한하여 예외적으로 인정되었다. 입후를 했어도 제의 자가 아닌 소족(疏族)의 자라면 봉사조에 의거하여 형망제급하는 것을 원칙으로 하였다(김윤정, 「朝鮮中期 祭祀承繼와 兄亡弟及의 변화」, 『조선시대사학보』 20, 2002).

로 일가를 이루고자 한다면, 비록 먼 친속일지라도 들어준다.[5] 〈『대전후속록』 예전 입후 ○『결송유취』 입후〉

4. 적자를 (후사로) 세울 때 법을 어기면 장 80에 처한다.【적자를 세우는 것은 본래 뒤를 이으려는 것이다. 만약 적처의 장자를 세우지 않고, 도리어 적처의 차남이나 서출의 장자를 세우면 이를 '법을 어긴 것'이라고 한다.】〈『대명률』 84 입적자위법〉 [○『결송유취』 입후][6]

[5]. 적처가 50세가 넘었는데 아들이 없으면 서장자를 후사로 세울 수 있으며, (서출 가운데) 장자를 세우지 않으면 죄가 또한 같다.[7] 〈『대명률』 84 입적자위법〉 [○『결송유취』 입후]

6. 동종의 사람을 수양하여 아들로 삼았는데, 양부모에게 아들이 없는데도 양자가 버리고 가면 장 100에 처하고[8] 양부모에게 보내어 데리고 살게 한다. 만약 (양부모에게) 친히 낳은 아들이 생기거나, 본생부모에게 아들이 없어, 돌아

---

5 적장자가 … 들어준다: 『대전후속록』은 적장자가 무후로 사망했을 경우, 총부(冢婦)들이 제(弟)의 자(子)가 아니라도 동종의 자이면 입후하여 조상의 제사를 승계하도록 허용함으로써 총부의 입지를 강화시켜주었다. 이에 대해 예조는 종법이 무너지고 있다며, 이를 바로잡기 위해 대신에게 수의(收議)할 것을 다음과 같이 청하였다. "이 법이 세워진 후로 무식한 과부들이 망부(亡夫)의 본의는 생각하지 않고 응당 봉사할 자가 있어도 한결같이 '먼 친속도 입후하게 할 수 있다'는 설에 따라 친아우의 아들을 버리고 법외의 먼 족속을 후사로 삼기를 도모합니다. 관에 고하여 제대로 되지 않으면 상언까지 여러 차례 하는데 요행히 이루어지면 바로 '입후하면 아들이 된다'는 설을 인용합니다. 그리하여 '이미 나의 종자(宗子)의 아들이 되었으니 마땅히 선조의 제사를 받들어야 한다'고 합니다. 따라서 곁에 지손(支孫)·서손(庶孫)으로 응당 봉사할 자가 있어도 감히 다툴 엄두를 내지 못하고, '법에 따라 당연히 그렇게 해야 한다'고 여깁니다. 그래서 신(神)의 이치가 어긋나 제사를 지내도 흠향하지 않게 되고 종법도 그에 따라 크게 무너지니, 이는 작은 일이 아닙니다"(『명종실록』, 7년 7월 16일).

6 [결송유취 입후]: [ ]는 『결송유취보』에는 없으나 역자가 확인하여 추기하였음을 나타내는 표시이다.

7 죄가 … 같다: 장 80이다.

8 장 100에 처하고: 『당률(唐律)』 단계에서 양자가 부모를 버린 경우 도 2년에 처해졌던 반면, 『대명률』 단계에서는 장 100으로 처벌이 약화되었다(『당률』 戶律 養子捨去).

가고자 하는 경우 들어준다. 〈『대명률』 84 입적자위법〉 [○『결송유취』 입후]

7. 성이 다른 의자*를 걸양*하여 종족을 어지럽힌 경우 장 60에 처한다. 〈『대명률』 84 입적자위법〉 [○『결송유취』 입후]

[8]. 아들을 다른 성씨의 사람에게 주어 후사로 삼도록 하는 경우 죄가 같다.[9] 아들은 본래 종족으로 돌려보낸다. 〈『대명률』 84 입적자위법〉 [○『결송유취』 입후]

9. (계후자를) 후사로 세운 뒤에 아들을 낳으면 친아들이 몸소 제사를 받든다. 계후자*는 중자*로 논하며, 어지러이 계후*를 파해서는 안 된다.[10] 〈가정 계축(1553, 명종 8) 수교[11] ○『결송유취』 입후〉

10. 대신의 의득*에, "다른 사람의 후사가 된 자로 만약 본생부모가 자손이 없어 제사가 끊기게 되면 법에 따라 본종으로 돌아가도록 하며, 입후한 집에서는 그 후사를 고쳐 세우도록 하십시오. 만약 (후사로 삼은 양)부모가 이미 죽어 후사를 고쳐 세울 수 없으면, (양부모는) 곧 방계 친족의 법례[12]에 따라

---

9   죄가 같다: 장 60에 처한다.

10 후사로 … 안 된다: 이 수교는 1553년(명종 8) 장흥고령(長興庫令) 이선(李墡)의 파계(罷繼) 문제에서 비롯하였다. 이선은 아들이 없자 예조에 정장(呈狀)하여 동종지자(同宗支子)인 이한원(李漢垣)으로 후사를 삼았다. 이선이 후처에게서 아들을 얻고 사망하자, 후처는 정장하여 계후를 파하고자 하였는데, 예조는 법에 따라 임금에게 아뢰지 않고 경솔하게 이를 허락하였다. 이에 사헌부는 "계후를 파하는 것은 대의나 법에 있어서 하나도 옳은 것이 없다며 계후를 파하지 못하게 할 것"을 청하였다(『명종실록』, 8년 4월 17일).

11 가정 계축 수교: 이 수교는 『각사수교(各司受敎)』에 '罷繼安徐'라는 제목으로 수록되어 있다. 수교에서 명종은 "아들이 없으면 동종 중에서 소목이 맞는 조카뻘 되는 사람, 내공, 소공, 시마에 해당하는 친척을 살핀 다음 해당하는 경우가 없으면 먼 동성으로 후사로 삼는다. 후사를 세운 후에 친아들을 낳으면 그 가산을 원래 후계로 세운 아들과 균분한다"라는 『대명령』의 규정을 언급했다. 또한 "친아들이 마땅히 제사를 받들되, 후사를 이은 아들은 친아들과 의리상 같은 형제이므로 중자(衆子)로써 논하는 것이 『대명령』의 본뜻이라며 함부로 계후를 파하지 말 것"을 명하였다(『각사수교』 禮曹受敎 1553년(명종 8) 4월 20일].

12 방계 … 법례: 『경국대전』 禮典 奉祀에 "후사가 없는 방계 친족은 부제(祔祭)한다"라는 규정이 있다. 부제란 해당 인물의 신주를 선조와 함께 봉안해 제사 지내는 것을 의미한다. 양부모

반부*하도록 하십시오"[13]라고 하였다. 〈가정 갑인년(1554, 명종 9) 승전[14] ○ 『결송유취』 입후〉

11. 【보】 적자가 없고 첩자를 둔 사람이 적족의 먼 친족으로 후사를 삼으면, 첩자만을 둔 사람은 후손이 없는 경우와 동일해진다. 『경국대전』에 따라 적처와 첩 사이에 모두 아들이 없는 경우에만 계후하도록 허락한다. 〈가정 병신(1536, 중종 31) 승전 ○『수교집록』 예전 입후〉

12. 【보】 사대부가 죽은 뒤에 상복을 입을 사람이 없다면 정리와 예제에 모두 어그러진다. 장자의 처가 생존해 있으나 아들이 없다면, 부모의 상을 당했

사후 부득이 양자를 파양하면 제사가 끊기므로, 임시로 양부모의 신주를 선조의 사당에 합사하는 것을 의미한다.

13 다른 사람의 … 하십시오: 이에 대한 자세한 내용은 『각사수교』에 보인다. 1554년(명종 9) 2월 14일에 받은 전교 안에, "대신들의 의득에, '다른 사람의 후사가 된 자가 만약 본생부모의 제사가 끊어지면 의리상 마땅히 본종으로 돌아가야 합니다. 하지만 후사된 바의 사람에게도 부자의 분수가 정해졌으니, 본종으로 돌아가야 하기 때문에 갑자기 인연을 끊어버리면 비단 의리에 있어 옳지 못함이 있을 뿐만 아니라 외로운 혼령이 의탁할 바가 없게 되니, 인정상 매우 견디기 어렵습니다. 그렇지만 본생부모와의 의리가 중요하므로 본종으로 돌아가는데, 그가 바라는지 아닌지를 따지는 것은 옳지 않습니다. 가령 바라지 않는다고 해서 본종으로 돌아가지 않는다면 이는 소생부모를 가볍게 여기고 후사된 것을 중요시하는 것이 되니, 이를 법으로 만들어 백성들에게 (소생부모를) 박하게 여기도록 보이는 것은 옳지 않습니다. 다른 사람의 후사가 된 사람이 만약 본생부모의 제사가 끊어지는 경우를 만나면 법에 따라 본종으로 돌아가게 하고 입후한 집은 다시 입후하는 것을 허락하되, 만약 입후한 부모가 이미 죽어 다시 입후할 수 없으면 방계 친족의 법례에 따라 반부(班祔)하여 제사가 끊어지지 않게 하여야 인정과 의리에 있어 모두 합당할 듯합니다'라고 하였으니, 의논한 내용에 따라 시행하라고 하셨습니다" [『각사수교』 禮曹受敎 1554년(명종 9) 2월 14일].

14 가정 갑인년 승전: 이 수교는 1553년(명종 8) 첨정(僉正) 남조원(南調元)의 계후 문제에서 비롯되었다. 남조원은 첩자 2인만을 두고 사망했는데, 적처 윤씨는 첩자는 버려둔 채 남편의 사촌 남필원(南弼元)의 아들 남정국(南定國)을 양자로 삼았다. 훗날 윤씨 사후 남조원의 첩자 남해(南櫯) 등이 부친의 재산을 나누려 하자 양자 남정국이 부당함을 주장했는데, 사간원에서 사건을 조사하며 새로운 사실이 밝혀졌다. 남정국은 자신의 형 남정방(南定邦)이 후손 없이 죽어 본종의 제사를 받들어야 했다. 그러나 남조원의 재산을 탐내 형수를 시켜 당형(堂兄)의 아들로 양자를 삼게 하고 자신은 윤씨의 양자가 되었다. 이러한 사실이 알려지면서 대신들은 '남정국이 생부의 유일한 아들로 제사를 받들 사람이 없다면 스스로 양자를 파하고 본가로 돌아가게 할 것'을 청하였다(『명종실록』, 8년 9월 8일).

을 경우 차자의 장자가 조부모를 위하여 삼년상의 복을 입는다. 〈가정 정미 (1547, 명종 2) 승전 ○『수교집록』 예전 입후〉

13. **【보】** 적장자로 첩자만 있는 경우, 동복아우의 아들[15]이 아니면 후사로 삼는 것을 허락하지 않는다. 〈가정 계축(1553, 명종 8) 승전 ○『수교집록』 예전 입후〉

14. **【보】** 장자가 죽은 뒤에 다시 입후하여 제사를 주관하게 하였다면, 장자의 부인이 총부*라는 이름을 빌어 전답과 노비를 다툴 수 없으니 중자의 법례[16]에 따라서 나누어준다.[17] 〈가정 계축(1553, 명종 8) 승전 ○『수교집록』 예전 입후〉

15. **【보】** 적장자가 후사가 없으면 첩자가 봉사하는 법[18]은 1553년(명종 8) 의득

---

15 동복아우의 아들: 『경국대전』 禮典 奉祀에는 '적장자가 첩자만 있는 경우, 아우의 아들로 후사를 삼기 원하는 경우 들어 준다'는 규정이 있다. 이 수교에서 '동복아우의 아들'로 제한한 것은, 동생의 아들이 자신의 아버지에 있어서는 친손이므로 할아버지 이상의 제사를 받들어 후사가 될 수 있고, 이 외에는 그 자손이 아니므로 제사를 받들 수 없다는 뜻이다(『명종실록』, 11년 2월 19일).

16 중자의 법례: 장자를 제외한 아들들에게 전답과 노비를 균분으로 나눠주는 법례를 의미한다.

17 장자가 … 나누어준다: 1553년(명종 8) 「계축수교」는 총부권을 부정한 것은 아니지만 총부가 있어도 차자 등 다른 사람이 봉사자가 되는 것을 인정한 것이다. 이 수교에 의하면 남편 사후 차자나 차자의 장자 등이 시부모의 제사를 주관하면 그 총부는 그 집에서 나오고 재산을 봉사자에게 넘겨야 했다. 이는 총부의 주제권을 위축시키는 일이었다. 그리고 총부가 입후하기를 기다려주지 않겠다는 의미도 된다. 즉, 이는 총부의 부가(夫家)계승자 지명권도 위협하는 법이었다. 「계축수교」가 반포됨으로써 총부가 봉사조 재산을 잃지 않기 위해서는 남편 생전 혹은 남편이 사망한 후 즉시 계후자를 세워야 했다(박경, 「16세기 유교적 친족 질서 정착 과정에서의 총부권 논의」, 『조선시대사학보』 59, 2011).

18 적장자가 … 법: 이 수교의 요지는 16세기 조선왕조기 첩자의 제사 승계권을 보장한 것이다. 1553년(명종 8) 남조원의 계후 문제로 첩자의 승계 문제가 대두되자 영의정 심연원(沈連源), 좌의정 상진(尙震), 우의정 윤개(尹漑)는 혈연에 입각해 직계 혈족만이 봉사할 것을 의득했다. 명종은 삼공의 의득에 따라 첩자가 있으면 입후하는 것을 금하고 이미 입후하였다면 파계할 것을 명하였는데, 이는 첩자의 제사 승계권을 보장한 것이었다. 이후 수교 이전에 권리를 박탈당한 첩자들의 송사가 이어지자 삼공은 폐해를 우려하여 1553년 입법 이전의 소급효를 인정하지 않고, 입법 이후의 위법 사례에 대한 제소 허용을 청하여 명종의 승전을 받았다(『명종실록』, 11년 2월 19일).

에 따라 시행한다. 의득 이전에 입후한 경우에는 고치지 않는다. 비록 1553년 입법 이후라도, 만일 재상에 해당하는 사람이 상언*하여 특별히 판하*를 받은 경우에는 고치지 않는다. 〈가정 병진(1556, 명종 11) 승전 ○『수교집록』 예전 입후〉

16. 【보】 이미 계후자가 있는데도, 자기가 낳은 아들로 제사를 주관하게 하는 것은 예제에 크게 어긋나니, 다시 제도를 정해 바로잡는다.[19] 〈강희 기유(1669, 현종 10) 승전 ○『수교집록』 예전 입후〉

1. 嫡妾俱無子者 告官立同宗支子爲後 兩家父同命立之 父歿則母告官 尊屬與兄弟及孫 不相爲後 〈禮典 ○『決訟類聚』〉

[2]. 註解 嫡長子嫡妾俱無子而立後者 必以弟之子爲後 然後得奉祖以上之祀 同宗之子[20] 雖得爲後 不得奉祖以上之祀 盖先祖不可捨己孫 而享於兄弟之孫也 無弟之子者 不在此限[21] 〈禮典 ○『決訟類聚』〉

3. 凡嫡長子無後者 以同宗近屬立後 欲以身別爲一宗 則雖疎屬聽 〈『後續綠』 ○『決訟類聚』〉

---

19 이미 … 잡는다: 이 수교는 인조~현종 대의 재상 심지원(沈之源)의 후사 문제에서 비롯하였다. 심지원은 적처로부터 아들을 얻지 못해 심익선(沈益善)을 계자로 삼았는데, 본처가 죽자 재가하여 심익상(沈益相) 형제를 보았는데 후사가 있었으므로 차자(次子)로 삼았다. 그런데 심지원 사후 심익상이 부친의 뜻이라 주장하고 직접 적통이 되어 제사를 주관하고, 심익선은 강등되어 중자가 되었다. 훗날 심익상의 동생 심익현(沈益顯)이 현종의 누이동생 숙명공주(淑明公主)에게 장가들자, 심익상은 세마(洗馬)가 되었는데 정언 윤경교(尹敬敎)가 적통을 빼앗은 죄를 논핵하였다. 이때 송시열은 "심지원이 이미 후사를 두고서 다시 자기 소생인 아들로 제사를 주관하게 하였으니 예제에 크게 어긋났고, 심익상이 아버지 명을 받은 것은 모두 잘못된 일이니, 국가에서 마땅히 제도를 정하여 바르게 하여야 할 것"을 청하였다. 이에 현종이 곤란하게 여기자, 송준길이 "이는 곤란해 하실 일이 아니며 따르셔야 합니다" 하니, 비로소 개정하라고 명하였다[『현종개수실록(顯宗改修實錄)』, 9년 7월 11일; 『현종실록』, 10년 1월 4일].

20 同宗之子: 『경국대전주해』에 '同宗支子'로 되어 있어 번역에서 교감하였다.

21 不在此限: 『경국대전주해』에는 '不可此例'로 되어 있다.

4. 凡立嫡子違法者 杖八十【立嫡者 本擬承繼 若不立嫡妻之長子 却立嫡次庶長者 是名違法】[22]《『大明律』》

[5]. 其嫡妻五十以上無子者 得立庶長子 不立長子者 罪亦同《『大明律』》

6. 若養同宗之人爲子 所養父母無子而捨去者 杖一百 發付所養父母收管 若有親生子及本生父母無子欲還者 聽《『大明律』》

7. 其乞養異姓義子以亂宗族者 杖六十《『大明律』》

[8]. 若以子與異姓人爲嗣者 罪同 其子歸宗《『大明律』》

9. 立嗣後 生子 親子親奉祀 繼後子 論以衆子 毋得紛紜罷繼〈嘉靖癸丑受敎 ○『決訟類聚』〉

10. 大臣議得內 爲人後者 如遇本生父母絶祀 則依法歸宗 許立後之家 改立其後 若其父母已死 不得改立其後 則從旁親例 班祔〈嘉靖甲寅受敎 ○『決訟類聚』〉

11.【補】無嫡子而有妾子者 以嫡族之疎遠者爲後 則有妾子者與無後同 依大典 嫡妾俱無子者 乃許繼後〈嘉靖丙申承傳 ○『受敎輯錄』〉

12.「補」士大夫身後 無服喪之人 情禮俱乖 長子之妻生存而無子 則父母喪次子之長子爲祖父母 服三年喪〈嘉靖丁未承傳 ○『受敎輯錄』〉

13.【補】嫡長子有妾子者 非同生弟之子 勿許爲後〈嘉靖癸丑承傳 ○『受敎輯錄』〉

14.「補」長子死後 更爲立後 以主祭祀 則長子之婦 不可假冢婦之名 爭其田民 依衆子例分給〈嘉靖癸丑承傳 ○『受敎輯錄』〉

15.「補」嫡長子無後 妾子奉祀之法 依癸丑年議得施行 議得前立後者 勿改 雖在癸丑年立法後 如有宰相之人 上言特蒙判下者 勿改〈嘉靖丙辰承傳 ○『受敎輯錄』〉

22　立嫡者 … 是名違法: 해당 주석은『대명률강해(大明律講解)』84〈立嫡子違法〉에 수록되어 있다.

16. 【補】旣有繼後子 而使己出主祀 大有乖於禮制 更爲定制釐正〈康熙己酉承傳 ○『受敎輯錄』〉

22. 제사를 받듦
二十二 奉祀

〈봉사(奉祀)〉는 제사의 대상, 제사를 받들 수 있는 후손, 제사를 지내기 위해 필요한 재산에 대해 정리한 조목으로, 『경국대전』과 『수교집록』에서 인용한 조문으로 이루어져 있다.

『경국대전』〈봉사〉는 품계에 따라 제사의 대수(代數)를 정했고, 조상의 제사 대수가 다하거나 방계 친족 중 후손이 없어 신주를 가묘(家廟)에서 내가야 할 경우의 대안을 제시했다. 특히 『경국대전』〈봉사〉의 '적장자(嫡長子)가 후사가 없는 경우, 중자(衆子)가 제사를 받든다'는 형망제급(兄亡弟及)의 원칙은, 〈입후〉에서 '적처와 첩 사이에 모두 아들이 없는 경우, 동종(同宗)의 지자(支子)를 후사로 삼는다' 원칙과 상충되어 제사승계에 대한 분쟁이 발생하기도 하였다. 적장자가 적자 없이 첩자만 두고 사망하였을 경우, 형망제급에 의해 차자가 봉사하는가 아니면 후사인 첩자가 봉사하는가의 문제였다.

『수교집록』〈봉사〉는 적장자 사후 그의 아내인 총부(冢婦)가 지닌 권한을 인정하는 내용, 무후(無後)로 사망한 장자의 제사를 지내는 주제자(主祭者)에게 봉사조(奉祀條)로 일정한 몫을 지급하도록 하는 내용, 부(夫)나 처(妻)가 친족을 수양자녀로 삼은 경우 재산 일부를 봉사조로 지급하는 내용, 공신전(功臣田)의 천첩자(賤妾子) 상속에 따른 규정 등이 수록되어 있다.

1. 가묘가 세워져 있는 가옥은 제사를 주관하는 자손에게 전해준다. 〈『경국대전』 호전 전택 ○『결송유취』 봉사〉
2. 문무관 6품 이상은 (부모, 조부모, 증조부모) 3대를 제사 지내고 7품 이하는 2대

를 제사 지내며 서인은 고비*만을 제사 지낸다. 종자의 품계가 낮고 지자의 품계가 높으면 (봉사하는) 대수는 지자를 따른다. 〈『경국대전』 예전 봉사 ○『결송유취』 봉사〉

2-1. (가문에서) 처음 공신이 된 이는 (봉사하는 자손의) 대수가 다하였더라도, 신주를 사당에서 내와 땅에 묻지 않고 별도로 하나의 방을 만들어 제사 지낸다.[1] 〈『경국대전』 예전 봉사 ○『결송유취』 봉사〉

2-2. 증조가 대진*하여 신주를 (가묘에서) 내가야 할 경우에는, 백숙으로서 복이 다하지 아니한 자에게로 옮겨 제사 지낸다.[2] 〈『경국대전』 예전 봉사 ○『결송유취』 봉사〉

2-3. 사대부의 두 아내 이상[3]은 모두 부제*한다. 〈『경국대전』 예전 봉사 ○『결송유취』 봉사〉

[3]. 『경국대전주해』에 "복이 다하지 않은 자손은 차마 제사를 폐할 수 없다. 만약 제사를 주관하는 자손의 가옥, 토지, 노비가 이미 돌아가야 할 곳이 있으면 (봉사자에게) 옮겨 지급할 수는 없고 다만 신주만 옮겨 제사를 받든다."[4] 〈『경국대전주해』 전집 예전 봉사 ○『결송유취』 봉사〉

4. 만약 적장자가 후사가 없으면 중자*가, 중자도 후사가 없으면 첩자가 봉사한다. 적장자가 단지 첩자만 있는 경우, 동생의 아들로 후사를 삼기를 원하면

---

1   처음 … 지낸다: 가문에서 처음 공신이 된 사람은 불천위(不遷位)한다는 것이다. 신주를 사당에 모신 뒤 제사를 지내는 후손이 대수(代數)를 넘게 되면 더 이상 제사를 지내지 않는다. 제사를 받는 사람과 제사를 지내는 사람 사이에 혈연으로 맺어진 의리가 소멸되었다고 보기 때문인데, 이를 친진(親盡) 또는 대진(代盡)이라고 한다.

2   백숙으로서 … 지낸다: 종손의 대수가 지나면 대수가 지나지 않은 방친(旁親)의 집으로 신주를 옮겨 봉사한다는 것이다. 그곳에서도 대수가 지나면 신주를 사당에서 내와 묘소에 매안(埋安)한다.

3   두 아내 이상: '두 아내 이상'이라는 것은 제2처, 제3처, 제4처까지 부인의 수를 한정하지 않은 것을 의미한다(『경국대전주해』 前集 禮典 奉祀).

4   복이 … 받든다: 조문 2-2의 주해이다.

들어준다. (적장자) 자신이 첩자와 별도로 하나의 지파를 이루고자 하면 또한 들어준다.〈『경국대전』예전 봉사 ○『결송유취』봉사〉

4-1. 양첩자가 후사가 없으면 천첩자가 승중*한다. 첩자인 승중자*는 생모의 제사를 (가묘가 아닌) 사실에서 지내되 자신의 대에서 그친다.〈『경국대전』예전 봉사 ○『결송유취』봉사〉

5. 방친*으로 후사가 없는 이는 (종가의 사당에) 부제한다.〈『경국대전』예전 봉사 ○『결송유취』봉사〉

6. 부모가 돌아가시기 전에 먼저 죽은 장자의 처는 봉사할 수 없다. 부모가 이미

5 적장자가 … 들어준다: 이 내용은 앞부분의 "만약 적장자가 후사가 없으면 중자가, 중자도 후사가 없으면 첩자가 봉사한다"의 율주(律註)인데, 율문에 주석이 첨가된 경위는 다음과 같다. 성종 대 참판 조방림(趙邦霖)은 적자가 없어 첩자 복해(福海)를 후사로 삼았다. 그런데 방림이 죽자 동생 조부림(趙傅霖)이『경국대전』봉사조를 근거로 첩자 복해의 전택과 노비를 빼앗았는데, 이에 복해가 소송을 제기하였다. 이 논의에서 차자의 봉사가 옳다는 쪽은『경국대전』봉사조에 첩자보다 중자를 우선순위로 두고 있음을 강조하였다. 반면 첩자 봉사를 주장하는 쪽은『경국대전』입후조에 적·첩 모두 아들이 없어야 입후를 허락한다는 점에서 첩자가 있으면 무후(無後)로 볼 수 없다고 주장했다. 이 논란은 첩자에게 제사를 맡기는 것이 존조경종(尊祖敬宗)에 어긋난다고 하여, 장자에게 첩자가 있더라도 적자가 없으면 장자의 동모제(同母弟)가 제사를 승계하는 것으로 결론지어졌다. 그러나 이러한 규정에 의하면 장자는 첩자가 있을 경우, 입후조에 저촉되어 입후하지 못하고 첩자로는 제사를 승계할 수도 없으므로 종통에서 배제되어야 했다. 즉 형망제급(兄亡弟及)의 원칙에 의해 아우가 봉사하게 되면, 장자는 죽어서 사당에 들어가지 못하고 노비와 전택도 모두 빼앗기게 되는 것이었다. 실제 이러한 문제가 조방림 계후사(繼後事)에서 드러나게 되자, 절충안이 제시되어 장자에게 첩자가 있더라도 장자가 동생의 아들을 입후하면 종통을 계승할 수 있게 해주었다. 한편 장자가 자신의 첩자에게 봉사받기를 원한다면, 따로 일지(一支)를 이루고 종통은 차자에게 돌려야 했다. 이제 첩자만 있는 장자도 입후를 통해 자신의 재산을 유지하고 종통을 계승할 수 있게 되었다. 다만 입후를 통해 조상의 제사를 승계하는 것은 동생의 자(子)를 입후했을 때 한하도록 규정되었다.『경국대전』봉사조의 주는 이와 같은 경위에서 첨가된 것이었다(김윤정,「朝鮮中期 祭祀承繼와 兄亡弟及의 변화」,『조선시대사학보』20, 2002).

6 첩자인 … 그친다: 생모가 아버지의 첩이다. 그러므로 어머니 제사는 자기 대에서 그치며, 아버지 이상은 품계에 따라 봉사한다(『경국대전주해』前集 禮典 奉祀).

7 방친으로 … 부제한다: '旁'은 가깝다는 것이고 '祔'는 합치는 것이다. 뒤에 죽은 자를 합친다는 것은 선조에 합쳐 제사 지내는 것이다. 남자는 할아버지에게, 여자는 할머니에게 합쳐 제사를 지낸다(『경국대전주해』前集 禮典 奉祀).

돌아가신 뒤 일찍이 봉사하다가 죽은 장자의 처는 자신이 죽을 때까지 원래대로 봉사할 수 있다.[8] 〈가정 갑인(1554, 명종 9) 수교 ○『결송유취』 봉사〉

7. 방친으로 후사가 없는 이는 종가의 사당에 부제한다. 제사에 필요한 물건은 비록 법문에 나타나 있지 않지만 인정으로 미루어 볼 때 없어서는 안 된다. 장예원 당상관과 대신이 함께 의논하여 모두 정하여 지급하는 것이 타당하다고 생각한다. 부제하는 사람의 노비나 전답의 많고 적음을 헤아려 제사를 주관하는 사람에게 먼저 지급하여 제사를 받들도록 한다. 계산하여 내주는 수량은 애초 일정한 법규가 없으므로 분급할 때 관리들 또한 따를 바가 없다. 법전을 자세히 참고해 5분의 1을 제사 비용으로 정해 (제사를 주관하는 사람에게) 지급하되, (노비) 10명을 넘지 않아 사리와 인정을 어기지 않는 것을 영구히 항식으로 삼는다.[9] 간교하고 탐욕스러운 무리가 자녀가 없는 형제자매의 소유물을 이롭게 여겨 홀로 독차지하려고 꾀한 나머지, 비록 부모가 모두 돌아가 삼년상을 마쳤는데도, 시간을 끌며 곧바로 분집*하지 않다가 형제자매가 죽기를 기다려 그 술수를 실현하는 자가 흔히 있으니 지극히 이치에 맞지 않는다. 성인이 되어 (아내를 얻은 장자가) 후사가 없어 마땅히 (종가의 사당에) 부식*할 경우, 비록 그 자신이 부모보다 먼저 죽었을지라도 형제자매가 분집할 때 응당 받아야 할 노비의 수효 안에서 그의 몫을 계산하여 (봉사조로 5분의 1을) 추려내어 시행하고,[10] 나머지는 본족에게 돌려준다.[11] 가령 노비

---

8 부모가 … 있다: 1554년(명종 9)에 반포된 이 수교는 총부의 계승자 지명권과 주제권(主祭權)을 보장한 것이다. 1년 전인 1553년 총부는 봉사조 재산을 두고 다툴 수 없다는 수교가 제정되었다. 그러나 이는 총부의 재산권 행사는 물론 부가(夫家) 가계계승권까지 위협할 수 있는 것이었기에, 종통 계승원칙을 고수하기 위해 부모가 사망한 후 봉사하다가 사망한 적장자의 처의 경우에 한하여 총부의 주제권을 인정하는 방향으로 바뀌었다(박경, 「16세기 유교적 친족 질서 정착 과정에서의 총부권 논의」, 『조선시대사학보』 59, 2011).

9 법전을 … 삼는다: 이 내용은 『속대전』 刑典 私賤에 반영되었다.

10 성인이 … 시행하고: 과부가 된 장자의 아내를 위한 조치로, 이와 관련한 내용이 『명종실록』 9년

의 수효가 적으면 먼저 제사를 주관하는 이[12]에게 지급한다. 토지도 위의 법례에 따른다.[13] 〈만력 병자(1576, 선조 9) 수교 ○『결송유취』 봉사〉

8. 【보】 아내가 남편이 죽은 후에 자신의 친족을 수양*해 자녀로 삼는 경우, 남편 쪽의 토지와 노비는 『경국대전』 봉사조*로서 정해진 분*에 따라 나누어 준다. 아내가 죽은 후에 남편의 경우에도 또한 같다. 〈가정 병진(1556, 명종 11) 수교 ○『수교집록』 예전 봉사〉

9. 【보】 '공신전*은 천첩자가 승중하면 30결만 지급하고 대진하면 속공하되,[14] 제사를 주관하는 자손이 있으면 돌려준다.[15] 〈가정 갑인(1554, 명종 9) 승전 ○『수교집록』 예전 봉사〉

9월 27일에 보인다.

11 본족에게 돌려준다: '본족'은 자녀가 없이 죽은 사람의 소유물에 대하여 그 친족의 범위 내에서 마땅히 분집할 수 있는 사람을 이른다.

12 제사를 … 이: 무후신사한 장자의 아내이다.

13 성인이 … 따른다: 이 내용은 『속대전』 刑典 私賤에 반영되었다.

14 공신전은 … 속공하되: 공신전은 본래 자손들의 영구적인 생업이 되도록 지급하는 것인데, 천첩자손의 경우 남의 노비가 되어 가업을 잇지 못하기도 하는 등 미천함이 심하기 때문에 승중한 사람에게만 제전 30결을 주도록 한 것이다(『성종실록』, 18년 4월 15일).

15 제사를 … 돌려준다: 공신에게는 공신전(功臣田)이 지급되었으며 후손들이 가묘에서 대대로 제사를 지내면 공신전 또한 영구히 세습되었다. 만약 공신의 후손이 다하여 더 이상 제사를 받들지 못하게 되면 전세를 받는 공신전은 관으로 귀속되었으나, 토지 자체를 하사받은 경우에는 소유권이 인정되었다. 이에 대해 『경국대전주해』 前集 戶典 田宅에서 "처음 공신이 된 이는 家廟에서 조천(祧遷)하시 않는나. 그러므로 그 토지는 영수히 자손에게 전해진다. 만약 공신전을 하사받은 사람이 대진하여 다시 더 이상 제사를 지내지 않으면 그 토지는 다시 속공한다. 이 모두는 전세를 가리켜 말한 것으로 토지 자체를 하사받은 경우에는 '대진하면 속공한다'는 규정을 적용하지 않는다"라고 하였다. 그러나 공신으로서 노비와 공신전을 하사받았다고 전해지는 손소(孫昭), 권벌(權橃), 유성룡(柳成龍), 정탁(鄭琢) 등의 자손에게 전해지고 있는 분재기에는 노비만 나타나고 공신전의 행방은 나타나지 않는다. 따라서 1466년(세조 12) 직전법 실시 이후에는 공신전이 실제로 지급된 것은 아니고, 수조권만이 인정된 것으로 보고 있다(이수건, 『영남학파의 형성과 전개』, 일조각, 1995).

1. 立廟家舍 傳於主祭子孫〈戶典 ○『決訟類聚』〉

2. 文武官六品以上 祭三代 七品以上[16] 祭二代 庶人則只祭考妣 宗子秩卑 支子秩高 則代數從支子〈禮典 ○『決訟類聚』〉

2-1. 始爲功臣者 代雖盡 不遷 別立一室〈禮典 ○『決訟類聚』〉

2-2. 曾祖代盡當出 則就伯叔位服未盡者 祭之〈禮典 ○『決訟類聚』〉

2-3. 士大夫二妻以上 並祔〈禮典 ○『決訟類聚』〉

[3]. 註解 服未盡子孫 不忍廢祭也 若主祭家舍田民 則已有所歸 不可移給 只移奉神主祭之〈禮典 ○『決訟類聚』〉

4. 若嫡長子無後 則衆子 衆子無後 則妾子奉祀 嫡長子只有妾子 願以弟之子爲後者 聽 欲自與妾子 別爲一支 則亦聽〈禮典 ○『決訟類聚』〉

4-1. 良妾子無後 則賤妾子承重 凡妾子承重者 祭其母於私室 止其身[17]〈禮典 ○『決訟類聚』〉

5. 旁親之無後者 祔祭〈禮典 ○『決訟類聚』〉

6. 父母未歿之前 先死長子之妻 則不可爲奉祀 父母具歿[18]後 長子曾爲奉祀而身死者之妻 限其身歿 因[19]奉其祀〈嘉靖甲寅受敎 ○『決訟類聚』〉

7. 旁親之無後者 祔祭宗家之廟 祭祀之具 雖不著於法文 而以情推之 不可無也 本院堂上及大臣同議 皆以爲定給爲當 祔祭人奴婢田畓 多寡斟酌 先給主祭之人 使之奉祀 計出之數 初無畫一之規 則分給之際 官吏亦無所適從 參詳法典 定以五分之一 以給祭用 母過十口 俾不違於事情 永爲恒式 奸巧貪饕之輩 利其無子女同生己物 謀欲獨專 則雖父母俱歿 三年喪畢 故爲遷

---

16 七品以上:『경국대전』에 '七品以下'로 되어 있어 번역에서 교감하였다.
17 조문 4의 "若嫡長子無後 … 則妾子奉祀"까지 율문의 주석이다.
18 具歿:『각사수교』에 '旣歿',『수교집록』에 '已歿'로 되어 있어 번역에서 교감하였다.
19 因:『각사수교』와『수교집록』에는 '仍'으로 되어 있어 번역에서 교감하였다.

延 不卽分執 以待同生身死後 必售其術者 比比有之 極爲無理 成人而無後 所當祔食者 雖其身死 在於父母之前 其同生等分財之時 應得奴婢數內 計分抽出施行 餘還本族 假如奴婢數小 則先給 田地依右例〈萬曆丙子受敎 ○『決訟類聚』〉

8.【補】[20] 妻於夫歿後 收養己族爲子女者 其夫邊田民 以奉祀條 從分數分給 夫之於妻 亦如之〈嘉靖丙辰承傳 ○『受敎輯錄』〉

9.【補】功臣田 賤妾子承重 只給三十結 代盡屬公 有主祭子孫還給〈嘉靖甲寅承傳 ○『受敎輯錄』〉

20　【補】라 하였으나,『결송유취』〈私賤〉에 있는 내용이다.

23. 사노비
二十三 私賤

사천(私賤)은 개인에게 소속된 천인으로 사노비를 말하며, 왕실이나 관청에 소속된 공노비를 지칭하는 공천과 짝을 이룬다. 〈사천〉은 공천과 함께 『경국대전』에서 『대전회통』에 이르는 조선 전 시기에 걸쳐 법전의 조목으로 설정되었다. 중국 법전인 『당률소의』와 『대명률』에서는 사천과 공천의 용어가 등장하지 않는 것과 비교할 때, 조선 법전이 가지는 특징 중의 하나라고 할 수 있다. 또한 조선이 법제적으로 인민을 양인과 천인으로 구분하는 양천제(良賤制)를 근간으로 했음을 보여주는 조목이라고 하겠다.

〈사천〉은 『결송유취』의 20개 조문과 이후에 보충한 14개 조문 등 총 34개 조문으로 구성되어 있다. 『결송유취』의 20개 조문은 『경국대전』 형전 〈사천〉에서 15개 조문, 『대전전속록』 2개 조문, 『대전후속록』 1개 조문, 그리고 신노비에 대한 수교 2개 조문으로 구성되어 있다. 『결송유취보』에서 새롭게 보충한 14개 조문은 『수교집록』에서 뽑은 12개 조문, 비첩소생 사역에 관한 수교 1개 조문 및 박태보의 『정재집』에서 발췌한 연주(筵奏) 1개 조문으로 구성되어 있다.

1. (『경국대전』 형전) 사천조의 주석에 이르기를 "부모가 생전에 분배하지 못한 노비는 자녀의 생사를 막론하고 나누어 지급한다. 자녀가 자손이 없이 사망했을 경우 이 규정을 적용하지 않는다. 노비가 규정된 분배 비율에 미치지 못하면 적자녀에게 균등하게 나누어준다. 만약 남는 경우 승중자*에게 먼저 지급하고, 그래도 남는 경우 나이 순서에 따라 지급한다. 적처에게 자녀가 없으면 양첩 자녀에게 지급하고, 양첩 자녀가 없으면 천첩 자녀에게 균등하게 지급한다. 토지도 동일하다"라고 하였다. 〈『경국대전』 형전 사천 ㅇ『결송유취』

사천〉

2. 비록 "자손이 없이 사망했을 경우 이 규정을 적용하지 않는다"라고 했으나, 수신하는 과부에게는 지급한다. 〈『대전속록』 형전 사천 ○『결송유취』 사천〉

3. (『대전속록』 호전) 전택조에 따라 부모가 생전에 분배하지 못한 가옥과 재산은 노비와 전택*을 분급하는 법례에 따라 수를 나누어 지급한다. 〈『대전속록』 호전 전택 ○『결송유취』 사천〉

4. 부모 노비는 승중자에게 5분의 1을 더 지급하고【예컨대 중자녀에게 각각 5구를 지급하면, 승중자에게는 6구를 지급하는 것과 같다.】 중자녀에게 평분*한다. 양첩자녀에게 7분의 1을 지급하고【예컨대 적자녀에게 각 6구씩 지급하면, 양첩자녀에게 각 1구씩 지급하는 것과 같다. 이하 동일하다. 적모* 노비는 이런 방식으로 분급하지 않는다. 천첩자녀도 동일하다.】 천첩자녀에게 10분의 1을 지급한다. 〈『경국대전』 형전 사천 ○『결송유취』 사천〉

5. 적자녀가 없는 (아버지의) 노비는 양첩 자녀에게 평분하되, 승중자는 5분의 1을 더 지급한다. 천첩 자녀는 5분의 1을 지급한다. 〈『경국대전』 형전 사천 ○『결송유취』 사천〉

6. 적처와의 사이에 아들은 없고 딸만 있는 (아버지의) 노비는 양첩자가 승중*했으면 2분을 더 지급한다. 이를테면 적녀에게 6구를 지급할 경우, 승중한 양첩자는 본래 규정된 몫인 1구에 2분인 2구를 더하여 모두 3구 지급한다는 뜻이다. 규정된 몫마다 2분을 더하는 것이다.[1] 〈『경국대전』 형전 사천 ○『결송유취』 사천〉

7. 사녀가 없는 석보의 노비는 양첩자녀에게 7분의 1을 지급하되, 승중자에게는

---

1   이를테면 … 것이다: 『결송유취보』의 주석으로, 논란의 여지가 있는 『경국대전』의 상속 관련 규정을 명확히 밝혀주었다는 의미가 있다(문숙자, 「조선전기 무자녀망처재산의 상속을 둘러싼 소송사례」, 『고문서연구』 5, 1994). 이하 『결송유취보』 주석은 『사송유취』에 처음 보이며, 『사송유취』를 개간(改刊)한 『결송유취』에도 보인다.

3분을 더 지급한다. 이를테면 양첩 자녀와 적모의 사손* 등에게 규정된 몫으로 각 1구씩 지급할 경우, 승중자는 본래 규정된 몫에 3분인 3구를 더하여 모두 4구를 지급한다는 것이다.² 천첩 자녀에게는 10분의 1을 지급하되, 승중자에게는 2분을 더 지급한다. 이를테면 천첩자녀와 적모의 사손 등에게 규정된 몫으로 각 1구씩 지급할 경우, 승중자는 본래 규정된 몫에 2분인 2구를 더하여 모두 3구를 지급한다는 것이다.³ 〈『경국대전』 형전 사천 ○『결송유취』 사천〉

8. 나머지는 본족에게 돌려준다. 형제자매가 없으면 삼촌 친족에게 주고, 삼촌 친족이 없으면 사촌 친족에게 주되, 양첩 자손에게 7분의 1을 주고 천첩 자손에게 10분의 1을 준다. 본족의 사람 수가 아무리 많더라도 도급*한다. 가령 노비의 수가 적으면 첩자녀에게 먼저 지급한다.【7분의 1이라는 것은 이를테면 본족인에게 6구를 주면 양첩 자녀에게 각 1구씩 준다는 뜻이고, 10분의 1이라는 것은 이를테면 본족인에게 9구를 주면 천첩 자녀에게 각 1구씩 준다는 것이다.】⁴ 〈『경국대전』 형전 사천 ○『결송유취』 사천〉

9. ('여한본족'에 대한) 『경국대전주해』에, 자녀가 없는 이의 기물*은 도로 부모에게 귀속시키기 때문에 형제자매의 자녀와 손자가 본족이 된다. 그러나 삼촌숙과 사촌 형제는 여기에 들어가지 않는다. 사촌 손자조차 없는 경우라야 그 소유물이 위로 조부모에게 귀속되기 때문에 삼촌숙과 사촌 형제가 본족이 될 수 있다. 그러므로 범박하게 친족이라 말할 뿐 숙질과 형제 및 손자라고 지목하여 말하지 않았다.⁵ 〈『경국대전주해』 전집 형전 사천 ○『결송유취』 사천〉

2 이를테면 … 것이다: 『결송유취보』의 주석이다.
3 이를테면 … 것이다: 『결송유취보』의 주석이다.
4 7분의 … 것이다: 『결송유취보』의 주석이다.
5 자녀가 … 않았다: 자녀 없는 사람의 유산을 상속받을 수 있는 친족의 우선순위를 말한 것이다. 『경국대전주해』 後集 刑典 私賤 使孫圖에서 '동생(형제자매) → 삼촌질(三寸姪) → 사촌

10. 본족이 없으면 속공*한다. 이하 동일하다. 〈『경국대전』 형전 사천 ○『결송유취』 사천〉

11. 아들은 없고 딸만 있는 적모의 노비는 양첩자가 승중하면 7분의 1을 지급하는데 3구를 넘지 못하며, 천첩자가 승중하면 10분의 1을 지급하는데 3구를 넘지 못한다. 이를테면 양첩과 천첩 승중자가 적녀와 함께 각각 몫을 나누어 갖되 3구를 넘지 못한다는 것이다. 〈『경국대전』 형전 사천 ○『결송유취』 사천〉

[12]. 1553년(명종 8) 6월 1일에 삼정승이 의논하여 "전답을 노비 3구와 같은 값으로 하려면 (어느 정도가) 합당할 것인지"라고 하였는데, 1576년(선조 9) 6월 26일에 대신이 의논하여 "전답 10부를 노비 1구에 준하는 것이 적당하다"라고 하여, 한성부에 계하하였다. 〈근정후〉*

13. 적처·양첩 사이에서 자녀가 없는 (아버지의) 노비는 천첩자녀에게 평분하되, 승중자에게는 5분의 1을 더 지급한다. 〈『경국대전』 형전 사천 ○『결송유취』 사천〉

14. 적처와 양첩이 모두 아들은 없고 딸만 있을 경우, 천첩자가 승중하면 그 규정된 몫에 2분을 더 지급한다. 〈『경국대전』 형전 사천 ○『결송유취』 사천〉

15. 적처에게 자녀가 없고 양첩에게 아들이 없고 딸만 있을 경우, 천첩자가 승중하면 규정된 몫 5분의 1에 2분을 더 지급한다. 〈『경국대전』 형전 사천 ○『결송유취』 사천〉

16. 자녀가 없는 전모*와 계모*의 노비는 의자녀*에게 5분의 1을 지급하되 승중사에게는 3분을 더 지납한다. 이를테면 의자녀와 전모와 계모의 사손 등에

손(四寸孫) → 삼촌숙(三寸叔) → 사촌형제(四寸兄弟)'의 순으로 사손의 상속 범위와 우선순위를 규정하였다.

6 이를테면 … 것이다:『결송유취보』의 주석이다.

게 5분의 1을 지급할 경우, 승중자에게는 본래 규정된 몫에 3분인 3구를 더하여 모두 4구를 지급함으로써 사손과 똑같이 모두 4구씩 준다는 것이다.[7] 사람의 수가 비록 많더라도 도급한다. 〈『경국대전』 형전 사천 ○『결송유취』 사천〉

17. 자녀가 있는 전모와 계모의 노비는 의자녀가 승중하면 9분의 1을 지급한다. 〈『경국대전』 형전 사천 ○『결송유취』 사천〉

18. 자녀가 없는 양부모의 노비는 양자녀에게 7분의 1을 지급한다. 〈『경국대전』 형전 사천 ○『결송유취』 사천〉

18-1. 3세 이전에 수양*한 경우, 전부 지급한다. 환관이 환관을 아들로 삼은 경우, 모두 3세 이전에 수양한 예에 따른다. 〈『경국대전』 형전 사천 ○『결송유취』 사천〉

19. 적처에게 자녀가 있는 양부모의 노비는 양자녀에게 10분의 1을 지급하되 3세 이전에 수양한 경우 7분의 1을 지급한다. 10분의 1이란 것은 이를테면 적자녀가 있으면 시양자녀에게는 10분의 1을 지급한다는 뜻이다. 만일 적처에게 자녀가 없고 단지 첩자녀만 있다면, 부친의 노비는 양자녀에게 7분의 1을 지급하고, 나머지는 모두 첩자녀에게 지급한다. 그리고 모친의 노비는 본래 규정된 비율에 따라 첩 자녀【양첩 자녀에게는 7분의 1을 지급하되 승중자에게는 3분을 더한다. 천첩 자녀에게는 10분의 1을 지급하되 승중자에게는 2분을 더한다.】, 양자녀에게 지급하고, 나머지는 본족에게 돌려준다. 7분의 1이란 것은 이를테면 적처에게 자녀가 있으면 수양자녀에게 7분의 1을 지급한다는 뜻이다. 만일 적처에게 자녀가 없고 단지 양첩 자녀만 있다면, 부친의 노비는 수양자녀에게 평분하고 천첩 자녀에게는 5분의 1을 지급한다. 그리고 모친의 노비는 본래 규정된 비율에 따라 첩 자녀에게 지급하고【규정된

7   이를테면 … 것이다: 『결송유취보』의 주석이다.

분배 비율은 위와 같다.} 나머지는 모두 수양자녀에게 지급한다. 〈『경국대전』 형전 사천 ○『결송유취』 사천〉

20. 방역노비*가 낳은 소생은 본래 주인의 자손이 부리는 것을 허락한다. 〈『경국대전』 형전 사천 ○『결송유취』 사천〉

21. 노비가 공을 세워서 양인이 된 경우, 공천으로 보충하여준다. 〈『경국대전』 형전 사천 ○『결송유취』 사천〉

22. 『대전후속록』 사천조에, 적처에게 딸이 있고 또 계후자*가 있고 게다가 양자녀도 있으면, 적처의 딸과 계후자에게 평분하되 계후자에게는 봉사조*를 더 지급하고, 양자녀에게는 『경국대전』에 규정된 분배 비율에 따라 나눠 지급한다. 〈『대전후속록』 형전 사천 ○『결송유취』 사천〉

23. 유모인 신노비*를 얻은 후 이들이 낳은 소생의 경우, 형제자매에게 분급하는 수효에 포함시키지 않는 것은 그 유래가 이미 오래되어 어지럽게 고칠 수 없다. 가령 형제 중의 한 사람이 이미 유모인 신노비가 없고, 또 나눠 얻을 수 있는 다른 노비도 없다면, 반드시 땔나무를 지고 물을 긷느라 생활할 수 없는 폐단이 있을 것이다. 이러한 경우가 있다면 (신노비 득후 소생)의 4분의 1을 덜어내어 그에게 지급해주는 법규가 예전에는 시행되었는데, 『대전후속록』을 찬집할 때 써넣지 못하였기 때문에 관리가 무엇을 따라야 할지 알지 못한다. 지금 이후에는 오랫동안 두루 시행해온 사례에 의거하여 시행한다. 〈가정 갑진(1544, 종중 39) 수교 ○『결송유취』 사천〉

24. 장예원 계목*에 이르기를 "부모가 자손에게 재산을 허여함에는 모두 증빙하는 문선이 있으나, 유녹 신노비의 경우에는 문권이 없습니다. 나라의 풍속이 모두 그러할진대, 그 관청이 재주가 되어 조처할 때, 불초한 무리들이 때론 신노비의 건강 상태나 생사가 균등하지 않다는 이유를 내세우며, 때론 신노비를 얻은 후에 나은 소생이 많고 적음을 이유로 내세우며, 서로 분쟁하며 송사의 실마리를 만들고, 끝내 살필 만한 근거가 없어 진위를 분별

하기 어려운 지경에 이르고 맙니다. 이 때문에 송사가 지체되어 많게는 7~8년이나 걸리게 됩니다. 지금 이후로는 원고*와 피고* 중에서 서로 변론하여 의견이 일치되는 경우를 제외하고는 각각 그 신노비를 혁파하고, 원노비[8]와 한 가지로 균등하게 분급함으로써, 간악한 폐단을 막는 것이 어떻겠습니까?"라 하였다. 〈만력 을해(1575, 선조 8) 수교 ○『결송유취』사천〉

25. 【보】『경국대전』에 "자녀가 없는 부부의 노비는 본족 이외에 다른 사람에게 줄 수 없다"라고 했으나, 매매를 금지한다는 내용은 없다. 역대로 시행한 지 이미 오래되었으니 어찌 가볍게 (매매금지로) 변경할 수 있겠는가? 그러나 노비를 선조에게서 물려받아 가문을 세웠으니, 후손이 후사가 없는 경우에는 본족에게 돌려주어 그 종족을 보호하는 것이 마땅하고, 함부로 전하여 타인의 소유가 되게 해서는 안 된다. 세상의 거가대족이 궁핍하지도 않은데 매매라고 칭탁하여 타인에게 주는 것은 심히 온당하지 않다. 너희 담당관은 경중을 헤아려 인정과 법률 두 가지를 적용하여 양자가 서로 상충되지 않게 처리하기를 기약해야 할 뿐이다. 이 뜻을 온 나라에 알리도록 하라. 〈홍치 경술(1490, 성종 21) 승전 ○『수교집록』형전 사천〉

26. 【보】이복형이 전모[9] 쪽의 노비를 전해 받아 사용하여 이미 기물로 만들었다가 자녀가 없이 사망한 후에 그 노비 전체를 이복동생에게 지급하는 것은『경국대전』과 서로 부합한다.[10] '자녀가 없는 전모 노비'의 법례에 따라 (전모 사손의) 규정된 분배 비율을 덜어내는 것은 합당하지 않다.[11] 〈홍치

---

8 원노비: 부모가 원래 소유하고 있던 노비이다.
9 이복형이 전모: 여기에서 이복형과 전모는 의모(義母)와 의자(義子) 관계이다.
10 이복형이 … 부합한다:『경국대전』刑典 私賤조에 의하면, "후손이 없이 죽은 사람의 노비는 수양자녀나 사손 등이 3년 이내에 서로 나누지 못한다"라고 하여, 상속할 수 있는 권한이 사손에게 있음을 규정하였다. 사손의 일차 대상은 형제자매였음을『경국대전주해』後集 刑典 에 수록된 사손도에서 확인할 수 있다.

경술(1490, 성종 21) 승전 ○『수교집록』형전 사천〉

27. 【보】 자녀가 없이 사망한 이복형제자매의 기물 가운데 다른 어머니 쪽에서 이미 전래하여 부리는 노비나 갈아먹는 토지는 이복형제자매에게 전해주고 다른 어머니 쪽의 사손에게 주지 않는다. 〈홍치 을묘(1495, 연산군 1) 승전 ○『수교집록』형전 사천〉

28. 【보】 전모나 계모의 유모인 신노비가 낳은 소생은 봉사*하거나 복상*하는 의자녀에게 모두 주고 (전모나 계모의) 사손에게 주지 않는다. 〈가정 무신(1548, 명종 3) 승전 ○『수교집록』형전 사천〉

29. 【보】 의자녀가 전모나 계모의 재산을 상속받을 때, 비록 (친자녀와) 상속분의 차이가 있지만, 모자 관계라는 대의에서 친모와 경중을 따질 수 없으니, (분급하는) 연한을 정하는 것은 옳지 않다.[12] 다만 원재주가 이미 구처*한 재물은 다시 되돌리지 못한다. 〈가정 갑인(1554, 명종 9) 승전 ○『수교집록』형전 사천〉

30. 【보】 부모의 노비나 전택은 형제자매가 화회*하지 않으면 관에 소지를 올려 관이 재주가 되어 분집하는데, 신노비는 관례상 문권이 없는데 나라의 풍속이 모두 그러하다. 서로 변론하여 합의에 이른 경우 이외에는 신노비를

---

11   자녀가 … 않다: 이와 관련된 『경국대전』 규정에 의하면, 의자녀는 무자녀 전모의 노비를 5구 중에서 1구를 전급(傳給)받고 나머지 4구는 전모의 사손에게 돌려주었다. 이를 적용하면 이복동생은 5구 중에서 전모 사손의 규정된 분배 몫 4구를 덜어내고 1구만 전급받아야 했으나, 본 조항에서는 분수(分數)를 덜어내지 않고 전수 즉 5구 모두를 전급받을 수 있도록 규정하였다.

12   연한을 … 않다: 권리가 발생한 지 일정한 기간이 지나면 권리가 소멸하거나 소를 제기할 수 없도록 하는 것을 소멸시효 또는 제척기간이라 한다. 이에 해당하는 조선의 제도가 이른바 과한법(過限法)이다. 이 수교는 이러한 과한 규정의 적용을 배제시키는 것이다. 이 수교로 말미암아 이미 본종에게 나뉜 재산에 대해서도 시효에 매이지 않고 의자녀는 상속 회복의 소를 제기할 수 있게 되었다. '1583년의 김협·고경기 소송'도 김협의 아내가 자녀 없이 죽은 지 30년이 지나 의자녀 측에서 제기한 것이다(임상혁, 「1583년 김협·고경기 소송에서 나타나는 법제와 사회상」, 『고문서연구』, 43, 2013).

일체 혁파하고 원노비로 삼아 평분한다.¹³ 〈만력 을해(1575, 선조 8) 승전 ○『수교집록』형전 사천〉

31. '[보]' 북도*에 사는 사천은 신공만을 거두며, 남녀를 불문하고 데려와 사환할 수 없다. 〈만력 기묘(1579, 선조 12) 승전 ○『수교집록』형전 사천〉

32. '[보]' 북도의 사천은 일절 매매를 허락하지 않는다. 몰래 매매하는 경우, 그 문권을 불사르고 무효로 한다. 〈강희 계해(1683, 숙종 9) 승전 ○『수교집록』형전 사천〉

33. '[보]' 평안도 강변*의 사천은 본주가 방매할 경우 노비에게 방매하는 것은 허락하지만 다른 사람에게는 매매할 수 없다. 북도의 예에 따라 임의로 잡아갈 수 없다. 〈강희 병인(1686, 숙종 12) 승전 ○『수교집록』형전 사천〉

34. '골육상잔이라 사환할 수 없다'는 글이 본래 『경국대전』에 실려 있지 않은데 결송할 때마다 이를 근거로 매번 속공하니 심히 온당하지 못하다. 그러나 형제자매나 사촌을 서로 사환하면 참으로 인륜에 방해가 된다. (그렇다고) 그 당사자가 아직 천적에 있는데, 형제자매나 사촌을 사환할 수 없다고 하여 갑자기 면천해서 양인이 되게 하는 것도 불가하다. 단지 『경제육전속집』에서 '조부나 아버지의 비첩 소생은 본래 동기이므로 전천노비*¹⁴의 예로 사역하는 것은 불가하다'고 하였다. 형제자매나 사촌을 비록 사환할 수 없지

---

13 서로 … 평분한다: 대개 신노비의 득후소생(得後所生)은 상속 대상에서 제외되고 신노비를 받은 때로부터 그 소생에 대한 소유권까지 상속하였다. 그러나 신노비 소생의 다과에 따라 실제로 상속받는 노비에 차등이 있어 불공평하게 되며 이는 균분상속의 관념에도 위배된다. 이러한 불공평을 피하기 위해 후소생까지 상속 대상으로 하였다. 즉 노비의 수가 적거나 부의 유언에 따른 경우가 있다. 특히 균분상속의 관념에 입각하여 신노비 득후소생을 균분하지 않는 것은 양법미의(良法美意)가 아니라고 인식한 것이다(문숙자, 「조선시대 儀禮 관련 奴婢와 그 分財」, 『고문서연구』 9·10, 1996; 정긍식, 「16세기 財産相續과 祭祀承繼의 실태」, 『고문서연구』 24, 2004).

14 전천노비: 본문은 "不可專以奴婢例役使"로 되어 있으나 『태종실록』, 5년 9월 6일에는 "不宜以專賤奴婢例役使"라 하여, '專以奴婢'를 '專賤奴婢'라 하였다. 번역문은 실록의 기록에 따랐다.

만 5, 6촌에 이르게 되면 친속 관계가 점차 멀어져서 사환하는 것이 불가할 것도 없다. 그러나 관리가 골육상잔이라는 잘못된 속설에 현혹되어 매번 속공하니, 한편으로는 남의 노비를 빼앗는 것이고 한편으로는 천인을 양인으로 삼는 것이어서 모두 불가하다. 방역노비의 예[15]에 따라 5촌부터는 사역하는 것이 합당할 것 같다. 지금 이후로는 속공을 영구히 금지하되, 이전에 이미 속공된 경우는 다시 청리*하지 말라. 〈가정 갑인(1554, 명종 9) 수교 ○『결송유취』사천〉

35. 【보】 형제자매나 사촌은 비록 노비로 사환할 수 없지만 5, 6촌에 이르면 친속 관계가 점차 멀어져서 사환하더라도 진실로 불가함이 없다. (종량의 경우에는) 비록 자기비첩 자녀라도 반드시 종량 공문으로 보충대 입속을 거친 이후에야 양인이 되어 양첩 소생과 차이가 없게 된다. 그런데 외방의 무식한 서출 무리들이 법문도 모르면서 단지 '자기비첩 자녀는 속신 없이 종량한다'거나 '골육상잔' 등의 말로써 적자손에게 대들면서 쟁송하는 경우가 자주 있다. 관리도 법의 뜻을 살피지 못하고 간혹 이를 근거로 결송하여 시끄러운 상황을 초래하기에 이른다. 형조에서는 법문을 검토하고 규정을 명백하게 해서 시행할 수 있도록 하라. 〈강희 갑자(1684, 숙종 10) 수교〉

36. 【보】 자기비첩 소생을 보충대에 입속시키지 않으면 몰수해서 공천으로 삼을 것이며, 본래 주인의 노비로 삼지 못한다. 〈강희 정묘(1687, 숙종 13) 승전 ○『수교집록』형전 보충대〉

37. 【보】 자기비첩 자식을 적족의 조카들이 악감정을 품고 고발하여 관에서 몰수하니 공천이 되면, 인륜을 손상시키는 폐단이 그가 노비가 되도록 하는 것과 다름이 없다. 다른 일로 인해 드러나는 경우 외에는 (친속 관계가) 멀고

---

15 방역노비의 예: 방역노비는 당대에 한정하여 신역만 면제해주는 노비로 속량과는 무관하였으므로, 『경국대전』에서도 방역노비의 후소생(後所生)은 노비로 역사하는 것을 허용하였다.

가까운 적족들이 진고*하면 시행하지 말라. 연달아 2대에 걸쳐 양역에 종사한 후손이거나 60년 전에 있었던 일로 당사자가 현재 생존하지 않는 이의 후손은 비록 (보충대 입속) 첩문이 없어도 공천으로 몰수하지 않는다.[16] 〈강희 정묘(1687, 숙종 13) 승전 ○『수교집록』형전 보충대〉

38. 【보】 수양자녀는 수양부모의 양쪽 상전 모두 차지하는 것이 부당하니, 양역으로 논하는 것이 타당할 듯하다.[17] 〈강희 을사(1665, 현종 6) 수교〉

39. 【보】 (박태보가 경연에서 아뢰기를) "『경국대전』천처첩자녀조의 주석에 '자기 비나 처의 비가 낳은 소생 외에는 모두 속신*한다'고 하였습니다. 이에 의거하면 자기비첩 소생은 속신할 곳이 없으니 곧 태생이 양인입니다. 그런데 가정 갑인(1554, 명종 9) 수교에서는 "골육상잔이라 사환할 수 없다'는 법이 본래 법전에 실려 있지 않은데 결송할 때마다 매번 속공하니 심히 온당하지

16　자기비첩 … 않는다: 이 규정의 논의 과정이 『승정원일기』, 숙종 13년 12월 11일에 수록되어 있다. 이에 따르면 남구만이 "연 2대 양역에 종사하여 환천할 수 없거나, 일이 60년 전으로 당사자가 현존하지 않는 이는 청리를 허락하지 않는 것 또한 법문입니다. 비첩 자손이 비록 첩문이 없어도 만약 이 두 조항에 해당하면 또한 공천으로 몰입할 수 없는 것으로 규정하면 어떻겠습니까?"라고 건의하였는데, 이 내용이 「정묘수교」로 반영되었음을 확인할 수 있다.

17　수양자녀는 … 듯하다: 양부모인 노비 부부가 수양 유기아를 두고, 양쪽 상전들이 서로 소유권을 주장하며 다투는 경우에 대한 규정이다. 양쪽 상전들의 주장은 3세 전에 수양하면 곧 기자(己子)와 같다고 한다는 법적 규정에 근거하여 해당 유기아는 노비 부부의 기자와 같게 된다는 것이었다. 이는 곧 노비의 상전이 노비 소생에 대해 소유권을 행사하는 것처럼 이들 유기아에 대해서도 소유권을 행사할 수 있다는 논리이다. 노비 부부의 소생에 대해서는 종모법(從母法)이 적용되어 비주(婢主)가 소유권을 행사했지만, 유기아 수양의 경우에는 종모법의 적용이 명확하지 않은 측면을 안고 있었다. 수양한 주체가 노(奴)인가 비(婢)인가에 따라 노주와 비주 양측 모두가 소유권을 주장할 가능성이 열려 있었던 것이다. 민간의 유기아 수양 현장에서 노비의 유기아 수양이 노비와 유기아 사이의 가족관계 형성의 차원에 그치지 않고 상전가의 이해관계와 밀접하게 얽혀 있음을 말해준다. 이에 대해 조선 정부는 노주와 비주의 소유권 행사가 충돌하면서 쟁송이 발생할 경우에는 양쪽 모두 유기아를 차지하는 것이 부당하다는 입장이었다. 그뿐만 아니라 양측이 부당할 경우 관에 속공한다는 규정을 적용하는 것도 타당하지 않다는 인식하에 해당 유기아를 양인(良人)으로 논하여 방량(放良)한다는 규정을 마련했다(김경숙, 「16, 17세기 유기아수양법과 민간의 轉用: 1661년 서원현 소송을 중심으로」, 『고문서연구』, 57, 2020).

못하다. 그러나 형제자매나 사촌을 서로 사환하면 참으로 인륜을 막게 된다. 그렇다고 그 당사자가 아직 천적에 있는데, 형제자매나 사촌을 사환할 수 없다고 하여 갑자기 면천하여 양인이 되게 하는 것도 불가하다. 단지 『경제육전속집』에서 '조부나 아버지의 비첩 소생은 전천노비의 예로 사역하는 것이 불가하다'고 하였다. 형제자매나 사촌을 비록 사환할 수 없지만 5, 6촌에 이르게 되면 친속 관계가 점차 멀어져서 사환하는 것이 불가할 것도 없다. 방역노비의 예에 따라 5촌부터는 사역하는 것이 온당할 것 같다'라고 하였습니다. 이에 의거하면, 조부나 아버지의 비첩 소생으로 양인이 되지 못하면, 그 친속 관계가 소원해지기를 기다려 다시 사환할 수 있습니다. 다만 이 두 법문이 서로 상충하므로 무지한 소민들이 어지러이 쟁송하고 판결하는 자도 혹은 『경국대전』을 위주로 하고 혹은 수교를 위주로 하여 정해진 법이 없었습니다. 몇 해 전에 조정에서 이 폐단이 있음을 알고 상당히 변통을 하였으나,[18] 보충대에 입속하지 못하면 그 족속이 사환하는 것을 허락한다고 다시 결단하였습니다.[19] 이에 따라 이 법이 끝내 명백해지지 않고 쟁송의 단서가 여전히 종식되지 않았습니다.

무릇 『경국대전』에 수록된 규정은 문장이 간결하고 의미가 잘 갖추어져 의심할 바가 없지만, 수교의 말은 진실로 심히 이해할 수 없는 점이 있습니다. 조부와 아버지의 비첩 소생은 출생일에 곧바로 양인입니다. 그런데 어찌 이른바 '아직 천적에 있는' 자가 있어서 단지 방역노비의 예에 따라 사환하지 않다가 그 자손에 이르면 다시 노비라 말할 수 있겠습니까? 적서에 비록 귀천이 있지만 다 같은 혈속입니다. 후손이 상당히 소원해지더라도 여전히 복

---

18 몇 해 전에 … 하였으나: 비첩소생 사환의 비윤리성과 관리들 판결의 통일성 결여로 인한 분운(紛紜) 때문에 1680년(숙종 10) 7월 법 개정을 둘러싸고 조정에서 벌인 논의를 말한다(『숙종실록』, 6년 7월 3일).

19 보충대에 … 결단하였습니다: 1684년 「갑자수교」를 말한다.

제가 있으니 어찌 그 사이에 노비와 주인이라는 명분을 다시 용납할 수 있겠습니까?

보충대에 이르러서는 별도의 한 법입니다. 보충대에 입속하지 않은 자가 있으면 그 자체로 마땅히 시행할 형률이 있습니다. 사형을 가해도 되고 유배를 보내도 됩니다. 어찌 사람으로 하여금 그 친속을 노비로 부리게 하여 백성의 큰 인륜을 무너뜨리고 어지럽힐 수 있겠습니까? 엎드려 바라건대, 다시 조정에서 상세히 의논하고 확실히 정하게 하여 『경국대전』의 본래 뜻을 깊이 밝혀서 끝없는 쟁송의 단서를 그치게 해주시기 바랍니다."[20] 〈정재 박태보의 연주에 나옴〉[21]

1. 私賤註 未分奴婢 勿論子女存沒分給 身沒無子孫者 不在此限 未滿分數者

---

[20] 『경국대전』 … 바랍니다: 『결송유취보』에 수록된 박태보의 '자기비첩소생 신분 귀속'에 관한 연주(筵奏)는 다음 몇 가지 점에서 특이하다. 첫째, 박태보가 경연 석상에서 자기 소신을 피력한 글로 법조문과는 성격이 다르다는 점이다. 『결송유취보』는 『대명률』, 삼대전(『경국대전』, 『대전속록』, 『대전후속록』), 『수교집록』 등 여러 법률서에서 조문을 초록하였는데, 이 가운데 개인 주장을 피력한 글은 연주가 유일하다. 둘째, 450여 자에 이르는 장문의 글이라는 점이다. 『결송유취보』는 수교(受敎)조차 단장취의(斷章取義)하여 핵심 내용만 수록하였다. 이 때문에 『결송유취보』에 수록된 율문 가운데 간혹 200자 전후의 장문도 있지만, 400자를 넘는 장문은 없다. 셋째, 개인 문집에서 초록하였다는 점이다. 『결송유취보』 편찬 당시 박태보의 연주를 수록한 자료로는 『비변사등록』(숙종 13년 10월 20일)과 『정재집(定齋集)』이 있었다. 이 가운데 『정재집』에서 인용하였을 가능성이 높다. 박태보는 인현왕후 폐위에 반대하는 상소를 올려 숙종의 친국에서 심한 고문을 당하고 그 후유증으로 1689년(숙종 15) 36세의 나이로 사망하였기에, 그의 문집은 아버지 박세당의 주선으로 1702년(숙종 28) 10월 간출(刊出)되었다. 『결송유취보』가 1707년 개간(開刊)되었으므로 시간적으로 충분히 가능한 일이다. 넷째, 『결송유취보』 찬자 이지석(李志奭)의 개인적 친분이 작용하였다는 점이다. 『오련계좌목(五聯契座目)』(西溪家藏)은 반남박씨, 월성이씨, 전주이씨, 성산이씨, 성주이씨 등 5개 소론 가문의 형제 10명이 참여한 계원의 좌목이다. 여기에 반남박씨에서는 박태유(朴泰維)·박태보(朴泰輔) 형제, 성산이씨에서는 이지석(李志奭)·이지윤(李志尹) 형제가 계원으로 참여하였다. 즉 이지석과 박태보는 소론 명가의 계원으로 오랫동안 친분이 있었던 것이다.

[21] 정재 … 나옴: 박태보의 '자기비첩소생 신분 귀속'에 관한 연주는 『정재집』, 『비변사등록』(숙종 13년 10월 20일), 『신보수교집록(新補受敎輯錄)』(刑典 私賤)에도 보인다.

分給[22]嫡子女 若有餘數 先給承重子 又有餘則以長幼次序給之 嫡無子女則良妾子女 無良妾子女 則賤妾子女同 田地同〈刑典 ○『決訟類聚』〉

2. 雖云身沒無子孫者 不在此限 守信寡婦則給〈『前續錄』 ○『決訟類聚』〉

3. 田宅條 父母未分家舍財産 依奴婢田宅例 分數分給〈『前續錄』 ○『決訟類聚』〉

4. 父母奴婢 承重子加五分之一【如衆子女各給五口 承重子給六口之類】衆子女平分 良妾子女七分之一【如嫡子女各給六口 良妾子女各給一口之類 下同 嫡母奴婢則否 賤妾子女同】賤妾子女十分之一〈刑典 ○『決訟類聚』〉

5. 嫡無子女者奴婢 良妾子女平分 承重子則加五分之一 賤妾子女五分之一〈刑典 ○『決訟類聚』〉

6. 嫡無子有女者奴婢 良妾子承重 則其分加二分 謂嫡女六口 承重良妾子其分一口 加二分二口並三口 每分加二分〈刑典 ○『決訟類聚』〉

7. 無子女嫡母奴婢 良妾子女 七分之一 承重子則加三分 謂良妾子女與嫡母使孫等 每分各一口 承重子則每分各三分三口並四口 賤妾子女十分之一 承重子則加二分 謂賤妾子女與嫡母使孫等 每分各一口 承重子則每分各二分二口並三口〈刑典 ○『決訟類聚』〉

8. 餘還本族 無同生則三寸 無三寸則四寸親 良妾子孫給七分之一 賤妾子孫給十分之一 本族人數雖多都給 假如奴婢數小 則先給妾子女【七分之一謂本族人六口 良妾子女各一口 十分之一謂本族人九口 賤妾子女各一口】〈刑典 ○『決訟類聚』〉

9. 註解 無子女己物 還係於父母 故其同生子女若孫爲本族 而三寸叔四寸兄弟 則不與焉 無四寸採然後 其己物當上係於祖父母 三寸叔四寸兄弟得爲本族 故泛言親 而不指言叔姪兄弟與孫也〈刑典 ○『決訟類聚』〉

---

22 分給: 『경국대전』에 '均給'으로 되어 있어 번역에서 교감하였다.

10. 無本族則屬公 下同[23] 〈刑典 ○『決訟類聚』〉
11. 無子有女 嫡母奴婢 良妾子承重 則七分之一 母過三口 賤妾子承重 則十分之一 母過三口 謂良賤妾承重子與嫡女 各執分數 而母過三口 〈刑典 ○『決訟類聚』〉
[12] 嘉靖三十二年六月初一日 三公議 田地與奴婢三口 相適爲當 萬曆四年六月二十六日 大臣議 田地十卜 準奴婢一口宜當 啓下漢城府 〈斤正後〉
13. 嫡及良妾無子女者奴婢 賤妾子女平分 承重子則加五分之一 〈刑典 ○『決訟類聚』〉
14. 嫡及良妾 皆無子有女者奴婢 賤妾子承重 則其分加二分 〈刑典 ○『決訟類聚』〉
15. 嫡無子女 而良妾無子有女者奴婢 賤妾子承重 則五分之一加二分 〈刑典 ○『決訟類聚』〉
16. 無子女前母繼母奴婢 義子女五分之一 承重子則加三分 謂義子女與前母繼母使孫等五分之一 承重每分加三分三口竝四口 與使孫皆四口 人數雖多都給 〈刑典 ○『決訟類聚』〉
17. 有子女前母繼母奴婢 承重子[24]則九分之一 〈刑典 ○『決訟類聚』〉
18. 無子女養父母奴婢 養子女七分之一 〈刑典 ○『決訟類聚』〉
18-1. 三歲前則全給 宦官以宦官爲子者 竝依三歲前[25] 〈刑典 ○『決訟類聚』〉
19. 嫡有子女養父母奴婢 養子女十分之一 三歲前則七分之一 十分之一 謂嫡有子女 則侍養子女 給十分之一 如嫡無子女而只有妾子女 則父奴婢 給養子女 七分之一 餘竝給妾子女 母奴婢 從本分 給妾子女【良妾子女七分之

23　조문 8의 '餘還本族'부터 조문 10의 '下同'까지가 조문 7의 '無子女嫡母奴婢'와 관련된 조문이다.
24　承重子: 『경국대전』에 '義子女 承重子'로 되어 있어, 번역에서 교감하였다.
25　바로 위에 있는 조문 18의 주석이다.

一 承重子加三分 賤妾子女十分之一 承重子加二分】養子女七分之一[26] 餘還本族 七分之一 謂嫡有子女 則收養子女給七分之一 如嫡無子女而只有良妾子女 則父奴婢 與收養子女平分 賤妾子女 則給五分之一 母奴婢 從本分 給妾子女【分數上同】餘竝給收養子女〈刑典 ○『決訟類聚』〉

20. 放役奴婢後所生 許子孫役使〈刑典 ○『決訟類聚』〉

21. 凡奴婢因事功爲良者 以公賤充給〈刑典 ○『決訟類聚』〉

22. 私賤條 嫡有女 又有繼後子 又有養子女 則嫡女與繼後子平分 繼後子加給奉祀條 養子女 依大典分數分給〈『後續錄』○『決訟類聚』〉

23. 乳母新奴婢得後所生 不入于同生分給之數 其來已久 不可紛紜更改 假令兄弟一人 旣無乳母新奴婢 又無他奴婢可分得者 必有負汲 不能生活之弊 其有如此者 除出得者四分之一 給與之法 在前行用 而後續錄撰集時 不爲錄入 故官吏莫適所從 今後則依久遠通行例施行〈嘉靖甲辰受敎 ○『決訟類聚』〉

24. 院啓目 父母之於子孫 其所許與 莫不有文券 而至於新奴婢 獨無文券 國俗皆然 第以不肖輩 當其官作財主之時 或以殘實存沒之不均 或以得後所生之多寡 互相爭詰 構成訟端 終至於憑閱無據 眞僞難辨 緣此滯訟 多至七八年 自今以後 各其新奴婢 元隻中 相辨歸一者外攻破 元奴婢一樣平均分給 以杜其奸 何如〈萬曆乙亥受敎 ○『決訟類聚』〉

25. 【補】大典內 無子女夫妻奴婢 本族外不得與他 而未有買賣之禁 自祖宗朝行之已久 豈宜輕變 然臧獲之傳受先祖 以立門戶 嗣胤之無後者 固當歸諸本族 以庇其宗 不可妄傳 以爲他有 世之巨家大族 雖不貧乏 而乏以[27]

26　養子女七分之一:『경국대전』에 '養子女'로 되어 있어, 번역에서 교감하였다.

27　乏以:『성종실록』, 21년 6월 9일에 '托以'로 되어 있어, 번역에서 교감하였다.

買賣 給與他人 甚爲未便 惟爾有司 酌其輕重 情法而用[28] 期於得中而已 其以此意示中外[29] 〈弘治庚戌承傳 ○『受敎輯錄』〉

26. 【補】 異母同生兄 前母邊奴婢 傳執使用 已作己物 無子女身死後 全數論給異母弟 與大典相應 不當以無子女前母奴婢例 分數除出 〈弘治庚戌承傳 ○『受敎輯錄』〉

27. 【補】 無子女身死異母同生之己物中 異母邊旣已傳來 使喚耕食之田民 異母同生處傳給 勿給異母邊使孫 〈弘治乙卯承傳 ○『受敎輯錄』〉

28. 【補】[30] 前母繼母乳母新奴婢所生 奉祀服喪義子女處專給 勿給使孫 〈嘉靖戊申承傳 ○『受敎輯錄』〉

29. 【補】[31] 義子女之於前母繼母 其分己物之際 雖有分數之殊 母子大義 與親母 不可輕重 而定以年限[32] 但元財主已區處之物 則不許更改 〈嘉靖甲寅承傳 ○『受敎輯錄』〉

30. 【補】 凡父母奴婢田宅 同生不爲和會 呈官分執 而新奴婢 例無文券 國俗皆然 相卞歸一者外 一切攻破 以元奴婢 平均分給 〈萬曆乙亥承傳 ○『受敎輯錄』〉

31. 【補】 北道所居私賤 只收身貢 勿論男女 不得率來使喚 〈萬曆己卯承傳 ○『受敎輯錄』〉

32. 【補】 北道私賤 一切勿許買賣 潛爲買賣者 燒其文券勿施 〈康熙癸亥承傳 ○『受敎輯錄』〉

33. 【補】 平安道江邊私賤 本主放賣者 許賣於奴婢 勿爲買賣於他人 依北道

28　情法而用:『성종실록』 21년 6월 9일에 '兩用情法'으로 되어 있어, 번역에서 반영하였다.

29　『성종실록』 21년 6월 9일에 관련 내용이 수록되어 있다.

30　【補】:『사송유취』와『결송유취』〈청송〉에도 있는 내용이다.

31　【補】:『사송유취』와『결송유취』〈청송〉에도 있는 내용이다.

32　定以年限:『각사수교』는 '定以年限未穩'으로 되어 있어, 번역에서 반영하였다.

例 不得任意捉去〈康熙丙寅承傳 ○『受敎輯錄』〉

34. 骨肉相殘 不得使喚之文 本不載法典 凡決訟之際 每爲屬公 甚爲未便 然 同生四寸相爲使喚 固妨人倫 其身尙在賤籍 則不可以同生四寸之不能使喚 遽爲免賤爲良 但於經濟六典續集曰 祖父婢妾産 本是同氣 不可專以奴婢例役使云 同生四寸 雖不可使喚 至於五六寸 則親屬漸遠 使喚固無不可 而官吏眩於相殘之訛言 每爲屬公 一則奪人之奴婢 一則以賤爲良 皆爲不可 依放役奴婢例 自五寸則役使 似爲便當 自今以後 永爲禁斷 在前屬公者 勿改聽理[33]〈嘉靖甲寅受敎 ○『決訟類聚』〉

35. 【補】同生四寸 雖不可使喚 至於五六寸 親屬漸遠 雖爲使喚 固無不可 雖自己婢妾子 必有從良公文補充隊後 可爲良人 與良妾所生無間 外方無識庶出之輩 不知法文 徒以自己婢妾子 無贖身從良 骨肉相殘等語 乃與嫡子孫 抗面爭訟者 比比有之 而官吏亦不能考覈法意 間或以此決訟 致有紛紜之患 亦令該曹 考覈法文 明白定式 以爲奉行之地〈康熙甲子受敎〉[34]

36. 【補】自己婢妾所生 不屬補充隊者 沒入公賤 勿爲本主奴婢〈康熙丁卯承傳 ○『受敎輯錄』〉

37. 【補】自己婢妾子 嫡姪等結嫌發告 沒爲公賤 則傷倫之弊 無異於許爲奴

---

[33] 본 수교는 『각사수교』와 『수교집록』에도 수록되어 있다. 아래는 『수교집록』에 수록된 수교 내용으로, 『결송유취보』와 차이 나는 부분을 밑줄로 표시하면 다음과 같다. "骨肉相殘不得使喚之文 本不載法典 俚俗相傳 以爲有法 凡決訟之際 每爲屬公 甚爲未便 大抵奴主之分甚嚴 若同生及四寸 相爲使喚 固妨人倫 其身尙在賤籍 不可以同生四寸之不能使喚 遽爲免賤 大典及前後續錄大明律 無一語及 但經濟六典續集曰 祖父婢妾所生 本是同氣 不可專以奴婢例役使云 以此見之 同生四寸 雖不可使喚 至於五六寸 親屬漸遠 雖爲使喚 固無不可 近來官吏 眩於骨肉相殘之訛言 如此之事 每爲屬公 一則奪人之奴婢 一則以賤爲良 皆爲不可 依放役奴婢例 自五寸役使爲便 骨肉相殘 本無法典之意 曉諭中外 自今以後 永爲禁斷 在前屬公者 勿使聽理 以絶騷擾之弊 嘉靖甲寅承傳"

[34] 康熙甲子受敎: 『수교집록』에는 수록되어 있지 않으며 『결송유취보』에만 있는 수교이다. 이 수교가 지니는 역사적 의미는 한상권, 「박태보의 자기비첩소생의 신분 귀속에 대한 인식」(『고문서연구』 59, 2021) 참조.

婢[35] 因他事現發者外 遠近嫡族陳告 則勿施 連二代良役 事在六十年 非當身現存者 則雖無帖文 亦不得沒入公賤〈康熙丁卯承傳 ○『受教輯錄』〉

38. 【補】收養子女 養父母上典 俱是不當執持 論以良役似當〈康熙乙巳受教〉

39. 【補】大典賤妾子女條注 自己婢妻婢所生外 皆贖身 據此則自己婢妾[36]所生 無可贖之處 乃是胎生良人 而嘉靖甲寅受敎 骨肉相殘 不得使喚之法 本不載法典 凡決訟之際 每爲屬公 甚爲未便 然同生四寸 相爲使喚 固妨人倫 其身尙在賤籍 則不可以同生四寸之不能使喚 遽爲免賤爲良 但於經濟六典續集曰 祖父婢妾産 不可專以奴婢例役使云 同生四寸 雖不可使喚 至於五六寸 則親屬漸遠 使喚固無不可 依放役奴婢例 自五寸役使 似爲便當 據此則祖父婢妾産 未得爲良人 而可以待其屬踈而復使喚也 唯此二文 相爲牴牾 故無知小民 爭訟紛紜 而決之者 亦或主大典 或主受敎 無復定法 頃年朝廷知有此弊 頗加變通 而又以不得補充隊 則許其族屬使喚爲斷 故此法終不明白 而訟端猶未止息矣 夫大典所載 文簡而意該 無可疑者 而受敎之辭 誠有不可深曉者 祖父婢妾産 脫胎之日 便是良人 焉有所謂尙在賤籍者 而但依放役例不使喚 至其子孫 則復可謂奴婢耶 嫡庶雖有貴賤 均是血屬 後嗣雖頗疏遠 猶有服制 奴主之名 何得以復容於其間乎 至於補充隊 則別是一法 其有不屬補充隊者 則自有當施之律 雖誅之可也 流之可也 烏可以使人奴其親屬 以壞亂生民之大倫哉 伏願更令廟堂 詳加商確 深明大典之本意 以息無窮之訟端 幸甚〈出定齋筵奏〉

---

35 許爲奴婢:『승정원일기』(숙종 13년 12월 11일)에는 '許其爲奴婢'로 되어 있으며,『수교집록』에는 '許爲其奴婢'로 되어 있다.

36 自己婢妾:『정재집』에 '自己妻婢'로 되어 있다.

24. 공노비
二十四 公賤

공천(公賤)이란 왕실이나 국가기관에 예속되어 선상(選上)·입역(立役)과 납공(納貢) 의무를 지는 노비이다. 공천은 소속 관서에 따라 궁노비(宮奴婢), 관노비(官奴婢), 역노비(驛奴婢), 교노비(校奴婢), 사사노비(寺社奴婢) 등으로 불렸으며, 역 부담 형태에 따라 다시 선상노비(選上奴婢)와 납공노비(納貢奴婢)로 구분되었다. 이들은 대체로 전쟁 포로나 혹은 반역, 장도(贓盜), 강상죄, 간음, 도망 등의 특정 범죄 행위에 대한 처벌로 속공되었으며, 양인에 비해 상대적으로 과중한 의무 부담을 져야만 했다.

조선 초기에는 여말 이래로 문란해진 신분 질서를 회복하고 국가 재정에 필요한 노동력과 재원을 확보하기 위해 공노비의 확보가 국가의 중요 시책으로 추진되었다. 특히 태종 때에 공노비 확보를 위한 다양한 대책이 강구되고, 공노비 제도의 기틀이 마련되었다. 예컨대 1405년(태종 5)에는 사원에 소속된 노비를 혁파하여 속공시킴으로써 공노비를 크게 확충하였고, 1415년(태종 15)에는 노비추쇄를 위한 특별전담 관청인 각사노비쇄권색(各司奴婢刷卷色)을 설치하는 한편 「추쇄사목(推刷事目)」 14개 조를 반포하여 노비추쇄에 진력하였다. 또 1417년(태종 17)에는 확보된 공노비를 보다 효율적으로 관리하기 위해 3년마다 노비를 등록하여 속안(續案)을 작성하고 작성된 속안을 바탕으로 20년마다 정안(正案)을 만드는 등 노비문석을 성비하였다. 이러한 조치들은 이후 『경국대전』 형전 〈공천〉에 그대로 반영되었다.

『결송유취보』〈공천〉에는 총 24개 조문이 실려 있다. 이 가운데 5개 조문은 『경국대전』에 수록된 것이고, 1개 조문은 『대전후속록』의 내용이며, 나머지 18개 조문은 『수교집록』에 실려 있는 것이다.

1. 천인의 신분 계속(係屬)은 어머니 역을 따른다.[1] 천인으로서 양녀를 취하여 얻은 소생만은 아버지의 역을 따른다.[2] 〈『경국대전』 형전 공천 ○『결송유취』 공천〉
2. 공주·옹주에게 사패*한 노비는 (공주나 옹주가 자녀를 낳지 못해) 혹 부마의 첩자가 봉사*하거나 또는 부마의 족친이 봉사하다가 대진*하여 제사가 끊어지면 내수사에 환속하지 않을 수 없다. 〈가정 기미(1559, 명종 14) 수교 ○『결송유취』 공천〉
3. 정안*에 등록되어 있는 노비로서, 양인인 것을 호소하거나 혹은 상송* 중인 사람, 그리고 정안 안에 부모 또는 조부모 또는 자신의 이름이 명백하게 기재되어 있는 경우 외에, 투탁*을 빌미로 (소송하는 경우) 모두 청리하지 않는다. 〈『경국대전』 형전 공천 ○『결송유취』 공천〉
4. 공천이 자녀 없이 사망하면 노비나 전택은 본래 소속된 관사나 본읍에 소속시킨다. 사천이면 그 재산을 아울러 본 주인이 구처*하는 것을 허용한다. 〈『경국대전』 형전 공천 ○『결송유취』 공천〉
5. 공천 가운데 유리·도망한 사람이 있으면 공천이 본래 소속되었던 고을에서 즉각 상급관사에 보고하고, 상급관사는 여러 도에 이문*하고 근심*하여 원래 소속되었던 곳으로 돌려보낸다. 현재 머물고 있는 곳에서 안정된 생업을 가지게 된 사람은 그대로 머물게 하고 속안*에 기록한다. 〈『경국대전』 형전

---

1 천인의 … 따른다: 천인종모역(賤人從母役)은 천인의 아비를 판별하기 어려워 쟁송(爭訟)의 원인이 되었기 때문이었다(『경국대전주해』 後集 刑典 公賤). 천자(賤子)가 모역(母役)을 따르는 천자수모법(賤者隨母法)은 1039년(정종 5) 처음 나타나고, 1283년(충렬왕 9) 9월에 다시 이를 강화한 것이 확인된다. 조선은 1414년(태종 14) 공사(公私)의 노자(奴子)가 공사의 비에게 장가들어 얻은 소생은 그 아비가 나중에 양인이 되더라도 천인 때의 교사소생(交嫁所生)은 모역에 따라 천인이 된다고 규정하였다.
2 천인으로서 … 따른다: 천자수모법의 보완조치로서 1298년(충렬왕 24) 마련한 일천측천(一賤則賤)의 원칙이다.

공천 ○『결송유취』공천〉

6. 서울의 노비로서 도망하여 지방에 살고 있으면 논죄하고 잡아다 돌려보낸다. 적발하여 검거하지 못한 관리와 알고서도 신고하지 않은 관할인 및 겨린*은 모두 제서유위율*로 논한다. 〈『경국대전』 형전 공천 ○『결송유취』 공천〉

7. 잡범*으로 노비가 된 사람이 이미 정안·속안에 등록되면 비록 사면령이 내려도 사면하여 석방하지 않는다. 〈『대전후속록』 형전 금제 ○『결송유취』 금제〉

8. 내수사 노비를 모점*하여 간사함이 드러난 경우, 양민을 모점한 율로 처벌한다.³ 공·사천이 본 주인을 배반하거나 관속이 본관을 배반하여 내수사에 투탁한 경우, 각각 양민을 모점한 율로 처벌한다. 오결하는 관리는 그 해당하는 율이 있다. 진고*하는 사람이 상을 받는 것을 이롭게 여겨 속임수로 무고*하여 그 정상이 매우 완악하고 거짓된 경우, 외지부*를 처벌하는 율로 죄를 준다.⁴ 〈가정 갑인(1554, 명종 9) 수교 ○『결송유취』 금제〉

9. 【보】향리에게 시집간 공천 소생은 곧 양인이 되는 것을 허용했는데, 훗날 자녀의 처지를 도모하는 이들이 기꺼이 공천을 맞아들여 자식이 져야 할 향역을 면하고자 하지 않은 이가 없다. 그리하여 향리의 자손으로서 향역을 승계하는 이는 열에 두세 명 꼴이며, 공천의 숫자도 차츰 줄고 있다. 지금 이후로 향리에게 시집간 공천이 낳은 소생이 양인이 된 이는, 이전에 이미 양인이 된 사람과 함께 아버지의 향역을 계승하게 한다. 〈가정 기유(1549, 명종 4) 승전 ○『수교집록』 형전 공천〉

3　내수사 … 처벌한다: 모점한 양민이 1인이면 制書有違律로 논단하여 장 100이고, 3인 이상이면 전가사변한다(『대전후속록(大典後續錄)』 兵典 禁制).

4　외지부를 … 준다: 『대전후속록』에 외지부를 처벌하는 율은 '장 100 전가사변'인데, 『수교집록』은 '전가사변'으로만 되어 있다. 그리고 이어 "강희 갑자년(1684, 숙종10) 9월의 승전에 의거하여 공천·사천 및 관속이 원주인이나 본관(本官)을 배반하고 내수사에 투탁하기를 도모한 경우, 죽을 때까지 변읍(邊邑)의 관노로 삼는다"라는 내용이 추가로 있다(『수교집록(受教輯錄)』 刑典 公賤).

10. '[보]' 곤궁하고 잔약한 사족의 노비이거나 주·현에서 역을 지는 관노비들이 혹 내수사 사람에게 뇌물을 주거나 또는 내수사 노비와 결탁하여 내수사에 투탁하는 폐단이 이처럼 극심함에 이르렀다. 진고한 노비는 시비를 명백하게 가려내어 각각 그 주인에게 돌려준다. 〈가정 갑인(1554, 명종 9) 승전 ○『수교집록』형전 공천〉

11. '[보]' 도망하거나 (공노비안에서) 누락되었다고 진고한 노비들 모두가 다시 온데간데없이 도망하면, 진고한 사람에게 상으로 주었던 노비들을 도로 속공*시킨다. 〈가정 기축(1529, 중종 24) 승전 ○『수교집록』형전 공천〉

12. '[보]' 관노비가 각사노비를 진고하는 길을 막아 금지한다. 반드시 관노비가 관노비를, 시노비가 시노비를 진고한 연후에야 비로소 면천을 허락한다.[5] 〈순치 신묘(1651, 효종 2) 승전 ○『수교집록』형전 공천〉

13. '[보]' 공천으로 (노비안에서) 누락된 노비 7구 이상을 진고한 사람은 속량을 허락한다. 〈순치 을미(1655, 효종 6) 승전 ○『수교집록』형전 공천〉

14. '[보]' 진고한 노비가 5구 이하이면 관에서 노비 1구당 면포 각 3필씩을 지급한다. '추쇄*' 중인 노비 (10구)를 진고하면 상으로 진고한 사람을 면천해준다[6]는 조항은 지금은 잠시 적용하지 않는다. 〈강희 정미(1667, 현종 8) 승전 ○『수교집록』형전 공천〉

15. '[보]' 관노비가 여러 해에 걸쳐 도망하여 숨어 지내는 동안 자녀를 많이 낳

---

5 반드시 … 허락한다: 관노비가 관노비를 진고해야만 면천을 허락한 것은 관노비가 지는 역이 매우 고되, 만일 진고된 노비가 관노비가 아니면 관노비의 숫자가 차츰 줄게 될 우려가 있어서이다. 이후로 관노비는 비록 본관의 관노비가 아닐지라도 관노비로서 진고한 연후에야 면천을 허락하고, 경아문(京衙門)의 전복(典僕) 또한 이에 따라 시행하도록 한다. 각사노비들도 비록 다른 각사노비라 할지라도 각사노비를 진고한 연후에야 역시 면천을 허락하였다(『승정원일기』, 효종 7년 12월 3일).

6 추쇄 … 면천해준다: 「乙未推刷事目」에서 '10구 이상을 진고한 경우 면천해준다'는 조항을 의미하는 것으로 보인다(『수교집록』刑典 公賤).

은 부류의 경우 타인이 진고하도록 허락한다. 그리고 그 부모가 속안과 관안에 모두 기재되어 있지 않고 다른 고을로 달아나 숨은 자를 30구 이상 진고하면 '내수사 노비를 진고한 경우'에 의거하여 마찬가지로 속량을 허락한다. 훗날 실상이 없음이 드러난 경우에는 그 당시의 수령을 무거운 쪽을 따라 형률을 적용하여 과죄*하며, (진고한) 당사자는 형추*하고 공천으로 되돌린다. 〈강희 무오(1678, 숙종 4) 승전 ○『수교집록』형전 공천〉

16. 【보】각 고을의 관노비를 현재 사역시키고 있으나 단지 관안에만 기재되어 있고 속안에 등록되지 않은 경우, 이를 (정안·속안에서) 누락되었다고 하면서 진고하여 상을 받았으면, 수령은 '기망의 형률'로 논한다. 추쇄를 담당한 차사원도 동일하다. 〈강희 경신(1680, 숙종 6) 승전 ○『수교집록』형전 공천〉

17. 【보】공천을 진고한 경우 속안에 그 조부모의 이름이 있고 호적 및 관문서와 부합하여 의심할 여지가 없으면 청리*한다. 속안에 그 가계가 이어지지 않거나 혹은 '오래된 노비의 자손'이라고 일컫는 경우, 호적 및 기록문서와 대조하여 비록 한 글자라도 틀리면 청리를 허용하지 않고 진고인은 '무고의 율문'으로 논한다. 〈강희 병인(1686, 숙종 12) 승전 ○『수교집록』형전 공천〉

18. 【보】공천을 수령이 제멋대로 속량하면 무거운 쪽의 형률을 적용하여 과죄한다. 〈강희 경술(1670, 현종 11) 승전 ○『수교집록』형전 공천〉

19. 【보】각사노비 중에서 자식 6구가 실역을 지고 있는 경우, 그 부모가 모두 공천이면 『경국대전』에 의거하여 시행한다.[8] 그리고 3구가 실역을 지면 그

---

[7] 무고의 율문: 타인을 무고하는 행위에 대한 처벌 규정은 『대명률』 무고(誣告)에 있다. 『대명률』은 죄가 전혀 없는 사람을 무고하는 '전무(全誣)'와 가벼운 죄가 있는 사람을 무거운 죄가 있다고 무고하는 '무경위중(誣輕爲重)' 등으로 나누어 무고인을 처벌하였다.

[8] 『경국대전』에 … 시행한다: 소생 5구 이상이 공역(貢役)을 지거나 부모 나이 70세 이상으로서 소생 3구 이상이 공역을 지고 있는 경우에 모두 1구의 신공을 면해주었다(『경국대전』 刑典 公賤).

부모의 신공을 면해준다. 비록 부모가 죽은 뒤라도 실역을 지는 형제자매가 5인이면 1인은 신공을 면해주며, 10인이면 2인은 신공을 면해준다. 〈순치 정유(1657, 효종 8) 승전 ○『수교집록』 형전 공천〉

20. 【보】 자녀가 없는 노비의 재산은 '노비가 소속된 관이나 주인에게 준다'[9]는 조문을 시행하되, 노비 자신이 죽은 지 오래된 경우에는 거론하지 못하게 하여 분란의 소지를 없앤다. 노비 자신이 살아 있을 때 증인과 필집을 갖추어 방매한 경우와, 수양*하여 자식으로 삼아서 (수양자를) 속안에 올리고 그 자손에게 전해진 경우는, 혼동하여 몰수하지 않도록 한다. 〈순치 을미(1655, 효종 6)의 추쇄사목 ○『수교집록』 형전 공천〉

21. 【보】 도망한 공천을 자기 집에서 만 1년 동안 기거하도록 한 자와 공·사천을 용은*하고 부린 이는 전가사변*하였는데, 1688년(숙종 14) 7월의 「무진수교」에 의거하여 장 100·도 3년에 처하는 것으로 개정한다. 〈『대전속록』에서 초출 ○『수교집록』 형전 공천〉

22. 【보】 침선비*·의녀*·구사의 부류가 서울로 올라온 뒤에 낳은 자녀들을 모두 경안*에 등록시키고 본 고을에 돌려보내지 않아 외방의 관속들이 날마다 점점 줄고 있으니, 장예원으로 하여금 낱낱이 조사하게 하여 본 고을로 돌려보내게 한다. 〈강희 을축(1685, 숙종 11) 승전 ○『수교집록』 형전 공천〉

23. 【보】 사노가 그 주인을 배반하려는 목적으로 타인의 호적에 입록하고 다른 사람을 가리켜서 자신의 아버지라고 하는 경우, 살아 있는 아버지를 사망한 것으로 기록하는 경우, 그리고 서출이라는 신분을 면하고자 적모*와 외조모를 다른 사람의 여종이라고 하는 경우 등은 강상을 범한 것으로 논하며, 인정과 사리로 보아 중대한 경우 전가사변한다.[10] 〈강희 무오(1678, 숙종 4)

---

9 노비가 … 준다: 이를 기상(記上)*이라 하는데, 관련 내용이 『경국대전』 刑典 公賤에 있다.
10 강상을 … 전가사변한다: 삼강(三綱)과 오상(五常)은 인간윤리의 기본으로서 이를 범하는 것

승전 ○『수교집록』호전 호적〉

24. 【보】 자기 아버지를 서얼 삼촌이라고 하고 자기 어머니를 삼촌 숙모라고 하며, 자기 숙부와 숙모를 부모라고 하면서 노비를 차지하려는 목적으로 송사를 일으킨 이는 사족인지 아닌지를 따지지 않고 전가사변한다.[11] 〈강희 을축 (1685, 숙종 11) 승전 ○『수교집록』호전 호적〉

1. 凡賤人所係 從母役 唯賤人娶良女所生 從父役〈刑典 ○『決訟類聚』〉
2. 公翁主賜牌奴婢 或駙馬妾子[12] 或族親奉祀 代盡絶祀 則還屬[13] 內需司〈嘉靖己未受敎 ○『決訟類聚』〉
3. 正案付奴婢 訴良或相訟者 及案內父母 或祖父母 或己身名字 明白現付外 援引投托者 竝勿聽理〈刑典 ○『決訟類聚』〉
4. 公賤無子女身死者 奴婢田宅 屬於本司本邑 私賤 則竝其財産 許本主區處〈刑典 ○『決訟類聚』〉
5. 公賤有流亡者 本官卽報上司 移文諸道 跟尋[14]發還 時到處安業者 仍留錄續案〈刑典 ○『決訟類聚』〉
6. 京奴婢逃居外方者 論罪捉還 不能檢擧官吏 及知而不告所管人切隣 竝以制書有違律論〈刑典 ○『決訟類聚』〉

을 강상죄라 하여 중벌로 다스렸다. 강상의 죄를 범하면 숙종 대에는 전가사변율로 다스렸으니 1744년(영조 20) 전가사변율이 폐지됨에 따라 『속대전』刑典 推斷에서는 장 100·유 3,000리로 처벌하였다.

11 자기 … 전가사변한다: 이 규정은 『속대전』刑典 推斷에 반영되는데, 처벌이 전가사변에서 장 100·유 3,000리로 바뀌었다.
12 駙馬妾子: 『수교집록』에 '駙馬妾子奉祀'로 되어 있어, 번역에서 교감하였다.
13 還屬: 『수교집록』에 '不可不還屬'으로 되어 있어, 번역에서 반영하였다.
14 跟尋: 『경국대전』에 '根尋'으로 되어 있다.

7. 雜犯屬定人[15] 已付正續案 則雖會赦 勿免放〈『前續錄』[16] ○『決訟類聚』〉
8. 冒占內需司奴婢 奸詐現著者 以冒占良民之律罪之 公私賤及官屬 謀背本主本官 而投托內需者 各以其律罪之 誤決官吏 自有其律[17] 陳告人 利其受賞 欺罔誣訴 情甚頑詐者 以外知部律罪之〈嘉靖甲寅受敎〉
9. 【補】鄕吏嫁公賤所生 輒許爲良 圖爲後日子女之地者 無不樂娶公賤要免鄕役 鄕吏之子孫 繼爲本役者 十七八[18] 公家賤口 亦漸耗小 自今以後 鄕吏之嫁公賤爲良者 並其已曾從良者 纘承父役〈嘉靖己酉承傳 ○『受敎輯錄』〉
10. 【補】窮殘士族之奴 仰役州郡之奴 或納賂內司之人 或交結內需司奴 投托之患 至於此極 陳告奴婢 明辨是非 各還其主〈嘉靖甲寅承傳 ○『受敎輯錄』〉
11. 【補】陳告逃漏奴婢 全數無去處逃亡者 賞給奴婢 還屬公〈嘉靖己丑承傳 ○『受敎輯錄』〉
12. 【補】官奴婢陳告各司奴婢之路 防塞禁斷 必官奴婢陳告官奴婢 寺奴婢陳告寺奴婢 然後方許免賤〈順治辛卯承傳 ○『受敎輯錄』〉
13. 【補】公賤 落漏實貢奴婢七口以上陳告人 許贖〈順治乙未承傳 ○『受敎輯錄』〉
14. 【補】陳告奴婢五口以下 每口官給綿布各三匹 推刷中免賤一款 今姑安徐〈康熙丁未承傳 ○『受敎輯錄』〉
15. 【補】官奴婢之積年隱避 多産子女之類 許令陳告 而其父母並不錄於續案及官案 而逃匿於他官者 陳告三十口以上 依內奴婢陳告者 一體許贖 日後無實現露者 其時守令 從重科罪 當身刑推還賤〈康熙戊午承傳 ○『受敎輯錄』〉

15　屬定人:『대전후속록』에 '定屬人'으로 되어 있어, 번역에서 교감하였다.
16　前續錄:『대전후속록』에 있는 내용으로 번역에서 교감하였다.
17　誤決官吏 自有其律 :『각사수교(各司受敎)』에는 이 내용이 빠져 있다.
18　十七八:『수교집록』에 '十無七八'로 되어 있어, 번역에서 교감하였다.

16. 【補】 各官奴婢 時方使役 而只載官案 不錄於續案者 稱以漏落 陳告受賞 守令論以欺罔之律 推刷差使員同 〈康熙庚申承傳 ○『受敎輯錄』〉

17. 【補】 公賤陳告者 續案中有其祖父母名字 而與戶籍及官文書符合無疑者 聽理 續案中不得連續其階梯 或稱久遠奴婢之子孫 而與戶籍錄案 雖一字僞錯 勿許聽理 論以誣告之律 〈康熙丙寅承傳 ○『受敎輯錄』〉

18. 【補】 公賤 守令私自贖良者 從重科罪 〈康熙庚戌承傳 ○『受敎輯錄』〉

19. 【補】 各司奴婢六口實役者 其父母俱是公賤 則依法典施行 而三口實役 則父母免貢 雖父母旣沒之後 同生實役者五人 則一人免貢 十人則二人免貢 〈順治丁酉承傳 ○『受敎輯錄』〉

20. 【補】 無子女奴婢己物 給己之官主之文施行 而身死久遠者 則勿爲擧論 以絶紛紜 當身生時 具證筆放賣 及收養爲子 仍屬續案傳孫者 毋得混同沒入 〈順治乙未推刷事目 ○『受敎輯錄』〉

21. 【補】 逃亡公賤許接滿一年者 公私賤容隱役使者 全家徙邊 據康熙戊辰七月日 改以杖一百徒三年 〈續錄抄出 ○『受敎輯錄』〉

22. 【補】 針線婢醫女丘史之屬 上京之後所生子女 皆付京案 不還本官 外方官屬日漸凋殘 令該院一一查出 還送本官 〈康熙乙丑承傳 ○『受敎輯錄』〉

23. 【補】 私奴 欲叛其主 入錄於戶籍之中 指他人爲父 及生存之父 以死懸錄者 欲免庶名 嫡母及外祖母 謂之他婢者 論以罪犯綱常 情理深重者 全家徙邊 〈康熙戊午承傳 ○『受敎輯錄』〉

24. 【補】 以其父謂其孼三寸 以其母謂其三寸叔妻 以其叔父母謂其父母 欲占奴婢爭訟者 勿論士族與否 全家徙邊 〈康熙乙丑承傳 ○『受敎輯錄』〉

25. 관아에 고발함
二十五 陳告

진고(陳告)는 '비리를 진술하여 아뢴다'는 뜻으로, 오늘날 범죄 사실을 수사기관에 고함으로써 수사를 바란다는 의사를 표명하는 '고발'에 가깝다. 〈진고〉는 『사송유취』와 『결송유취』에도 있으나, 『결송유취보』에는 1655년(효종 5) 을미년 공노비 추쇄와 관련된 내용이 보충되어 있다.

조선시대 진고 대상은 도망하거나 노비안에서 누락된 도루(逃漏)노비였다. 도루노비를 진고하였을 때 '계구논상(計口論賞)'하는 규정은 『경국대전』에 보인다. 이에 따르면 도루노비 4구마다 1구를 상으로 주며, 3구 이하이면 포나 저화를 상으로 주도록 하였다. 이어 『대전속록』은 면역 규정을 마련하여, 5구 이상을 진고할 경우 역리나 공천은 자신에 한해 면역하고 양인은 호역을 면제해주도록 하였다.

조선 후기에 이르러 양란 이후 만성화된 재정적자를 메우기 위해 1655년(효종 5) 을미년에 전국적으로 공노비 추쇄사업을 벌였다. 이는 1556년(명종 11) 이후 100년 만에 실시하는 노비추쇄사업이었다. 이때 마련된 사목이 「순치을미추쇄사목(順治乙未推刷事目)」인데, 『결송유취보』는 그중 일부를 발췌하여 '보(補)'로 수록하였다. 『경국대전』과 논상 규정을 비교해보면, 「을미추쇄사목」은 도루노비 6구마다 1구를 상으로 주고 5구 이하이면 포를 상으로 주도록 하여, 진고에 대한 논상 기준이 17세기 중반에 이르러 강화되었음을 알 수 있다. 면천 기준 역시 『대전속록』에서는 5구 이상이었는데 「순치을미추쇄사목」에서는 10구 이상으로 대폭 상향 조정되었다.

효종은 공노비 추쇄를 강화하는 한편 이들을 구제하는 범위도 정하였다. 이와 관련하여 『결송유취보』에는 공노비 추쇄를 시행하면서 3대 이상의 등과(登科)일 경우 자수하면 대속(代贖)의 특은을 베풀되, 자수하지 않는 사람은 천적에 환속시키라는 「비망기」가 수록되어 있다.

1. 도망하거나 (정안*·속안*에서) 누락된 노비를 진고*하면 4구마다 1구를 상으로 준다. 3구 이하이면 매년 신공으로 바치는 베나 저화를 (도망노비에게) 추징하여 상으로 준다. 〈『경국대전』 형전 공천 ○『결송유취』 진고〉

1-1. (도루 노비를) 용은*하여 부리는 이는 논죄한 후에, 역가로 1구마다 하루에 저화 6장을 징수하되, 노비 몸값의 배가 되면 그친다. (용은하여 부리는 노비가) 도망하였거나 또는 사망하였으면, 그동안 부린 역가를 징수한 후 (용은하여 부린 사람의) 노비를 징발하여 배상시킨다. 사천도 같다. 이름이 정안·속안에 등재되어 있는 노비는 도망한 지 5년이 지나야 비로소 진고를 허락한다. 나이가 4세 이하이거나 60세 이상인 노비는 그 '진고한 노비 숫자를 계산하여 상을 논한다'는 법례에 포함시키지 않는다. 〈『경국대전』 형전 공천 ○『결송유취』 진고〉

1-2. 양인은 비록 양적이나 양족이 없더라도, 양역에 종사한 지 이미 오래되었으면 '진고하여 노비에 속하게 하는 것'을 허락하지 않는다. 〈『경국대전』 형전 공천 ○『결송유취』 진고〉

2. 도망하거나 (정안·속안에서) 누락된 공천 3구 이하를 진고하면 1구마다 관에서 상으로 면포 10필을 주고, (도루 노비를 용은하여 부린 이로부터) 추징한 공포는 관에 들인다. 5구 이상을 진고한 사람이 역리나 공천이면 자신에 한하여 면역하고, 일반 사람이면 원하는 바에 따라 연한을 정해 복호*한다. 〈『대전속록』 형전 공천 ○『결송유취』 진고〉

3. '양역에 종사한 지 이미 오래되었다'는 것은 (『경국대전』 이전) 향리조에서 '조부와 부 2대가 연속하여 (역을 부담하였다고)'한 법례에 따라 논한다. 〈『대전속록』 형전 천첩자녀 ○『결송유취』 진고〉

4. (정안·속안에서) 누락된 공천이나 승려가 간음하여 낳은 이를 진고하면 소지를 올린 선후를 따지지 않고 입송*한 사람에게 상을 준다. 〈대전속록』 형전 결옥일한 ○『결송유취』 진고〉

5. (대소원인*의) 첩 자녀로서 보충대에 누락된 경우, 비록 개인적으로 입안을 지니고 있지 않더라도 해당 관청이나 장예원의 장부에 이름이 기록되어 있거나, 또는 연이어 2대에 걸쳐 양역에 종사하였으면, 진고하여 천인으로 되돌리는 것을 허락하지 않는다. 〈대전후속록』 형전 천첩자녀 ○『결송유취』 진고〉

6. 【보】 (도루 노비를) 진고한 사람에게, 6구이면 1구를 주고, 5구 이하이면 상으로 면포를 주며, 10구 이상이면 천인 신분을 면해준다. 실정을 알고 용은하면 노비 수의 다소를 막론하고 숨어 살도록 허용한 사람과 도망 노비를 모두 효시*한다. 모습을 드러낸 후 도로 숨어버린 노비의 경우, 진고한 사람에게 3구이면 1구를 상으로 주고, 2구이면 면포 50필을 주며, 1구이면 면포 30필을 준다. 5구 이상이면 당상관으로 올려주고, (진고한 사람이) 노비이면 상으로 면포를 주는 것 외에 원하는 바에 따라 별도로 큰 상을 준다. 〈순치 을미(1655, 효종 6) 추쇄사목 ○『수교집록』 형전 공천〉

7. 【보】 (정안·속안에서) 누락된 노비가 자수*하면 이전의 죄를 모두 사면해주고 (이전의) 신공을 감면해준다. 〈순치 을미(1655, 효종 6) 추쇄사목 ○『수교집록』 형전 공천〉

8. 【보】 노비가 할아버지 때부터 혹 과거에 급제하였거나 생원·진사가 되어 그

---

1 조부와 … 법례에: 『경국대전』 吏典 鄕吏.
2 첩 자녀: 조문에는 누구의 첩 자녀인지 생략되어 있으나, 보충대(補充隊)에 입속하여 종량되는 사람은 대소원인(大小員人)의 첩자녀(妾子女)이다(『경국대전』 刑典 賤妻妾子女).
3 해당 관청: 보충대 입속은 병조에서 담당하였으므로 해당 관청은 병조를 이른다.
4 첩 … 않는다: 1518년(중종 13) 11월 9일 수교이다.

아들과 손자가 이로 인해 양인이라고 모칭*하였으면 그대로 양인이 되는 것을 허락한다. 아버지 때부터 과거에 급제하였거나 생원·진사가 되어 아들이 이로 인해 양인이라고 모칭한 경우와, 아버지나 할아버지가 노비임을 숨기고 양인이라고 모칭하였는데 아직 과거에 급제하지 못하고 있다가 그 손자가 비로소 과거에 급제하였거나 생원·진사가 된 경우에는, 모두 대속*을 허락한다. 딸도 이와 같다. 비록 3대 이상이 과거에 급제한 경우라도 반드시 자수한 후에야 위와 같이 논하고, 진고로 드러났으면 논하지 않는다.[5] 〈1655년(효종 6)에 내린 비망기 ○『수교집록』형전 공천〉

9. **[보]** 관노비는 비록 본관의 관노비가 아닐지라도 반드시 관노비를 진고한 후 면천해준다. 경아문의 전복* 역시 이에 따라 면천한다. 각사노비는 비록 다른 관사의 각사노비라 할지라도 (각사노비를) 진고한 연후에야 또한 면천한다.[6] 〈순치 병신[7](1656, 효종 7) 승전 ○『수교집록』형전 공천〉

---

5 이와 관련된 내용이 『효종실록』, 6년 2월 18일과 『승정원일기』, 효종 6년 2월 19일에 다음과 같이 나온다. "임금이 하교하였다. '도감에 영(令)을 내린다. 그 할아버지부터 혹 급제하였거나 생원이나 진사가 되어 그 아들과 자손이 그대로 양인을 모칭하는 이는 특별히 탕척하는 법을 써서 그대로 양인이 되는 것을 허락한다. 그 아버지부터 비로소 급제하였거나 생원·진사가 되어 그 아들이 그대로 양인을 모칭하는 자와, 혹 그 아버지와 할아버지가 양인을 모칭하였더라도 미처 급제하지 못하고 그 손자가 비로소 출신하였거나 생원·진사가 된 이는 모두 대구속신을 허락한다. 딸도 이와 같다. 그 이외는 논하지 말고 법대로 하되, 3대 이전에 급제한 사람일지라도 반드시 자수한 뒤에야 위와 같이 시행하고, 자수하지 않고 혹 진고나 추핵으로 말미암아 드러났으면 모두 논하지 말고 도로 천적에 붙여서 나라의 기강을 바르게 하라'고 하였다."

6 이와 관련된 내용이 『승정원일기』, 효종 7년 12월 3일에 다음과 같이 나온다. "임금이 말하기를, '관노비는 반드시 관노비로 진고한 연후에 면천하는 것'은 관노비의 역이 매우 고되, 진고된 노비가 만약 관노비가 아니면 관노비가 점차 줄어들 것을 염려하는 것이다. 이후 관노비는 비록 본관의 노비가 아닐지라도 반드시 관노비로 진고한 연후에 면천한다. 경아문의 전복 또한 이에 따른다. 각사노비도 비록 다른 관사의 각사노비라 할지라도 진고한 연후에야 면천한다.'"

7 순치 병신: 원문은 '○○○○承傳'이라 하여 승전 연도가 불명확하다. 하지만 관련 내용이 『승정원일기』, 효종 7년 12월 3일에 있기에 보완하였다.

1. 陳告逃漏奴婢者 每四口 賞給一口 三口以下 則追徵各年貢布及楮貨給賞〈刑典 ○『決訟類聚』〉

1-1. 容隱役使者 論罪後 徵役價 每一口一日 楮貨六張 倍本價而止 逃亡或身死者 徵役價後 以其奴婢徵償 私賤同 名在正續案者 過五年乃許陳告 年四歲以下六十歲以上人 不在計口論賞之例〈刑典 ○『決訟類聚』〉

1-2. 良人雖無良籍良族 良役已久者 勿許陳告屬賤〈刑典 ○『決訟類聚』〉

2. 逃漏公賤三口以下陳告者 每一口 官給賞綿布十匹 其追徵貢布 則入官 五口以上陳告驛吏公賤 則限已身免役 凡人或從願限年復戶〈『前續錄』○『決訟類聚』〉

3. 良役已久者 依鄕吏條 連二代例論〈『前續錄』○『決訟類聚』〉

4. 凡公賤漏落及僧奸所生 陳告者 勿論呈所志先後 立訟人 給賞〈『前續錄』○『決訟類聚』〉

5. 妾子女補充隊漏落者 雖無私持立案 該司與掌隸院案名存人 及連二代良役者 勿許陳告還賤〈『後續錄』○『決訟類聚』〉

6. 【補】陳告之人 六口給一口 五口以下賞布 十口以上免賤 知情容隱者 勿論口數多少 許接當身 並爲梟示 現出後還爲隱匿者 陳告人 三口賞一口 二口給綿布五十疋 一口給綿布三十疋 五口以上 陞堂上 賤人賞布之外 從願別施重賞〈順治乙未推刷事目 ○『受敎輯錄』〉

7. 【補】落漏奴婢自首者 並赦前罪 身貢蠲免〈順治乙未推刷事目 ○『受敎輯錄』〉

8. 【補】自其祖父 或登科生進 而其子孫仍以冒良者 仍許爲良 自其父 登科與

---

8 容隱役使者 … 不在計口論賞之例: 바로 위 조문1의 "陳告逃漏奴婢者 每四口 賞給一口"의 주석이다.

9 良人 … 屬賤: 조문1의 율문 "陳告逃漏奴婢者 每四口 賞給一口"의 주석이다.

生進 其子仍以冒良者 及其父祖隱漏冒良 未及登科 其孫始爲出身及生進者 並許令代贖 女子同 雖三代以上登科者 必自首後 論以如右 陳告現發者 勿論〈乙未備忘 ○『受敎輯錄』〉

9. 【補】官奴婢 則雖非本官奴婢 必以官奴婢陳告後免賤 京衙門典僕 亦依此爲之 各司奴婢 則雖以他各司奴婢 陳告 亦爲免賤〈『受敎輯錄』〉

26. 노비 신분을 면제받음
二十六 贖身

속신(贖身)이란 공·사천이 천인 신분을 면제받는 것으로 속량(贖良)이라고도 한다. 이와 관련된 조목 이름을 『사송유취』,『결송유취』,『결송유취보』는 '속신'이라고 하였고,『수교집록』,『전록통고』,『전율통보』는 '속량'이라고 하였다. 수록한 내용은 크게 ① 속신 대상과 절차에 관한 『경국대전』의 규정, ② 노 양처 교혼 소생 신분 귀속에 관한 17세기의 수교, 두 가지로 나누어진다.

먼저, 속신할 수 있는 대상과 그 절차에 관한 법전 규정과 그와 관련된 부가 조항들이다.『경국대전』은 "천인의 신분 계속(係屬)은 어머니 역을 따른다. 천인으로서 양녀를 취하여 얻은 소생만은 아버지 역을 따른다"라고 하였다. 양인과 노비 사이의 교혼에 있어서, 비가양부(婢嫁良夫) 소생은 종모법(從母法), 노취양녀(奴娶良女) 소생은 종부법(從父法)을 적용하여, 그 어느 경우에서도 천인 신분에서 벗어날 수 없도록 규정한 것이다. 이는 고려시대에 확립한 천자수모법(賤者隨母法)(1039, 정종 5), 일천즉천(一賤則賤)(1298, 충렬왕 24)이라는 신분 귀속 원칙을 그대로 법제화한 것이다.『경국대전』은 '부모 중 한 사람이 노비이면 그 소생은 노비'라는 '일천즉천'의 대원칙을 천명한 가운데, 천인으로서 속신할 수 있는 대상과 절차를 규정하였다.

다음, 노양처교혼 소생을 종량 또는 환천(還賤)시키는 수교들이다. 16세기 초부터 양소천다(良少賤多)를 타개하기 위한 논의가 시작되었다. 그 결과 주목할 만한 변통론이 선조 대 제기되었는데, 이이 등이 1573년(선조 6) 경연에서 노취양처 소생을 종모위량(從母爲良)으로 변통할 것을 주장하였다. 이이의 변통론은 부천자량(父賤子良)이 되어 인륜이 문란해진다는 명분의 반대에 부딪혀 좌절되었으나, 현종 대 이후 노양처병산종모법 시행 논의에 중요한 선례가 되었다.

1669년(현종 10) 양역인구를 늘리기 위해, 종모종량(從母從良)시키는 제도가 시행되었다. 노양처소생종모종량법(奴良妻所生從母從良法)은 17세기 중반 현종 대 처음 실시된 이후 18세기 전반 영조 대에 최종 확정될 때까지 약 1세기 동안 실시와 폐지를 반복한다. 『결송유취보』는 종모종량법을 처음 규정한 현종 대 「기유수교」(1669, 현종 10)를 비롯하여 이를 다시 혁파하는 숙종 대 「기사수교」(1689, 숙종 15)까지 수록하였다.

1. 2품 이상 (관원)의 자녀를 낳은 공·사 천첩은, (그 관원이) 자신의 비로써 장예원에 고하고 (대구)속신하는 것을 허락한다.[1] 사천은 본 주인이 원하는 대로 따른다. 〈『경국대전』 형전 천첩 ○『결송유취』 속신〉

1-1. (대구)속신은 반드시 나이가 서로 비슷한 노비로 해야 한다. 만약 (대속한 노비가) 도망하였을 경우, 속신한 본인이 살아 있으면 다른 노비를 보충하여 입역시켜야 한다. 보충하여 입역시키지 못하면 (속신한 본인을) 노비로 되돌린다. 〈『경국대전』 형전 천첩 ○『결송유취』 속신〉

[2]. 『경국대전주해』에 이르기를, 이는[2] 공천을 가리켜 말한 것이다. 공천이 죽으면 검시하여 물고입안을 받는데, 검시한 물고입안이 없으면 모두 도망한 것으로 논한다. 그러므로 속신한 본인으로 하여금 다른 노비를 보충하여 입역하게 하고, 보충하여 입역시키지 못하면 속신한 본인을 환천하는 것이다. 사천이 죽으면 검시하여 물고입안을 받는 법이 없어 사망과 도망의 구별이

---

1   2품 이상 … 허락한다. 공사천 비는 그 아버지가 비록 대소원인(大小員人, 문관·무관·생원·진사·녹사·유음자손)의 부류에 들지 못했더라도 2품 이상의 첩이 되어 자녀를 낳으면 대구속신(代口贖身)하여 양인이 될 수 있다는 것이다(『경국대전주해』 後集 刑典 賤妾).

2   이는: 바로 위에 있는 조문 1-1을 가리킨다.

어려우므로 공천과 같을 수 없다. 〈『경국대전주해』 전집 형전 천첩 ㅇ『결송유취』 속신〉

3. 종친 시마친* 이상, (국왕) 외성 소공친* 이상의 천첩 자녀는 모두 종량한다. (대구)속신이나 (보충대) 입역은 없다. 친공신*의 천첩 자녀도 동일하다. 〈『경국대전』 형전 천처첩자녀 ㅇ『결송유취』 속신〉

3-1. (종친 시마친 이상, 국왕 외성 소공친 이상의) 창기나 여의 (소생은), 집안에서 데리고 사는 (창기나 여의) 소생이 아니면 (속신하여) 양인이 되는 것을 허락하지 않는다.³ 대소원인*의 경우도 동일하다. 〈『경국대전』 형전 천처첩자녀 ㅇ『결송유취』 속신〉

[4]. 대소원인【문·무관, 생원, 진사, 녹사,* 유음자·손 및 적자손이 없는 이의 첩 자손으로 승중*한 자】이 공·사비를 취하여 처⁵나 첩으로 삼아 낳은 자녀는 그 아버지가 장예원에 고하며, 장예원은 그 사실을 조사하여 장부에 기록한다. 아버지가 없으면 적모가, 적모가 없으면 동복형제가, 동복형제가 없으면 조부모가 고한다. 〈『경국대전』 형전 천처첩자녀 ㅇ『결송유취』 속신〉

4-1. (대소원인의) 자기 비나 처 비의 소생 이외에는 모두 (대구)속신한다. 질병이 없고 나이가 서로 비슷한 자로 (대구)속신하며, 만약 본 주인이 들어주지 않으면 관에 고하여⁶ (속신한다). 〈『경국대전』 형전 천처첩자녀 ㅇ『결송

---

3 집안에서 … 않는다: 집에서 데리고 사는 이가 아니면 그 아버지를 분별할 수 없으므로 양인이 되는 것을 허락하지 않는 것이다(『경국대전주해』 後集 刑典 賤妻妾子女).

4 대소원인: 『경국대전』에 문무관(文武官) 앞에 대문(大文)으로 대소원인(大小員人)이 있다. 따라서 [ ] 안에 있는 '문무관 … 승중한 이는 대소원인(大小員人)'의 주석이다.

5 처: 이 부분에 대한 『경국대전주해』 편찬자의 견해는 다음과 같다. 대소원인이 공·사비를 처로 삼을 이치는 없다. 아마도 대소원인의 첩 자손으로서 승중한 이를 가리켜서 말하는 것이거나, 혹은 구대전(舊大典)에 '급양인(及良人)'이라는 문구가 있어 『경국대전』에서 이를 삭제하였으나 '처(妻)'는 함께 삭제하지 않아 첩(妾)이라 하지 않고 처첩(妻妾)이라 하였을 것이다(『경국대전주해』 前集 刑典 賤妻妾子女).

6 만약 … 고하여: 본주가 비록 들어주지 않아도 고관하여 속신을 허용하는 것은 사족의 후예를

유취』 속신〉

4-2. (장예원은) 병조에 이문하여 보충대*에 입속시킨다. 나이가 16세가 찼음에도 장예원에 고하지 않은 경우, 고장*을 올린 뒤 3년이 지나도록 장예원에서 입안을 받지 않은 경우, 보충대 장부에 등록한 뒤에도 입역하지 않은 경우 등은 다른 사람이 진고*하는 것을 허락하여 천인으로 되돌린다. 진고한 사람은 노비를 진고한 법례에 따라 상을 논한다.[7] 유복친*은 진고하지 못한다. 〈『경국대전』 형전 천처첩자녀 ○『결송유취』 속신〉

5. 종친 천첩 자녀가 집안에서 데리고 사는 천첩 소생인지 여부를, 공천은 해당 관사의 관원에게, 사천은 본주인과 삼겨린*에게 사실을 조사한 뒤, (종친 천첩 소생임이 확인되면) 비로소 양인이 되는 것을 허락한다. 관리, 본주인, 삼겨린이 거짓으로 한통속이 되었다가 뒤에 사실이 드러나면 과죄*한다. 〈『대전후속록』 형전 천첩자녀 ○『결송유취』 속신〉

6. 관리들끼리 서로 호응하여 법을 어기고 불법으로 속신해주었거나, 속신한 후 대납한 노비가 사망했다고 거짓으로 칭하여 불법으로 물고입안을 받았으면 모두 속량하지 않고 무거운 죄로 논죄한다.[8] 〈『대전후속록』 형전 천첩자녀

중하게 여기는 것이다. 이는 『경국대전』 刑典 〈賤妾〉의 "2품 이상 (관원)의 자녀를 낳은 공사천첩은 (그 관원이) 자신의 비로써 장예원에 신고하여 (대구)속신하는 것을 허락한다"라는 율문의 주에 "사천은 본주의 실정과 소원[情願]에 따른다"라고 한 것과는 다르다(『경국대전주해』 前集 刑典 賤妻妾子女).

7 진고한 … 논한다 : 4구를 진고하면 상으로 1구 준다(『경국대전』 刑典 賤妻妾子女).

8 관리들끼리 … 논죄한다: 이는 『경국대전』 刑典 賤妾子女의 '대소원인' 아래에 '급양인' 세 글자를 첨입(添入)하여 시행한다"라는 율문의 주석이다. 앞의 조문에서 "대소원인(大小員人)으로서 공·사노비를 아내나 첩으로 삼은 이의 자녀는, 그 아버지가 장예원에 신고하면 장예원이 사실을 확인하여 장부에 기록하고 병조에 공문을 보내어 보충대에 들어가도록 한다"라고 규정하였다. 그리하여 어머니가 노비라도 아버지가 관료인 자녀들은 보충대에 편성됨으로써 양인이 되었고, 일정한 직역을 수행하고 나서는 벼슬을 얻을 수도 있었다. 이처럼 관료의 자손은 어머니가 노비더라도 양인이 될 기회를 가질 수 있었다. 그러자 이러한 제도를 일반 양인까지 확대하자는 논의가 일찍부터 있었다. 그렇게 되면 다소나마 노비의 증가를 줄이고 양인을 늘

○『결송유취』 속신〉

7. (대소원인이) 첩의 여종을 취하여 낳은 자녀는 『경국대전』 처의 여종이 낳은 자녀의 법례에 따라 (대구)속신 없이 양인이 되게 한다.[9] 〈『대전후속록』 형전 천첩자녀 ○『결송유취』 속신〉

8. (대소원인이) 타인 비를 첩으로 삼아 낳은 자식을 매입하여 자기 노비가 되었으면, 자기 비첩이 낳은 자식의 법례에 따라 보충대에 입속시킨다. 〈『대전후속록』 형전 천첩자녀 ○『결송유취』 속신〉

9. 천인이 자손과 함께 영구히 양인이 되는 것을 허락받았을 경우, (속량된 천인이) 천인을 맞아들여 낳은 소생은 면천할 수 없다. 〈『대전후속록』 형전 금제 ○『결송유취』 속신〉

10. 술수를 쓰는 사람이 수령과 함께 모의하여 속신한 후에, 몇 개월도 되기 전에 대납한 노비의 물고입안을 발급받고 속신한 자취를 인멸하니 각 관사가 피폐한 것은 실로 이에 연유한다. 지금 이후로는 공천이 속신하면서 대납한 노비가 10년 이내에 사망하면 (속신한 공천은) 천인으로 되돌린다. 〈가정 계축(1553, 명종 8) 장예원 수교 ○『결송유취』 속신〉

릴 수 있어 국가 재정과 군역에 보탬이 되기 때문이다. 하지만 보충대 입속의 기회를 일반 양인층까지 널리 확대하려는 시도는 많은 논란이 일었고, 시행과 폐지를 되풀이하였다. 이런 논의 끝에 마침내 1543년(중종 38) 제정된 『대전후속록』에는 위 규정의 '대소원인' 다음에 '급양인(及良人)'이 삽입되는 조문이 마련되었다. 그 결과 "대소원인 및 양인으로서 공·사노비를 아내나 첩으로 삼은 이의 자녀는, 그 아버지가 장예원에 신고하면 장예원이 사실을 확인하여 장부에 기록하고 병조에 공문을 보내어 보충대에 들어가도록 한다"라고 바뀌었다. 그런데 신원이 확실하고 배려되어야 할 관료의 자손에 대한 입속은 당연한 요식 절차로 처리해왔는데, '급양인' 세 글자가 첨입되어 일반인까지 적용이 확대되자 속신의 위법과 남용의 폐해가 제기되었고, 이 때문에 일반 양인들에게 속신 규정을 적용할 때 엄정을 기하라는 취지로 이 주석이 마련된 것이다[임상혁, 『나는 선비로소이다』(역사비평사, 2000)].

9 첩의 … 한다: 이 율문은 주어가 생략되어 있다. 앞의 "(대소원인의) 자기 비나 처 비의 소생 이외에는 모두 (대구)속신한다(『경국대전』 刑典 賤妻妾子女)"라는 내용에 비추어 볼 때, 이 율문의 주어는 대소원인으로 판단된다.

11. 서북*관아에서 노비를 속신할 때, 비록 이름은 대납이라고 하지만 실제는 노비를 납부하지 않고서 바로 물고입안을 발급받으며, 비록 진고라고 하지만 실제는 없는 노비를 문서상에 있다고 하여 술수를 써서 천역을 면하는 것이 끝이 없다. 지금 이후로는 양계*의 원래 거주하던 사람 및 창기와 관노비는 일체 속신을 허락하지 않으며, 진고한 사람에게는 단지 상만 주고【『경국대전』에서 노비 4구 진고하면 1구를 주고, 『대전속록』에서는 1구마다 관에서 면포 10필을 지급한다고 하였다.】면역을 허락하지 않는다. 일체 서울에서 역을 지는 사람의 봉족으로 (양계의) 창기나 관노비를 정해 지급하지 않으며, 비록 이전에 속신한 사람이라도 서울로 데리고 오지 못한다.[10] 〈가정 기유(1549, 명종 4) 장예원 수교 ○『결송유취』 속신〉

12. 【보】 공천을 속신하는 법이 『경국대전』에 수록되어 있는데, "대납한 노비가 도망하면 다시 천인으로 돌린다"라는 조문이 있으니, 속신한 후 10년 이내에 대납노비가 사망하였으면, 속신한 공천을 다시 천인으로 돌린다. 〈가정 계축(1553, 명종 8) 승전 ○『수교집록』 형전 속량〉

13. 【보】 공·사천 가운데 노와 비가 (양인과) 혼인하고 유기아를 3세 전에 수양*하면 그 아이는 양인으로 논한다. 〈강희 갑진(1664, 현종 5) 승전 ○『수교집록』 형전 속량〉

14. 【보】 사천이 사천을 취하여 낳은 자녀를 어머니의 상전에게 속신하는 경우, 한결같이 '공천이 사비를 취하여 낳은 자식이 (속신하면) 아버지의 역을 따르지 않고 (종량한다)'는 법례에 따른다. 이를 어기면 압량위천*의 법률로 과

---

10 비록 … 못한다: 사헌부의 계목(啓目)을 내리면서 전교하기를 "평안도와 함경도의 인민이 줄어들고 있으니 이 뒤로는 (창기나 관노비를) 데리고 오지 못하게 하라. 그러나 (창기나 관노비가) 서울에 와서 낳아 기른 이들도 모두 쇄환(刷還)시킨다면 틀림없이 소란이 일 것이다. 또 이 계목에도 (창기나 관노비가) 나이 50이 된 이는 쇄환시키지 않는다고 했는데, 하물며 서울에서 낳아 기른 자식들이겠는가? 자식들은 쇄환시키지 말라. 하지만 어미가 데려가기를 원하면 금할 필요는 없다"라고 하였다(『중종실록』, 21년 12월 19일).

단한다. 선대에 속신해준 노비를 자손에 이르러 다시 불법적인 방법으로 강제로 빼앗은 경우, 또한 이에 의거하여 마찬가지로 논죄한다. 〈강희 을묘(1675, 숙종 1) 승전 ○『수교집록』 형전 속량〉

15. 【보】 공·사천이 다른 사람의 비를 취하여 낳은 자식이, 자신을 어머니의 상전에게 속신하는 경우 양인이 되도록 시행한다. 그런데 "어머니가 상전에게 속신한 뒤에 낳은 자식은, 양인 여자가 공천에게 시집가서 낳은 자식의 예에 따라 아버지의 역을 따라 공천이 된다"라는 규정은 을미년(1655, 효종 6) 공노비를 추쇄*할 때 논란을 거쳐 결정한 것이다. 게다가 기유년(1669, 현종 10)에 "공·사천이 양녀를 취하여 낳은 자식은 모두 어머니의 역을 따라 양인이 된다"라는 수교가 또한 있었다.[11] 그런즉 사천과 공천은 마땅히 다를 바가 없으니, 한결같이 (기유년에) 정한 제도를 따른다. 〈강희 을묘(1675, 숙종 1) 승전 ○『수교집록』 형전 속량〉

16. 【보】 을미년(1655, 효종 6) (공노비를) 추쇄할 때, 공천이 사천을 취하여 낳은 자손이 그 어머니의 상전에게 속량해서 사천을 면하기를 도모하였으나 아버지의 역을 따라 다시 공천에 속하게 하였으니 실로 불쌍하다. 이후로 '공천이 사천을 취하여 그 자녀가 속신하여 양인이 되었으면 모두 공천으로 환속시키지 말 것'이라는 특교가 있었다.[12] 그 후에 사천과 공천을 한 가지로 시행하였는데, 이미 앞뒤로 내린 전교의 내용이 서로 달라 송사의 단서가

---

11 기유년 … 있었다: 1669년(현종 10)에 '공·사천의 양처소생은 한결같이 어미의 역을 따르도록 규식을 제정해 세우라'고 명하였다. 이는 판부사 송시열의 "공·사천의 양처소생은 남녀를 막론하고 한결같이 어미의 역을 따르도록 하는 것은 선정신(先正臣) 이이(李珥)의 논의인데, 그 당시 묘당에서 계문(啓聞)하지 않아 시행하지 못하였습니다. 지금 양민이 날로 줄어들고 있는 것은 실로 이 법이 시행되지 않았기 때문입니다. 속히 제도를 정해 변통하소서"라는 주장에 따른 것이다(『현종실록』, 10년 1월 10일).

12 이후로 … 있었다: "공·사천이 양녀를 취하여 낳은 자식은 모두 어머니의 역을 따라 양인이 된다"라는 「기유수교」(1669, 현종 10)를 이른다.

어지럽기에 다시 정식을 마련한다. 을미년 수교 이후를 기준을 삼는다.[13]
〈강희 정사(1677, 숙종 3) 승전 ○『수교집록』 형전 속량〉

17. 【보】 함경도 사천 중에 타도에서 이주하여 온 이는 일절 속량을 허락하지 않으며, 원래 함경도에 거주하는 사천으로서 속량을 원하는 사람은 또한 자신이 그 주인에게 나아가서 속량하게 한다. 〈강희 경신(1680, 숙종 6) 승전 ○『수교집록』 형전 속량〉

18. 【보】 천첩 자녀가 사족의 자손이면 대구면천*을 허락한다. 그 증조부 이내가 벼슬길에 나아가 조관이 되었던 사람의 자손은 (대구면천을) 허락하여 시행한다. [순치 신축(1661, 현종 2) 수교 ○『수교집록』 형전 속량][14]

19. 【보】 각사노비를 대납하고 속신하는 부류에게서 (대납노비를) 받을 때, 노비의 이름이 기록된 천적과 여러 식년*의 호적을 상세히 상고하여, 대납하기를 원하는 사람의 노비인가를 명확히 안 연후에, 모두 나이가 서로 비슷한 노비를 수를 헤아려 대신 받는데, 한결같이 법례에 따라 노는 노로 대신하고 비는 비로 대신한다. 혹 이름이 거짓이거나 또는 자기 소유가 아닌 노비로 대납한 것이 탄로 나면, 본인과 두목, 감관, 색리 등은 사죄로 논하며, 수령은 잡아다 심문하여 무겁게 처벌하고, 감사 또한 무거운 형률로 논한다.[15]
〈순치 신축(1661, 현종 2) 승전 ○『수교집록』 형전 속량〉

20. 【보】 대왕*의 성을 가진 후손은 6대 이내이면 속신 없이 양인이 되며, 7대 이외이면 대구속신*한다. 외손이면 단지 6대 이내만 대구속신하며, 7대 이외는 대구속신을 허락하지 않는다. '사왕*의 자손은 종량한다'는 수교는

---

13 을미년 … 삼는다: 1669년(현종 10)의 「기유수교」를 준용한다는 것이다.
14 [순치 … 속량]:『결송유취보』에는 전거가 없다. 하지만『수교집록』刑典 贖良에 있으며, 관련 내용이『비변사등록』, 현종 2년 4월 24일에 있다. 조문 18은 조문 19와 전거가 같기에『결송유취보』에서 생략한 것이다.
15 각사 … 논한다 : 관련 내용이『비변사등록』, 현종 2년 4월 24일에 있다.

1655년(효종 6) 을미년 이후로는 영원히 거행하지 않는다. 〈순치 신축(1661, 현종 2) 승전 ○『수교집록』형전 속량〉

21. '[보]' 서북의 공·사천 가운데 대왕의 성을 가진 후손은 다른 도와 마찬가지로 속신을 허락한다. 〈강희 병인[16](1686, 숙종 12) 수교 ○『수교집록』형전 속량〉

22. '[보]' 실직* 3품의 (공천) 자손과 일찍이 이조, 병조, 도총부, 사헌부, 사간원, 홍문관, 선전관 등을 역임한 관원 자식의 (공천) 소생은 대구속신을 허락한다. 비록 법전에 없더라도 음관인 사람으로, 분명히 사족이나 조관의 적자손인데, 적실에 후사가 없어 공천의 자식으로 승중을 맡은 이는 각별히 명확하게 조사하여 또한 대구속신을 허락한다. 이른바 3품 실직은 동·서반 정직이니 군직이나 첨사와 같은 부류는 어지러이 그 안에 참여할 수 없다. (위의 경우) 서북 공천은 법에 따라 일체 속신을 허락하지 않는다. 〈강희 경술(1670, 현종 11) 승전 ○『수교집록』형전 속량〉

23. '[보]' 공천이 속여 속신하였으면 본인은 다시 천인으로 돌린다. 관원은 제서유위율*로 논죄하며, 색리는 전가사변*하고 물간사전*한다. 〈만력 정해(1587, 선조 20) 승전 ○『수교집록』형전 속량〉

24. '[보]' 기유년(1669, 현종 10) 정월 10일에 제정한 정식이다. 공·사천이 양인 여자를 취하여 낳은 자식은, 남녀를 물론하고, 9일 해시(밤 11시) 이전 소생은 그대로 공·사천에 속하고, 10일 자시(밤 11시) 이후 소생은 영원히 양인이 된다. 〈강희 기유(1669, 현종 10) 승전 ○『수교집록』형전 공사천취양녀소생〉

25. '[보]' 기유년(1669, 현종 10) 이후 공·사천이 양인 여자를 취하여 낳은 자식은 어머니를 따라 양인이 되는 것을 허락하되, 100일 이내에 입안을 제출하

---

16 강희 병인: 康熙□□承傳으로 되어 있으나 『승정원일기』, 숙종 12년 3월 13일에 관련 기록이 있기에 '병인'으로 특정하였다.

지 못하거나 호적에 오르지 않은 이는 도로 천인으로 돌린다'고 하였다. 그러나 지금 이후로는 그 어머니가 과연 양인이면 입안이 있는지 없는지를 논하지 않고 곧바로 어머니를 좇아 양인이 되도록 허락한다.[17] 〈강희 갑자년(1684, 숙종 10) 승전 ○『수교집록』형전 속량〉

26. 【보】 기유년(1669, 현종 10) 이후 공·사천이 양인 여자를 취하여 낳은 자식이 일찍이 사목에 의거하여 종량입안을 발급받은 후에도 곧 다시 천인으로 돌아가는 일이 있어 백성이 매우 원망한다. 장예원으로 하여금 일체 이전의 정식에 따라 이미 환수한 종량입안을 되돌려주도록 하라. 〈강희 신유(1681, 숙종 7) 승전 ○『수교집록』형전 속량〉

27. 【보】 노와 양인 아내 사이의 소생은 양인 호적 유무를 물론하고 노의 상전이 거집*할 수 없다. 〈강희 을축(1685, 숙종 11) 승전 ○『수교집록』형전 속량〉

28. 【보】 '기유년(1669, 현종 10) 이후 노와 양처 사이의 소생은 양인이 되도록 하는 법'을 혁파한다.[18] 기유년 이후 양역에 입속된 자 이외에 그 나머지 미

---

17 그러나 … 허락한다: 우의정 남구만이 말하기를, "지난번 함경감사 장계에 이르기를, '공천이나 사천이 양처(良妻)를 얻어 낳은 자녀는 어미를 따라 종량하도록 허락하고 입법한 지 100일 안에 입안을 내도록 하였으나, 먼 지방의 소민은 입안을 낸 자가 전혀 없다'고 하였습니다. 이제 만약 모두 환천한다면 장차 종량할 사람이 없을 것이니, 이미 입안을 낸 이는 100일 안팎을 물론하고 모두 종량하도록 허락하고 입안이 없는 자와 원래 입적하지 아니한 자만 뽑아서 환천하게 하는 것만 못합니다. 1669년(현종 10) 기유년 입안의 영(令)은 간사함을 막는 것이 또한 치밀하였습니다. 그러나 법의(法意)가 좋지 않은 것이 아니나 인연(夤緣)하여 폐단이 생겨서 힘이 부족한 자도 있고, 형세가 불가능한 자도 있고, 고의로 회피하는 자도 있는데, 입안이 없는 이를 만약 모두 환천한다면 장차 종량할 사람이 없을 것입니다. 입적(入籍)하지 아니한 자는 마땅히 그 자료서 처주되, 양녀의 소생은 기연히 양인이 되게 하소서. 한번 훤친의 길을 열어놓으면 반드시 그 분운(紛紜)함을 감당하지 못할 것입니다. 마땅히 다시 법을 정하여 중외에 반포하십시오"라고 하니, 영의정 김수항, 호조판서 정재숭, 예조참판 서문중은 모두 남구만의 말을 옳다고 하였다(『숙종실록』, 10년 10월 23일).

18 기유년 … 혁파한다: 1669년(현종 10) 기유년 이후 양역 인구를 늘리기 위해 실시한 종모종량법(從母從良法)을 혁파한다는 것이다. 노론은 율곡 이이의 노취양처 소생 종모위량 주장 이후 노비제 개혁에 진취적인 태도를 견지하고 있었으며, 남인은 노비제에 대해 보수적인 성향을 띠어 명분론적인 입장에서 노와 양인 처 사이의 소생을 양인으로 삼는 법의 실시에 반대

처 양인이 되지 못한 이는 본 주인에게 돌려준다. 〈강희 기사(1689, 숙종 15) 승전 ○『수교집록』형전 속량〉

1. 二品以上有子女公私賤妾 許以自己婢告掌隷院贖身 私賤 則從本主情願 〈刑典 ○『決訟類聚』〉

1-1. 凡贖身 須用年歲相准奴婢 若逃亡者 本身生存 則充立 不得充立者 還賤[19] 〈刑典 ○『決訟類聚』〉

[2]. 註解 此指公賤而言也 公賤物故者 檢屍受立案 無檢屍立案 則並以逃亡論 故使之充立 不得充立者 還賤矣 私賤物故者 無檢屍立案之法 則物故與逃亡難辨 故不得與公賤同也 〈刑典 ○『決訟類聚』〉

3. 宗親緦麻以上外姓小功以上親賤妾子女 竝從良 無贖身立後[20] 親功臣賤妾子女同 〈刑典 ○『決訟類聚』〉

3-1. 倡妓女醫 家畜者所生外 勿許爲良 大小員人同 〈刑典 ○『決訟類聚』〉

[4]. 文武官生員進士錄事有蔭子孫及無嫡子孫者之妾子孫承重者 娶公私婢爲妻妾者之子女 其父告掌隷院 覈實錄案 無父則嫡母 無嫡母則同生 無同生則祖父母告 〈刑典 ○『決訟類聚』〉

4-1. 自己婢妻婢所生外 皆贖身 以無病年歲相當者贖 本主若不聽者[21]告官[22] 〈刑典 ○『決訟類聚』〉

하는 입장을 취하였다. 이 때문에 종모종량법은 서인 집권기에는 실시되었다가 남인 집권기에는 폐지되는데, 이 수교가 반포된 1689년(숙종 15)은 기사환국으로 남인이 재집권한 시기이다.

[19] 凡贖身 … 還賤: 바로 위에 있는 조문 1 "二品以上有子女公私賤妾 許以自己婢告掌隷院贖身 私賤 則從本主情願"의 주석이다.

[20] 立後: 『경국대전』에 '立役'으로 되어 있어, 번역에서 교감하였다.

[21] 者: 『경국대전에』는 '則'으로 되어 있다.

[22] 自己 … 告官: 조문 [4]의 주석이다.

4-2. 移文兵曹 屬補充隊 年滿十六不告者 告狀後 過三年不受立案者 付案後 不立役者 許人陳告 還賤 告者 依陳告奴婢例論賞 有服之親 毋得陳告 〈刑典 ○『決訟類聚』〉

5. 宗親賤妾子[23] 家畜所生與否 公賤則其司官員 私賤則本主三切隣 閱實後 方許爲良 官吏本主三切隣等 虛事符同後現者 科罪〈『大典後續錄』○『決訟類聚』〉

6. 官吏相應違法冒贖者 贖身後詐稱代奴婢物故冒受立案者 竝勿受理 重論〈『大典後續錄』○『決訟類聚』〉

7. 娶妾婢所生子女 依大典妻婢所生例 無贖身 從良〈『大典後續錄』○『決訟類聚』〉

8. 他人婢作妾所生 買爲己奴者 依自己婢妾産例 屬補充隊〈『大典後續錄』○『決訟類聚』〉

9. 凡賤口幷子孫 永勿許[24]爲良者 嫁娶賤口所生 勿免賤〈『大典後續錄』○『決訟類聚』〉

10. 用術之人 與守令同謀贖身之後 未滿數月 卽出代身物故立案 以滅其跡 各官疲弊 實由於此 自今以後 公賤贖身 代納奴婢 十年內物故者 還賤〈嘉靖癸丑受敎 ○『決訟類聚』〉

11. 西北官奴婢贖身之際 雖名爲代納 而實則不納 旋出物故立案 雖名爲陳告 而以無爲有 用術免役者 滔滔 自今後 兩界原居人 及倡妓官奴婢 一切勿許贖身 陳告者 只給賞【大典四口一口 前續錄 每一口 官給綿布十四】勿許免役 一應京役人奉足 勿以倡妓官奴婢定給 雖已前贖身者 亦勿率來〈嘉靖己酉受敎 ○『決訟類聚』〉

12.【補】公賤贖身之法 載在大典 有逃亡則還賤之條 贖身後十年內 代納奴

---

23 賤妾子:『대전후속록』에 '賤妾子女'로 되어 있어, 번역에서 교감하였다.

24 永勿許:『대전후속록』에 '永許'로 되어 있어, 번역에서 교감하였다.

婢物故者 還賤〈嘉靖癸丑承傳 ○『受敎輯錄』〉

13. 【補】公私賤中 奴與婢交嫁者 收養遺棄兒 論以良人〈康熙甲申[25]承傳 ○『受敎輯錄』〉

14. 【補】私賤之娶私賤所生子女 贖身於母上典者 一依公賤娶私婢所生者 不從父役例 違者 論以壓良爲賤之法律科斷 先世贖給奴婢至于子孫 還爲撓奪者 亦依此一體論罪〈康熙乙卯承傳 ○『受敎輯錄』〉

15. 【補】公私賤之娶他婢所生 自贖其身於母上典者 從良施行 其母贖身於上典後所生 則依良女嫁公賤所生 從父役爲公賤 乃是乙未推刷時 論難定奪者 而又自己酉年 公私賤之娶良女所生 並從母役爲良 亦有受敎 則私賤與公賤 宜無異同 一從前後定制〈康熙乙卯承傳 ○『受敎輯錄』〉

16. 【補】乙未推刷時 以寺奴娶私賤 所生子枝 贖良於其妻上典 圖免私賤 而從父役 還屬公賤 實爲可矜 前後寺奴娶私賤 贖其子女爲良者 並勿還屬公賤事 有特敎 其後私賤與公賤一體施行 而旣有前後之敎 故訟端紛紜 更爲定式 以乙未受敎後爲定限〈康熙丁巳承傳 ○『受敎輯錄』〉

17. 【補】咸鏡道私賤 自他道移來者 切勿許贖良 元居民願贖者 亦使自就其主而贖良〈康熙庚申承傳 ○『受敎輯錄』〉

18. 【補】賤妾子女 士族子枝 許其代口免賤 其曾祖以下 通仕路爲朝官者之子孫 聽施

19. 【補】各司奴婢代納贖身之類 計捧之時 奴婢名付賤籍 及累式年戶籍 詳細相考 明知其願納者之奴婢然後 皆以年歲相當者 計口代捧 而一依法例 以奴代奴 以婢代婢 或以虛名 或以非自己奴婢代納現露 則當身及頭目監官色吏等 論以一罪 守令拿問重處 監司亦論以重律〈順治辛丑承傳 ○『受敎輯錄』〉

25　甲申: 『수교집록』에 '甲辰'으로 되어 있어, 번역에서 교감하였다.

20. 【補】大王姓孫 則六代以上 無贖身從良 七代以下 代口贖身 外孫 則只限六代以上代口贖身 而七代以下 勿許代贖 四王子孫從良受敎 則乙未以後永勿擧行〈順治辛丑承傳 ○『受敎輯錄』〉

21. 【補】西北公私賤中 大王姓孫 則他道一體許贖〈康熙□□承傳 ○『受敎輯錄』〉

22. 【補】實職三品者之子孫 曾經吏兵曹都摠府司憲府司諫院弘文館宣傳官之子所生 許令代口贖身 雖非法典 蔭官之人 明是士族朝官之嫡子孫 而嫡室無後 當以娶公賤所生之子承重者 各別明査 亦許代口贖身 所謂三品實職 乃是東西班正職 如軍職僉使之類 不可混參於其中 西北公賤依法一切勿許〈康熙庚戌承傳 ○『受敎輯錄』〉

23. 【補】公賤詐爲贖身者 當身還賤 官員以制書有違之律論斷 色吏全家入居 勿揀赦前〈萬曆丁亥承傳 ○『受敎輯錄』〉

24. 【補】己酉正月初十日立制定式 公私賤娶良女所生 勿論男女 初九日亥時以前所生 仍屬公私賤 初十日子時以後所生 永爲良人〈康熙己酉承傳 ○『受敎輯錄』〉

25. 【補】己酉以後 公私賤娶良女所生 從母許良 而百日內未出立案 及不入籍者 還賤矣 今後其母果是良人 則勿論立案有無 直使從母許良〈康熙甲辰[26]承傳 ○『受敎輯錄』〉

26. 【補】己酉以後 公私賤娶良女所生 曾因事目從良立案之後 旋有還賤之擧 民多稱冤 令該院 一依前定式 還給已收之案〈康熙辛酉承傳 ○『受敎輯錄』〉

---

[26] 康熙甲辰: 이 수교가 『결송유취보』와 『수교집록』에는 康熙甲辰(1664, 현종 5)으로 되어 있다. 하지만 수교 내용에서 1669년(현종 10) 이후를 언급하고 있어 맞지 않는다. 이 내용은 『숙종실록』, 10년 10월 23일에 보인다. '숙종 10년'이 갑자년이므로, 번역에서 '갑진'을 '갑자'로 교감하였다.

27. 【補】凡奴良妻所生 勿論良籍有無 父上典母得據執〈康熙乙丑承傳 ○『受教輯錄』〉

28. 【補】己酉以後 奴良妻所生許良之法革罷 己酉以後 入屬良役者外 其餘未及屬良者 還給本主〈康熙己巳承傳 ○『受教輯錄』〉

27. 몰수해 국가에 귀속시킴
二十七 屬公

속공(屬公)이란 주인이 없는 물건이나 금제품(禁制品)·범법물(犯法物)·범장물(犯贓物) 또는 죄를 지은 사람 등을 국가 소유로 귀속시키는 것을 말한다. 속공의 대표적인 사례는 1406년(태종 6) 사찰을 정비하면서 거기에 딸린 토지와 노비를 대거 국가에 귀속시킨 것이라고 할 수 있다. 〈속공〉은 『사송유취』와 『결송유취』에도 있는데 『결송유취보』 내용이 더 풍부하다. 속공하는 절차는, 지방관이 '속공이 마땅하다'고 감사에게 보고하면, 감사는 국왕에게 계문하고, 국왕은 속공을 담당하는 관사인 형조나 장예원에 계하(啓下)하여 속공하도록 하였다.

1. 사노비나 토지를 절이나 무격*에게 시주로 바치면, 논죄한 후에 그 노비나 토지는 속공*한다. 〈『경국대전』 형전 금제 ○ 『결송유취』 속공〉

2. 요역을 규피*하기 위해 경작하는 토지를 남의 이름으로 암록*하면 그 토지는 속공한다. 〈『대전속록』 호전 잡령 ○ 『결송유취』 속공〉

3. 속공할 때, 해당 노비에 한정하여 거주지 및 자식을 남김없이 추쇄*하며 송안에 이 사실을 모두 기록한다. 속공한 후 즉시 속안*에 기록한다. 〈『대전속록』 형전 공천 ○ 『결송유취』 속공〉

4. 죄인의 속공 노비는 본래 공천이면 각각 해당 각사에 돌려보낸다. 〈『대전속록』 형전 공천 ○ 『결송유취』 속공〉

[5]. 사천으로 중이 되어 도첩을 받지 않았거나 또는 죄를 지었으면 환속시킨다. 본 주인이 불교에 미혹되어 (환속시킨 사천을) 바로 머리를 기르도록 하지 않았으면 (주인은) 추고하고 (환속시킨 사천은) 공천에 소속시킨다. 〈『대전속록』 형전 사천 ○ 『결송유취』 속공〉

6. 【보】 화랑이나 유녀는 소재관이 적발하여 죄를 다스린다. (화랑이나 유녀가) 양인 자녀이면 영원히 잔읍 노비로 소속시키며, 공·사천이면 장 100·유 3,000리에 준*하여 처벌한다. 〈『대전후속록』 형전 금제〉

7. [1561년 정월 20일 승전한 내용에] 지방의 상송 중인 노비나 토지를 본도 추관*이 추열*하여 "속공이 마땅합니다"라고 감사에게 보고하면, (감사는) 국왕에게 계문한다. 이후 (국왕이) 법례에 따라 장예원에 내려 보내면, [장예원은 국왕의 계하에 따라 속공한다. 국왕이 윤허한 일에 만약 "(지방관이) 오결하였습니다"라는 정소가 있으면, 앞서 처결한 관리를] 혹은 지방의 추관을 지목하거나 혹은 장예원 당상이나 낭청을 지목하여 (처벌한다.) 의논이 하나로 귀일되지 않으면, 또한 정해진 법이 없어 어느 쪽을 따라야 할지 모르게 되니, 이런 경우 대신들이 수의한다. 의논을 수렴하여, "감사는 한 도를 위임받았으니 본도 추관으로 하여금 자세히 추열하여 속공을 마쳤습니다"라고 계문한다. "[사송*은] 지방에서 내세우는 의견이나 말이 옳다"라고 수의하고 이에 따라 시행할 것이다. [형조와 장예원에 내린 전교이다] 〈가정 신유(1561, 명종 16) 수교 ○『결송유취』 청송〉

1. 私奴婢田地施納寺社巫覡者 論罪後 其奴婢田地屬公 〈○刑典 ○『決訟類聚』〉
2. 窺避徭役 將所耕田 暗錄他人名字者 其田屬公 〈『前續錄』 ○『決訟類聚』〉
3. 凡屬公 限當奴婢 接處及子枝 無遺推刷 訟案並錄 屬公後 隨卽續案施行 〈『前續錄』 ○『決訟類聚』〉
4. 凡罪人屬公奴婢 本係公賤 則各還其司 〈『前續錄』 ○『決訟類聚』〉
[5]. 以私賤爲僧者 不受度牒 或犯罪 還俗 而本主惑於佛敎 不卽長髮者 推考 屬公賤 〈『前續錄』 ○『決訟類聚』〉
6. 【補】 花郞游女 所在摘發治罪 良家子女 永屬殘邑奴婢 公私賤 准杖一百 流三千里 〈『後續錄』 ○『決訟類聚』〉

7. [辛酉正月二十日 承傳內] 外方相訟田民 本道推官 已盡推閱 以屬公[宜當] 報監司 啓聞後 例下掌隸院 [依啓下屬公 允下等項事 如有呈誤決者 前決官吏] 或指以外方推官 或指以本院堂上郎廳 議論不一 亦無定法 莫知適從 收議大臣 議得內 監司委任一道 本道推官 備細推閱 以屬公[決了] 啓聞 [詞訟] 當以外方指論[宜當] [依議得]施行 [刑曹掌隸院傳敎]² 〈嘉靖辛酉受 ○『決訟類聚』〉

---

1 【補】:『결송유취』에 해당 조문이 없기에, 【補】라 표기하고, 번역에서『대전후속록』에서 첨보한 것으로 교감하였다.
2 『결송유취보』에 결락된 내용을『각사수교』'辛酉正月二十日 承傳'에 의거하여 [ ]로 표시하고 보완하였다.

28. 은혜를 베풀어 길러주고 돌보아줌
二十八 惠恤

> 혜휼(惠恤)은 환과고독 및 연로자·기민·질병자 등 사회적 약자를 혜양호휼(惠養護恤)한다는 의미로 이와 관련된 조목은 『경국대전』 예전에 처음 나온다. 이후 『대전속록』의 〈혜휼〉은 기한이 넘도록 혼례를 치르지 못한 사족부녀나 장례를 치르지 못한 궁핍한 이들에 관한 것으로, 『경국대전』과 그 대상이 다르다. 그리고 『대전후속록』에는 〈혜휼〉 자체가 빠져 있다. 〈혜휼〉의 내용은 『수교집록』에 집중적으로 보이는데, 수록 내용도 조선 후기 상황을 반영하여 유기아(遺棄兒) 수양(收養)이 중심으로 되어 있다. 즉 『수교집록』의 〈혜휼〉은 당시 자연재해와 질병 만연에 따른 유민과 유기아가 증가한 데서 비롯된 것으로 주목할 만한 변화이다. 『결송유취보』의 〈혜휼〉 8개 조문 가운데 7개 조문이 유기아 수양에 관한 것이며 1개 조문은 유리개걸인, 고공 관련된 것이다. 유기아 수양에 관한 수교는 자연재해가 빈발한 17세기 후반 현종 대 집중적으로 내려졌다.

1. 잃어버린 어린아이[1]는 한성부나 본 읍이 양육을 원하는 사람에게 보수*하고, 관은 의복과 식량을 준다. 10세가 지나도록 돌려 달라고 신고하는 사람이 없

---

[1] 잃어버린 어린아이: 『경국대전』 〈惠恤〉을 보면, 부모로부터 이탈된 아이들을 유기아가 아닌 '유실소아(遺失小兒)'의 관점에서 접근하고 있는 점이 주목된다. 『경국대전』 어디에도 '유기아' 또는 '유기소아'라는 명칭은 찾을 수 없고, '유실소아'라는 명칭이 사용되고 있다. 친생부모가 양육권을 포기하고 기치(棄置)한 아이가 유기아라면, 유실아는 부모를 잃고 길 잃은 아이를 의미한다. 부모로부터 분리되어 보호받지 못하는 아이에 대하여 유기(遺棄)보다는 유실(遺失)의 관점으로 인식하였음을 보여준다. 15세기 『경국대전』 체제에서 국가 주도의 유기아 구제 정책은 이들을 유기아가 아닌 유실아로 바라보는 국가의 시각에서 출발하고 있음을 보여준다(김경숙, 「16, 17세기 유기아수양법과 민간의 轉用: 1661년 서원현 소송을 중심으로」, 『고문서연구』 57, 2020).

으면 양육을 원하는 사람이 부리는 것을 허락한다.² 〈『경국대전』 예전 혜휼 ○『결송유취』 혜휼〉

2. 빈민들은 각각 그 어린아이를 자신이 양육할 수 없어 유기하는 일이 틀림없이 많을 것이니, 양육을 원하는 사람은 어린아이의 용모와 나이를 갖추어 관에 고하고 한성부는 분명히 문안을 만들어 준다. 버려진 어린아이를 양육한 지 3개월 이내에 본주인 또는 부모나 친족 등이 되찾아 가고자 하면, 양육하는 데 든 곡식을 배로 배상하게 하고 되돌려준다. 가물*로 배상하지 않거나 혹은 3개월 이후에 되찾아 가려는 경우에는 본 주인에게 돌려주지 않고, 양육을 원하는 사람에게 영원히 준다. 〈가정 정미(1547, 명종 2) 수교 ○『결송유취』 혜휼〉

3. 【보】 흉년의 유기아를 제외하고 양가 부모들이 사사로이 서로 의논해 수양* 하여 훗날 면천의 계책으로 삼는 것은 일절 엄히 금지한다. 〈강희 병오(1666, 현종 7) 승전 ○『수교집록』 예전 혜휼〉

4. 【보】 유기아를 3세 이전에 거두어 기르면 관에서 입안을 내주고 어린아이의 옷에 관인을 찍으며, 장성한 뒤에는 곧 자기 자식이나 노비와 같게 하는 것이 통상적으로 행해지는 법례이다.³ 지금 이 유기아는 8, 9세 이내로 제한하며,⁴ (생가와 양가) 양측이 원하는 실정을 들어서 구제하여 살리는 것을 허락하되,

---

2   10세가 … 허락한다: 이 조문에 대해 '유실소아의 나이가 10세인지, 아니면 유실소아를 기른 지 10년인지'와, 역사를 허락한다는 것이 '유실소아만 부리는 것인지, 아니면 그 자손까지 노비로 하여 자자손손 부린다는 것인지' 등 해석에 대한 『대전사송유취(大典詞訟類聚)』의 의문 제기가 있다(임상혁, 「『대전사송유취』와 조선 전기의 법이론」, 『법제연구』 18, 2000, 227쪽).
3   장성한 … 법례이다: 부모, 족친, 본주가 수양된 유기아를 다시 찾아가지 못한다는 것이다.
4   지금 … 제한하며: 1637년(인조 15) 전쟁 종식을 기준으로 삼아 6년 뒤인 1643년(인조 21)에 나오게 된 이 수교는 8, 9세 이전의 유기아를 대상으로 하는 임시특별법으로, 3세 이전의 당초 기준이 바뀐 것은 아니었다(김무진, 「조선사회의 遺棄兒 收養에 관하여」, 『계명사학』 4, 1993).

양인이나 공·사천을 막론하고 수양한 부모 및 담당 관리, 겨린을 상세히 조사하여 초사를 받고 입안을 만들어주어 뒷날의 근거자료로 삼아 간사하고 거짓된 폐단이 없도록 한다. 유기아를 다른 사람이 양육하도록 허락하고 입안을 만들어주는 한 가지 일은 (1643년) 4월 24일부터 5월 20일까지를 기한으로 한다.[5] 정해진 기간이 지나 법을 어기고 입안을 받으려는 사람은 격식을 어긴 것으로 논단해야 한다. 〈숭덕 계미(1643, 인조 21) 승전 ○『수교집록』예전 혜휼〉

5. 【보】 유기아를 수양하는 사람은 정해진 기한 내에 관에 소지를 올려 입지를 받고 담당 관리는 수양인에게 다짐을 받음으로써 간사함이나 거짓을 막도록 한다. 유기아가 공·사천이면 관이나 주인 모두 추심하여 돌려받는 것을 허락하지 않는다. 〈강희 경술(1670, 현종 11) 수교 ○『수교집록』예전 혜휼〉[6]

6. 【보】 신해년(1671, 현종 12) 정월 초하루부터 7월 30일 사이에 유기아를 수양하였으면, 양인이나 공사천을 막론하고 모두 그의 이후 소생까지 영원히 노비로 삼도록 하되,[6] 15세까지로 한다. 16세 이상이면 본인에 한하여 고공으로 삼고,[7] 그 소생은 모두 본래의 신역으로 되돌린다. 서울은 한성부에 소지를

---

[5] 유기아를 … 한다: 입안을 성급할 수 있는 기간을 4월 24일부터 5월 29일까지로 한정한 것은 이 수교가 임시특별법에 해당하기 때문이다[김무진(1993), 위의 글]. 기근의 정도에 따라 수양하여 노비나 고공으로 삼을 수 있도록 허락한 나이 기준이 한시적으로 변동되기는 했지만 이는 일시적인 조치였다. 관에서 인정하는 유기아의 나이에 관한 원칙은 『속대전』禮典 惠恤에 다음과 같이 정리되어 있다. "흉년에 버려진 어린아이는 다른 사람이 수양·구활하여 자식으로 삼거나 노비로 삼도록 허락하되, 어린아이의 나이 한도와 수양 날짜 기한은 한결같이 임시사목을 따른다.【유기아 수양은 3세 이전을 한도로 하되 만약 연이은 흉년이나 심한 흉년을 만나게 되면 혹은 8, 9세, 혹은 15세를 한도로 하여 양측의 정원(情願)을 들어준다.】"

[6] 신해년 … 하되: 수양 입안 기간을 한정한 임시특별법이다. 신해년(1671, 현종 12)은 경신대기근 이듬해이다. 극심한 유망 현상으로 인하여 유기아가 급증한 것을 배경으로 1671년 정월 1일부터 7월 30일 이전의 수양 유기아는 양민이나 공·사천을 막론하고 영영 노비로 삼고자 하였다. 유기아 수양의 경우, 그 자신에 한하여 노비로 삼던 것으로부터 그 자손까지 해당된다고 새롭게 규정한 것이다[김무진(1993), 앞의 글].

올리고, 외방은 본관에 소지를 올리는데, 진휼청입안을 받지 않았으면 시행하지 않는다. 이를 삼남과 경기에 먼저 반포한다. 호세가*가 협박하여 강제로 수양하였으면 '약탈'로 논하고,[8] 한통속이 된 관리는 '왕법'으로 논하며,[9] 구조하여 살려낸 뒤 부림당하는 것을 꺼려 피하는 이는 '반주'로 논하고,[10] 위세로 도로 빼앗아 가는 이는 '왕법'으로 논한다.[11] [12] 〈강희 신해(1671, 현종 12) 수교 ○『수교집록』 예전 혜휼〉

7. 【보】 공사천 중의 노비가 다른 공사천 중의 노비와 교가한 자가 유기아를 수양하여 장성하였는데, 법전 내에 "3세 전에 수양하면 곧 자기 자식과 같이 한다"라고 하였다면서 그 유기아를 수양부모의 양쪽 상전이 서로 쟁송하면 양측 모두 부당하다. (수양부모가) 장악하고 있는 노비를, 양쪽이 부당하다는 법례에 따라 속공*하는 것도 또한 타당하지 않다. 양인으로 논하여 양역에 종사하도록 하는 것을 영구히 준행하는 법으로 삼는다.[13] 〈강희 갑진(1664,

---

7 16세 … 삼고: 16세를 기준으로 노비와 고공을 가르는 것은 1671년(현종 12)과 1685년(숙종 11)뿐이었다. 1663년(현종 4) 「유기아 수양령」, 1695년(숙종 21) 「을해 유기아 수양법」, 1732년(영조 8) 「임자진휼사목」 모두 13세 기준을 따르고 있다. 즉 전자(1671, 1685)는 16세를 기준으로 그 미만은 노비로 그 이상은 고공으로 하고, 후자(1663, 1695, 1732)는 13세 미만은 노비로 13세 이상은 고공으로 하는 것이었다[김무진(1993), 앞의 글].

8 호세가가 … 논하고: 『대명률』의 '타인을 약매(略賣)하여 노비가 되게 하면' 처벌하는 조항을 따라 장 100·유 3,000리에 처한다(『증보전록통고』 禮典 惠恤).

9 한통속이 … 논하며: 『대명률』의 왕법장(枉法贓)으로 논하여, 1관 이하이면 장 70에 처하고 차차 등급을 더하여 80관이면 교형에 처한다(『증보전록통고』 禮典 惠恤).

10 구조하여 … 논하고: 수교에 따라 그대로 본역을 지고 절도에 정배한다. 『증보전록통고』 禮典 惠恤, "依受敎 仍本役 絶島定配".

11 위세로 … 논한다: 『경국대전』의 타인 노비를 거집(據執)하면 처벌하는 조항을 따라 장 100·도 3년에 처한다(『증보전록통고』 禮典 惠恤).

12 호세가가 … 논한다: 이 수교는 『속대전』 禮典 惠恤에 반영되었다.

13 공사천 … 삼는다: 수양부모인 노비 부부가 수양한 유기아를 두고, 양쪽 상전들이 서로 소유권을 주장하며 다투는 경우에 대한 규정이다. 이에 대해 정부는 노주와 비주 양쪽 모두 유기아를 차지하는 것이 부당하다는 입장이었다. 관에 속공한다는 규정을 적용하는 것도 타당하지 않다

현종 5) 승전 ○『수교집록』예전 혜휼〉

8. 【보】양반이나 상한을 막론하고, 유리·걸식하는 사람이 주인에게 역을 지고 그 대가로 양육되는 것을 통해 고공이 되기를 원하는 경우, 가장이 서울은 한성부에 외방은 거주지 관아에 소지를 올린다. 관은 (가장과) 고공이 되기를 원하는 사람과 함께 초사*를 받은 뒤 입안을 작성해주며, 호적에 기재한 이후에 고공이 되도록 한다. 〈강희 경신(1680, 숙종 6) 승전 ○『수교집록』예전 혜휼〉

1. 遺失小兒 漢城府本邑保授願育人 官給衣料 過十歲無告還者 許願育人役使〈禮典 ○『決訟類聚』〉
2. 貧民等 各其小兒不能自育 遺棄必多 許令願育者 具小兒容貌年歲告[14] 漢城府明立文案 被棄小兒 或本主或父母族親等收育 三朔前推尋者 則所養穀食 倍償還給 而價物不償 或三朔後推尋者 勿還本主 永給願育人〈嘉靖丁未受敎 ○『決訟類聚』〉
3. 【補】凶年遺棄兒外 兩家父母私相通議 許人收養 以爲他日免賤之計者 一切嚴禁〈康熙丙午承傳 ○『受敎輯錄』〉
4. 【補】遺棄兒 三歲前收而養育者 官給立案 兒衣踏印 長成後 卽同己子己奴 常行法例 今此遺棄兒 限八九歲以前 聽其兩邊情願 許爲救活 勿論良人公私賤 其父母及色掌切隣 詳査捧招 立案成給 以爲後日憑考 俾無奸僞之弊 遺棄兒 許人養育 立案成給一事 自四月二十四日 至五月二十日爲限 定日外冒受者 當以違格論斷〈崇德癸未承傳 ○『受敎輯錄』〉

는 인식하에 해당 유기아를 양인(良人)으로 논하여 방량(放良)한다는 규정을 마련했다[김경숙(2020), 앞의 글]. 이 내용은『속대전』禮典 惠恤에 반영된다.

14 年歲告:『각사수교』에 '年歲告官'으로 되어 있어 번역에서 교감하였다.

5. 【補】遺棄兒收養人 限內呈官受立旨 色掌捧侤音 以防奸僞 公私賤則官主 並勿許推還〈康熙庚戌承傳 ○『決訟類聚』〉

6. 【補】自辛亥正月初一日 至七月三十日以前 收養遺棄兒 勿論良民公私賤 幷其後所生 永作奴婢 以十五歲爲限 十六歲以上 限己身作爲雇工 其所生 幷還本役 京則呈漢城府 外則呈本官 不受賑廳立案者 勿施 三南畿甸爲先 頒布 豪勢家 脅勒收養者 以掠奪論 符同官吏 以枉法論 救活後厭避者 以叛主論 威勢還奪者 以枉法論〈康熙辛亥承傳 ○『受敎輯錄』〉

7. 【補】公私賤中奴與婢 交嫁他公私賤中奴與婢者 收養遺棄兒長成 而法典 內 三歲前收養 卽同己子云 故同遺棄兒身 爲其養父母上典者兩人 互相爭 訟 則俱是不當 執持奴婢 依兩邊不當例屬公 亦未妥當 論以良人 使之定役 永久遵行之法〈康熙甲辰承傳 ○『受敎輯錄』〉

8. 【補】勿論兩班常漢 凡有流離丐乞人 仰役率養 願爲雇工者 家長 京漢城 府 外所居官 願屬人 幷捧招後 立案成給 戶籍懸錄 然後以雇工施行〈康熙 庚申承傳 ○『受敎輯錄』〉

15 決訟類聚:『수교집록』의 오기(誤記)이다.『결송유취』는 1649년(효종 원년)에 간인(刊印)되었기에 1670년(현종 11) 반포한 수교(受敎)를 수록할 수 없다. 이 수교는『수교집록』에 수록되어 있기에 번역에서 교감하였다.

29. 역마가 다니는 길
二十九 驛路

역은 중앙과 지방 간에 왕명과 공문서를 전달하고, 진상(進上)·공부(貢賦) 등의 관수물자를 운송하며, 사신 왕래에 따른 영송지대(迎送支待)와 숙박 편의를 제공하고 심지어는 통행인을 검문 규찰하는 등의 여러 가지 기능을 담당하였다. 따라서 역은 통신·숙박 기능 그리고 역마 제공 및 운송의 기능과 지역방어를 수행함으로써 중앙집권적 통치기구를 유지하는 중추적인 역할을 하였다. 역은 교통의 측면에서 진도(津渡) 및 조운(漕運)과 함께 역대 통치자들에 의해 그 중요성이 매우 강조되었으며 조선의 위정자들은 역정(驛政)에 진력하였다.

조선시대의 역로 체제는 고려의 역제를 대부분 유지하였으나, 세종·세조 대 역로 조직의 개편을 거쳐 『경국대전』의 완성을 계기로 전국적인 역로 조직과 체제를 구축하게 되었으며, 이후 조선 후기까지 큰 변동 없이 대부분 존속하였다. 이에 비해 역민의 신분 귀속 규정은 시대에 따라 종부법(從父法), 일천즉천(一賤則賤), 종모법(從母法) 등 적용하는 원칙의 변화와 더불어 매우 복잡한 양상으로 전개되었다.

〈역로〉는 18개 조문으로 『대전후속록』의 3개 조문, 『수교집록』의 13개 조문, 추기한 2개 조문 등으로 구성되었다. 『결송유취보』에는 『경국대전』, 『대전속록』에 수록된 역마의 관리, 조역(助役)의 배정, 역민의 도망 등 역제 운영과 관련된 조항이 포함되지 않았다. 이러한 점에서 〈역로〉는 역제 전반을 아우르는 내용으로 구성되었다기보다는 역민의 신분 귀속 규정에 중점을 두고 구성되었다는 특징을 보인다.

〈역로〉를 통해 역민의 신분 귀속 규정이 '조선 후기 종모법 시행'과 '역민 확보'라는 두 개의 정책 방향이 충돌함에 따라 빈번하게 바뀌었고, 아울러 일반 민인의 신분 귀속 원칙과 다르게 적용되었던 경향을 볼 수 있다.

1. 각 역의 마위전*이 모래로 덮이거나 하천으로 바뀌어 영영 갈아먹지 못하게 되면 버려진 절에 딸린 전답이나 속공한 전답으로 보충하여 지급한다. 〈『대전후속록』 호전 잡령 ○『결송유취』 역로〉
2. 각 역의 전운노비*가 죽거나 늙어서 역을 면제받은 경우 그 자식으로 충정한다. 자손이 없는 경우에는 응당 속공하는 노비 또는 강도의 처자식으로 정하여 지급한다. 〈『대전후속록』 병전 역로 ○『결송유취』 역로〉
3. 1501년(연산군 7) 윤7월 24일 이전에 역녀*가 양인 남편과 혼인하여 낳은 소생이 이미 별시위, 갑사, 의사, 관상감, 사역원, 녹사*, 서리, 정병, 수군, 향리에 소속되었거나 잡직 6품 이상, 생원, 진사, 유음자손, 잡과 출신인 경우 이외에는 모두 역리로 소속시킨다. 법을 제정한 이후 역녀가 양인 남편과 혼인하여 낳은 소생은 품계와 관직의 고하를 막론하고 모두 역에 소속시키며,[1] 역리가 공사천 비를 취하는 것을 일절 금한다. 〈『대전후속록』 병전 역로 ○『결송유취』 역로〉
4. 【보】 역리가 공사천 비와 혼인하여 낳은 딸은 그 자신에 한하여 역에 소속시키고 그 딸의 소생은 할머니의 본사나 본주에게 환급하는 것을 영구히 정식

---

1   법을 … 소속시키며: 조선 전기 역녀(驛女)와 양부(良夫) 사이 소생의 신분은 원칙적으로 종부법(從父法)에 따라 양인이 되었지만, 역민(驛民)의 확대를 위해서 직역을 역역(驛役)에 귀속시켰는데, 그 과정은 다음과 같다. ① 역리가 1414년(태종 14) 6월 이후에 사천과 혼인하여 낳은 자식은 모두 아비를 따라 역리가 되고, 백성이 역녀와 결혼하여 낳은 자식은 아비를 따라 양인이 되게 하였다(『세종실록』, 6년 11월 2일). ② 1501년(연산군 7) 윤7월 24일 이후 역녀가 양부와 혼인하여 낳은 소생은 모두 역역을 지웠다(『대전후속록』 兵典 驛路). ③ 중종 대에 이르러 역녀가 양부에게 시집가서 낳은 소생을 역에 소속시키지 말고자 하였으나 이 법을 무너뜨린다면 각 역에 부릴 만한 사람이 없어 어렵다는 반론에 따라 취소되었다(『중종실록』, 1년 11월 2일).

으로 한다. 〈숭덕 계미(1643, 인조 21) 승전 ○『수교집록』 병전 역로〉

5. 【보】 "역리가 공사천과 혼인하여 낳은 딸은 그 자신에 한하여 역에 소속시키고, 그 딸의 소생은 할머니의 본주나 본사에 환급한다"는 규정은 수교를 반포한 1643년(인조 21) 월일을 기한으로 정한다. 수교 이전 소생은 이전 사목에 따라, 아들은 아비의 역에 따르고 딸은 어미의 역에 따른다.[2] 역리가 양인 여자와 혼인하여 낳은 딸은 곧 양녀이지만, 그 양녀의 소생이 (노와 혼인하면) 남편의 상전이 추심한다. 〈숭덕 계미(1643, 인조 21) 승전 ○『수교집록』 병전 역로〉

6. 【보】 역리의 양처소생 딸은 역리안에 등록하지 않는다.[3] 〈순치 무자(1648, 인

---

[2] 아들은 … 따른다: 『경국대전』 刑典 賤妻妾子女에서, 역리와 공사천 비 사이 소생의 직역에 대해 아들인 경우 부역(父役)에 따르지만 딸인 경우는 불분명했다. 이 규정에 따라 역리와 공사천 비 사이의 소생 아들의 신분은 양인으로 인식되었지만 딸의 경우 부역에 따르지 않았기 때문에 종천(從賤)할 경우에 남매 간 신분이 달라지는 문제가 발생하였다. 이에 대해 중종 대에 "그 소생 여자는 본래 아비 역처(役處)에 정역(定役)할 이치가 없으니, 『대전』에 실린 소생의 아비란 아들에 대해서만 말하고 딸에 언급하지 않은 것은 너무도 분명"하다며, "향리 등이 자기 비를 취하여 낳은 아들은 자연 본 조목에 의하여 아비의 역처에 정역하고, 그 딸은 역시 평민이 천인을 취하여 낳은 준례에 따라 천인으로 하면 자연 입법의 본의에 어그러지지 않는다"라는 의견에 따라(『중종실록』, 6년 4월 1일), 이 내용이 『대전후속록』 刑典 賤妻妾子女에 보완되었다. 이에 따라 역리와 공사천 비 사이에 출생한 아들은 부역에, 딸은 모역(母役)에 따르는 것이 원칙으로 정해졌다. 이 원칙은 1643년(인조 21)에 이르러 역리와 공사천 소생 딸도 본인 당대에 한해 역역(驛役)을 담당하고 그 자손은 해당하지 않는 것으로 변화되었다가, 1664년(현종 5) 소생 아들과 딸 모두 일률적으로 모역에 따르는 것으로 바뀌어서 천인으로 귀속되었다.

[3] 역리의 … 않는다: 17세기 중반 역리의 신분 구성은 각 역의 상황에 따라 달랐는데, 1644년(인조 22)에 일률적으로 양인과 노비를 구별하지 않고 소생 자녀 모두를 역리안에 등록하라는 조치가 내려지자 경기·홍청·전남·경상 4도 19역의 역리들이 집단적으로 서울로 올라와 격쟁하였다. 이들은 "홍청 등 4도의 여러 역의 경우는 처음부터 역리(驛吏)와 역자(驛子)의 구별이 있어서 역리는 대대로 양족(良族)으로서 사로(仕路)에 허통된 것이 향리와 같았"는데, "지금 양처의 소생인 자녀들을 역안(驛案)에 현록하기를 역노비와 같게 하여 수백 년 동안 전해 온 양인들의 자식이 하루아침에 천인이 되게 되었다"라고 하면서, "옛 규례에 의거하여 양처의 자녀는 녹안(錄案)하지 말고 종량하게 하여줄 것"을 진소(陳訴)하였다. 이에 조정에서 전국 각 도를 조사한 결과, 역리의 양처소생자녀를 녹안한 전례가 없었다는 것이 밝혀졌고, 역리의 양처소생 자녀를 역리안에 등록하라는 조치가 취소되었다(『인조실록』, 26년 8월

조 26) 승전 ○『수교집록』 병전 역로〉

7. 【보】 역노가 공사천 비를 취하여 낳은 소생 가운데 아들이 아비의 역에 따르고 딸이 어미의 역에 따르는 것은 일체 옛 법령에 따라 시행한다. 다만 1663년 (현종 4) 이전에 형지안*에 등록된 역리가 공사천 비를 취하여 낳은 딸은 모두 1645년(인조 23) 을유년 수교에 따라 그대로 역역을 담당한다. 역노가 공사천 비를 취하여 낳은 소생 가운데 아들이 아비의 역을 따르는 규정과 역리가 사천 비를 취하여 낳은 소생은 남녀를 막론하고 모두 어머니 역에 따르는 규정은 1664년(현종 5) 정월부터 시행한다. 역리 또는 역노가 공사천 비를 취하여 낳은 소생은 일찍이 마땅히 형지안에 기록되어야 하는데 중간에 누락된 부류를 지금 각 역에서 추가로 등록하여 시끄러운 폐단을 여는 것은 옳지 않으니, 본사와 본 주인들이 각자 추쇄*하여 돌려받도록 한다. 〈강희 갑진(1664, 현종 5) 승전 ○『수교집록』 병전 역로〉

8. 【보】 사비가 역노와 혼인하여 낳은 소생은 아비가 소속된 역에 따른다. (그 아들이) 이어서 역비를 얻어 (다시) 아들을 낳고 손자를 낳았으면 그 (조모 혹은) 증조모가 사천이라는 것은 문제 삼아 논할 바가 아니다. 비록 혹 형지안에 누락되었더라도 그 (조모 혹은) 증조모의 본주가 어떻게 추심할 수 있겠는가. (추심할지라도) 내주지 말라. 〈강희 을사(1665, 현종 6) 승전 ○『수교집록』 병전 역로〉

9. 【보】 공사천의 양처 소생은 어미를 따라 양인으로 삼는 법이 이미 시행되었으므로, '역노의 양처 소생의 경우 아들은 역리로 올리고 딸은 역녀로 올린나'는 하나의 규성도 또한 마땅히 임자사목(1672, 현종 13)에 따라 거행해야 하니, 지금 1681년(숙종 7)부터 시작하여 일체 사목에 따라 형지안을 수정

13일).

4 공사천의 … 하니: 역노가 양처에게 장가들어 낳은 소생은 1669년(현종 10)부터 어미를 따라

한다. 〈강희 신유(1681, 숙종 7) 승전 ○『수교집록』 병전 역로〉

10. 【보】 역노가 공사천 비를 취하여 낳은 소생은 1664년(현종 5)부터 남자는 아비의 역에 따르고 여자는 어미의 역에 따른다. [강희 갑자(1684, 숙종 10) 비국사목 ○『수교집록』 병전 역로][5]

11. 【보】 역리가 양인 여자를 취하여 낳은 소생 가운데 아들은 역리로 삼고 딸은 역녀로 삼는다. [강희 갑자(1684, 숙종 10) 비국사목 ○『수교집록』 병전 역로]

12. 【보】 역리가 공사천 비를 취하여 낳은 소생은 갑진년(1664, 현종 5)부터 아들딸 모두 어머니 역을 따른다. [강희 갑자(1684, 숙종 10) 비국사목 ○『수교집록』 병전 역로]

13. 【보】 역녀가 양인 남편과 혼인하여 낳은 아들은 1501년(연산군 7) 수교에 의거하여 역리로 삼는데, 이 법은 1504년(연산군 10) 6월부터 시행됨을 거듭 밝혔다. 현재 1681년(숙종 7) 형지안에 등록되지 않고 다른 역에 소속된 자는 추심하지 않는다. [강희 갑자(1684, 숙종 10) 비국사목 ○『수교집록』 병전 역로]

14. 【보】 역녀가 양인 남편과 혼인하여 낳은 딸은 다른 양녀 소생의 법례에 따라 역에 소속시키지 않는다. 그러나 현재 1681년(숙종 7) 형지안에 등록되어 이미 역을 수행하고 있는 이는 그대로 역에 소속시킨다. [강희 갑자(1684, 숙종 10) 비국사목 ○『수교집록』 병전 역로]

15. 【보】 역녀가 공사천 노와 혼인하여 낳은 아들이나 딸은 또한 기유사목(1669, 현종 10)에 의거하여 어미를 따라 양인이 되도록 허락한다. 이미 양인이 되었으면 역녀가 양인 남편과 혼인하여 낳은 소생과 차이가 없으니, 또한

양인이 되는 것을 허락한 후 1672년(현종 13)부터 아들은 역리로 삼고 딸은 역녀로 삼는다(『受敎輯錄』兵典 驛路).

5 [강희 … 역로]: 율문에는 전거 표기가 없으나 역자가 교감하였다. 이하 동일.

1501년(연산군 7) 수교에 의거하여 아들은 역리로 삼고 딸은 역에 소속시키지 않는다. 그러나 아들이 신유형지안(1681, 숙종 7)에 들어가지 않고 이미 다른 역에 소속된 경우에는 추심하지 않고, 딸이 이미 신유형지안에 들어가서 이미 역을 수행하는 경우에는 그대로 역에 소속시켜, (역녀가 공사천에게 시집가서 낳은 아들딸) 모두 역녀가 양인 남편과 혼인하여 낳은 소생과 똑같이 시행한다. [강희 갑자(1684, 숙종 10) 비국사목 ○『수교집록』 병전 역로]

16. 【보】 역속은 단지 역리, 역녀, 역노, 역비의 4개의 명목만이 있다. 그런데 각 역에서 가물*을 받거나 혹은 청탁으로 인하여 역노를 역리로 승격시켜서 역노의 천한 명칭과 다소간의 차이가 생겼다. 1684년(숙종 10)부터 형지안의 역졸을 모두 역노로 입속시킬 것이며, 이전처럼 그대로 역졸로 등록한다면 인원수의 많고 적음에 상관없이 찰방*을 율문을 살펴서 정죄한다. [강희 갑자(1684, 숙종 10) 비국사목 ○『수교집록』 병전 역로]

1. 各驛馬位田 覆沙反川 永不耕食 以廢寺田及屬公田 充給 〈『後續錄』 ○『決訟類聚』〉

2. 各驛轉運奴婢物故老除者 以其子枝充定 無子枝者 以應屬公奴婢及强盜妻子 定給 〈『後續錄』 ○『決訟類聚』〉

3. 弘治十四年閏七月二十四日以前 驛女嫁良夫所生 已屬別侍衛甲士醫司觀象監司譯院錄事書吏正兵水軍鄕吏 及雜職六品以上生員進士有蔭子孫雜科出身者外 竝屬驛吏 立法後交嫁所生 勿論流品職秩高下 一皆屬驛 驛吏娶公私賤者 一禁 〈『後續錄』 ○『決訟類聚』〉

4. 【補】 驛吏嫁公私賤 所生子女[6] 限己身屬驛 其女子之所生 還給本司本主 永爲定式 〈崇德癸未承傳 ○『受敎輯錄』〉

---

6 所生子女: 『수교집록』에 '所生女子'로 되어 있어 번역에서 교감하였다.

5. 【補】驛吏嫁公私賤所生女子 限己身屬驛 其女子之所生 還給本主本司事 以受敎日月定限 受敎前所生 依前事目 男從父役 女從母 驛吏嫁良女所生女 則便是良女 其所産 夫上典推尋〈崇德癸未承傳 ○『受敎輯錄』〉

6. 【補】驛吏良妻所生女子 錄案安徐〈順治戊子承傳 ○『受敎輯錄』〉

7. 【補】驛奴娶公私賤所生 男從父役 女從母役 一從舊章施行 癸卯式年以前 形止案載錄驛吏 娶公私賤所生女子 並從乙酉受敎 仍存驛役 驛奴娶公私賤所生 男從父役 及驛吏娶私賤所生 勿論男女 並從母役 自甲辰正月爲始施行 驛吏奴娶公私賤所生 曾前應載於形止案 而中間落漏之類 則今不可自各驛 追錄以啓紛紜之弊 令本司本主各自推還〈康熙甲辰承傳 ○『受敎輯錄』〉

8. 【補】私賤之嫁驛奴所生者 從父屬役 仍娶驛婢生子生孫 則其曾祖母之爲私賤 非所可論 雖或落漏於形止案 其曾祖母本主 何可推尋乎 勿爲出給〈康熙乙巳承傳 ○『受敎輯錄』〉

9. 【補】公私賤良妻所生 從母爲良之法 旣行 則驛奴良妻所生 男陞驛吏 女陞驛女 一款 亦當依壬子年事目擧行 自今式年爲始 一遵事目 形止案修正〈康熙辛酉承傳 ○『受敎輯錄』〉

10. 【補】驛奴娶公私賤所生 自顯宗朝甲辰年 男從父役 女從母役

11. 【補】驛吏娶良女所生 男爲驛吏 女爲驛女

12. 【補】驛吏娶公私所生 自顯宗朝甲辰年 男女並從母役

13. 【補】驛女嫁良夫所生男 依弘治受敎爲驛吏 而此法自甲子六月爲始申明 今辛酉式年形止案不爲錄 屬於他役者 勿爲推尋

14. 【補】驛女嫁良夫所生女 依他良女所生例 勿爲屬驛 而今辛酉式年形止案 入錄已服役者 仍爲屬驛

7　女從母:『수교집록』에 '女從母役'으로 되어 있어 번역에서 교감하였다.
8　公私:『수교집록』에 '公私賤'으로 되어 있어 번역에서 교감하였다.

15. 【補】驛女嫁公賤⁹ 所生男女 亦依顯宗朝己酉事目 從母許良 而旣爲良人 則與驛女嫁良夫所生無異 亦依弘治受敎 男爲驛吏 而女則勿爲屬驛 而男子不入辛酉形止案已屬他役者 勿爲推尋 女子已入辛酉形止案已服役者 仍爲屬役 並與嫁良夫所生 一體施行

16. 【補】驛屬只有吏女奴婢四名目 而各驛或捧價物或因請囑 以奴陞吏 稍別於奴之賤稱 自甲子式年爲始 形止案驛卒 並以驛奴入屬 而仍前以驛卒載錄 則察訪勿論名數多少 考律定罪〈康熙甲子備局事目〉

9   公賤: 『수교집록』에 '公私賤'으로 되어 있어 번역에서 교감하였다.

30. 공신에게 토지나 노비를 하사함
三十 功臣賜牌

　공신사패(功臣賜牌)란 국가나 왕실에 큰 공을 세운 신하에게 내린 경제적·사회적 혜택을 말한다. 〈공신사패〉는 사패전(賜牌田)의 대표적인 전지인 공신전과 일시적인 공로가 있어 하사받은 별사전의 세전(世傳)에 대한 내용, 공신에게 지급하는 노비인 구사(丘史)에 대한 내용, 공신 자손의 특수 병종 입속과 처벌 감등에 대한 내용 등으로 이루어져 있다.

　토지 세전에 대한 조문은 『경국대전』의 율문과 주석으로, 공신전이나 별사전을 물려받을 수 있는 주체와 물려받는 자손이 처벌을 받거나 대가 끊겨 공신전이나 별사전을 물려받을 수 없는 경우의 대안을 명시하였다. 구사에 대한 조문은 『경국대전』의 율문과 명종 때 추가된 수교로, 구사의 대상을 외거노비로 한정하고 공신 사후 구사를 본래의 역으로 돌려보내도록 하였다. 수교에서는 함경도와 평안도 그리고 황해도 지역에 소속된 관노비나 관아 중에서 관노비의 정원이 부족한 곳에서는 구사를 차출할 수 없도록 하였다.

　공신 자손의 특수 병종 입속과 처벌 감등에 대한 조문은 『수교집록』의 내용으로 『결송유취보』 단계에 이르러 포함되었다. 특수 병종의 경우 정훈공신 자손들이 소속되는 충의위와 원종공신 자손들이 소속되는 충익위·충찬위에 소속될 수 있는 대수를 한정했다. 이는 병자호란 이후 국가 재정의 악화로 공신 자손들이 충의위에 입속하지 못하는 현상이 발생하자 무분별하게 모속(冒屬)하는 폐단을 시정하기 위한 것이었다. 처벌 감등의 경우 공신의 자손이 죄를 짓더라도 대수를 한정하지 않고 처벌의 등급을 낮춰준 것으로, 공신 자손들이 모속 금지에 따라 가질 수 있는 불만을 무마하기 위한 목적이 반영된 것으로 볼 수 있다.

1. 공신전*은 자손¹에게 대대로 전한다.² 〈『경국대전』 호전 전택 ○『결송유취』 공신〉
1-1. 적처가 자손이 없는 경우 양첩 자손에게 전해준다. 양첩 자손이 없으면 천첩 자손으로 승중*한 자에게 제전 30결만 지급하고 나머지는 속공한다.³ 〈『경국대전』 호전 전택 ○『결송유취』 공신〉
1-2. 전해 받는 자손이 만약 죄를 지어 벌을 받아 마땅히 몰수해야 하는 경우, 다른 자손에게 옮겨 지급한다. 〈『경국대전』 호전 전택 ○『결송유취』 공신〉
1-3. 사전*도 이와 같다.⁴ 대진*하면 속공*하며, 사패*에 "영구히 후세에 전할

---

1   자손: '자손'의 뜻은 ① '아들과 손자'만을 지칭하는 경우와 ② '자자손손'을 지칭하는 경우가 있다.『경국대전주해』는 ①에 해당하는 율문과 ②에 해당하는 율문을 각각 8가지 예시하고, 공신전(功臣田) 전자손(傳子孫)은 ②에 해당한다고 하였다(『경국대전주해』 前集 吏典 取才).

2   공신전은 … 전한다:『경국대전』에 공신전 세전(世傳) 규정이 수록되는 경위는 다음과 같다. 공신전이 세전하는 사패가 있는 공신전으로 세전하지 않는 사패가 없는 공신전으로 확연히 구별되기 시작한 것은 태종 이방원이 제1차 왕자의 난을 통해 정권을 잡는 1398년(태조 7) 이후였다. 태조 대 분급된 공신전 가운데 개국공신전만을 자손에게 세전할 것을 인정하였고, 나머지 공신전인 원종공신전과 회군공신전은 세전이 금지되었다. 즉 태조 대에 하사되었던 공신전 가운데 개국공신전만 사패전으로 남을 수 있었던 것이다. 태종은 과전법 제정이 사전의 확대를 금한다는 명분 아래 이루어졌다는 점을 충분히 활용하여 공신전의 사패전화를 막았다. 태종의 사패전 축소정책으로 사패전은 세종 대까지 점차 감소하였다. 세종은 원종공신을 책정하자는 신하들의 상소에도 불구하고 그가 집권하고 있는 동안은 공신을 책정하지 않았다. 세종은 공신을 책정한 적이 없었고 당연히 사패전의 분급도 하지 않았다. 또한 세종은 앞으로 지급되는 공신전은 세전이 될 수 없도록 하여 원칙적으로 공신전이 사패전이 되는 것 자체를 금하였다. 그러나 세조가 집권한 이후 이전과는 달리 세전하는 사패전이 상당히 많이 증가하였다. 정난공신(靖難功臣), 좌익공신(佐翼功臣)이 책봉되었으며, 이들 공신들에게 공신전을 분급하였기 때문이다. 그런데 세조 이후 분급된 공신전은 모두 자손에게 세전할 수 있었으므로 사패전이었다. 세조의 이러한 사패전 정책은 공신전을 분급하였지만 끊임없이 공신들을 견제하고 사패전을 줄여나갔던 태종과는 전혀 달랐다. 왕위를 찬탈하였다는 비난을 감수해야 했던 세조로서는 자신을 믿고 따랐던 공신들과 정사를 의논할 수밖에 없었다. 공신들과의 공조로 이루어지고 있었던 세조의 정국 운영은 사패전의 확대를 가져오게 되었던 것이다(이숙경,「조선초기 賜牌田의 확대와 田制의 변화」,『한국사학보』 11, 2001).

3   적처가 … 속공한다: 1554년(명종 9) 이르러 '제사를 주관하는 자손이 있으면 환급(還給)한다'는「갑인수교」가 추가되었다.

4   사전도 … 같다:『경국대전』의 대문 "功臣田傳子孫"과 동일하다는 의미이며, 대문의 소주인 "傳受子孫 若被罪應收者 移給他子孫"과 같다는 의미가 아니다(『수교집록』 禮典 奉祀).

수 있다"라는 말이 없으면 본인이 사망한 뒤 또한 속공한다. 노비도 이와 같다. 〈『경국대전』 호전 전택 ○『결송유취』 공신〉

[2]. 『경국대전주해』에 "(가문에서) 처음으로 공신이 된 이는 가묘에서 신주를 옮기지 않는다. 그러므로 그 공신전은 자손에게 영구히 전해준다. 만약 사전*을 받은 사람이 대진하여 다시 제사를 지내지 않게 되면 그 사전은 도로 속공한다. (두 경우) 모두 전세를 거두는 수조권을 가리켜 말하는 것으로,[7] 그 토지 소유권을 하사한 경우 '대진하면 속공한다'는 규정을 적용하지 않는다." 〈『경국대전주해』 전집 호전 전택 ○『결송유취』 공신〉

3. 공신의 구사* 및 구사의 봉족은 외거노비로 지급하되,[8] 공신 사후 3년 뒤에 본래의 역으로 돌려보낸다. 공신의 처가 살아 있으면 그대로 주되, (외거노비에) 유고가 생기더라도 보충하지 아니한다. 〈『경국대전』 형전 공천 ○『결송유취』 공신〉

4. 지금 이후로 양계*와 황해도 각 관아의 노비는 '공신에게 영구히 지급하는 노비'로 정하지 않는다.[9] 관노비 원액*을 채우지 못한 각 관아 또한 구사를 (관노비로) 지급하지 않는다. 〈가정 갑인(1554, 명종 9) 수교 ○『결송유취』 공신〉

5 대진하면: '제사 지내는 대수를 넘겨 더 이상 제사를 지내지 않는다'는 친진이 아닌, 공신전을 계승할 자손이 없는 경우를 의미한다(『성종실록』, 24년 5월 20일).

6 속공하며: 호조에 전지(傳旨)하기를 '(공신전은) 공신의 주사(主祀)가 중대하므로 천첩자(賤妾子)라도 특별히 제전(祭田) 30결을 주어서 제사하게 하나, 사전(賜田)은 한때의 특은(特恩)이고 주사에 관계되지 않으므로 승중(承重)한 이라도 첩자손(妾子孫)이면 주지 않아야 마땅하다'고 하였다(『성종실록』, 24년 5월 20일).

7 모두 … 것으로: 공신전이나 사전(賜田) 지급 방식은, 일정한 면적의 수조지(收租地)를 사급(賜給)해 거기에서 나오는 조(租)를 수취하도록 하는 수조권(收租權)을 지급하는 경우와 왕실의 토지나 국유지 같은 것을 떼어주어 토지 그 자체의 소유권(所有權)을 주는 두 가지 경우가 있는데, 속공(屬公)의 대상이 되는 토지는 수조권이 지급된 경우를 이른다는 것이다.

8 공신의 … 지급하되: 공신의 구사는 경거노비(京居奴婢)로 배정하였으나 각사 소속의 경거노비가 크게 부족하여 1470년(성종 원년) 외거노비로 충급(充給)하였다(『성종실록』, 원년 2월 12일).

5. 【보】 정훈공신*의 봉사손 외에 중자*가 충의위*가 되는 것은 5대로 한정한다. 원종공신의 자손이 충익위*·충찬위*가 되는 것은 3대로 한정한다. 〈강희 병인(1686, 숙종 12) 승전 ○『수교집록』 이전 공신〉[9]

6. 【보】 크고 작은 죄를 조율*할 때, 비록 친공신*의 자손이 아니더라도 원종공신*의 자손도 대수를 한정하지 않고 모두 (공신의 자손이라고) 표지를 붙여 죄의 등급을 낮춘다.[10] 〈강희 병인(1686, 숙종 12) 승전 ○『수교집록』 이전 공신〉

[9] 지금 … 않는다: 함경도, 평안도와 황해도는 백성이 곤궁하기 때문에 국가에서 법을 세워 각 관아의 노비를 재상의 반인(伴人)이나 공신의 노비로 정해주지 않았다. 그러나 국법이 느슨해졌으므로 1554년(명종 9) 다시 법을 세워, 이를 어기는 이는 각별히 죄를 다스릴 것을 다음과 같이 명하였다. "1554년(명종 9) 7월 7일 (장예원에 내린) 전교이다. 함경도, 평안도와 황해도는 나라의 문호이지만 백성들이 곤궁하므로 나라에서 법을 세워 (관아의 노비를) 재상의 반인 및 공신의 노비로 지급지 않은 것은 깊은 뜻에서 나온 것이다. 그러나 요즘 국법이 쇠퇴하여, 반인을 사점하는 것이 이미 불가한데 (사점하거나), 공신의 노비로도 또한 많이 정해 지급하니 지극히 옳지 않다. 이제부터 함경도, 평안도와 황해도 각 고을의 노비는 공신에게 영구히 지급하는 노비로 정하지 말되, (노비의) 원액(元額)에 차지 않는 각 관청에도 구사(丘史)로 지급하지 않는다. 만약 법을 어겨 금령을 무릅쓰고 내어주는 이는 각별히 죄를 다스리도록 하라. 장예원에 전교한다"(『각사수교』 掌隸院受敎).

[10] 크고 … 낮춘다: 공신 자손에 대한 처벌에 대해 다음과 같은 규정이 있다. ① 공신의 아들과 손자가 죄를 지어 처벌을 받는 경우 속전이 허용되었다. ② 공신의 증손 이하 후손이 죄를 지으면 '某朝 某功臣'이라 첨지를 붙여 보고한다. 원종공신도 이와 같다. ③ 원종공신의 자손이 죄를 지은 경우 신분이 공인·상인이라 하더라도 임금에게 아뢴 뒤에야 고신(拷訊)할 수 있다. (『대전후속록』, 刑典 推斷). 병자호란 이후 국가 재정의 악화로 공신 자손들이 충의위에 입속하지 못하는 현상이 발생하였다. 이에 이들의 불만을 무마하기 위해 공신의 자손이 죄를 짓더라도 대수를 한정하지 않고 처벌의 등급을 낮추었다. 1686년(숙종 12) 영의정 김수항(金壽恒)이 아뢰기를, "무릇 크고 작은 죄를 매기고 조율(照律)할 때 예전 관례에는 친공신(親功臣) 원종공신(原從功臣)을 막론하고 대수(代數)를 한정하시 않고 모두 부표(付標)하여 감등(減等)하는 것을 허용하였으나, 세평이 혹은 구전(口傳)으로 이미 대수를 한정하였은즉, 공감(功減)의 규정도 제한이 있어야 한다고 합니다. 그러나 구전으로 대수를 제한한 것은 다만 대오(隊伍)를 편성하여 돌아가며 번(番)을 세워서 오위(五衛)에 소속케 하기 위한 것이었으니, 이것 때문에 공감(功減)의 규정도 함께 폐지할 수는 없으니, 반드시 일정한 법식이 있어야 준행할 수 있을 것입니다" 하니, 임금이 말하기를, "공신 자손을 율에 의해 감등하는 것은 충의위에 구전으로 대수를 정한 것과는 같지 않다. 옛 관례대로 시행하라" 하였다(『숙종실록』, 12년 7월 23일).

1. 功臣田 傳子孫 〈戶典 ○『決訟類聚』〉

1-1. 嫡室無子孫者 傳良妾子孫 無良妾子孫 賤妾子孫承重者 只給三十結[11] 其餘屬公 〈戶典 ○『決訟類聚』〉

1-2. 傳受子孫 若被罪應收者 移給他子孫 〈戶典 ○『決訟類聚』〉

1-3. 賜田同 代盡則屬公 賜牌不言可傳永世者 身歿後 亦屬公 奴婢同 〈戶典 ○『決訟類聚』〉

[2]. 註解 始爲功臣者 不遷於家廟 故其田永傳子孫 若賜田受賜之人 代盡復祭之[12] 則其田還屬公 皆指田稅而言也 以其土田賜者 不在代盡屬公之限 〈戶典 ○『決訟類聚』〉

3. 功臣丘史及丘史之奉足 以外居奴婢給 身歿三年後 還本役 妻存仍給 有故勿充 〈刑典 ○『決訟類聚』〉

4. 自今以後 兩界黃海道各官奴婢 勿定功臣永給奴婢 其未滿元額各官 亦勿給丘史 〈嘉靖甲寅受敎 ○『決訟類聚』〉

5. 【補】功臣正勳奉祀孫外 衆子忠義 以五代定限 原從功臣子孫之爲忠翊贊 限三代 〈康熙丙寅承傳 ○『受敎輯錄』〉

6. 【補】大小照律之時 雖非親功臣子孫 原從功臣 不限代數 並爲付標減等[13] 〈康熙丙寅承傳 ○『受敎輯錄』〉

---

11 只給三十結: 『경국대전』에 '只給祭田三十結'로 되어 있어 번역에 반영하였다.

12 代盡復祭之: 『경국대전주해』에 '代盡不復祭之'로 되어 있어 번역에서 교감하였다.

13 『수교집록』에 '付標減等' 뒤에 "이는 조종조에서 준행하는 법인데, 구전(口傳)으로 이미 대수를 한정할 수 없기에 모두 폐지하고 공신 자손 감등은 이전대로 시행한다"라는 내용이 추가되어 있다.

31. 권리를 증명하는 문서
【補】三十一 文記

〈문기(文記)〉는 토지, 가옥, 노비 등의 권리를 양도할 때 작성하는 문서에 대한 규정이다. 조선시대의 재판에서 가장 중요하게 여겨졌던 증거는 소송 당사자가 제출한 문기였다. 문서가 위조되지 않고, 그 작성명의인의 의사에 따라 작성되면 그것은 증거력을 가지며, 이때에 비로소 사실 인정의 자료로 될 수 있는 힘을 가졌다. 이에 반하여 문서의 진정 성립에 관하여 다툼이 있으면 증명의 대상이 되며, 문서제출자가 그 진정 성립의 증명책임을 져야 했다. 분쟁의 일방 당사자가 자신의 권원(權原)을 뒷받침하는 증거를 제출하면 송관은 반대 당사자에게 그 증거의 진정성을 인정하는지 여부를 묻게 마련이었다. 문서의 진정 성립이 부정되면 그 내용에 따른 증거력을 인정할 수 없게 된다.

조선시대에는 소송의 객관적인 사실 여부와 관계없이 문기가 판결의 근거가 되었기에 문기 위조가 성행하였다. 이에 "무릇 송사에서 사리가 굽어 이기지 못하자 문기를 위조하는 것이 많으니 그 간사함이 현저한 이는 법전에 따라 죄를 다스리도록 하라"라는 「정사수교」(1557, 명종 12)까지 내려졌다. 문기 위조가 남발하였기에 판단에는 세심한 주의가 필요했다. 『사송유취』는 〈청송식〉에서 제출 문기의 동일성과 진실성을 확인하기 위해 청송관이 조사해야 할 사항 20가지를 제시하였다.

〈문기〉는 『수교집록』에 포함되기 시작하였으며, 『속대전』에 구체적으로 보완된 내용이 수록되었다. 『결송유취보』의 〈문기〉는 관의 인증을 받지 못한 문서인 백문기를 고쳐 발급해주는 내용, 자녀들이 부모의 재산을 나누기 위해 작성한 화회문기의 효력에 대한 내용, 백문을 부정한 목적으로 사용한 경우에 대한 처벌 규정 등으로 이루어져 있다.

1. ("부모, 조부모, 외조부모, 처부모, 남편과 처·첩 및 형제자매 등이 화회*하여 분집* 하는 외에는 관서문기*를 사용한다. 문기를 고치고자 하는 이는 사유를 갖추어 관에 고한다")는 율문에서 '사유를 갖추어 관에 고한다'는 말은 백문기*와 관서문기를 아울러 가리켜 말하는 것이다. 이제부터 백문기도 (관서문기와 함께) 관에 아뢰어 고쳐 발급해주도록 한다.¹ 〈가정 갑인(1554, 명종 9) 승전 ○『수교집록』 형전 문기〉

2. 부모가 몫을 나누어 주지 못한 노비를 자녀들이 화회 집주*해 몫을 나누면서 초문기를 작성할 때, 그 중에 한 사람이 비록 사고로 미처 착명하지 못했더라도 각각 노비를 차지하여 여러 해 부렸다면 문기를 만들지 못했다는 것으로 논하여 파기할 수 없으니 그대로 주고 고치지 않는다. 〈가정 계묘(1543, 중종 38) 승전 ○『수교집록』 형전 문기〉

3. 『경국대전』 형전 사천에 "타인의 노비를 거집*하면 장 100·도 3년에 처하고 사역시킨 값을 거두어 본 주인에게 지급한다"라고 법전에 기록되어 있다. 응당 백문기를 사용하는 경우³ 이외에 법을 어기고 백문기를 써서 그 죄를 모

---

1 율문에서 … 한다: 1554년 「갑인수교」는 『경국대전』 刑典 私賤조의 대문 "父母祖父母外祖父母妻父母 夫妻妾 及同生和會分執外 用官署文記 欲改者 具由告官改給"에 대한 해석 문제로 인해 제기된 것이다. 『경국대전』은 위 대문의 주석에서 "부모·조부모·외조부모가 자·손에게, 남편이 처·첩에게 문기를 고쳐주는 것은 허용한다"라고 하였다. 그런데 이 규정에 대해 두 견해가 대립되었다. 하나는 '구유고관(具由告官)'하는 문기가 관서문기와 백문기 모두를 의미한다는 견해, 다른 하나는 『경국대전』에 '가족 간에 화회하여 작성한 문서인 백문기는 관에 고할 필요 없이 스스로 고치는 것을 허락'하였기에 관서문기만 가리킨다는 견해였다. 이에 명종은 2품 이상의 대신들과 이를 논의하였는데 백문기와 관서문기 모두를 의미한다는 견해가 많았으므로 백문기도 구유고관하여 고쳐주도록 명하였다[『각사수교(各司受敎)』 刑曹受敎 1554년(명종 9) 6월 2일]. 이 내용은 이듬해 간행된 『경국대전주해』에도 반영되어, 『경국대전』의 "欲改者 具由告官"은 "並指官署及白文記而言"이라고 주해하였다(『경국대전주해』 刑典 私賤).

2 초문기: 해당 문서의 당사자, 필집, 증인 등이 아직 서명을 완료하지 않은 문기를 가리킨다.

3 응당 … 경우: 부모, 조부모, 외조부모, 처부모, 남편과 처·첩 및 형제자매들 사이에서 화회하여 분집할 때 백문기를 사용하는 것을 가리킨다(『경국대전』 刑典 私賤).

면하려고 하는 경우에는 일체 거탈*한 죄로 논한다. 〈만력 경진(1580, 선조 13) 승전 ○『수교집록』형전 문기〉

1. 具由告官之言 並指白文與官署而言之 以後⁵ 並告官改給〈嘉靖甲寅承傳 ○『受敎輯錄』〉
2. 凡父母未分奴婢 其子孫⁶等 和會執籌分衿 草文記成置時 其中一人 雖有事故 未及着名 而各各執持 積年使用 則不可以未成文記論破 仍給勿改〈嘉靖癸卯承傳 ○『受敎輯錄』〉
3. 大典私賤條 據執他人奴婢 杖一百 徒三年 徵役價給本主 俱爲載錄法典 應用白文外 違法白文 以謀免其罪者 一切論以據奪之罪〈萬曆庚辰承傳 ○『受敎輯錄』〉

4 거탈한 죄: 장 100·도 3년이다(『증보전록통고(增補典錄通考)』刑典 文記).
5 以後:『수교집록(受敎輯錄)』은 '自今以後 白文'으로 되어 있어 번역에서 반영하였다.
6 子孫:『수교집록』에 '子女'로 되어 있어 번역에서 교감하였다.

32. 매매
三十二 買賣

〈매매(買賣)〉는 노비·토지·가사(家舍) 등을 사고 팔 때 필요한 절차와 사고 파는 당사자 간에 발생할 수 있는 분쟁 요소 및 이에 대한 처벌을 명시한 조목이다. 〈매매〉는 노비매매 절차와 위반자에 대한 처벌 내용과 매매를 입증하는 문서인 입안 발급에 대한 내용으로 이루어져 있다.

노비매매 절차와 처벌에 대한 조문은 『경국대전』과 『대전속록』, 『대전후속록』에서 발췌하였다. 노비를 매매할 때 반드시 관의 허가를 받도록 했고(『경국대전』), 남의 노비를 도매한 행위에 대해서는 이익을 환수하도록 하였으며(『대전속록』), 판매자가 시세 차익을 노리고 고의로 거래를 물리는 환퇴 행위를 금지하였다(『대전후속록』).

입안에 대한 조문은 『결송유취보』 단계에서 포함된 것으로 『수교집록』을 바탕으로 하고 있다. 관이 매매의 효력을 인정하는 입안을 발급하는 내용, 관으로부터 입안을 발급받을 때 납부하는 수수료인 작지에 대한 새 규정, 노비를 매매한 후 노비가 도망한 경우, 입안이 발급되기 전 노비로부터 자식이 태어나 소유권을 주장하기 어려운 경우 등에 대한 규정이 수록되어 있다.

1. 노비를 매매하면 관에 신고해야 한다. 사화*하여 매매한 경우 노비와 가물*을 모두 관에 몰수한다. 도매*하였으면 가물은 도매한 자에게서 징수한다. 토지와 주택도 같다. 〈『경국대전』 형전 사천 ○『결송유취』 매매〉
2. 노비를 도매하면 역가*는 도매한 자에게서 징수한다. 전지의 화리*도 같다. 〈『대전속록』 형전 사천 ○『결송유취』 매매〉
3. 아버지나 할아버지로부터 전래해 온 노비는 같은 신분인 노비에게 허여하거

나 방매할 수 없다. 〈『대전후속록』 형전 사천 ○『결송유취』 매매〉

4. 노비나 전택*의 값이 방매하기 전보다 갑절이 되자 고의로 환퇴*하려고 스스로 원고*와 피고*가 되어 거짓 승부를 내어 그 이익을 나누어 먹으려는 경우, 일체 지금의 가격에 준하여 (매도자에게) 징수하여 (매수자에게) 돌려주도록 한다.[1] 〈『대전후속록』 형전 잡령 ○『결송유취』 매매〉

5. 【보】 토지나 가사를 매매했다가 물리는 한도는 모두 15일을 기한으로 한다. 기한 내에 관에 소지를 올렸으나 기한이 지난 후 30일 이내에 송정에 나오지 않으면 일절 청리*하지 않는다.[2] 〈가정 무신(1548, 명종 3) 승전 ○『수교집록』 호전 매매〉

6. 【보】 1592년(선조 25) 5월 이후부터 1598년(선조 31) 12월 이전의 매매문기는

---

1 노비나 … 한다: 이 율문이 나온 배경을 이해하는 데 실록의 다음 기사가 참고된다. ① "특진관(特進官) 반석평(潘碩枰)이 아뢰기를, "근래 인심이 교사(巧詐)하여 사송(詞訟) 중에 불법적인 일이 매우 많습니다. 무릇 노비(奴婢)나 전택(田宅) 등 이미 오래전에 매매했던 것을 '도매(盜賣)한 것'이라고 사칭하면서 스스로 원척(元隻)이 되어 승부를 다툼으로써 요즘 시가를 받아내어 그 이익을 나누려 하니, 이것이 사송이 그치지 않는 원인입니다. 얼마 전 성세영(成世英)이 윤대(輪對) 때 아뢴 것은 바로 세상을 구할 수 있는 합당한 방책입니다. 부중(府中)에서도 그 내용으로 공사(公事)를 만들려 하고 있습니다. 그 방책을 거행하게 하시면 간사한 풍조가 사라질 것입니다" 하니, 상이 일렀다. "그 말이 매우 옳다. 그러나 시행한다면 그것이 새로운 예가 되어 역시 폐단이 있을까 싶다. 마땅히 대신들에게 하문하여 조처하겠다."
② 삼공이 의논하여 아뢰기를, "노비와 전택의 값이 전날에 비해 열 배이므로 간사한 무리들이 오래 전에 매매한 것을 '도매(盜賣)한 것'이라느니 '미분(未分)한 것'이라느니 사칭하면서 은밀히 짜고 스스로 원척이 되어 승부를 다툼으로써 요즘 시가를 받아 그 이익을 나누려는 것입니다. 이래서 간사한 짓이 날로 늘어나 소첩(訴牒)이 구름처럼 쌓이니 이 폐단을 바로 잡지 않을 수 없습니다. 윤대 때 말한 사연을 특별히 거행하게 하여 간사한 근원을 막는 것이 어떻겠습니까" 하니 "일있냐"라고 답하였다." (『중종실록』, 34년 10월 14일).

2 기한 내에 … 않는다: 『경국대전』은 토지, 가사, 노비의 매매 기한을 15일로 하되, 모두 100일 이내 관에 고하여 입안을 받도록 규정하였다(『경국대전』 戶典 買賣限). 그러나 기한 내에 이의를 제기한 경우, 송정(訟廷)에 나오는 시기를 규정하지 않았기 때문에, 매득한 사람이 가격을 올려놓자 원주인이 몰래 정장하고 기존의 거래 가격보다 지나친 액수를 추가로 요구하는 사례가 발생했다. 이에 한성부에서 '15일 내 정장하였더라도 30일 내 송정에 나오지 않은 사람은 모두 심리를 들어주지 말 것'을 청하였고, 명종은 이를 윤허하였다(『각사수교(各司受教)』掌隸院受教 1548년(명종 3) 4월 27일).

비록 (입안을) 사출*하지 않았다 하더라도 참고할 만한 증거가 명백한 경우 모두 매매의 효력을 허락한다. 〈만력 기해(1599, 선조 32) 승전 ○『수교집록』 호전 매매〉

7. 【보】 전답을 매매하면 법문에 따라 관에서 입안을 사급*해준다. 〈순치 경자(1660, 현종 1) 승전 ○『수교집록』 호전 매매〉

8. 【보】 전답과 집터를 매매한 뒤 관아에서 (입안을) 사급해준다. (작지*가는) 서울에서는 경오년(1690, 숙종 16) 8월 1일부터 시행하고, 지방은 9월 1일 이후부터 시행한다. 명문*에 관에서 사급하였다는 내용이 없으면 효력을 인정하지 않는다. 〈강희 경오(1690, 숙종 16) 승전 ○『수교집록』 호전 매매〉

9. 【보】 노비를 매매한 이후 그 노비가 도망한 경우 (매매일로부터) 2년을 (보증) 기한으로 정한다. 노비를 매득한 사람이 노비를 부리거나 신공을 받은 것이 만 2년이 되었으면 환퇴를 허락해주지 말 것이며, (노비를 판매한) 본 주인을 침해하지 못한다. 〈강희 신유(1681, 숙종 7) 승전 ○『수교집록』 호전 매매〉

10. 【보】 노비를 매득한 후 입안을 사급하기 전 소생은 (매득자나 판매자) 양쪽 모두 소유를 주장하는 것이 합당하지 않으므로 속공한다. 법을 어기고 입안을 사급해주는 관원은 제서유위율*로 논한다. 〈강희 무신(1668, 현종 9) 승전 ○『수교집록』 호전 매매〉

1. 凡買賣奴婢告官 私和買賣者 奴婢及價物 並沒官 若盜賣 則價物徵於盜賣

---

3   법문: 『경국대전』 戶典 買賣限의 "田地家舍買賣 限十五日勿改 竝於百日內 告官受立案【奴婢同】"이다.

4   전답을 … 사급해준다: 『경국대전』은 전지를 매매하고 관에 고하면 입안을 발급받을 수 있도록 규정하였다. 그러나 17세기 중반에는 이 법이 제대로 시행되지 않아 간악한 무리들이 백문(白文)을 위조하는 폐단이 발생했다. 이에 사헌부는 지금부터 '전지를 매매할 때 법문에 따라 입안(立案)을 받도록 하여, 간악한 백성들이 쟁송하는 폐단을 막도록' 청하였고 현종은 이를 윤허하였다(『승정원일기』, 현종 1년 1월 26일).

者 田宅同〈刑典 ○『決訟類聚』〉

2. 凡盜賣奴婢役價 徵於盜賣者 田宅 花利同〈『前續錄』○『決訟類聚』〉

3. 凡父祖傳來奴婢 其一般奴婢處 毋得許與放賣〈『後續錄』○『決訟類聚』〉

4. 奴婢田宅 價直倍前 故謀避還退 自作元隻 佯爲勝負 以分其利者 一切准今價徵還〈『後續錄』○『決訟類聚』〉

5.【補】田地家舍買賣之限 竝以十五日爲限 限內呈狀 過限後三十日內 不爲就訟之人 切勿聽許〈嘉靖戊申承傳 ○『受敎輯錄』〉

6.【補】自壬辰五月以後 戊戌十二月以前 買賣文記 雖未及斜出 證參明白者 皆許施行〈萬曆己亥承傳 ○『受敎輯錄』〉

7.【補】田畓買賣 依法文 官斜立案〈○順治庚子承傳 ○『受敎輯錄』〉

8.【補】田畓家垈買賣後 官斜 京中自庚午八月初一日爲始 外方九月初一日以後 明文無官斜者 勿施〈康熙庚午承傳 ○『受敎輯錄』〉

9.【補】奴婢買賣後逃亡者 以二周年定限 買得之人 或使喚 或收貢者 滿二周年 則勿許還退 勿侵本主〈康熙辛酉承傳 ○『受敎輯錄』〉

10.【補】凡奴婢買得斜出前所生 以兩邊不當 屬公 冒法斜出官員 論以制書有違之律〈康熙戊申承傳 ○『受敎輯錄』〉

5　並沒官 若盜賣:『경국대전』刑典〈私賤〉에 병몰관(並沒官)과 약도매(若盜賣) 사이에 "年十六以上五十以下價 楮貨四千張 十五以下五十一以上 三千張"이라는 율주가 있다.
6　田宅:『대전속록』에 '田地'로 되어 있어 번역에서 교감하였다.
7　謀避還退:『대전후속록』과 『속대전』에 '謀欲還退'로 되어 있어 번역에서 교감하였다.

33. 매매 후 물릴 수 있는 기한
三十三 買賣日限

> 매매일한(買賣日限)은 매매의 안정성을 확보하기 위해 제정한 규정으로 방매(放賣)한 후 물릴 수 있는 기한을 말한다. 매매일한과 관련된 대상은 전지(田地)와 가사(家舍) 및 노비와 우마(牛馬)인데, 『결송유취보』〈매매일한〉에는 3개 조문이 수록되어 있다. 먼저 전지와 가사 및 노비의 경우 매매일한은 15일이며 100일 이내에 관에 고하여 입안을 받도록 했다. 반면 소와 말은 그 기한이 짧아 겨우 5일이었다(제1조). 그러나 역마의 경우에는 그 기한이 무려 3개월이었다(제2조). 한편 환퇴하는 소지에서 매득자가 가사의 지붕을 새로 이었거나 전답을 모두 정비한 후, 방매자가 예전의 소장(訴狀)을 거론하며 환퇴하는 것은 지극히 부당함으로 매매일한 15일이 지나고 30일 이내에 취송하지 않으면 청리하지 않도록 했다(제3조).

1. 토지와 가사의 매매 기한은 15일로 하며 기한이 넘으면 물릴 수 없고, 모두 100일 이내에 관에 고하여 입안을 받아야 한다. 노비도 이와 같다. 소와 말의 매매 기한은 5일로 하여 그 기한이 넘으면 물릴 수 없다. 〈『경국대전』 호전 매매한 ○『결송유취』 매매일한〉

2. 역마의 매매 기한은 3개월로 한다. 〈『대전후속록』 병전 역로 ○『결송유취』 매매일한〉

3. 토지나 가사를 매매한 후 환퇴*하려는 소지에서, 비록 100일 이내에 입안을 발급받지 못했더라도 몰래 관에 소장을 올리면서, 매득한 사람이 가사를 모두 고치고 지붕을 새로 이었거나 전답을 모두 정비한 후에야 비로소 예전의 소지를 거론하며 입송*해서 환퇴하려는 것은 지극히 부당하다. 지금 이후로는 과한* 이후 (15일이 지나고,) 30일 이내에 취송*하지 않은 경우 일체 청리*

하지 않는다. 〈가정 무신(1548, 명종 3) 수교 ○『결송유취』매매일한〉

1. 田地家舍買賣 限十五日勿改 並於百日內 告官受立案 奴婢同 牛馬則限五日勿改 〈戶典 ○『決訟類聚』〉
2. 驛馬買賣 以三朔爲限 〈『後續錄』○『決訟類聚』〉
3. 田地家舍買賣後 還退之狀 雖非於百日內 隱然呈訴 買得人 家舍則盡數修葺 田畓則盡加整治後 始擧舊日之狀 立訟還退 至爲不當 今後過限後三十日內 不就訟者 一切勿許聽理 〈嘉靖戊申受敎 ○『決訟類聚』〉

34. 빚을 징수함
三十四 徵債

> 〈징채(徵債)〉는 공채나 사채 및 밀린 세금 등을 거두어들이는 과정과 절차 및 처벌 등에 관련된 규정으로 모두 13개 조문으로 구성되어 있다. 내용은 사채 문기 구비요건(제1조), 공금 착복 징수 범위(제2조), 남징 관원의 처벌(제3조), 사채와 전당 이자율(제4조), 권력자의 횡포(제5조), 징수 주체와 절차(제6조), 징채 연좌 범위 축소(제7조), 공채 미납자 처벌(제8조, 제9조), 언문 문기 효력 불인정(제10조), 이자 징수 연한(제11조), 자모정식(子母停殖) 적용 범위(제12조), 종반(宗班)의 위법 징채 처벌(제13조) 등이다.

1. 사채를 졌을 경우, 증인과 필집을 갖춘 문기를 지닌 자에게는 관에서 징채*를 허락하고, 1년이 지나도록 관에 고하지 않은 경우에는 징채하는 소송을 받아주지 않는다. 〈『경국대전』 호전 징채 ○『결송유취』 징채〉

2. 세공으로 받은 곡물을 받고도 정해진 대로 납부하지 않는 자, 금은으로 된 그릇을 받고도 바치지 않는 이, 고의로 조운선을 가라앉힌 자, 공사채를 오랫동안 갚지 않는 이는 비록 본인이 사망하더라도 그 처자에게 재산이 있으면 징수를 허락한다. 〈『경국대전』 호전 징채 ○『결송유취』 징채〉

3. 사채(이자)를 지나치게 받은 이는 장 80에 처한다. 10분을 비율로 삼아서 매달 1분을 취하거나【10되에 1되를 취하는 것과 같다.】, 매년 5분을 취한다.【10되에 5되를 취하는 것과 같다.】 연월이 비록 오래되었다 하더라도 이자가 원금을 넘어서는 안 된다. 〈『경국대전』 형전 금제 ○『결송유취』 징채〉

4. 사사로이 돈을 빌려주거나 재물을 전당 잡을 때, 매달 받는 이자는 모두 3분을 넘을 수 없다. 오랜 세월이 지나더라도 일본일리*의 한도를 넘지 못한다. 이를 어긴 사람은 태 40에 처한다. 한도를 넘겨받은 이자는 장*으로 간주하

여 죄가 태 40보다 무거운 경우에는 좌장*으로 논하되, 그 죄는 장 100에 그치며 한도를 넘겨받은 이자는 모두 추징하여 본 주인에게 준다. 사채를 빌린 자가 약속을 어기고 돌려주지 않을 경우 다음과 같이 처벌한다. 5관 이상은 3개월을 어기면 태 10에 처하고 1개월마다 1등급을 가중하되 그 죄는 태 40에 그친다. 50관 이상은 3개월간 어기면 태 20에 처하고 1개월마다 1등급을 가중하되 그 죄는 태 50에 그친다. 원금과 이자를 모두 추징해서 본 주인에게 준다. 〈『대명률』 168 위금취리 ○『결송유취』 징채〉

5. 만일 호세*한 사람이 관에 고하지 않고 사채를 이유로 남의 가축이나 산업*을 강제로 빼앗아가면 장 80에 처한다. 만약 가격을 매겨 그 값이 원금과 이자를 넘으면 초과 금액을 계산하여 좌장으로 논하고, 초과 금액은 수만큼 추징하여 본 주인에게 돌려준다. 〈『대명률』 168 위금취리 ○『결송유취』 징채〉

6. 국고의 결손이나 도용으로 인해 추징해야 하는 일체의 물품과 아직 징수하지 못한 전세 및 공물에 대해서는 서울은 한성부, 지방은 여러 고을에 행이*한 뒤 1년 이내에 징수하기를 독촉한다. 1년이 지나도록 징수하지 못할 경우, 관리는 추핵*하여 품계를 1등급 강등시키되 (끝내) 납부하지 못하는 이는 파출*한다. 그 관리가 전직이면 고신*을 회수한다. 아전이나 창고지기는 해당 율문에 의거하여 논죄하되 완납할 때까지 가두어 징수한다. 〈『대전속록』 호전 징채 ○『결송유취』 징채〉

7. 【보】 공가* 부채의 경우, 친부자 외에 그 일족에게 피해를 끼치는 일을 일체 금지한다. [강희 갑진(1664, 현종 5) 승전 ○『수교집록』 호전 징채]

8. 【보】 공가 부채 600냥 이상을 갚지 않은 경우, 낭인·공사천·재불을 바쳐 당상관이거나 가선대부가 된 일반인을 막론하고 모두 그 처자를 몰수하여 대출한 공가의 노비로 삼고 그 부채는 없애준다. 잡직*의 당상관이거나 가선대

---

1 [강희 … 징채]: 율문에는 전거 표기가 없으나 역자가 교감하였다. 이하 동일.

부는 당사자를 귀양 보내고 처자를 몰수하여 노비로 삼는다. 처자가 관가에 몰수된 이후라도 당사자나 자손 중에 액수대로 납부하면 각각 본래의 직역으로 돌아가는 것을 허락한다. [강희 갑진(1664, 현종 5) 승전 ○『수교집록』 호전 징채]

9. 【보】 공가 부채 400냥 이상을 상환하지 않은 경우, 전 가족을 정배*한다. 서울 관아에 부채를 진 경우 경기 지역에 정배하고, 관운향* 부채의 경우, 평안도와 황해도에 정배하여 거두어들이는 것을 편하게 하며, 완납한 후에 국왕에게 아뢰어 석방한다. 1684년(숙종 10) 9월의 전교에 의거하여, 공가 부채 100냥 이상을 상환하지 않은 경우, 당사자는 대출해준 관아 근처에 불한년정배*하고, 처자는 몰수하여 관노비로 삼았다가 완납하면 석방한다. [강희 갑진(1664, 현종 5) 승전 ○『수교집록』 호전 징채]

10. 【보】 빚을 내어주고 작성한 문서는 반드시 증인과 필집을 갖춘 경우에만 청리*하며, 언문으로 작성하였거나 증인과 필집이 없는 문서는 청리하지 않는다. 〈강희 을묘(1675, 숙종 1) 승전 ○『수교집록』 호전 징채〉

11. 【보】 공채나 사채를 징수할 때 3년이 넘으면 이자를 계산하여 받을 수 없다. 지나치게 징수한 경우 법률로써 다스린다. 〈강희 계해(1683, 숙종 9) 승전 ○『수교집록』 호전 징채〉

12. 【보】 자모정식*의 법은 사채에만 적용한다. 예컨대 감관*이나 별장* 등이 관의 재화를 민간에게 빌려주었을 경우, 이 규정을 적용하지 않는다. 〈강희 갑자(1684, 숙종 10) 승전 ○『수교집록』 호전 징채〉

13. 【보】 종반*이 사채를 받아내기 위해 궁노를 풀어 채무자를 자기 집으로 잡아와 멋대로 형장을 가함에 백성들이 원통함과 고통을 견디지 못한다. 만약 조정의 명령을 준수하지 않고 법을 어기며 사사로이 채무자를 침징*하는 경우, 국왕에게 아뢰어 무겁게 다스린다. 〈강희 임신(1692, 숙종 18) 승전 ○『수교집록』 호전 징채〉

1. 凡負私債 有俱證筆文記者 許徵 過一年 不告官者勿徵〈戶典 ○『決訟類聚』〉
2. 凡受稅貢米糊而不准納者 受金銀器皿不納者 故令敗船者 負公私宿債者 雖身死 有妻子財産者 許徵〈戶典 ○『決訟類聚』〉
3. 濫收私債者 杖八十 以十分爲率 每月取一分【如十升取一升之類】每年取五分【如十升取五升之類】年月雖多 不過一倍〈刑典 ○『決訟類聚』〉
4. 凡私放錢債及典當財物 每月取利 並不過三分 年月雖多 不過一本一利 違者 笞四十 以餘利計贓 重者 坐贓論 罪止杖一百 並追餘利給主 其負欠私債違約不還者 五貫以上 違三月 笞一十 每一月加一等 罪止笞四十 五十貫以上 違三月 笞二十 每一月加一等 罪止笞五十 並追本利給主〈『大明律』 ○『決訟類聚』〉
5. 若豪勢之人 不告官司 以私債强奪去人孳畜産業者 杖八十 若估價過本利者 計多餘之物 坐贓論 依數追還〈『大明律』 ○『決訟類聚』〉
6. 國庫虧欠盜用 一應推徵之物 及未收田稅貢物 京中 漢城府 外方 諸邑行移後 期年內督徵 過期不徵 則官吏推覈 降一階 其不納者罷黜 前銜則收告身 衙前庫子則依律論罪 限畢納囚徵〈『前續錄』 ○『決訟類聚』〉
7. 【補】公家負債者 親父子外 侵及一族事 一切禁斷
8. 【補】凡公債六百兩以上未償者 勿論良人公私賤 及常人納物稱堂上嘉善者 並其妻子沒爲奴婢於貸出公家 而蕩滌其債物 雜職堂上嘉善 當身定配

---

2 俱: 『경국대전』에 '其'로 되어 있어 번역에서 교감하였다.
3 徵: 『경국대전』에 '聽'으로 되어 있어 번역에서 교감하였다.
4 並不過: 『대명률』에 '並不得過'로 되어 있어 번역에서 교감하였다.
5 罪止杖一百: 『사송유취』와 『결송유취』에 罪止杖一百에 이어 '三分'에 대한 주석으로 『대명률강해(大明律講解)』168 違禁取利, "三分謂如本錢一貫 每月取利錢三百文 年月雖多 不過一本一利 若計餘利 重於笞四十者 坐贓論 亦不過杖一百"이라는 내용이 '割註'로 첨기되어 있다.
6 過期: 『대전속록』에 '過期年'으로 되어 있어 번역에서 교감하였다.

妻子沒爲奴婢 而沒官後 當身或子孫中 准數追納 則許令各還本役

9. 【補】 四百兩以上未償者 全家定配 京司負債 則定配於畿內 管運餉負債 則定配於西路 以便徵捧 畢納後 啓聞放釋 據康熙甲子⁷九月日 公債一百兩以上未償者 當身所貸衙門相近處 不限年定配 妻子沒爲官奴婢 畢納放釋 〈康熙甲辰承傳 ○『受敎輯錄』〉

10. 【補】 出債成文 必具證筆者 聽理 諺文及無證筆者 勿許聽理 〈康熙乙卯承傳 ○『受敎輯錄』〉

11. 【補】 公私徵債 三年之外 不得計捧邊利 濫徵者 繩以法律 〈康熙癸亥承傳 ○『受敎輯錄』〉

12. 【補】 子母停殖之法 只用於受債之人 至如監官別將輩之捧授公貨者 則勿用此規 〈康熙甲子承傳 ○『受敎輯錄』〉

13. 【補】 宗班爲徵私債 縱其宮奴 捉致負債人於私門 任自刑杖 民不勝怨苦 若有不遵朝令 私自侵徵者 入啓重治 〈康熙壬申承傳 ○『受敎輯錄』〉

7 　康熙甲子: 강희 갑자는 1684년(숙종 10)이다. 그런데 이 수교는 1664년인 강희 갑진에 승전한 것이다. 1664년(현종 5)에 승전한 수교에 20년 이후의 수교가 인용된 점으로 미루어 간지 표기에 착오가 있었던 것으로 보인다.

35. 호적
【補】三十五 戶籍

호적(戶籍)은 국가가 호를 제도적으로 편제하고 그것을 구성하고 있는 구체적인 사람에 대하여 조사한 결과를 기록한 행정자료이다. 국가가 재정을 확보하기 위해서는 대상을 확보할 필요가 있었는데, 호적은 사람과 호를 대상으로 역역(力役)과 부세를 부과·징수하기 위해서 필요한 자료였다.

〈호적〉은 『경국대전』에 보이는데, 여기서는 호적과 관련된 원칙적인 내용만을 규정하였으며 『결송유취』에는 해당 조목이 없다. 호적과 관련된 사목으로 『수교집록』에 1666년(현종 7)의 「병오사목」과 1684년(숙종 10)의 「갑자사목」이 수록되어 있다. 이 중 『결송유취보』는 「병오사목」에 수록된 누정자(漏丁者), 누적자(漏籍者), 대소죄범(大小罪犯)을 지었을 경우, 사송 시에 준호구(準戶口)를 확인·제출하도록 하는 내용, 대소 공사(公事) 때에 호구현납을 기록하도록 하는 내용 등을 발췌하였다. 「병오사목」의 내용 중 누락된 것은 누호자(漏戶者), 증감연세(增感年歲), 허호(虛戶), 모록자(冒錄者), 호패 착용과 관련된 내용이다.

호적과 관련된 범죄는 ① 가호(家戶)는 호적에 올랐으나 인정(人丁) 가운데 호적에 오르지 않은 이가 있는 누정(漏丁), ② 가호 모두를 호적에 올리지 않는 누호(漏戶), ③ 호적에서 누락되는 누적(漏籍) 등 3가지를 중심으로 이루어지며, 「병오사목」도 이들 각각에 대한 처벌 규정을 명시하였다. 반면 『결송유취보』는 ② 누호에 대한 내용이 빠져 있다.

『결송유취보』는 『경국대전』과는 달리 호적 관련 규정을 어긴 경우 처벌 규정을 제시하고 있어 『속대전』 이전 규정의 흐름을 살필 수 있다.

1. (호적에서) 인정(人丁)을 누락할 경우 가장을, 1구이면 장 100·도 3년에 처하

고, 2구이면 충군*하고, 3구 이상이면 전가사변*한다. 관령*, 통수, 이정, 감고는 1구이면 장 80, 3구 이상이면 장 100·도 3년에 처하고, 5구 이상이면 충군한다. 유향소, 감관, 색리는 5구 이상이면 장 100, 10구 이상이면 장 100·도 3년에 처한다. 한성부 5부 부관, 지방 수령은 10구 이상이면 파직한다. 〈강희 병오(1666, 현종 7) 사목 ○『수교집록』호전 호적〉

2. 호적에서 누락하였으면 사족이나 상한을 막론하고 전가사변한다. 뇌물을 받았거나 실정을 알고 있던 이는 무거운 쪽으로 처벌한다. 〈강희 병오(1666, 현종 7) 사목 ○『수교집록』호전 호적〉

3. 크고 작은 죄를 범하면 호적을 가져다 살펴보고, 만약 호적에서 누락되었으면 우선 호적에서 누락한 죄로 조율*한다. 응당 전가사변에 처할 자가 또 호적에서 누락한 죄를 범했으면 전가사변하고 가역* 3년에 처한다. 〈강희 병오(1666, 현종 7) 사목 ○『수교집록』호전 호적〉

4. 사송*은 반드시 먼저 호구¹를 취해서 살펴본 연후에 청리*한다. 호적에 들어가 있지 않으면 호적에서 누락된 율에 의거하여 처벌하고 접송*하지 않는다. 〈강희 병오(1666, 현종 7) 사목 ○『수교집록』호전 호적〉

5. 크고 작은 공사*에는 '호구현납'이라고 문서 첫머리에 기록한다. 〈강희 병오(1666, 현종 7) 사목 ○『수교집록』호전 호적〉

1. 漏丁者 家長 一口杖一百徒三年 二口充軍 三口以上 全家徙邊 管領統首里正監考 一口杖八十 三口以上 杖一百徒三年 五口以上充軍 鄕所監官色吏 五口以上杖一百 十口以上 杖一百徒三年 部官守令 十口以上罷職 〈康熙丙午事目 ○『受敎輯錄』〉

1 호구: 『丙午事目』의 "입적자(入籍者)에게는 고례(古例)에 따라 호구를 만들어 준다"라는 내용으로 볼 때, 본 조문의 호구는 관에서 성급한 준호구를 지칭하는 것으로 보인다.

2. 漏籍者 毋論士族常漢 全家徙邊 受賂知情者 從重科罪〈康熙丙午事目 ○『受敎輯錄』〉

3. 大小罪犯 取考戶籍 如或漏籍 爲先以此照律 應爲全家者 又犯漏籍 全家徙邊 加役三年〈康熙丙午事目 ○『受敎輯錄』〉

4. 詞訟必先取考戶口 然後聽理 不入籍者 依律科罪 勿許接訟〈康熙丙午事目 ○『受敎輯錄』〉

5. 大小公事 以戶口現納 載錄於頭辭〈以上康熙丙午事目 ○『受敎輯錄』〉

36. 전결
　　【補】三十六 田結

> 전결(田結)은 논밭의 면적 또는 논밭에 대해 물리는 세금을 말한다. 전결세는 전세가 중심적인 세목이었지만, 그 외에도 필요에 따라 다양한 항목의 세들이 추가되었으며, 이들 세목들도 점차 국가재정의 기본을 이루었다. 국가는 부족한 재정을 충당하거나 운영상의 폐단을 제거하기 위한 명분을 만들어 다양하고 구체적인 제도들을 추가하여 시행하면서 그 항목을 늘려갔다. 대동법도 그러한 항목 중 하나이다.
> 〈전결〉의 내용은, 전세 감축 농간(제1조), 3년이 지난 진전에 대한 처리(제2조), 궁가절수와 경계(제3조), 경기 전답의 등급 규정(제4조), 삼남과 경기의 대동법 실시 연도(제5조), 산군 면포의 작미 환산 비율(제6조), 삼남과 경기의 대동저치미의 관리(제7조) 등과 관련된 것이다. 전결의 문제 중에서도 대동법과 관련된 내용이 주를 이루고 있어 대동세가 시대적 과제로 등장하고 있음을 보여주고 있다.

1. 전세를 술수를 써서 감축시킨 수가 만 10석인 경우, '실결*을 재결*로 꾸민 것이 10부에 달한' 법례에 따라 관리를 치죄한다. 호강품관들이 자신의 경작 토지를 민전에 합록하여 자신이 전세를 받고, 자신들이 전세로 내야 할 미·태를 공리*가 평민에게 추가로 분배하여 그 액수를 충당하면, 호강률*에 따라 논하여 처벌한다. 〈가정 을축(1565, 명종 20) 승전 ○『수교집록』호전 제전〉

1　실결 … 법례: 실결을 재결이라고 속인 것이 10부 이상이 되면 전부(佃夫)와 이에 결탁한 면임과 이임은 장 100·유 3,000리에 처하고, 감관과 색리는 장 100·충군에 처하였다(『속대전』 戶典 收稅).
2　호강률: 전가사변한다(『대전후속록(大典後續錄)』 刑典 雜令).

2. (『경국대전주해』의) '3년이 지난 진전*을 타인이 관에 고하여 경작하는 것을 허락한다'는 것은 영원히 지급한다는 말이 아니다. 본 주인이 돌아와 되찾기를 기다리는 동안에 잠시 갈아먹는 것을 허락하는 것이다. 〈가정 병진(1556, 명종 11) 승전 ○『수교집록』호전 제전〉

3. 궁가에 절수*한 곳은 그 사표*를 분명히 하고, 민전이 혼입되는 일이 있으면 각별히 통금한다. 〈강희 무신(1668, 현종 9) 승전 ○『수교집록』호전 제전〉

4. 경기도는 나라의 근본이 되는 지역이니 이치상 넉넉하게 구휼하는 것이 마땅하다. 논은 4등급을 상한으로 하고 밭은 6등급을 상한으로 하여 분등타량*한다. 그러나 각 역의 마위전*, 각종 위전*과 관둔전*은 이미 당초에 정해진 등급이 있으니, 등급을 낮추지 말고 모두 이전 등급에 따라 시행한다. 〈강희 임인(1662, 현종 3) 양전사목 ○『수교집록』호전 제전〉

5. 삼남, 경기, 영남에 대동법을 실시한다.【호서는 1651년(효종 2) 신묘년, 경기는 1603년(선조36) 계묘년, 호남은 1652년(효종 3) 임진년, 영남은 1679년(숙종 5) 기미년에 시행하였다.】〈삼남대동사목 ○『수교집록』호전 요부〉

6. 산군에서 작목*할 때, 면포 1필당 호서는 쌀 6두, 호남은 8두, 영남은 7두로

3 전세를 … 처벌한다: 본 조문과 같은 내용이『각사수교(各司受敎)』戶曹 受敎에 수록되어 있어 이에 의거하여 보역하였다.

4 3년이 … 허락한다:『경국대전주해』戶典 田宅에 있다.

5 3년이 … 것이다: 3년을 넘긴 진전을 고장자(告狀者)에게 영급(永給)하게 되면, 강자의 점탈을 막을 수 없어 겸병을 억제하는 길이 아니라는 점과 해당 법을 만든 본뜻이 전야를 모두 개간하여 토지의 이익을 완전히 하다는 점에 있음이 강조되었다. 이에 따라 사고, 가난, 질병 등으로 경작하지 못하고 3년이 지난 토지는 잠시 다른 사람이 경작하도록 했다가 본 주인이 다시 경작할 힘을 회복해서 되찾으면 돌려주는 것이 합당하다는 논의가 있었다(『명종실록』, 11년 6월 20일).

6 궁가에 … 통금한다: 본 조항과 관련된 내용이『승정원일기』, 현종 9년 4월 13일에 보인다.

7 호서는 … 시행하였다: 대동법의 시행 시기가 경기도는 1608년(광해군 즉위), 충청도는 1651년(효종 2), 전라도는 연읍은 1658년(효종 9), 산군은 1662년(현종 3), 경상도는 1678년(숙종 4)이므로, 본 조문의 시행 연대는 오류이다.

계산하고, 서울에서는 모두 5두로 계산하여 적용한다. 산읍이나 해읍을 막론하고 쌀과 면포를 섞어 공물주인에게 지급한다. 〈삼남대동사목 ○『수교집록』호전 요부〉

7. 삼남 및 경기의 대동저치미*를 마음대로 대용*한 수령은 50석 이상이면 나문*하여 정배*하고, 10석 이상이면 나문하여 과죄*한다. (대동저치미를 민간에 분급하였다가) 거두어들이지 못한 것이 1천석 이상이면 나문하여 과죄한다. 분급하고 거두어들이지 못한 것이 500석 이상이면 파직한다. 10석 이상이면 장을 치며 의금부에서 거행하게 한다. 10석 이하이면 마음대로 대용한 경우 및 분급하고 거두어들이지 못한 경우를 막론하고 모두 그대로 두고 논하지 않는다.⁹ 〈강희 신미(1691, 숙종 17) 승전 ○『수교집록』호전 요부〉

1. 田稅用術減縮之數 滿十石者 依以實爲災十負之例 官吏治罪 豪强品官等 其所耕合錄於民田 自捧其稅 加分米太于平民 以充其數者 依豪强律論斷 〈嘉靖乙丑承傳 ○『受敎輯錄』〉

2. 過三年陳田 許人告耕者 非謂永給 待本主還推間 姑許耕食 〈嘉靖丙辰承傳 ○『受敎輯錄』〉

---

8   산군에서 작목할 때: 각 도의 대동세는 해읍(海邑)에서는 작미(作米) 즉 쌀로 징수하였고 산군(山郡)에서는 작목(作木) 즉 면포로 환산하여 징수하였다. 『대전통편』에 의하면, 충청도는 산군 14읍에서 작목하고, 청주 등 6읍에서는 작목과 작미를 절반씩 하였다. 전라도는 산군 21읍에서 작목하고 2읍(운봉·장수)에서는 작포(作布) 즉 베로 징수하였고, 경상도는 산군 44읍에서 작목하고 4읍(안음·산음·함양·거창)에서는 작포하였다(『대전통편』호전 요부·조전). 거창은 『속대전』에서는 작포 고을에 포함되어 있지 않다(『속대전』호전 요부). 『육전조례』(호전 호조 판적사 조세)에서는 작목하는 산군의 숫자가 축소되어 호서 9읍(보은·문의·회인·회덕·청산·진잠·황간·옥천·영동), 호남 1읍(무주), 영남 22읍(의성·영천·언양·청도·경산·자인·하양·신령·진보·의흥·영양·개령·김산·지례·거창·안의·함양·산청·삼가·합천·청송·군위)이 규정되어 있다.

9   본 조문과 관련된 내용이 『승정원일기』, 숙종 17년 7월 9일에 기록되어 있다.

3. 宮家折受處 明其四標 如有民田混入之事 則各別痛禁〈康熙戊申承傳 ○『受敎輯錄』〉
4. 畿甸根本之地 理宜優恤 畓則以四等作首 田則以六等作首 分等打量 各驛馬位田 各樣位田官屯田 則旣有當初元定等數 不可降等 竝依前等數施行〈康熙壬寅量田事目 ○『受敎輯錄』〉
5. 三南京畿嶺南 設行大同【湖西辛卯年 京畿癸卯年 湖南壬辰年 嶺南己未年〈三南大同事目 ○『受敎輯錄』〉
6. 山郡作木 湖西六斗 湖南八斗 嶺南七斗 而京中皆以五斗計用 勿論山海邑 米布交給主人〈三南大同事目 ○『受敎輯錄』〉
7. 三南及京畿大同儲置米 擅貸守令 五十石以上 拿問定配 十石以上 拿問科罪 未捧千石以上 亦爲拿問科罪 分給與未捧中 五百石以上[10] 決杖事 令禁府擧行 十石以下 無論擅貸及分給與未捧 竝置而勿論〈康熙辛未承傳 ○『受敎輯錄』〉

---

[10] 五百石以上 決杖事:『수교집록』에 '五百石以上罷職 十石以上 決杖事'로 되어 있어, 번역에서 교감하였다.

37. 소송을 일시 중지함
三十七 停訟

> 정송(停訟)은 소송관이 농사철에 사송(詞訟) 업무를 일시 중지하는 소송 절차법상의 규정이다. 〈정송〉은 『경국대전』에서 인용한 단일 조문으로 구성되어 있다. 이 조문에 의하면, 지방의 사송은 춘분일(양력 3월 21일경)부터 추분일(양력 9월 20일경)까지 6개월 동안 모든 잡송(雜訟)을 중지하였다. 다만 풍속에 관계되거나 타인에게 신체나 재산상의 피해를 입힌 경우는 제외되었는데, 십악, 간음, 도둑, 살인, 도망노비를 잡아 관에 넘긴 경우, 불법으로 횡탈한 노비를 계속 사역하는 경우, 타인의 전지를 거집하거나 도경하거나 도매한 경우 등이 이에 해당하였다. 서울의 소송은 지방에 항거(恒居)하는 자에게만 귀농 사유를 인정하여 소송을 일시 중지하도록 규정하였다.

1. 지방의 사송*은 무정* 이후부터 무개* 이전【춘분일에 무정하고, 추분일에 무개한다.】에는 십악,* 간음, 도둑, 살인, 도망 노비를 붙잡아 관에 보낸 경우, 거탈*한 노비를 계속 사역하는 경우 등【타인의 전지를 거집,* 도경, 도매*한 경우도 같다.】 일체의 풍속에 관계되거나 타인을 침손*하는 경우를 제외하고, 그 이외의 잡송은 모두 청리*하지 않는다. 서울의 사송은 오직 지방에 상주하는 자만 귀농을 들어주고, 판결에 임박하여 형세를 보고서 귀농하고자 하면 들어주지 않는다. 《『경국대전』 형전 정송 ○『결송유취』 정송》

1. 外方詞訟 務停後務開前【以春分日爲務停 以秋分日爲務開】 除十惡奸盜殺人 捉獲付官逃奴婢 仍役據奪奴婢等【據執盜耕盜賣他人田地同】 一應關係

風俗侵損於人外 雜訟 竝勿聽理 京 則唯居¹ 外方者 聽歸農 其臨決觀勢 欲歸農者 勿聽〈刑典 ○『決訟類聚』〉

---

1 京 則唯居:『경국대전』에 '京中 則惟恒居'로 되어 있어 번역에서 교감하였다.

38. 소송을 판결해야 하는 기한
三十八 決訟日限

〈결송일한(決訟日限)〉은 해당 관아에서 사건을 심리하고 처리하는 데 소요되는 시일을 정함으로써 사안의 신속한 처결을 위해 마련한 조목으로, 결옥(決獄)과 사송(詞訟)으로 나뉜다.

결옥은 옥사와 관련된 사안을 처리하는 것으로, 대사(사형에 해당하는 죄)·중사(도·유형에 해당하는 죄)·소사(태·장형에 해당하는 죄)로 나누어 처결하는 데 소요되는 기한을 달리 정했다. 그리고 옥송(獄訟)을 때맞추어 처결하지 않고 죄수만 가두어 둔 채 해를 넘기거나 심문하지 않을 경우 논죄하도록 했다. 이는 죄수가 미결수로 옥중에 오래 갇혀 고통을 받는 체옥(滯獄)의 폐단을 방지하기 위해 휼형(恤刑)의 차원에서 마련한 규정이다.

사송은 사법(私法)상의 권리 또는 법률관계를 둘러싸고 발생하는 분쟁을 국가가 해결하는 것과 관련된 내용으로, 〈결송일한〉의 대부분이 이와 관련한 내용이다. 먼저 사송아문은 그 달의 판결 건수인 결등공사(決等公事)를 매달 10일에 임금에게 보고하되, 사정이 있어 보고하지 못할 경우에는 반드시 다음 10일이 되는 20일에 함께 녹계(錄啓)하도록 하였다. 또한 송관도 송사를 판결하고 종료한 일자를 매달 사헌부에 이문하여 근만을 평가받도록 하였다. 그리고 소송당사자 역시 기한 내에 아무런 까닭 없이 법정에 나오지 않으면 출석한 상대방에게 친착결절하도록 하여 송사가 적체되는 폐단을 근절하고자 하였다.

1. 결옥일한*은 대사【사형에 해당하는 죄】는 30일, 중사【도·유형에 해당하는 죄】는 20일, 소사【태·장형에 해당하는 죄】는 10일이다.【문권이 완전히 제출

되고 증좌*가 모두 도착한 날로부터 계산한다.】 사증*이 다른 곳에 있어서 반드시 참고하여 구명해야 하면, 그곳의 멀고 가까움에 따라 가고 오는 날수를 빼서 그 기한 안에 판결을 마친다. 만일 다른 사안에 연루되어 부득이 기한을 넘겨야 할 경우는 사유를 갖추어 왕에게 보고한다.【사송*도 같다.】〈『경국대전』 형전 결옥일한 ○『결송유취』 결옥일한〉

2. (『경국대전』 형전) 사천조 주¹에, 상송*한 노비의 판결이 끝난 후 서울은 10일, 근도*는 30일, 원도*는 50일 이내에 노비의 이름과 숫자를 갖추어 기록하여 관에 제출한다. 기한이 지나도록 제출하지 않은 이는 장 80에 처한다. 〈『경국대전』 형전 사천 ○『결송유취』 결옥일한〉

3. 토지나 노비에 대한 소송은 결절* 이후 화명*을 써서 내는데, 서울과 지방에 본래 기한이 있다. 그런데도 시집*자가 그 이익을 독차지하기를 즐겨하여 까닭 없이 화명을 제출하지 않고 집주*하지 않는 경우가 있다. 지금부터는 결후 잉집*의 법례로 논하여 장 100·도 3년에 처한다. 〈가정 을묘(1555, 명종 10) 수교 ○『결송유취』 결옥일한〉

4. 사송아문의 결등공사*는 법례에 따라 각각 매달 초 10일에 임금에게 보고한다. 10일에 사정이 있어 보고하지 못하면 반드시 (10일 후인) 20일을 기다려야 하고 20일에도 사정이 있으면 반드시 (20일 후인) 30일을 기다려야 하니 적체되는 병폐가 많아 지극히 타당하지 않다. 지금 이후로는 본래의 날짜에 사정이 있으면 (판결 이후) 15일 이전에 녹계*한다. 〈만력 병자(1576, 선조9) 한성부 근정후* ○『결송유취』 결옥일한〉

5. 【보】 소송이 시작된 후 50일을 기한으로 정한 규정은 『경국대전』에 실려 있다.² 관원이 근무하지 않는 날을 제외하고 50일 이내에 을이 친착*하여 21일

---

1 사천조 주: 大文 "三度得伸 勿更聽理"의 주이다(『경국대전』 刑典 私賤).
2 소송이 … 실려 있다: 그 내용은 다음과 같다. "노비를 상송(相訟)하다가 원고(原告)와 피고

에 이르고, 갑이 송사에 나오지 않은 것이 반드시 만 30일이어야 친착한 을에게 판결하여 줄 수 있다고 되어 있으니 『경국대전』의 법이 지극히 상세하고 곡진하다. 을이 친착한 21일과 갑이 송사에 나오지 않은 30일은 원고*와 피고*가 모두 나오지 않은 날도 아울러 합산하여 채운다. 또한 갑이 간간이 나와서 친착한 것은 인정하지 않는다.[3] 〈가정 을미(1535, 중종 30) 승전 ○『수교집록』형전 결옥일한〉

6. 【보】 결송을 담당한 각사에서는 판결한 횟수를 매 10일에 녹계한다. 초 10일에 사정이 있어 보고하지 못하면 다음번 10일인 (20일)에 함께 녹계한다. 이를 어긴 이는 죄를 준다. 〈만력 계유(1573, 선조 6) 승전 ○『수교집록』형전 결옥일한〉

7. 【보】 크고 작은 노비결송은 초심은 장예원에서 결절하고, 재심 이후는 형조에서 결절하되, 매월 10일 장예원의 법례에 따라 결등*을 임금에게 보고한다. 〈강희 갑진(1664, 현종 5) 승전 ○『수교집록』형전 결옥일한〉

8. 【보】 형조에서 이미 결송하기로 했으면, 시송다짐을 바친 이후 30일 동안 송사에 나오지 않으면 법에 따라 친착결절*해야 송사가 지연되는 폐단이 없게 된다. 작목*도 법전[4]에 따라서 소송 노비 1구마다 (저주지*) 3권을 받되 20권을 넘지 못한다. 〈강희 을사(1665, 현종 6) 승전 ○『수교집록』형전 결옥일한〉

9. 【보】 조상의 토지나 노비를 합집*하거나 도매*한 경우 외에 각 항목의 토지나 노비에 관한 송사는 한결같이 대한*과 소한*에 따라 시행한다.[5] 〈강희 병

  (被告) 중에서 스스로 이치상 졌음을 알고 여러 달 동안 송정(訟庭)에 나오지 않아서, (송정에 나오도록 촉구하기 위하여) 재차 가동(家僮)을 수금(囚禁)한 후에도 30일이 차도록 송정에 나타나지 않거나, 시송(始訟)한 후 50일 이내에 이유 없이 송정에 나오지 않는 것이 30일이 넘는 경우에는 취송(就訟)한 자에게 승소 판결을 한다(『경국대전』 刑典 私賤).

3 소송이 … 않는다: 관련 내용이 실록에 나온다(『명종실록』, 9년 7월 22일).

4 법전: 『대전속록』이다. 『대전속록』 戶典 雜令, "奴婢得決 則一口三卷 斜出則一卷 皆用楮注紙 毋過二十卷"

인(1686, 숙종 12) 승전 ○『수교집록』형전 결옥일한〉

10. 【보】(송사를 시작한 날, 송사를 다른 관아로 옮긴 날,) 송사를 마친 날의 일자를 매달 초에 자세히 기록하여 사헌부에 이문한다. 사헌부는 그 부지런함과 게으름을 살펴서 (특히 심하게 오래 끄는 관리를 적발하여) 율문에 따라 죄를 다스려 송사가 지체되는 폐단을 없애도록 한다. 〈가정 임자(1552, 명종 7) 승전 ○『수교집록』형전 결옥일한〉

11. 【보】서울과 지방의 관료가 크고 작은 옥송*을 때맞추어 처결하지 않고, 죄수를 가두어둔 채 해를 넘기거나, 혹 한 번도 신문하지 않은 경우가 있으면, 사핵*하여 논죄할 것을 정식으로 삼는다. 〈강희 기사(1689, 숙종 15) 승전 ○『수교집록』형전 결옥일한〉

1. 凡決獄日限 大事【死罪】限三十日 中事【徒流】二十日 小事【笞杖】十日【從文券齊納 證佐俱到日 始計】辭證在他處 事須參究者 隨地遠近 除往還日數 亦於限內決訖 若牽連不得已過限者 具由啓聞【詞訟同】〈刑典 ○決訟類聚〉

2. 私賤註 相訟奴婢畢決後 京中十日 近道三十日 遠道五十日 具錄奴婢名數納官 過限不納者 杖八十〈刑典 ○決訟類聚〉

3. 凡訟 決折後 花名書納 京外自有定限 而時執者 甘心專利 無故花名不納

---

5 주삼의 … 시행하다:『결송유취보』에는 "세간에서 30년을 소한이라 하고 60년을 대한이라 하는데, 법문을 살펴보면 뚜렷한 근거가 되는 것은 없다"라고 하였다. 소한 30년과 대한 60년은『속대전』刑典 聽理부터 大典에 오른다.

6 사헌부: 이 수교는 1552년(명종 7) 6월 23일 사헌부에 내린 것이므로 여기서 법사는 사헌부를 가리킨다(『각사수교』掌隸院受敎 壬子六月十三日傳).

7 송사를 … 한다: 보역은『각사수교』에 따른 것이다.『각사수교』掌隸院受敎 壬子六月十三日傳.

8 五十日:『경국대전』은 '五十日內'로 되어 있다.

9 凡訟:『수교집록』에 '凡訟田民 決折後'로 되어 있어, 번역에 반영하였다.

不爲執籌[10] 自今以後 決後仍執例論[11] 〈嘉靖乙卯受敎 ○『決訟類聚』〉

4. 詞訟衙門決等公事 例於各朔初十日入啓 有故[12]則必待二十日 二十日有故 則必待三十日 多有積滯之患 至爲未便 今後本日有故 則次旬五日前錄啓 〈萬曆丙子漢城府 斤正後 ○『決訟類聚』〉

5. 【補】始訟後五十日之限 載在大典 計除官員不坐日 而五十日之內 乙者親着 而至二十一日 甲者不就訟必滿三十日 然後可以決給親着之乙者矣 大典之法 極爲詳盡 乙者親着二十一日 甲者不就三十日 並計元隻俱不現之日 而充之 且不用甲者出沒間着 〈嘉靖乙未承傳 ○『受敎輯錄』〉

6. 【補】決訟各司 所決度數 每十日錄啓 初十日有故 後十日並錄以啓 違者罪之 〈萬曆癸酉承傳 ○『受敎輯錄』〉

7. 【補】凡大小奴婢決訟 初度則以該院決折 再度以後 自刑曹決折 每十日依該院例 決等啓聞 〈康熙甲辰承傳 ○『受敎輯錄』〉

8. 【補】刑曹旣已決訟 則始訟之後 三十日不就訟者 依法親着決折然後 可無延訟之弊 作木亦依法典 每一口三卷捧上 毋過二十卷 〈康熙乙巳承傳 ○『受敎輯錄』〉

9. 【補】祖上田民合執盜賣者外 各項田民訟事 一依大小限施行 〈康熙丙寅承傳 ○『受敎輯錄』〉

10. 【補】凡訟畢決月日 每朔具移于法司 法司考其勤慢 依律治罪 以斷滯訟之弊 〈嘉靖壬子承傳 ○『受敎輯錄』〉

11. 【補】中外官僚 大小獄訟 趍不處決 滯囚經年 或有一不訊之處 査覈論罪事 定式 〈康熙己巳承傳 ○『受敎輯錄』〉

10　不爲執籌: 『수교집록』에 '仍爲執籌'로 되어 있는데, 내용상 '不爲執籌'가 옳기에 번역에서 반영하였다.

11　決後仍執例論: 『결송유취』에 '決後仍執例論' 뒤에 세주로 '杖一百徒三年'이 추기되었으며, 『수교집록』은 '決後仍執 杖一百徒三年'이라고 추기되어 있어, 번역에 반영하였다.

12　有故: 『결송유취』에 '十日有故'로 되어 있어, 번역에 반영하였다.

39. 입안 발급에 필요한 종잇값
【補】三十九 作紙

> 작지(作紙)란 관부에서 결송이나 사출(斜出)할 경우 승소자 혹은 청원자가 수수료 명목으로 지불하는 일종의 지필값으로 백지로 납부하는 것이 원칙이었다. 작지를 관에서 언제부터 징수하기 시작한 것인지는 분명치 않으나 1434년(세종 16)과 1464년(세조 10)의 실록 기사를 통하여 선초에 이미 관행적으로 수수되고 있었음을 짐작할 수 있다. 그리고 이후 『경국대전』에 처음으로 성문화되었다.
>
> 『결송유취보』 단계에 들어서는 〈작지〉란 조목이 새롭게 설정되고 내용도 4개 조문으로 구성되었다. 4개 조문 가운데 1개 조문은 『대전속록』에 수록된 것이고, 3개 조문은 『수교집록』에 실려 있는 내용이다. 먼저 『대전속록』에서는 작지가의 징수 규정을 득결(得決)과 사출(斜出)의 경우로 구분하고 각각의 소송대상물(토지, 노비, 가사)의 종류와 수량에 따라 세분화하였다. 또 백지는 반드시 저주지(楮注紙)로 납부하도록 바뀌었으며, 최대 20권을 넘지 못하도록 규정하였다. 『수교집록』 단계에서는 공대(空垈)에 대한 규정이 새로 마련되었으며, 그동안 백지로만 징수하던 작지를 쌀이나 포목으로도 납부할 수 있도록 하였다. 이러한 규정은 조선 후기까지 큰 변화 없이 계속되어 『속대전』 형전 〈결송해용지(決訟該用紙)〉에 반영되었다.

1. 결송*에 드는 비용으로 받는 작지*는 다음과 같다. 가사에 대한 판결이면 기와집은 1칸에 2권, 초가집은 1칸에 1권이다. 사출*의 경우 기와집은 1칸에 1권, 초가집은 1칸에 10장이다. 토지에 대한 판결이면 10부에 2권이며, 사출은 1권이다. 노비에 대한 판결이면 1구에 3권이며, 사출은 1권이다. 모두 저주

지*를 사용하되 20권을 넘을 수 없다.[1] 〈『대전속록』 ○『결송유취』 청송〉

2. 빈 집터 4칸은 기와집 1칸에 준해서 작지를 받는다. 〈가정 기미(1559, 명종 14) 승전 ○『수교집록』 호전 작지〉

3. 사출이나 결송의 작지는 모두 저주지를 사용하되, 1권의 값은 시장가격 정미 2말에 따라 시행한다. 〈만력 계유(1573, 선조 6) 승전 ○『수교집록』 호전 작지〉

4. 결송의 작목*은 법문에 따라 20권을 넘을 수 없다. 〈강희 임인(1662, 현종 3) 승전 ○『수교집록』 호전 작지〉

1. 凡決訟該用紙 家舍得決 瓦家一間二卷 草家一間一卷 斜出則瓦家一間一卷 草家一間十張 田地得決 則十負二卷 斜出則一卷 奴婢得決 則一口三卷 斜出則一卷 皆用楮注紙 毋過二十卷[2] 〈『前續錄』 ○『決訟類聚』〉

2. 空垈四間 准瓦家一間 作紙捧上 〈嘉靖己未承傳 ○『受敎輯錄』〉

3. 凡斜出得決作紙 皆用楮注紙 一卷價直 依市準正米二斗施行 〈萬曆癸酉承傳 ○『受敎輯錄』〉

4. 決訟作木 依法文 毋過二十卷 〈康熙壬寅承傳 ○『受敎輯錄』〉

1   결송에 … 없다: 관련 내용이 『성종실록』 21년 7월 13일에 있다.
2   毋過二十卷: 『결송유취』에 '毋過二十卷' 다음에 '長一尺六寸 廣一尺四寸'이라는 세주가 있다.
3   空垈: 『수교집록』에 '空垈'로 되어 있어, 번역에서 교감하였다.

40. 잡령
【補】四十 雜令

〈잡령(雜令)〉에는 앞의 조목에 포함되지 않은 법전 규정과 이외의 여러 수교가 수록되어 있다. 〈잡령〉은 『경국대전』의 호전, 예전, 공전 등 3전에 설치되었는데, 『수교집록』에 이르러 이전, 형전에까지 만들어져 5전으로 확대된다. 이러한 추세에 발맞추어 『결송유취보』도 〈잡령〉을 증보하였다.

〈잡령〉은 국가의 금제(禁制)를 수록하였는데, 금령 위배자 단속, 관리나 호강품관의 비위 처벌이나 포상, 세곡 운반 및 군역 관련 규정, 과거 응시시 부정 행위 처벌 규정이 주류를 이루고 있고, 이외에 전패(殿牌) 분실 시 처리 규정, 처녀 간택 규정, 노비 추심 규정 등이 포함되었다.

1. 법사[1]의 아전이 금령을 범한 사람을 체포한 후 부탁을 듣고 다시 석방하면 장 100을 친다. 〈『대전후속록』 형전 금제〉
2. 소주를 고는 일은, 늙거나 병들어 약으로 복용하려는 경우 외에는 일체 금한다. 〈『대전후속록』 형전 금제〉
3. 고독*안에 오른 사람이 장사를 한다는 핑계로 다른 고을에 출입하면 치죄한다.[2] 〈『대전후속록』 형전 도망〉
4. 연경에 가는 사신 일행이 응당 가져갈 수 있는 개인 짐 및 국왕이 통상적으로 하사한 물품 이외의 물건은 서장관이 점검하여 관에 몰수한다. 〈『대전후속록』 형전 금제〉

---

1   법사: 금령 단속을 관장했던 사헌부, 형조, 한성부를 가리킨다.
2   고독안에 … 치죄한다 : "고독안에 올라 있는 사람이 도망하면 사민도망례(徙民逃亡例)로 논하고, 그를 허접(許接)한 사람과 겨린은 가족 모두를 영안도(永安道) 5진에 입거(入居)하도록 한다"(『대전속록』 刑典 逃亡).

5. 경내의 사나운 큰 패거리들을 마땅하게 조치하거나 기회를 틈타 포획하는데, 두드러지게 공을 세운 수령은 『경국대전』에 의하여 상으로 가자*한다. 〈『대전후속록』 형전 잡령〉

6. 각 관사의 관원이 자주 바뀌어 공사*가 지체되면, 단지 관원만 치죄하고 색리는 논하지 않기 때문에 색리가 전혀 두려워하지 않아 간사한 짓을 한다. 지금 이후로는 색리도 아울러 죄를 준다. 〈『대전후속록』 형전 잡령〉

7. 새로 외직에 제수된 관원에게 당참예물이니 문안예물이니 하며 많은 수를 요구한다. 그러므로 월리로 돈을 빌려 배가 되는 값을 갚느라 각 지방의 백성과 아전이 피폐해지기에 이른다. 준 자와 받은 자 모두 제서유위율*로 논한다. 〈『대전후속록』 형전 잡령〉

8. 호강품관이 향촌에서 권력을 마음대로 휘둘러 백성을 침학하면 전가사변*한다. 〈『대전후속록』 형전 잡령〉

9. 원악향리【수령을 틀어쥐고 가지고 놀면서 권력을 마음대로 하여 폐단을 일으키는 자, 몰래 뇌물을 받고 역을 불공평하게 부과하는 자, 세를 거둘 때 마구 거두어 함부로 쓰는 자, 양민을 불법으로 차지하여 숨겨두고 일을 시키는 자, 농장을 넓게 설치하고 백성을 부려 농사짓게 하는 자, 마을을 휘젓고 다니며 백성들을 침탈해 사사로운 이익을 꾀하는 자, 권세가에게 빌붙어 본역을 피하려는 자, 역을 피해 도망 중인 사람을 촌락에 숨어 살게 하는 자, 관의 위세를 빌어 백성을 침학하는 자, 양가의 여자나 관비를 첩으로 삼은 이】는 다른 사람이 진고*하는 것을 허락하며, 또한 본관 경재소가 사헌부에 진고하여 추핵*하여 과죄*하는데, 도형에 해당하는 죄를 범한 이는 본도 잔역의 역

---

3 【수령을 … 삼은 이】: 이 내용이 『경국대전』에 大文 元惡鄕吏의 소주(小註)로 되어 있기에 【 】 표시를 하였다.

4 다른 … 진고하여: 『경국대전』에 '良家女及官婢作妾者'와 '推劾科罪' 사이에 "許人陳告 亦許本官京在所告司憲府"라는 내용이 있기에 보역하였다.

리로 영구히 소속시키고, 유형에 해당하는 죄를 범한 이는 다른 도 잔역의 역리로 영구히 소속시킨다. 수령이 알고도 거핵*하지 않으면 제서유위율로 논한다. 〈『경국대전』 형전 원악향리〉

10. 사사로이 관가에 출입하면 장 80에 처한다. 주에 "아버지, 아들, 사위, 형, 아우는 이 규정을 적용하지 않는다"고 했다. 〈『경국대전』 형전 금제〉

11. (수령이) 사사로이 행차하는데 재물을 요구하는 것을 일체 금한다. 〈승정원에 내린 전교〉

12. 추노*하는 경우, 먼저 그 노비가 기재된 문기를 상세히 고찰하여 반드시 그의 노비라는 것을 분명히 파악한 연후 관이 추심해 준다. 그리고 공선*은 비록 여러 해 받지 못했다 하더라도 다만 2년 치 공선만 징수하도록 하며, 매년의 공선은 노 1구당 목면 1필 반으로 정한다.[5] 〈강희 무인(1698, 숙종 24) 수교〉

13. 소 도살 금령을 범한 수령은 파직한다. 수령을 체직하여 바꾸는 것이 어려우면 환자를 받지 못한 법례로 감영에서 장을 친다.[6] 〈강희 경진(1700, 숙종 26) 수교〉

14. 사사로이 도살하는 것을 금지하는 법령을 범하면 수속*한다. 속전을 바치지 못하면 3차례 형추*한 후 석방한다. 〈강희 경진(1700, 숙종 26) 수교〉

15. 조전*하는데 기한이 되어도 발송하지 못한 수령은 탈고신*의 율로 논한다.[7] 〈순치 갑오(1654, 효종 5) 수교 ○『수교집록』 호전 조전〉

16. 거짓으로 배가 침몰했다고 말하면 감관과 색리, 선주, 사공은 모두 효시*하고, 격군은 (노로 삼아) 절도에 한기신정배*한다.[8] 〈기유조전사목(1669, 현종

---

5 추노하는 … 정한다: 이 수교와 유사한 내용이 『신보수교집록(新補受敎輯錄)』 刑典 私賤에 있다.
6 소 … 친다: 이 수교와 유사한 내용이 『신보수교집록』 吏典 守令에 있다.
7 조전하는데 … 논한다: 『수교집록』 戶典 漕轉조에 있다.

10) ○『수교집록』호전 조전〉

17. (조전할 때) 조운선에 타지 않은 색리는 엄형하고 전가사변한다. 수령은 나문*하여 죄목을 정한다. 〈강희 기사(1689, 숙종 15) 조전개정식사목〉

18. (조운곡을) 계절에 늦게 선적한 수령은 도배*의 율로 논한다. 〈강희 기유(1669, 현종 10) 조전사목〉

19. 환자를 번질*한 수령은 한년정배*다. 〈숭덕 정축(1637, 인조 15) 수교 ○『수교집록』호전 환자〉

20. 원회부* 각 아문의 곡물을 받지 않고도 받았다고 속인 수령은 곡물의 다소를 계산하지 않고 율문에 따라 도배하고 영구히 관직을 제수하지 않는다. 〈강희 갑자(1684, 숙종 10) 수교〉 ○『수교집록』호전 환자〉

21. (원회부의) 연도를 바꾸어 기록한 죄는 허록*과 다름이 없으니 (허록과) 똑같이 감단*한다. 〈강희 갑자년(1684, 숙종 10) 수교 ○『수교집록』호전 환자〉

22. 서원을 조정에 청하지 않고 먼저 스스로 영건하면, 수창한 유생은 정거*하고 수령은 논죄한다. 〈강희 계미(1703, 숙종 29) 승전〉

23. 규정 이상의 인원을 거느리고 임지에 간 수령은 감영에서 장을 친다. 대시*를 지냈던 이는 파출*한다.[9] 〈강희 병술년(1706, 숙종 32) 승전〉

24. 규정 외로 역마를 탄 자와 사사로이 내준 자 모두[10] 장 100·유 3,000리에 처한다. 역마를 규정보다 더 많이 내준 자, (역로 이외에) 다른 길로 간 자, 역을 지나면서 말을 바꾸지 않은 자, 과거 시험장의 응시자로서 제술을 남에

---

[8] 거짓으로 … 한기신정배한다: 거짓으로 배가 난파되었다고 한 것에 대한 처벌 규정이 1669년(현종 10)에 제정되었는데, 이 경우 격군은 엄형 정배한다고 했으나 1684년(숙종 10)에 절도에 한기신정배하여 노로 삼는 것으로 개정되었다(『수교집록』戶典 漕轉).

[9] 규정 … 파출한다: 『신보수교집록』吏典 守令에 있다.

[10] 모두: '모두'라고 하였으므로, 치죄 대상은 복수가 되어야 한다. 이를 『경국대전』은 "驛馬濫乘者私與者"라고 하였다. 그러나 『결송유취보』는 '사여자(私與者)'를 누락시켰기에 『경국대전』에 의거 보역하였다.

게 대신하도록 한 자, 제술을 대신해 준 이는 모두 장 100·도 3년에 처한다. 〈『경국대전』 형전 금제〉

25. (역로에서) 충청우도와 전라우도의 수령, 첨사, 만호는 금천과 수원을 경유하도록 하며, 충청좌도와 경상좌도는 광주와 이천을 경유하도록 하며, 충청직로, 전라좌도, 경상우도는 과천을 경유하도록 하여 길을 나누어 왕래한다. 이를 어기면 관찰사가 적발하여 계문한다. 〈『대전후속록』 병전 역로〉

26. 대왕* 자손 중 적파로 의당 충의위*가 된 자 외에, 모든 천인과 서인에 관계되는 부류는 6대가 넘으면 모두 군역에 충정한다. 선현의 후예 중 기씨, 한씨로서 기자의 후예라고 일컫는 자, 안씨로서 문성공 안향의 자손이라고 일컫는 자, 설씨로서 홍유후 설총의 자손이라고 일컫는 자, 우씨로서 좨주 우탁의 자손이라고 일컫는 자, 문씨로서 문익점의 자손이라고 일컫는 자, 신씨로서 장절공 신숭겸의 자손이라고 일컫는 자, 진씨와 명씨로서 고황제 주원장의 영지를 사칭하는 자,[11] 양씨로서 양기[12]의 자손이라고 일컬어지는 자, 공씨의 자손으로서 멀리 선성 공자의 후예로 인정되는 자, 한씨로서 상당부원군 한명회의 자손이라고 일컫는 이는, 칠반천역【조예, 나장, 일수, 조군, 수군, 봉군, 역보】 외에 음역, 양역, 기병, 보병에 모두 충정한다. 〈강희 임오(1702, 숙종 28) 세초사목〉

27. 각 아문 각 명목의 소속인을 충정할 때, 반드시 본도와 본 고을에 관문을 보내고, 직접 충정하지 않는다. 〈강희 무오(1678, 숙종 4) 수교 ○『수교집록』 병전 군제〉

28. 아버지와 아들 4명 이상이 군역을 지면 함께 거주하는지의 여부를 논하지

---

11 진씨와 … 자: 명씨는 원 말 대하(大夏)를 건국했던 명옥진(明玉珍)의 후손이다. 그의 아들 명승(明昇)이 명 태조에게 평정되어 진리(陳理)와 함께 고려에 유배되었다. 진씨는 진리의 후손이다.

12 양기: 고려 대 제국공주(齊國公主)를 배종하여 고려에 들어온 인물이다.

말고 원하는 바에 따라 한 사람을 면제해주고 그들에게 스스로 대신할 사람을 충정하도록 한다. 〈강희 임인(1662, 현종 3)〉 승전 ○『수교집록』 병전 군제〉

29. 도망하여 10년이 지났으나 그 일족이 있는 자와 기병이나 보병으로 억이 정해진 뒤에 다시 유청*에 소속된 이는 그들이 스스로 대신 충정될 사람을 찾기 전에는 일체 사유가 발생한 것으로 처리하여 역을 면제해 주지 않는다. 다만 유청의 역은 임시로 번을 서는 것을 면제하게 하여 두 가지 역을 지게 되었다고 원망하는 폐단이 없도록 한다. 〈강희 갑자(1684, 숙종 10) 승전 ○『수교집록』 병전 군제〉

30. 상번* 도목에서 2명 이상이 '탈'로 기록되면 색리를 형추한다. 〈○『수교집록』 병전 군제〉[13]

31. 물고*나 노제*로 역이 면제되었는데도 그대로 군포를 징수하면[14] 그 수의 많고 적음을 막론하고 수령을 모두 파직한다. 〈승전 ○『수교집록』 병전 군제〉[15]

32. 각읍에서 전패*를 잃어버리면 계문하지 말고 본읍에서 다시 만들어 봉안하도록 한다. 〈강희 갑진(1664, 현종 5) 수교〉

33. 주인을 배반한 노비는 그대로 본역을 지운 채 절도에 한기신정배한다.[16] 〈강희 기유(1669, 현종 10) 수교 ○『수교집록』 형전 추단〉

34. 과거 시험장에서 응시자나 노복 등이 무리를 지어 소란을 일으키면 수창한 이는 효시하고 따른 이는 그 자신에 한정하여 종신토록 다른 도의 관노로

---

13 『전록통고』에 강희갑자 승전으로 기록되어 있다.
14 물고나 … 징수하면: 물고나 노제로 역이 면제된 사람은 연초인지 연말인지를 논하지 말고 바로 다른 사람으로 대신 충정하고, 성책하여 상고하고 돌려준다(『수교집록』 兵典 軍制).
15 『전록통고』에 강희갑자 승전으로 기록되어 있다.
16 주인을 … 한기신정배한다: "주인을 배반한 노비를 정배하지 않고 본주(本主)에게 돌려주면 노비를 멋대로 죽이는 경우가 장차 반드시 잇달아 일어날 것이니 법례에 따라 전가사변하는데, 1664년(현종 5) 9월 전교에 따라 본역을 그대로 지운 채 절도에 한기신정배하는 것으로 고친다(『수교집록』 刑典 推斷).

삼는다. 〈순치 신묘(1651, 효종 2) 수교〉

35. 과거에서 글씨를 대신 써 주기 위해 불법으로 과장에 들어갔다가 발각되면 일찍이 잡과에 합격했던 이는 생원, 진사의 예에 의하여 충군*하고 영원히 정거*한다. 서사*하는 서리가 혹 글씨를 대신 써 주기 위해 불법으로 과장에 들어가거나 혹 주초*하면서 간사한 짓을 하면 부탁한 자와 부탁받은 자 모두 수군에 충정한다. 공천이나 사천이면 종신토록 절도의 노비로 삼는다. 〈강희 계해(1683, 숙종 9) 승전 ○『수교집록』예전 과거〉

36. 조흘강*에서 대신 강한 이는 수군에 충정하도록 하는 율문을 사목에 추가한다. 〈강희 계해(1683, 숙종 9) 수교 ○『수교집록』예전 과거〉

37. 활을 남에게 대신 쏘게 한 이, 대신 쏜 이, 공사천으로 과거에 불법으로 응시한 이는 모두 전가사변한다. 〈숭정 무진(1628, 인조 6) 수교 ○『수교집록』병전 제과〉

38. 호강품관 등이 그가 경작하는 전답을 백성의 전답에 합쳐 기록하여 그 전세를 그 집에서 내게 하거나 평민에게 쌀이나 콩의 수를 더 부과하게 하면 호강지율[17]로 논한다.[18] 〈가정 신유(1561, 명종 16) 수교 ○『수교집록』호전 제전〉

39. 호강품관 등이 관곡을 많이 먹고 갚지 않는 것이 100석 이상이면 변원정

---

17 호강지율: 전가사변한다.『대전후속록』刑典 雜令.

18 호강품관 … 논한다: 수교 내용이『각사수교』(호조 수교)에 자세하게 수록되어 있다. "신유년(1561, 명종 16) 5월 26일 호조 계목에 이르기를, '술수를 부려 전세를 감축한 수가 만 10석이면 실결(實結) 10부(負)를 재결(災結)로 삼은 법례에 따라 관리를 치죄하십시오. 호강품관 등이 자신이 경작하는 땅을 빈민의 전답에 합록(合錄)하여 자신의 전세를 그 집에서 자납(自納)하고는 공리(貢吏)를 겁제(劫制)하여 공자(空尺)를 바치게 하니, 공리는 부득이 쌀이나 콩을 되로 나누어 평민에게 추가로 부과하여 그 수를 채웁니다. 평민은 더 내는 것을 알면서도 승(升)이나 합(合)이 되는 쌀을 더 내는 것에 대해 억울함을 호소하지 않고 아무 말도 하지 않은 채 비납(備納)하는 것이 지극히 일반화되었습니다. 앞으로는 이러한 일을 끝까지 적발하여 호강품관을 옥에 가두어 추고해 호강지율(豪强之律)로 논단하여 민폐를 통렬히 혁파하는 것이 어떻겠습니까'라고 계문하니, 왕이 아뢴대로 윤허하였다."

배*한다. 〈가정 갑인(1554, 명종 9) 수교 ○『수교집록』호전 환자〉

40. 처녀를 간택할 때, 현임 수령 및 삼사를 역임한 관원 중 생존해 있는 사람의 딸과 손녀는 모두 단자를 받도록 한다. 〈깅희 병술(1706, 숙종 32) 승전〉

1. 法司衙前 捕犯禁人 聽囑還放者 決杖一百〈『後續錄』〉
2. 燒酒 老病服藥外 一禁〈『後續錄』〉
3. 蠱毒案付人 托於興販 出入他境者 治罪〈『後續錄』〉
4. 赴京人 應齎私馱 及常賜貨買外物件 使書狀官檢點 沒官〈『後續錄』〉
5. 境內獵猈大黨 措置得宜 乘機捕獲 顯有功力守令 依大典賞加〈『後續錄』〉
6. 各司官員數易 以斷[19]公事淹滯 只治官員 不論色吏 故專不畏忌 因緣爲奸 今後並罪色吏〈『後續錄』〉
7. 新除授外任人員處 堂參問安例物稱云 多數求請 月利貸出 倍價還償 以致各官人吏彫弊 與者受者 並制書有違律論〈『後續錄』〉
8. 豪強品官 武斷鄉曲 凌虐百姓者 全家徙邊〈『後續錄』〉
9. 元惡鄉吏 操弄守令專權作弊者 陰受貨賂差役不均者 收稅之際橫斂濫用者 冒占良民隱蔽役使者 廣置田庄役民耕種者 橫行里閭侵漁營私者 趨附貴勢邀避本役者 避役在逃隱接村落者 假仗官威侵虐民人者 良家女及官婢作妾者 推劾科罪 犯徒者 永屬本道殘驛 犯流者 永屬他道殘驛吏 守令知而不擧劾者 以制書有違律論〈『大典』〉
10. 私出入官家者 杖八十 注 父子壻兄弟 不在此限〈『大典』〉
11. 私行乞馱 一切禁斷〈政院傳敎〉
12. 凡推奴者 先將其奴婢所付文記詳考 必知其明是渠之奴婢 然後自官推出而貢膳 則雖有累年未取 只許徵捧兩年貢膳 而每年貢以奴一疋半定式

---

19 以斷: 『대전후속록』에 '以致'로 되어 있어 번역에서 교감하였다.

〈康熙戊寅受敎〉

13. 屠牛犯禁守令罷職 遞易重難 依還上未捧例 營門決杖〈康熙庚辰受敎〉
14. 私屠犯禁者 收贖 而未贖者 刑推三次後 放送〈康熙庚辰受敎〉
15. 漕轉[20] 不及期發送守令 論以奪告身之律〈事目〉
16. 虛稱敗船 監色船主沙工 並爲梟示 格軍 絶島限己身定配〈事目〉
17. 不騎船色吏 嚴刑 全家 守令 拿問定罪〈事目〉[21]
18. 節晩裝載守令 論以徒配之律〈事目〉[22]
19. 還上反作守令 限年定配〈崇德丁丑受敎〉
20. 元會付各衙門穀物 以未捧爲已捧守令 不計多少 依律徒配 永勿除職〈康熙甲子受敎〉
21. 換錄年條之罪 與虛錄無異 一體勘斷〈康熙甲子受敎〉
22. 書院不請于朝 先自營建 首倡儒生停擧 守令論罪〈康熙癸未承傳〉
23. 濫率守令 營門決杖 曾經臺侍者 罷黜〈康熙丙戌承傳〉
24. 驛馬濫乘者 並杖一百流三千里 加數者枉道者經驛不換者 科場擧子 借述者代述者 並杖一百徒三年〈『大典』〉
25. 忠淸全羅右道 守令僉使萬戶 則由衿川水原 忠淸慶尙左道 則由廣州利川 忠淸直路全羅左道慶尙右道 則由果川 分道往來 違者 觀察使糾擧 啓聞〈『後續錄』〉
26. 大王子孫嫡派 當爲忠義者外 凡係賤庶之類 限六代 並爲充定軍役 先賢後裔 奇氏韓氏之稱箕子後裔者 安氏之稱文成公子孫者 薛氏之稱弘儒侯子孫者 禹氏之稱祭酒子孫者 文氏之稱文益漸子孫者 申氏之稱壯節公子

---

[20] 漕轉:『수교집록』에는 '漕船'으로 되어 있다.
[21] 事目:「康熙己巳(1689)漕轉改定式事目」을 이른다.
[22] 事目:「康熙己酉(1669)漕轉事目」을 이른다.

孫者 陳氏明氏之詐稱高皇帝之令旨者 楊氏之稱楊起子孫者 孔氏之子孫遠認先聖後裔者 韓氏之稱上黨府院君子孫者 七般賤役【皂隸羅將日守漕軍水軍烽軍驛保】外 有蔭役及良役騎步兵 並爲充定事〈康熙壬午 歲抄事目〉

27. 各衙門各色所屬充定之時 必關由於本道本官 勿爲直定〈康熙戊午承傳〉

28. 四父子以上軍役 無論同居與否 從自願一人減除 使之自得代定〈康熙壬寅承傳〉

29. 逃亡過十年 而有一族者 騎步兵定役後 更屬有廳者 使之自得代定之前 切勿頉下 而有廳之役 姑使除番 俾無兩役稱冤之弊〈康熙甲子承傳〉

30. 上番都目中 二名以上懸頉 色吏刑推《『受敎輯錄』》

31. 有物故老除 而仍爲徵布者 勿論名數多少 守令並爲罷職《『受敎輯錄』》

32. 各邑中 殿牌見失之後 勿爲啓聞 自本邑改造奉安〈康熙甲辰受敎〉

33. 叛主奴婢 限己身 仍本役 絶島定配〈康熙己酉受敎〉

34. 場屋 擧子奴僕等 成群作拏 首倡梟示 爲從者 限己身沒爲他道官奴〈順治辛卯受敎〉

35. 科擧代寫冒入現露者 曾參雜科者 依生進例 充軍永停 書寫書吏 或爲代寫冒入者 或爲朱草用奸者 彼此並水軍充定 公私賤 限己身絶島爲奴〈康熙癸亥承傳〉

36. 照訖代講者 充定水軍之律 添入事目〈康熙癸亥受敎〉

37. 借射代射公私賤冒赴者 並全家徙邊〈崇禎戊辰〉

38. 豪强品官等 以其所耕 合錄於富民田畓[23] 其田稅自納于其家 其米太數加分于平民 論以豪强之律〈嘉靖辛酉受敎〉

39. 豪强品官等 多食官穀而不償者 百石以上 邊遠定配〈嘉靖甲寅受敎〉

23　富民田畓:『각사수교』는 '貧民田畓',『수교집록』은 '民田'으로 되어 있다. 번역은『수교집록』에 의거하였다.

40. 處女揀擇時 時任守令 及出入三司生存之人 女與孫女 並令捧單〈康熙丙戌承傳〉

41. 범죄가 될 만한 재물을 받음
【補】四十一 受贓

> 장(贓)이란 도리에 어긋나게 남의 재화를 취한 것을 이른다. 그러므로 도둑질한 것이나 관리가 수재(受財)한 것을 모두 장이라 한다. 명 대에 이르러 장이 국정을 파괴하는 원인으로 지목되어 『대명률』은 별도로 '수장(受贓)'이라는 편목을 세우고, 무록(無祿)과 유록(有祿), 왕법(枉法)과 불왕법(不枉法)의 경우를 나누어 상세하고 정밀하게 규제하였다. 『대명률』 형률 수장 편은 총 11조로 구성되어 있다. 반면 『결송유취보』〈수장〉은 「관리수재(官吏受財)」와 「좌장치죄(坐贓致罪)」 두 조문만으로 구성되어 내용이 소략하다.

1. 관원이나 이서 그리고 일반인들이 일과 관계없이 수재하면 좌장*으로 죄를 지은 것이다.¹ 각 관련자로부터 받은 재물을 통틀어 계산하여 절반으로 과죄*한다. 재물을 준 이는 5등급을 감한다.² 〈『대명률』 368 좌장치죄〉
2. 유록인의 왕법장*이면 각 관련자들이 준 재물을 통틀어 계산하여 전과*한다.³ 1관 이하는 장 70, 1관 이상 5관까지는 장 80, 10관이면 장 90, 15관이

---

1   일과 … 것이다: 본래 장(贓)을 받지 않았으나 장죄(贓罪)로 처벌하는 것이다. 그러므로 그릇되게 징수하거나 면제하면 과죄하는 것을 인용하였다.

2   관원이나 … 한다: 이를테면 다음과 같다. 타인에게 재물을 도둑맞거나 혹은 맞아서 상해를 입었는데, 만약 배상금 및 치료비 외에 그로 인해 재물을 받는 따위의 경우, 각 관련자로부터 받은 재물을 모두 통틀어 계산하여 절반으로 과죄한다. 쌍방이 서로 합의하여 주고받았기 때문에 돈을 준 사람은 돈을 받은 사람의 죄에서 5등급을 줄인다. 또 함부로 부과하여 재물을 거두어들이거나 혹은 적게 거두어야 할 전량(錢糧)을 많이 거두었으되 자기 것으로 삼지 않는 경우, 혹은 물건을 만드는 데 노동력이나 재료를 허비하는 따위와 같이, 죄가 이 장(贓)으로 말미암으면 모두 이름하여 '坐贓致罪'라고 한다(『대명률』 368 坐贓致罪).

3   유록인 … 전과한다: 이를테면 다음과 같다. 처리할 일이 있는 사람에게서 재물을 받고 법을

면 장 100, 20관이면 장 60 도 1년, 25관이면 장 70 도 1년 반, 30관이면 장 80 도 2년, 35관이면 장 90 도 2년 반, 40관이면 장 100 도 3년, 45관이면 장 100 유 2,000리, 50관이면 장 100 유 2,500리, 55관이면 장 100 유 3,000리, 80관이면 교형에 처한다. 불왕법장이면 각각의 장을 모두 합산하여 그 절반으로 과죄한다. 〈『대명률』367 관리수재〉

1. 凡官吏人等 非因事受財 坐贓致罪 各主者通算 折半科罪 與者減五等 〈『大明律』〉
2. 有祿人枉法贓 各主者通算 全科 一貫以下 杖七十 一貫之上至五貫 杖八十 一十貫 杖九十 一十五貫 杖一百 二十貫 杖六十徒一年 二十五貫 杖七十徒一年半 三十貫 杖八十徒二年 三十五貫 杖九十徒二年半 四十貫 杖一百徒三年 四十五貫 杖一百流二千里 五十貫 杖一百流二千五百里 五十五貫 杖一百流三千里 八十貫 絞 不枉法贓 各主者通算 折半科罪 〈『大明律』〉

굽혀 처리하였을 경우, 만약 10인에게서 재물을 받은 일이 동시에 발각되면 통틀어 하나로 계산하여 그 죄를 전과하는 것을 이른다(『대명률』367 官吏受財).

42. 묘지 소송
【補】四十二 山訟

산송(山訟)은 분산(墳山)에서 묘지를 근거로 발생하는 사송(詞訟)이다. 묘지에서 일어나는 소송이기 때문에 정약용은 『목민심서』에서 이를 '묘지송(墓地訟)'이라 하였다.

법전에서 산송 용어가 등장하는 것은 『수교집록』부터이다. 『경국대전』에서는 예전(禮典)에 묘지의 보수(步數)를 규정하였으나 산송 항목이나 용어는 등장하지 않는다. 『수교집록』에 수록된 「병인수교」(1686, 숙종 12)에서 산송 용어가 등장하고, 『신보수교집록』에서 〈산송〉을 독립 조목으로 설정하여 산송의 다양한 형태와 소송 절차를 정리하였다.

때문에 『수교집록』과 『신보수교집록』 사이에 편찬된 『결송유취보』에 〈산송〉이 설정된 것은 주목되는 현상이다. 이후 산송 관련 조문들은 『속대전』 단계에 이르러 예전에서 형전으로 옮겨져 "산송도 다른 송사와 마찬가지로 송체(訟體)를 갖추어 시행한다"라는 「기축수교」(1709, 숙종 35)와 함께 수록되었다. 『신보수교집록』의 〈산송〉은 산송이 조선 후기 사회문제로 대두되고 확산되는 과정을 반영하는 것으로 이해된다.

〈산송〉은 다음 9개 조문으로 구성되어 있다. 『경국대전』의 분묘 보수(步數)(제1조), 사대부 분묘 투장에 대한 처리 원칙을 규정한 1573년(선조 6) 「계유수교」(제2조), 용호 수호를 규정한 1676년(숙종 2) 「병진수교」(제3조), 「병진수교」의 후속 조치로서 송관의 처리 원칙을 규정한 1686년(숙종 12) 「병인수교」(제4조), 투장시 지사(地師)를 형추하는 1696년(숙종 22) 「병자수교」(제5조), 지사 형추 및 패소자의 정배(定配)를 규정한 1698년(숙종 24) 「무인수교」(제6조), 인가 100보 이내에 입장(入葬)을 금지한 1703년(숙종 29) 「계미수교」(제7조), 고총(古塚) 사용 금지(제8조), 타인 분묘 위의 경작지화 및 도장(盜葬)을 금지하는 『대명률』의 규정(제9조) 등이다. 『경국대전』의 보수 조항을 시작으로 선조 대부터 숙종 대에 걸쳐 130여 년 동안 마련된 수교들을 수록하고 마지막에 『경국대전』과 『대명률』의 관련 조항을 첨가함으로써 마무리하였다.

마지막에 1717년(숙종 43) 「정유정탈사목(丁酉定奪事目)」 4개 조문이 수기(手記) 추가 기입되어 있는데, 그 내용은 투장자가 나타나지 않을 경우의 관굴(官掘), 판결 후에 이장하지 않고 버티는 경우, 이장하겠다고 다짐 후 도피한 경우에 대한 처벌, 산송 과정에서 도닉한 경우의 친착 적용과 관굴 등이다.

이상을 통해 볼 때, 〈산송〉은 17·18세기를 거치며 산송이 사회문제로 대두되어 가는 과정에서 법 규정이 마련되고 소송의 격식을 갖추어가는 모습을 보여준다.

1. 묘지는 한계를 정하여 경작하거나 목축하는 것을 금한다.[1] (묘지로 사용하는 한계는) 종친인 경우 1품은 4면 각 100보, 2품은 90보, 3품은 80보, 4품은 70보, 5품은 60보, 6품은 50보로 한정한다. 문무관일 때에는 종친이 사용하는 구역에 비하여 등급에 따라 차례로 10보씩 줄인다. 7품 이하 및 생원·진사·유음자제는 문무관 6품과 똑같이 적용하며, 부인은 남편의 직책에 따라 적용한다. 〈『경국대전』 예전 상장〉

1-1. 경작이나 개간이 장사 지내기 전에 있었을 경우, (농사를) 금하지 못한다. 〈『경국대전』 예전 상장〉

1-2. 서울의 성저 십리,* 그리고 인가로부터 100보 이내에는 장사를 지내지 못

---

[1] 묘지는 … 금한다: 『경국대전』은 종친(宗親) 앞에 대문(大文) "墳墓 定限禁耕牧"이 있다. 즉 "宗親則 … 女從夫職"은 대문의 소주(小註)인 것이다. 해석은 『경국대전』에 따라 보역하였다.

한다.² 〈『경국대전』예전 상장〉

2. (상사와 장례를 치를 때) 사대부의 분묘는 그 품계의 고하에 따라 각각 보수가 정해져 있다. 금령을 어기고 투장*한 경우, (분묘 주인이) 소지를 올리면 적발하여 찾아낸다.³ 단 자손이 제사를 그만둔 먼 윗대 조상의 분묘인 경우이거나 또는 다른 사람이 침범하여 장사를 지냈어도 금지하지 않은 지 2, 3년이 지난 경우이면,『경국대전』(호전 전택조)에 "전택*에 관한 소송은 5년이 지나면 들어주지 않는다."는 법례에 의거하여 청리*하지 않는다. 투장하여 남의 분묘를 침범하면 이 규정을 적용하지 않는다.⁴ 〈만력 계유(1573, 선조 6) 수교 ○『수교집록』예전 상장〉

3. 비록 무보수인⁵이라 할지라도, 묘산 용호의 국내⁶에 양산한 곳⁷에는 타인의 입장을 허락하지 않는다. 또한 용호의 국외는 비록 양산이라 하더라도 임의로 광점하는 것을 허락하지 않는다.⁸ 〈강희 병진(1676, 숙종 2) 수교 ○『수교집

2　서울의 … 못한다: 정약용은 "보수(步數)를 정한 목적이 경작과 목축을 금하는 한계를 말한 것이었는데, 지금은 남이 장사 지내는 것을 금하는 한계가 되었다"라고 하였다.

3　소지를 … 찾아낸다:『속대전』은 "冒禁偸葬者 依法掘移"라 하여, 16세기 후반의 '發出'이 18세기 중반에 이르러 '掘移'로 바뀌었다.

4　단 자손이 … 않는다: 이 내용은『속대전』에 반영된다.

5　무보수인:『대전통편』은 '有蔭士人'이라고 하였다. 그러나 이는 '有蔭子弟는 7품 이하와 같다'는『경국대전』과 상치된다.

6　용호의 국내: 묘역의 안쪽을 말한다.

7　양산한 곳: 분묘의 용호 안에 소나무, 잣나무 등을 심어서 산소를 보호하고 가꾸는 곳이다.

8　비록 … 않는다: 1676년(숙종 2)「병진수교」는 한편으로는 무보수인을 보호하며 다른 한편으로는 임의광점을 금지하는 수교인데, 이 내용은『속대전』에 반영된다.「병진수교」가 나온 배경은『승정원일기』에 보인다. ① 선조 대에는 산송이 있으면 법전 보수에 따르라는 수교가 있었다. ② 인조 대에는 양산(養山) 국내(局內)에 타인의 입장(入葬)을 물허(勿許)한다는 수교가 있었다. ③ 효종 대에는 광점(廣占)의 폐해를 지적하며 보수는 선조 수교에 따른 것이 합당하다는 수교가 있었다. ①②③의 논의를 종합하여, 1676년(숙종 2)에 '산송이 있으면 법전의 보수를 따르되, 무보수인이라 할지라도 국내(局內)에는 타인의 입장을 금하며, 국외(局外)는 비록 양산(養山)이라 할지라도 임의 광점(廣占)을 금한다'는「병진수교」가 나왔다(『승정원일기』,

록』 예전 상장〉

4. 서울과 지방의 산송*은 「병진수교」(1676, 숙종 2)를 받들어서 시행한다. 용호가 매우 넓고 멀어서 혹 500~600보에 이르면, 또한 일률적으로 용호에 준할 수는 없으니, 송관이 산세의 원근과 양측의 산도*를 참작하여 처결하는 데 달려 있을 뿐이다.⁹ 〈강희 병인(1686, 숙종 12) 수교 ○『수교집록』 예전 상장〉

5. 묏자리 주인이 있는 산이거나 인가 근처에 투장*하면 지사를 한 차례 형추* 한다.¹⁰ 〈강희 병자(1696, 숙종 22) 수교〉

6. 묏자리를 두고 상송*하면 옳고 그름을 따지지 않고 우선 지관을 형추하고 이치가 꿀린 상주는 정배*한다. 훈척대신의 묘를 천장할 때는 예장*을 허락하지 않는다.¹¹ 〈강희 무인(1698, 숙종 24) 수교〉

7. 인가로부터 100보 이내에 장사를 지내는 것을 허락하지 않는 것이 법전이다. 이제부터 기와집이나 초가집을 물론하고 비록 혼자 사는 인가라 할지라도 100보 이내에는 장사를 허락하지 않는다는 것을 온 나라에 신칙*하라.¹² 〈강희 계미(1703, 숙종 29) 승전〉

8. 오래되어 주인이 없는 무덤을 장지로 사용한 이는 『대명률』 발총조 율문에

숙종 2년 3월 4일).

9   용호가 … 뿐이다: 이 내용은 『속대전』에 반영된다.

10   묏자리 … 형추한다: 이 내용은 『신보수교집록(新補受教輯錄)』과 『속대전』에도 반영되는데, 『결송유취보』와는 달리 지관(地官)에 대한 처벌 규정이 빠졌다.

11   묏자리를 … 않는다: 이 수교는 『신보수교집록』 禮典 山訟에 반영된다.

12   인가로부터 … 신칙하라: 이 조항과 관련 규정에 대한 논의는 『승정원일기』, 숙종 29년 11월 18일에 실려 있다. 지사 민진후가 "인가가 있는 100보 이내에는 입장을 금지하는 것이 법전의 뜻인데 근래에 송관들이 법전의 뜻을 잘 알지 못하고 혹은 열 집 이상이면 비로소 금장하고, 혹은 기와집이 아니면 보수를 논하지 않고 강제로 입장하도록 하여 참으로 부당합니다"라고 아뢰면서 "이후로는 비록 집 한 채가 있더라도 100보 이내에는 입장하지 못하도록 신칙하는 것이 어떻습니까"라고 아뢰자 숙종이 이에 대해 "신칙하는 것이 좋겠다"라고 하였다.

의거하여 논죄한다.[13] 무덤을 파도록 허용한 자와 지사도 마찬가지이다. 〈『경국대전』형전 금제 ○『결송유취』금제〉

9. 남의 무덤을 평평하게 만들어 농경지로 만들면 장 100에 처한다. 주인이 있는 묘역 내에 몰래 장사를 지내면 장 80에 처하고, 기한을 정해 강제로 이장시킨다.〈『대명률』299 발총〉

1. 宗親則一品四面各限一百步 二品九十步 三品八十步 四品七十步 五品六十步 六品五十步 文武官則遞減一十步 七品以下及生員進士有蔭子弟同六品 女從夫職〈『經國大典』〉

    1-1. 耕墾在葬前 勿禁〈『經國大典』〉

    1-2. 京城底十里及人家百步內勿葬〈『經國大典』〉

2. 士大夫墳墓 隨其品秩 各有步數 冒禁偸葬者 因其呈狀發出 但高玄墳墓 子孫廢祭 而他人侵葬 不爲禁止 于二三年[14]之後 則依大典凡訟田宅過五年例勿聽 偸葬犯墳 則不在此限〈萬曆癸酉受敎〉

3. 雖無步數之人 墓山內 龍虎內 養山處 勿許他人入葬 自龍虎以外 則雖或養山 勿許任意廣占〈康熙丙辰受敎〉

4. 京外山訟 一遵丙辰受敎施行 至於龍虎尤甚濶遠 或至五六百步 而亦不可一從龍虎爲准者 則惟在訟官之量度山勢遠近彼此圖局參酌處決〈康熙丙寅受敎〉

5. 有主山及人家近處 偸葬者 地師刑推一次〈康熙丙子受敎〉

6. 爭山相訟 無論曲直 姑先刑推地官 而理曲者 喪主定配 而勳戚大臣遷葬時

---

13 오래되어 … 논죄한다: "관곽을 드러낸 이는 장 100·유 3,000리이고, 주검을 드러낸 이는 교형에 처하며, 아직 관곽에 이르지 않았으면 장 100·도 3년에 처한다"(『경국대전주해』후집 형전禁制).

14 于二三年: 『수교집록』에 '至于二三年'으로 되어 있어 번역에 반영하였다.

勿許禮葬〈康熙戊寅受敎〉

7. 人家百步內 不許入葬 乃是法典 今後則無論瓦草家 雖一人家舍 百步內 毋得許葬事 申飭京外〈康熙癸未承傳〉
8. 葬用古塚者 依發塚律論 許發塚者及葬師同〈大典 ○『決訟類聚』〉
9. 若平治他人墳墓爲田園者 杖一百 於有主墳地內 盜葬者 杖八十 勒限移葬〈『大明律』〉

수령이 하직할 때 승정원에서 내리는 별유[1]【살피건대 별유 또한 법전이다. 그래서 이 편 끝에 써두었다.】
【補】守令下直時 承政院別諭【按 別諭亦是法典 故書於篇末】

농사는 천하의 큰 근본이다. 비록 평년이라고 해도 농사를 원래 신칙하여 권장하여야 마땅하다. 하물며 이와 같이 해를 연이어 크게 기근이 든 때에는 보통 때와 달리 점검하고 단속하여야 할 것이다. 수령으로 도임한 후에는 항상 이러한 점에 더욱 유의하여 몸소 논밭과 들을 다니면서 살피도록 하라. 종자와 식량이 끊어지거나 모자라면 잘 처리하여 찾아주도록 하고, 농사의 일에 나태한 사람이 있으면 잘 타이르며 주의시키고 꾸짖어 밭을 갈고 김을 매는 것이 늦어지지 않게 하고 때에 맞게 수확하도록 하라. 제언과 관개 등의 일도 또한 포기하지 말고, 제언을 잘 수축하게 해서 재난을 구제하고 관개로 물을 이용하여 혜택을 입도록 하라. 이러한 모든 일들을 착실하게 받들어 행하여 조정에서 별유하는 뜻을 저버리지 않도록 하라.

農者天下之大本 雖在常年 固當申飭勸課 況此連歲大侵之時 尤不可不別樣檢飭 到任之後 常加留意 躬審田野 種粮之絶乏者 料理覓給 農功之懶惰者 勸諭警責 俾得耕耘不愆 收穫以時 堤堰灌漑等事 亦勿抛棄 另行修築 以爲救災蒙利之事 幷爲着實奉行 毋負朝家別諭之意

---

[1] 『승정원일기』, 영조 1년 8월 11일에 동일 내용이 실려 있다. 영조는 밀양부사(密陽府使) 조언신(趙彦臣), 장단부사(長湍府使) 이사주(李思周)가 하직 인사를 하는 자리에서 좌부승지(左副承旨) 이기진(李箕鎭)을 시켜서 이 별유(別諭)를 읽도록 하였다.

토지 면적을 계산하는 방법
【補】田算法

○ 살피건대 산법이 옥송에서 매우 긴요하고 절실하지는 않다. 그러나 세상의 실무에 마음을 두는 이는 꼭 알아야 한다. 그러므로 지금 책의 말미에 산법 약간 조항을 간략하게 덧붙인다.
○ 살피건대 산법에서는 '길이 5척 너비 5척이 1보가 된다'고 하였으니, 지금의 양전법으로 말하면 마땅히 1척이다. 10척이 1속, 10속이 1부【세간에서는 '짐(복)'이라고 한다】100부가 1결이며, 8결이 1부이다.【1속 미만은 '자(척)'라고 해야 하나 세간에서는 '줌(파)'이라 한다.】
○ 살피건대 전토는 똑같을 수 없어서 원래 기름지고 척박한 차이가 있다. 1등전을 온전한 것[100%]으로 보고, 2등전은 85%, 3등전은 70%, 4등전은 55%, 5등전은 40%, 6등전은 25%의 방법에 의거하여 풀이한 후에야, 전토의 등수에 의해 차이나 잘못이 생기는 폐단이 없을 것이다.[1]

문: 지금 방전*이 있는데, 길이 99척이고 너비 99척이면 그 전토의 면적은 얼마인가?
답: 98부이다.【이는 1등전으로 풀이한 것이다. 만약 2등전으로 풀이하려면 2등전 85를 분모로 삼아 98부에 곱한다. 3등전과 4등전 모두 이를 따른다.】
계산법: 길이 99척에 너비 99척을 서로 곱하면 9801척을 얻으니 곧 98부 1파이나.[2]

---

1 1등전 1결=100부, 2등전 100×0.85=85부, 3등전 100×0.70=70부, 4등전 100×0.55=55부, 5등전 100×0.40=40부, 6등전 100×0.25=25부

2 1등전 99×99=9801(98부), 2등전 9801×0.85=8330.85(83부 3속), 3등전 9801×0.70=6860.7(68부 6속), 4등전 9801×0.55=5390.55(53부 9속), 5등전 9801×

문: 지금 직전*이 있는데, 길이 74척이고 너비 44척이면 그 전토의 면적은 얼마인가?

답: 32부 5속이다.

계산법: 길이 74척에 너비 44척을 곱하면 3256척을 얻으니 곧 32부 5속이다.[3]

문: 지금 구고전*이 있는데, 활*이 33척이고 고장*이 64척이면 그 전토의 면적은 얼마인가?

답: 10부 5속이다.

계산법: 구활* 33척에 고장 64척을 곱하면 2,112척을 얻고 이를 반으로 나누면 1,056척을 얻으니 곧 10부 5속이다.[4]

문: 지금 제전*이 있는데, 대두활*이 123척 소두활*이 87척이고 높이가 143척이면 그 전토의 면적은 얼마인가?

답: 1결 50부 1속이다.

계산법: 밑변 123척에 윗변 87척을 더해 210척을 얻고 이를 반으로 나누어 105척을 얻는다. 높이 143척을 이에 곱하면 1만 5,015척을 얻으니 곧 1결 50부 1속이다.[5]

문: 지금 규전*이 있는데, 높이 155척 밑변 88척이면 그 전토의 면적은 얼마인가?

0.40=3920.4(39부 2속), 6등전 9801×0.25=2450.25(24부 5속)

3　1등전 74×44=3256(32부 5속)

4　1등전 33×64=2112, 2112÷2=1056(10부 5속)

5　1등전 123+87=210, 210÷2×143=15015(1결 50부 1속)

답: 68부 2속이다.

계산법: 높이 155척을 밑변 88척으로 곱하여 1만 3,640척을 얻고 이를 반으로 나누어 6,820척을 얻으니 곧 68부 2속이다.[6]

문: 지금 사전*이 있는데, 가로 대각선 52척 세로 대각선 22척이면 그 전토의 면적은 얼마인가?

답: 5부 7속 2파이다.

계산법: 중활(세로 대각선)을 반으로 나누어 11척을 얻고 길이 52척으로 곱하여 572척을 얻으니 곧 5부 7속 2파이다.[7]

문: 지금 삼광전*이 있는데, 길이 140척이고 상광 40척, 중광 18척, 하광 28척이면 그 전토의 면적은 얼마인가?

답: 36부 4속이다.

계산법: 중활(중간 너비) 18척에 1배를 더하여 36척을 얻고, 또 남활(남쪽 너비)과 북활(북쪽 너비)을 더하여 모두 104척을 얻는다. 이것을 4로 나누어 26척을 얻고, 길이 140척으로 곱하여 3,640척을 얻으니 곧 36부 4속이다.[8] 그 밖의 사부등전(사방이 일정하지 않은 전토), 미전(눈썹 모양 전토), 우각전(소뿔 모양 전토), 원전(둥근 전토), 환전(고리 모양 전토), 복월전(엎어진 달 모양 전토), 호시전(화살 모양 전토), 오각전(다섯 모난 전토), 육각전(여섯 모난 전토), 사형전(뱀 모양 전토), 대고전(큰 북 모양 전토) 등은 모두 알맞게 재량하여 전토를 측량한다.

---

6   1등전 155×88=13640, 13640÷2=6820(68부 2속)

7   1등전 22÷2=11, 11×52=572(5부 7속 2파)

8   1등전 18×2=36, 36+40+28=104, 104÷4×140=3640(36부 4속)

○ 按 算法無甚緊切於獄訟 而留心世務者 亦不可不知 故今於篇末 略付算法若干條

○ 按 算書 以長五尺闊五尺爲一步 以卽今量田之法言之 當爲一尺也 十尺爲一束 十束爲一負【俗作卜】百負爲一結 八結爲一夫【未滿束者當作尺 而俗作把】

○ 按 田土不能如一 自有膏瘠之別 必須依一等全在 二等八五 三等單七 四等五五 五等單四 六等二五之法而解之 然後可無等數差誤之弊

問 今有方田 長九十九尺 廣九十九尺 該田幾何

答曰 九十八負【此乃解一等法也 若欲解二等 則置二等八五作影 以九十八負乘之 三等四等 皆倣此】

法曰 置長九十九尺 廣九十九尺 自相乘之 得九千八百○一尺 卽爲九十八負○一把

問 今有直田 長七十四尺 廣四十四尺 該田幾何

答曰 三十二負五束

法曰 置長七十四尺 以廣四十四尺乘之 得三千二百五十六尺 卽爲三十二負五束

問 今有句股田 闊三十三尺 股長六十四尺 該田幾何

答曰 十○負五束

法曰 置句闊三十三尺 以股長六十四尺乘之 得二千一百十二尺 折半得一千○五十六尺 卽爲十○負五束

問 今有梯田 大頭闊一百二十三尺 小頭闊八十七尺 長一百四十三尺 該田

幾何

答曰 一結五十〇負一束

法曰 置大頭闊一百二十三尺 加小頭闊八十七尺 得二百十尺 折半得一百〇五尺 以長一百四十三尺乘之 得一萬五千〇十五尺 即爲一結五十負一束

問 今有圭田 長一百五十五尺 闊八十八尺 該田幾何

答曰 六十八負二束

法曰 置長一百五十五尺 以闊八十八尺乘之 得一萬三千六百四十尺 折半得六千八百二十尺 即爲六十八負二束

問 今有梭田 長五十二尺 中廣二十二尺 該田幾何

答曰 五負七束二把

法曰 置中闊折半得一十一尺 以長五十二尺乘之 得五百七十二尺 即爲五負七束二把

問 今有三廣田 長一百四十尺 上廣四十尺 中廣十八尺 下廣二十八尺 該田幾何

答曰 三十六負四束

法曰 置中闊一十八尺 加一倍 得三十六尺 又併南闊北闊共一百〇四尺 以四歸得二十六尺 以長一百四十尺乘之 得三千六百四十尺 即爲三十六負四束 他餘四不等田 眉田・牛角田・圓田・環田・覆月田・弧矢田・五角田・六角田・蛇形田・人鼓田 皆推移裁作打量

재물을 베풀어 기민을 구제하는 방법
【補】飢民賑濟法

문: 지금 기민 1,359명 중에 장자 573명, 약자 416명, 노자 370명이 있다. 가령 장자는 1명마다 1일에 양미가 9홉, 약자는 1명마다 1일에 양미가 6홉, 노자는 1명마다 1일에 양미가 5홉이라면 모두 95일을 계산하면 그 쌀은 얼마인가?

답: 601섬 12말 8되 5홉이다.

계산법: 장자 573명을 1일의 양미 9홉으로 곱하면 51말 5되 7홉이고, 또 95일로 곱하면 4,899말 1되 5홉이다. 그 나머지 약자와 노자의 양미 또한 이와 같은 방식으로 계산하면 약자의 95일 양미는 2,371말 2되이고, 노자의 95일 양미는 1,757말 5되이니 도합 9,027말 8되 5홉이다. 이를 정신제법*을 이용하여 평석*으로 환산하면, 601섬 8말 8되 5홉이다.[1]

問 今有飢民一千三百五十九名內 壯者五百七十三名 弱者四百六十[2]名 老者三百七十名 假令壯者每名一日糧米九合 弱者每名一日糧米六合 老者每名一日糧米五合 通計九十五日 該米幾何

答曰 六百〇一石十二斗八升五合

法曰 置壯者五百七十三名 以其一日糧米九合因之 得五十一斗五升七合 又以九十五日乘之 得四千八百九十九斗一升五合 其餘弱老糧米亦如此法而數之 得弱者九十五日糧米二千三百七十一斗二升 老者九十五日糧米

---

1 573×0.09=51.57, 5157×95=489915, 416×0.06=24.96, 24.96×95=2371.2, 370×0.05=18.5, 18.5×95=1757.5, 4899.15+2371.2+1757.5=9027.85, 9027÷15=601.8

2 四百六十: 416의 오기이다. 전체인원 1,359명 중에 장자 573명, 노자 370명이라는 점에 볼 때, 약자는 '416'명이 되어야 한다.

一千七百五十七斗五升 都合得九千〇二十七斗八升五合 以定身除法 作平石爲六百〇一石十二斗[3]八升五合

3 十二斗: 八斗의 오기이다.

은을 동전으로 환산하는 방법
【補】銀錢和賣法

문: 지금 은 278냥 6전이 있는데, 가령 은 1냥을 화폐로 계산하여 3냥 5전이라면, 그 값은 얼마인가?

답: 975냥 1전이다.

계산법: 두 수를 곱하는 방법으로 곱한다.[1]

問 今有銀二百七十八兩六錢 假令銀每兩價鈔三兩五錢 該鈔幾何

答曰 九百七十五兩一錢

法曰 以二乘法乘之

1　278.6 × 3.5 = 975.1

빌리는 말의 값을 치르는 방법
【補】貰馬給價法

문: 지금 화폐 392냥 5전이 있는데 가령 이 돈을 가지고 말 25필을 빌린다면, 매 말 1필 마다의 값은 얼마인가?

답: 15냥 7전이다.

계산법: 화폐의 액수를 두고 말의 숫자를 분모로 삼아 이귀제법*으로 풀어서 말의 세마가를 얻는다.[1]

問 今有鈔三百九十二兩五錢 假令貰馬二十五匹 每馬該鈔幾何

答曰 十五兩七錢

法曰 置鈔數 以馬數作影 二歸除法解之 得馬價數

---

[1]　392.5÷25=15.7

군병에게 군량을 지급하는 방법
【補】軍兵放料法

문: 지금 군병 600명 몫의 군량이 394섬 2말이 있는데, 한 사람마다 해당 군량은 얼마인가?

답: 6말 5되 7홉이다.

계산법: 위에 사람의 수를 두고 아래에 군량의 수를 두어, 육귀법*으로 풀거나 또는 상제법*으로 푼다.[1]

問 今有軍兵六百名分糧三百九十四石二斗 每人該糧幾何

答曰 六斗五升七合

法曰 上置人數 下置糧數 以六歸法解之 又商除法解之

---

1 394.2÷600=0.657

전세에서 가승미를 거두는 방법
【補】田稅加升法

문: 지금 전세미 3만 4,567섬이 있는데, 1섬마다 가승미* 3되이면 그 가승미는 얼마인가?

답: 691섬 3말 4되이다.【15말을 1섬으로 친다.】

계산법: 위에 3되를 분모로 두고 아래에 전세미 숫자를 두어, 인법*으로 계산하여 1만 370말 1되를 얻는다. 15말을 몫[定身]으로 삼아 나누면 691섬 3말 4되를 얻고, 이를 본래 전세미 수와 합하면 3만 5,258섬 3말 4되가 된다.[1]

問 今有田稅米三萬四千五百六十七石 每石加升米三升 該米幾何

答曰 六百九十一石五斗一升[2]【十五斗作石】

法曰 上置三升影數 下置田稅米數 以因法而數之 得一萬○三百七十斗○一升 以十五斗定身而除之 得六百九十一石五斗一升[3] 與本米數合之 則爲三萬五千二百五十八石五斗一升[4]

1　0.3×34,567=10,370.1, 10,370.1÷15=691.34, 34,567+691.34=35,258.34
2　五斗一升: 三斗四升의 오기이다.
3　五斗一升: 三斗四升의 오기이다.
4　五斗一升: 三斗四升의 오기이다.

환자를 나누어 주는 방법
【補】還上分給法

문: 지금 환자미* 325섬 7말 6되 8홉이 있는데, 가령 270부에 나누어 주면 매 부마다 각각 얼마씩 얻겠는가?

답: 1부에 환자미는 18말 8홉 4작이다.

계산법: 환자미 325섬 7말 6되 8홉을 말로 환산하여 4,882말 6되 8홉을 얻는다. 이를 270부로 나누면 각각 18말 8홉 4작을 받는다.[1]

문: 지금 환자미 18말 8홉 4작이 있는데, 이를 1부에 나누어 주면 매 결마다 각각 얼마씩 얻겠는가?

답: 2말 2되 6홉 5초이다.

계산법: 환자미의 수를 두고 8을 분모로 삼아 팔귀법*으로 나눈다.[2]

問 今有還上米三百二十五石七斗六升八合 假令分給於二百七十夫 每夫各得幾何
答曰 一夫米十八斗〇八合四夕
法曰 置米三百二十五石七斗六升八合解斗 得四千八百八十二斗六升八合 以二百七十夫歸除之 各得十八斗〇八合四夕

問 今有米十八斗〇八合四夕 分給於一夫 每結各得幾何
答曰 二斗二升六合〇五抄
法曰 置米數 以八作影 八歸法除之

---

1   325×15=4875, 4875+7.68=4882.68, 4882.68÷270=18.084

2   18.084÷8=2.2605

환자의 모곡을 받지 아니하는 방법
【補】還上除耗法*

군자창의 환자곡은 매 석 모곡 1말 5되를 이자로 받는데, 이 중 1되 5홉은 회록*하고 1말 3되 5홉은 관에서 사용한다. 진휼청과 상평창의 환자곡은 매 석 모곡 1말 5되를 받는데, 이 중 1말 2되는 회록하고 3되는 관에서 사용한다.

문: 지금 군자창의 환자조 2,378섬이 있는데, 회록은 얼마이며 관용은 얼마인가?
답: 받은 모곡 237섬 12말 중에서 회록은 23섬 11말 7되이고 관용은 214섬 3되이다.

문: 지금 진휼청과 상평청의 미곡이 1만 3,579섬이 있는데, 회록은 얼마이며 관용은 얼마인가?
답: 받은 모곡 1,357섬 13말 5되 중에서 회록은 1,086섬 4말 8되이고 관용은 271섬 8말 7되이다.

군자창의 모곡은 세간에서는 십분모라 하고, 진휼청과 상평청의 모곡은 세간에서는 사분모라 한다. 나의 소견으로 군자창의 십분모는 십분의 일을 회록하므로 십일모*로, 진휼청과 상평청의 사분모는 오분의 사를 회록하므로 오사모*로 하는 것이 옳다.

軍資倉穀每石全耗一斗五升內 一升五合會錄 一斗三升五合官用 賑恤廳常平倉穀每石全耗一斗五升內 一斗二升會錄 三升官用

問 今有軍資倉租二千三百七十八石 會錄幾何 官用幾何
答曰 取耗二百三十七石十二斗內 會錄二十三石十一斗七升 官用二百十四石
　　〇三升

問 今有賑恤廳常平廳米一萬三千五百七十九石 會錄幾何 官用幾何
答曰 取耗一千三百五十七石十三斗五升內 會錄一千〇八十六石〇四斗八升 官
　　用二百七十一石八斗七升

軍資倉耗俗所謂十分耗 賑恤廳常平廳耗俗所謂四分耗 愚意十分耗當作十一
耗 四分耗當作五四耗爲是

용어 해설

[ㄱ]

가공자(加功者): 공모하여 살해를 도운 사람. 가공(加功)의 범위에 대해서는 주석서에 따라 의견이 다르다. 『전율통보』는 "직접 범행을 하거나 힘을 보태 길을 막고 위협하여 도망가지 못하게 한 무리들을 가리킨다"라고 했는데, 이는 가공의 범위를 넓게 해석한 『대명률강해』의 주석을 따른 것이다. 그러나 모살에서 기수(旣遂)의 경우 가공자를 교형에 처한다는 율문에 비추어 볼 때, 길을 막고 위협하여 도망가지 못하게 한 무리까지 가공자로 보는 것은 무리이다. 『대청률집주(大淸律集注)』는 실행하여 사람을 죽이거나 상해해야 가공이라 보았고, 현장에서 망보거나 위협하거나 핍박하거나 둘러싼 사람은 가공의 범위에서 제외하였다. 반드시 때리는 것을 도와 상처가 중해야 비로소 가공으로 보아 교형으로 논한다고 하였는데, 가공을 엄격하게 해석한 『대청률집주』의 주석이 『대명률강해』보다 설득력이 있다.

가동(家僮): 사내종. 노(奴)를 '동(僮)'이라고 하니 가동은 가노(家奴)이다(『經國大典註解』後集 刑典 私賤).

가물(價物): 어떤 대가로 치러주는 물건.

가사통기(家舍統記): 가옥의 소재, 칸수, 소유주 등을 기록한 가옥 대장. 계쟁(係爭)하는 토지나 가옥은 가사통기나 전답깃기[田畓衿記] 등에 의해 대조, 확인한다(박병호, 『韓國法制史攷』, 법문사, 1974).

가승미(加升米): =모곡(耗穀). 세미(稅米)를 거두어들일 때 장차 보관하는 중에 생길 손실분을 감안하여 또는 잡비조(雜費條)의 명목으로 추가하여 징수하는 쌀.

보통 1섬당 3되의 비율로 징수하였다.

가역(加役): 본죄에 추가로 노역을 부가하는 형벌. 〈호적〉에서 "응당 전가사변에 처할 자가 또 호적에서 누락된 죄를 범했으면 전가사변하고 가역 3년에 처한다" 하였는데, 전가사변에 처할 자가 또 죄를 범하였으므로 본죄에 노역 3년을 가형하는 것이다.

가은(假銀): 순은(純銀)이 아닌 은자(銀子).

가자(加資): =가계(加階). 관원의 자급을 한 자급 이상 올림. 조선시대에 관원 품계(品階)는 정(正)과 종(從) 각 9품씩 총 18품으로 나누었다. 그중 종9품에서 정7품까지의 참하관은 각 품마다 한 개씩의 자급만을 두고 종6품 이상부터는 각 품마다 상하 두 개씩의 자급을 두었는데, 이 자급을 올려주는 것을 가자 또는 가계라고 하였다. 관원이 규정된 근무 일수를 채운 경우, 과시(科試)에서 우수한 성적을 거둔 경우, 도적을 잡거나 진휼 곡물을 바친 사람 등에게 시상할 경우, 일정한 나이에 이른 사람에게 노인직을 제수할 경우 등에 자급을 올려주었다(고전번역원,『역사문헌 어휘해설 병합자료집』).

감관(監官): 정기적이거나 일시적인 각종 공무를 감독·수행하도록 차출된 실무 담당자.

감단(勘斷): '감률단죄(勘律斷罪)'한다는 것으로, 죄상을 심리하여 해당하는 형률을 적용시켜 처벌하는 것을 이르는 말.

감봉(監封): 바치는 물건이 중간에서 훼손되는 것을 막기 위해 봉하는 과정을 감독함. 원·피고가 제출한 문기를 열람한 후 봉인하는 것은 각자가 제출한 문기의 동일성과 진실성, 그리고 문기 소지의 사실을 확인하고 문기의 변조를 방지하기 위한 것이다(박병호,『한국법제사고』, 법문사, 1974).

갑술양안(甲戌量案): 1634년(인조 12)에 삼남 지역을 대상으로 실시한 양전의 양안. 양전은 토지의 면적과 등급을 측량하고 기경(起耕)과 진황(陳荒) 여부를 파악하며, 조세 부담자에 대한 정보를 조사하는 사업이다. 양안은 양전 시행으로 획득한 토지와 조세 부담자에 대한 정보를 정리한 장부를 말한다.

강도(强盜): 강도에 대한 정의는 당률(唐律)에서 확인된다. 위협이나 폭력으로 재물을 취하는 것으로, 먼저 위협한 후에 재물을 취하거나 재물을 취한 후에 위협하는 등을 말한다(『唐律疏議』賊盜 281 强盜).『경국대전주해』에서는 재물의 주인을 위협하여 그 재물을 빼앗는 것을 지칭하고 있다(『經國大典註解』後集 兵典 軍士給別仕 强盜).

거집(據執): 거짓 문서로 남의 것을 강제로 차지하고 돌려주지 않는 것으로 죄는 장 100·도 3년이다(『增補典錄通考』刑典 文記).

거탈(據奪): 허위 사실로 남의 것을 강제로 빼앗음(『經國大典抄解』據奪).

거핵(擧劾): 죄인의 죄명을 열거하여 탄핵함.

건험(乾驗): 법물(法物)을 사용하지 않고 단지 육안으로 검험(檢驗)하는 것을 말한다(왕여 저, 최치운 외 주석, 김호 옮김,『신주무원록』, 사계절, 2003).

걸양(乞養): 타인의 자녀를 자기 자녀로 데려다 기름.『대명률』에는 양자녀를 지칭하는 용어로 가계 계승을 위한 부계 동성 양자인 '과방(過房)'과 이 외의 양자녀를 들이는 것을 의미하는 '걸양'이 사용되었다. 이때 거두어들인 이성(異姓)의 양자를 '의자(義子)'라 한다.

검험(檢驗): 시체의 상처를 검사하고 살피는 것이다(『六部成語, 刑部成語』).

겨린(切隣): 가장 가까이 사는 이웃 사람. 송사(訟事)나 옥사(獄事)의 증인이 된다.

결급(決給): 소송물이나 입안 따위를 판결하여 지급함.

결등(決等): =결등공사(決等公事).

결등공사(決等公事): 일정 기간에 처리한 판결 건수(判決件數)를 기록한 문서(『고법전용어집』).

결송(決訟): 재물 다툼과 관련된 민사소송을 판결함. "결'은 판단하는 것이며, '송'은 재물을 다투는 것이다"(『經國大典註解』後集 吏典 掌隸院條).

결송일한(決訟日限): 민사소송인 사송(詞訟)을 판결하는 기한.『속대전』에 이르러

'60년 대한, 30년 소한'으로 확정되었다.

결옥(決獄): 치죄(治罪)와 관련된 형사소송을 판결함.

결옥일한(決獄日限): 형사소송인 옥송(獄訟)을 판결하는 기한. 『경국대전』은 옥송이 적체되는 폐해를 막기 위해 사건을 대·중·소 3등급으로 나누어 시한을 설정하였다.

결절(決折): 판결(『經國大典註解』後集 刑典 私賤條 決折).

결후잉집(決後仍執): 소송물을 돌려주거나 나누어주라고 판결한 뒤에도 그대로 강점하는 행위, 장 100·도 3년에 처한다(『經國大典』 刑典 私賤).

경국대전주해(經國大典註解): 『경국대전』의 공식 유권 해석집인 『경국대전주해』는 1555년(명종 10) 간행되었는데, 두 종류가 있다. 『경국대전』 가운데 해석의 논란이 있는 조문에 대한 공식 주석서와, 이를 포함하여 『경국대전』의 난해한 용어를 설명한 주석서가 있는데, 전자를 전집(前集), 후자를 후집(後集)이라고 부른다. 『경국대전주해』 전집은 간략함을 우선한 『경국대전』 자체의 문제점, 그리고 연산군 대 법제의 파괴와 회복에 따른 이해와 집행의 모순 및 유교 이념의 실천에 따른 개별적 문제에 대한 통일적 해결에 대한 사회적 요구를 입법이 아니라 해석을 통하여 실천하였다. 『경국대전주해』 후집은 전집의 기초자료로 먼저 작성되어 국왕의 승인을 받지 못하였지만, 참고로 하기 위해 전집에서 수록하지 못한 것을 편찬한 것이다. 『경국대전주해』는 사찬 법서에서도 인용하였다. 16세기 편찬된 『사송유취』는 22개 조(후집 6개조), 신번(申濈)의 『대전사송유취』에는 모두 42개 조(후집 7개조)를 인용하였으며, 조선 후기 사찬법서의 집성인 『결송유취보』는 9개조를 인용하였다(정긍식, 『역주 경국대전주해』, 한국법제연구원, 2009).

경안(京案): 노비의 내력을 적은, 서울 관아의 문서.

계모(繼母): 아버지의 후처(後妻). 적모(嫡母)가 죽거나 쫓겨난 후 아버지가 재취(再娶)한 사람이다(『唐律疏議』 名例 諸稱期親及稱祖父母者曾高同).

계목(啓目): 임금에게 상주(上奏)하는 문서 한 양식. 계본(啓本)보다 내용과 형식이 간략하다. 계목식(啓目式)에는 문서 초두에 상신자(上申者) 성명을 쓰지 않고, 말미에만 관직을 쓰고 서명을 하였다. 그리고 다른 관사에 보내는 공문으로서 말이 번거로운 것은 원본을 뒤에 첨부하였다(『經國大典』禮典 用文字式 啓目式).

계청(啓請): =주청(奏請). 임금에게 아뢰어 청함.

계후(繼後): =입후(立後).

계후자(繼後子): 입후의 법적 절차를 거쳐 세운 양자(養子). 입후자(立後者), 위후자(爲後子), 위인후자(爲人後者), 인후자(人後者), 양자라고도 한다(박경, 「15세기 입후법(立後法)의 운용과 계후입안(繼後立案)」, 『역사와 현실』 59, 2006).

고결(拷決): 고신(拷訊)하거나 태형, 장형을 집행함. '결(決)'은 죄가 정해져서 처벌해야 할 태(笞)·장(杖)으로 집행함. '타(打)'는 아직 죄가 정해지지 않은 상태에서 신장(訊杖)으로 책(責)하는 것이다(『大淸律集註』下).

고독(蠱毒): 살인을 목적으로 뱀, 지네, 두꺼비 따위의 독으로 제조한 인체에 치명적인 독.

고복(考覆): 죄인의 범죄 사실에 대하여 이미 조사한 것을 참고하여 다시 조사함.

고부(故夫): '죽은 남편'이라는 뜻으로, 처나 첩이 남편이 죽어 개가(改嫁)한 경우를 이르는 말(『唐律』 255 謀殺故夫祖父母). "처나 첩이 남편이 죽어 개가하면 부인이 지조를 끝까지 지키지는 못했으나, 남편에 대한 의리는 아직 끊어지지 않은 것이다(『大淸律輯註』下).

고비(考妣): 돌아가신 부모. "'고(考)'는 이루는 것이니 그 덕행이 이루어진 것을 말한다. '비(妣)'는 짝을 이루는 것을 말하니 '고'의 짝이 된다는 것이다. 살아 계시면 '부모'라 하고 돌아가시면 '고비'라 한다(『經國大典註解』後集 禮典 奉祀).

고살(故殺): 일시적인 격정에 의해 살의(殺意)를 일으켜 사람을 죽이는 행위. 고살과 모살(謀殺)은 살의가 있다는 점은 같지만 고살은 살해 행위에 임박해서 살인의 뜻을 가지는 것이고, 모살은 살해하기 전에 마음을 먹은 것이다. 고살은 예모(豫謀)가 없이 한 사람의 뜻에서 나온 것이기에 종범(從犯)이 없으며, 살인 행위를 마쳤기에 미수(未遂) 개념이 없다는 점에서 모살과 다르다.

고살상(故殺傷): 고의로 사람을 죽이거나 상해한 경우를 이르는 말. 고의로 살해하였으면 『대명률』 313 투구급고살인, 상해하였으면 『대명률』 325 투구로 각각 논한다.

고신(拷訊): 죄인의 자백을 얻기 위해 고문함. '고'는 으르며 묻는 것이다. '신' 또한 묻는 것이다. (고신이란) 매로 때려서 물어 조사하는 것을 이른다(『經國大典註解』 後集 刑典 禁刑). 증거가 명백한데도 평문(平問)만으로 자백하지 않으면 문안(文案)을 분명히 작성하고 법에 따라 고신한다. 고신이 지나쳐 생명을 잃는 일이 없도록 신중을 기하기 위해 서인(庶人)과 강도죄(强盜罪)를 범한 사람 외에는 임금에게 보고하고 행하도록 하였고, 정해진 규격의 신장(訊杖)을 쓰게 하였으며, 한 차례에 30도(度)를 넘어서는 안 되었다. 3일 안에 고문을 2번 시행할 수 없고, 고신한 지 10일 후에 결벌(決罰)한다. 고신한 차수(次數)와 장수(杖數)를 반드시 기록하여 판결받은 형량(刑量)에서 제해주었다(『經國大典』 刑典 推斷). 신장을 치는 부위를 『대명률』에는 볼기와 넓적다리라고 하였으나, 우리나라에서는 무릎 아래를 치되 겸인(膁肕, 사람의 허리 부분)에 이르지는 못하게 하였다. 나이 70세 이상 15세 이하이거나 폐질자(廢疾者), 또는 임산부 등은 고신 대상에서 제외되었고, 공신(功臣)의 자손 또한 임금의 허락 없이는 고신할 수 없었다. 고신할 때 신문(訊問)에 쓰는 장인 신장은 길이 3척 3촌, 위 1척 3촌, 원지름 7분, 아래 2척, 너비 8분, 두께 2분[영조척(營造尺)을 쓴다] 하단으로 무릎 아래를 때리되 정강이에는 이르지 않게 하며 한 차례에 30도를 넘지 못한다(『經國大典』 刑典 推斷).

고신(告身): 관직에 임명된 사람에게 주는 직첩(職牒). 4품 이상의 직첩은 관교(官敎)로서 '시명지보(施命之寶)'라는 국쇄를 찍었으며, 5품 이하의 직첩은 봉교(奉敎)로 되어 있고, 문관의 경우에는 이조지인(吏曹之印), 무관의 경우에는 병조지인(兵曹之印)이라는 도장을 찍었다. 5품 이하의 관원을 임명할 때에는 사헌부에서 내외 4조와 본인에게 흠결이 없는지 조사하여 서경(署經)을 해주어야만 하였다.

고장(告狀): 실정을 진술하여 관아에 호소함(『經國大典註解』後集 戶典 田宅). 중국은 원고가 작성하는 문서를 고장(告狀), 피고가 이에 대해 반박하는 문서를 소장(訴狀)이라고 했다(김선혜,「재판」, 오금성 외,『명청시대사회경제사』, 이산, 2007).

고장(股長): =고(股). 높이를 이르는 말.

고한(辜限): '보고기한(保辜期限)'의 줄임말로, 보고(保辜)는 가해자로 하여금 책임지고 피해자의 상처를 치료하게 하는 것이다. "보(保)란 것은 양(養)한다는 뜻이다. 범인으로 하여금 상처받은 자를 치료케 하는 것을 보고양인(保辜養人)이라 하는 것이니, 범인이 스스로 책임지고 치료해주는 것이다"(『牧民心書』刑典 斷獄). 기한(期限)은 범죄의 인과관계의 존부를 판단하는 기준이 되는 시간으로, 보고기한 안에는 죄의 판정을 미루며, 기한의 만기일이 지난 연후에 죄를 판정한다. 예를 들면 상해를 하였을 경우, 보고기한 안에 피해자가 상해로 인하여 죽어야만 가해자를 투구살인(鬪毆殺人)으로 논하며, 그 이후에 죽었으면 범죄의 인과관계를 인정하지 않는다(『大明律』326 保辜限期). 피해자가 보고기한을 넘겨 죽었기 때문에 범인에게 죽음의 책임을 물을 수 없다는 뜻이다.

공가(公家): 왕실이나 관청 등 국가 기관.

공리(貢吏): 각색(各色)의 세공(歲貢) 납부를 담당하는 아전. 수호장(首戶長)·기관(記官) 중에서 지식이 있고 부실(富實)한 사람을 택정하는 것을 원칙으로 하였다(『성종실록』, 2년 5월 25일).

공사(公事): 공적으로 보는 사무(『吏學指南』公事).

공사인(公使人): 중앙에서 공무로 파견한 사람(『大明律附例箋釋』258 公使人等索借馬匹).

공선(貢膳): 노비가 주인에게 법적으로 내는 신공과 그 외 바치는 선물.

공신(功臣): 힘써서 나라를 안정시키는 것을 공(功)이라고 한다(『經國大典』吏典 功臣). 왕조 개창 이래 각 왕조에 공훈을 세워 각기 공신호(功臣號)를 받은 사람을 가리킨다. 국초의 삼공신이라 함은 개국(開國), 정사(定社), 좌명(佐命)공신이며, 그 후 세조 대에 삼공신에 정난(靖難), 좌익(佐翼)공신을 합하여 오공신이라 하고, 다시 성종조에 와서 적개(敵愾), 익대(翊戴), 좌리(佐理)공신까지 합하여 팔공신이라고 하였다. 각기 공신에는 1등, 2등, 3등 공신으로 나누어 대우를 달리하고, 작호도 공신 위세에 따라 각기 8자, 6자, 4자의 아호(雅號)를 주었다.

공신전(功臣田): 공신에게 지급하는 토지. 공신에게는 공신전이 지급되었으며, 후손들이 가묘(家廟)에서 대대로 제사를 지내면 공신전 또한 영구히 세습되었다. 만약 공신의 후손이 다하여 더 이상 제사를 받들지 못하게 되면 전세(田稅)를 받는 공신전은 관으로 귀속되었으나, 토지 자체를 하사받은 경우에는 소유권이 인정되었다.

과실살상(過失殺傷): 과실로 사람을 죽이거나 상해함. 과실이란 귀나 눈으로 미처 듣고 보지 못하거나 생각이 미치지 못한 가운데 일어난 잘못을 이른다. 가령 새나 짐승을 쏘아 맞히려 하거나 다른 일로 벽돌·기왓장을 던졌는데 뜻하지 않게 사람을 죽인 경우, 혹은 높고 험한 곳에 오르다가 발을 헛디뎌 넘어져 피해가 동반자에게 미친 경우, 혹은 몰던 배가 바람 부는 대로 가거나 탄 말이 놀라 내달리거나 몰던 수레가 언덕 아래로 달려 내려가는 등 형세상 멈출 수 없는 경우, 혹은 함께 무거운 물건을 들다가 힘으로 제어할 수 없어서 같이 물건을 들었던 사람에게 손상이 미친 경우 등이다. 모두 당초 사람을 죽이거나 해칠 뜻이 없었으나 우연히 살상(殺傷)한 것으로, 투구살상인죄(鬪毆殺傷人罪)에 준하여 율에 따라 속전을 받아서 죽거나 상해를 입은 이의 집에 주어서 장례비나 치료비로 쓰게 한다(『大明律』315 戲殺誤殺過失殺傷人).

과죄(科罪): 법률 조문을 살펴 범죄에 따라 처벌함.

과한(過限): 정소기한(呈訴期限) 즉 소송을 제기할 수 있는 기한. 『경국대전』호전 전택 조에 따르면, 전택에 대한 소송은 5년 이후에 제기되면 관청에서 청리(聽理)할 수 없다고 하였다. 그러나 경국대전 단계에서 5년이었던 과한이 1518년

(중종 13)에 이르러 30년으로 늘어났다. "소송에서 30년 이전의 일을 대상으로 하는 소송은 청리하지 않는다. 도매(盜賣)나 합집(合執)은 이 규정을 적용하지 않는다"(『大典後續錄』刑典 決獄日限).

과한법(過限法): 쟁송 사유가 발생한 지 일정 기간이 지나면 제소를 못하게 하는 법. 정소기한이 지난, 즉 과한(過限) 후에 소송을 제기하면 송관은 사건을 청리할 수 없다는 취지에서 조선시대 사람들은 정소기한에 관한 법제를 과한법이라 부르기도 했다. 과한법은 어느 원고가 시정을 요구하는 법 상태가 있을 때 그 법 상태가 발생한 날로부터 5년, 30년, 60년의 제소기한이 경과하면 제소를 거부(원문은 勿聽)하는 발상이다. 과한법 규정은 현재의 제척 기한이나 소멸시효에 해당한다. 조선시대에는 소송의 폐단을 줄이기 위한 단송(斷訟) 정책의 차원에서 과한법을 실시하였다(심희기, 「근세조선의 민사재판의 실태와 성격」, 『법사학연구』 56, 2017).

관둔전(官屯田): 부족한 관청경비를 충당하기 위해 주(州) · 부(府) · 군(郡) · 현(縣) 등 행정기관과 포진(浦鎭) 등 군사기관에 설치된 토지. 당해 지방 수령의 권한 아래 설치, 운영되어 관전(官田)이라고도 한다(『經國大典』戶典 諸田 官屯田).

관령(管領): 서울 방(坊)의 장(長)(『經國大典』戶典 戶籍).

관방인기(關防印記): 사위(詐僞)를 막기 위하여 만든 인기(印記)를 '관방인기'라 하는데, 이를 줄여서 '관방(關防)'이라고 부르기도 한다(『大明律例諺解』 권12, 21장).

관서문기(官署文記): 관에서 서명하거나 관인이 찍힌 문서. 1404년(태종 4) 6월 노비상속에서 관서문기 활용법을 처음 세웠다(『태종실록』, 4년 6월 24일). 이후 노비를 매득했거나 부모, 조부모, 외조부모, 처부모, 부부의 상속 및 형제 간 화회분재(和會分財) 외의 노비상속은 관청에서 공증한 관서문기를 받아야 법적 효력을 인정하였다. 관서문기는 증인 및 필집의 서명이 있어야 했고 기한 이내에 재주(財主)가 거주하는 관청에 고하여 공증 절차를 밟도록 규정되어 있다(『經國大典』刑典 私賤).

관운향(管運餉): 관향고(管餉庫)와 운향고(運餉庫)를 합쳐서 부르는 말. 관향고는 국경을 방비하는 군인의 군량을 저장하는 창고로 평안도관찰사가 겸임했고, 운향고는 군량을 운반하는 일을 관장하기 위하여 임시로 마련한 창고로 주로 의주부윤이 겸임했다.

관작재주(官作財主): 재산 소유자가 재산을 처분하지 않고 사망하여 그 유산을 둘러싸고 분쟁이 생겼을 때, 이를 공평하게 분배하기 위해 관에서 재산 소유자를 대신하여 처분하는 것을 가리킨다.

구고전(句股田): 직삼각형 논밭.

구사(丘史): 왕이 공신, 당상관, 관아 등에서 부리도록 내려주는 공노비의 일종. 구사는 '구사(驅史)'로도 썼는데, '사(史)'는 관속(官屬)을 뜻한다(『經國大典註解』後集 刑典 公賤).

구처(區處): 분별해서 처치하는 것을 이른다. 궁핍하여 방매한 경우는 구처하는 법에 구속되지 않는다(『經國大典註解』後集 刑典 私賤).

구활(句闊): =활(闊). 밑변을 이르는 말.

국기일(國忌日): 임금이나 왕비가 승하한 날. 추존된 임금이나 왕비의 승하일도 포함한다. 국기일에는 전국적으로 가무, 음주, 잡희(雜戲) 등의 유흥이 금지되었고, 그 밖에 모든 도살(屠殺)을 금지하였다. 궁중에서는 국기제(國忌祭)가 거행되었고, 임금이 능침(陵寢)을 배알하기도 하였다.

규전(圭田): 이등변삼각형 논밭.

규피(規避): '규(規)'란 무언가 구하는 바가 있어 행하는 것을 말하고, '피(避)'란 무언가 피하는 바가 있어 숨기는 것을 말한다. 재물과 이익을 구하여 찾고, 범한 죄를 회피하는 것이다(『律條疏議』下).

귀법(歸法): 분모가 한 자리 수인 경우의 나눗셈 계산법. '귀(歸)'는 '제(除)'와 동일한 의미로서, 나눈다는 뜻이다. 가령 분모가 6이면 육귀법이라 하고 8이면 팔귀법이라 한다.

근도(近道): 경기 지역(『典律通補』 吏典 考課).

근심(根尋, 跟尋): '근(根)'은 '근(跟)'과 통한다. 뒤를 쫓아가서 찾아내 원적(元籍)으로 되돌리는 것을 말한다(『經國大典註解』後集 刑典 公賤).

근정후(斤正後): 1566년(명종 21) 이후 '근정(斤正)'이란 고쳐서 바로잡는다는 의미로, 중종반정 이후 연산군 때 제정한 잘못된 법령을 바로잡은 작업을 이른다. 중종반정 직후, 연산군의 폭정으로 야기된 전반적인 정치적·사회적 혼란을 시급히 수습하기 위해 훼손된 법 제도의 정비가 요구되었다. 이에 따라 1508년(중종 3) 11월, 중종은 세밀히 따져서 바로잡는 뜻을 지닌 '근정(斤正)'의 이름을 내세워 이러한 일련의 작업을 진행하였다. 연산군 때의 법령은 '입법(立法)'이라는 이름을 붙이고 성종 말기와 중종 초기의 것은 '수교(受敎)'라 하여 구분한 뒤, 이들 가운데 시행할 만한 법령을 근정하여 『대전속록』과 같은 방식으로 반행하게 하였다. 법령을 근정하는 작업이 1510년(중종 5) 8월 대략 마무리되자, 양사의 서경을 거쳐 시행하도록 하였다. 근정 작업은 이후에도 진행되었는데, 1540년(중종 35) 근정청(斤正廳)이 설치되어 수교를 포함하여 시행할 만한 법 조항을 편찬하여 1543년(중종 38) 『대전후속록』을 편찬하였다(김돈, 「중종대 법제도의 정비와 대전후속록의 편찬」, 『한국사연구』 127, 2004).

기물(己物): 자신의 소유물.

기상(記上): 공·사노비가 사적 재산을 관이나 상전에게 상납함.

기친(期親): 죽은 이의 친속(親屬) 중 한 해 동안 상복을 입어야 하는 사람.

깃기(衿記): ① 재산의 상속 몫을 정한 기록. ② 지주의 성명과 조세액을 기록한 장부. "깃기(衿記)는 주판(籌板)이라고도 불렸다. 주판은 실제의 징세를 위하여 거주지별로 결세액을 기재한 납세자 명단이다"(이영훈, 「朝鮮後期 八結作夫制에 대한 硏究」, 『韓國史硏究』 29, 1980).

[ㄴ]

나문(拿問): 죄를 지은 사람을 의금부로 잡아다 신문함.

난언(亂言): 국정(國政)과 관련된 유언비어를 함부로 말함. 이에 대한 처벌 규정은 1423년(세종 5)에 다음과 같이 마련되었다. "지금부터 난언으로 국왕을 범하였으되, 그 정리(情理)가 매우 해로운 사람은 참형에 처하게 하고 가산을 몰수하며, 매우 해롭지 않은 사람은 장 100을 치고 3,000리 유배 보낸다"(『세종실록』, 5년 1월 4일).

노제(老除): 군역을 진 정남(丁男)이 나이 60세가 되면 '노(老)'라 하여 역에서 면제되는 것을 이르는 말.

녹계(錄啓): 어떤 사안에 대해 기록하여 왕에게 보고하는 것을 뜻하는 말인데, 『결송유취보』에서는 결송을 담당한 각사가 판결한 횟수를 기록하여 왕에게 보고하는 것을 말한다.

녹사(錄事): 경아전(京衙前) 중에서 상위에 속하는 상급서리(上級胥吏).

능지처사(陵遲處死): '능지(陵遲, 凌遲)'는 고통이 극에 달하여 죽게 하는 형벌로 가장 극형에 해당하며 태·장·도·류·사(笞杖徒流死) 오형(五刑) 이외의 형벌이다(『大明律集說附例』 권18). 중국 사법 체계에서 '능지'라는 용어와 이와 결합된 특별한 처형 절차는 요(遼) 대와 송(宋) 대에 이르러서야 그 모습을 드러냈다. 기원은 중앙아시아로 추정되는데 이 때문에 당률에서는 능지가 언급되지 않았다. 능지형은 원(元) 대에 처음으로 공식 승인, 명(明) 대에 와서 최악의 정치적·윤리적 범죄에 적용하는 일반적 형벌로 간주되기 시작하여 청(淸) 대까지 지속되었으며, 19세기 유럽 방문객들에 의하여 독특한 중국적인 고문으로 알려졌다(티모시 브룩 외 지음, 박소현 옮김, 『능지처참』, 너머북스, 2010). 『대명률직해』는 '능지'를 '거열(車裂)'로 번역하였다. 능지처사는 조선에서는 1894년 갑오개혁(甲午改革)을 거치면서, 중국에서는 1905년에 각각 금지되었다.

[ㄷ]

단송(斷訟): 소송을 심리하여 판결함. 16세기에는 소송법서가 출현하여 여러 종류가 유포되었다. 거기서는 각하시켜야 할 사항들을 하나의 편목에 모아놓았는데, '단송(斷訟)'이라는 제목을 달았다. 이는 소송을 끊어버린다는 의미이다. 이런 이름을 붙인 이유는 소송법서에 실린 조문들이 대체로 넘치는 소송을 근절하기 위한 정책을 시도하는 과정에서 만들어졌기에 그런 분위기를 반영한 것이다. 단송은 『사송유취(詞訟類聚)』에 두 번째 편목으로 편성되어 있고, 또 다른 소송법서인 『청송제강(聽訟提綱)』에서는 첫머리에 있는 편목이다. 원칙적으로 소송요건이 불비하면 본안심리에 들어갈 필요가 없기 때문에 절차상 앞쪽에 놓인 것이다. 조선 후기에 나온 소송법서『결송유취보』에서는 '물허청리(勿許聽理)'로 바뀐다. 이는 본안심리를 받아주지 않는다는 뜻이니, 소 각하 사유를 수록하였다는 뜻을 더욱 정확하게 나타낸 것이다(임상혁, 『나는 선비로소이다』, 역사비평사, 2020).

당참예물(堂參例物): 지방관이 제수된 후 의정부(議政府), 이조(吏曹), 병조(兵曹)에 참알(參謁)할 때 바치던 예물(例物).

대공(大功): 오복(五服) 중 하나로, 삶아 익힌 올이 굵은 베로 만든 상복. 종형제(從兄弟), 종자매(從姉妹), 중자부(衆子婦), 중손(衆孫), 중손녀(衆孫女), 종질부(從姪婦)와 남편의 조부모(祖父母), 남편의 백숙부모(伯叔父母), 남편의 질부(姪婦) 장례 때, 9개월 동안 입었다.

대구면천(代口免賤): =대구속신(代口贖身), 대속(代贖).

대동저치미(大同儲置米): 각 고을에서 거둔 대동미(大同米) 중에서 선혜청(宣惠廳)에 수납(輸納)하지 않고 각 고을에 저치(儲置)해 두고 불시의 공용에 쓰도록 책정된 쌀이다(『續大典』戶典 徭賦).

대두활(大頭闊): 사다리꼴의 밑변.

대소원인(大小員人): =대소인원(大小人員). 높고 낮은 관원으로, 문·무관(文武官), 생원(生員), 진사(進士), 녹사(錄事), 유음자손(有蔭子孫) 및 적자손이 없는

자의 첩자손으로서 승중(承重)한 자이다(『經國大典』刑典 賤妻妾子女).

대속(代贖): =대구속신(代口贖身). 노비가 대신으로 다른 천구(賤口)를 세우고 자신의 신역(身役)을 속면(贖免)함.

대송(代訟): 사송(詞訟)에서 소송당사자를 대리하여 소송하는 행위. 조선시대 소송은 친송(親訟)이 원칙이었지만 예외적인 경우에 한해 대송을 허용하였다. 조선 초기 적체된 노비소송을 해결하기 위해 마련된 정한법(定限法)과 친착결절법(親着決折法)의 시행에 따라 소송당사자의 부득이한 불출석을 보완할 제도로서 대송제도가 마련되었다. 또한 고위 관료의 영향력 행사를 방지하기 위한 목적으로도 활용되었다. 이후 『경국대전』에서는 특례로서 사족부녀(士族婦女)와 의친(議親)·공신(功臣)·당상관(堂上官) 이상 고위 관료에 국한하여 아들·손자·사위·조카·노비의 대송을 허용하였으나, 타인을 위한 대송 행위는 불법으로 규정하여 강하게 처벌하였다. 그러나 『경국대전』 이후의 법률 규정에서는 상인(喪人)·유배죄인·지방에 파견된 관료, 일반 부녀에게 대송을 허용하여 가능 대상이 점차 확대되었다. 또한 결송입안 통계로 볼 때 16세기 소송에서 절반 이상이 대송 사례였고, 17세기 중반에 이르러서는 규정에 구애받지 않고 노비를 통한 대송이 일반화되어 사회적 문제로 지적되기도 하였다(한효정, 「조선전기 대송제도의 변화」, 『조선시대사학보』 90, 2019).

대시(臺侍): 양사(兩司) 즉 사헌부와 사간원의 대간(臺諫)인 시종신을 이르는 말.

대왕(大王): 선왕을 높여 이르는 말.

대용(貸用): =차용(借用). 빌려 씀.

대전속록(大典續錄): =『전속록』.『경국대전』 반포 이후의 교령 중 항법(恒法)이 될 만한 것 72조를 뽑아 1492년(성종 23) 편찬한 법률서. 『대전속록』 편찬의 법제사적 의의로 기본 법전을 수정·보충하는 보조 법전 편찬의 시초를 열어놓았다는 점을 들 수 있다. 이를 바탕으로 이후에 『대전후속록(大典後續錄)』·『수교집록(受敎輯錄)』·『전록통고(典錄通考)』가 나오고 1744년(영조 20)에는 『경국대전』편찬 이후의 법전을 집대성한『속대전(續大典)』이 나올 수 있었다. 또한 『경국대전』의 부족한 점을 보충하였다.『대전속록』은『경국대전』의 조항을 잘못 해석하고 집행하는 문제, 법조문의 시간상 개념이 명확하지 못한 문제, 애매하고 해석하기 어려운 문제 등을『경국대전』의 해당 조문을 인용하고 그 처리 대책을 명백하게 규정하는 형식으로 이를 해결하였다(리종범,「大典續錄의 편찬과 그 법제사적 의의」,『역사과학』, 1987).

대전후속록(大典後續錄): 연산군 대의 폭정을 거치면서 통일을 기약할 수 없는 수많은 법령이 양산되었다. 중종 대의 1차적인 과제는 연산군 대의 법령을 정비하고 아울러『대전속록』편찬 후의 법령을 재통일하여 정치의 안정을 기하는 일이었다. 이를 위해『대전후속록』이 1513년(중종 8) 11월 편찬되었다. 그러나 편찬 직후 이에 대한 논란이 제기되었다. 1515년 6월『대전후속록』의 조문 가운데 유효한 것은 적고 또 그 이후에 내린 수교도 많기 때문에 이를 속록으로 할 수 없고 유효한 조문은 수교로 하기로 결정하였다(김돈,「중종대 법제도의 정비와 대전후속록의 편찬」,『한국사연구』127, 2004). 현전하는『대전후속록』은 위와 같은 논란을 거쳐 폐지된 1차『대전후속록』을 이은 법전이다.『대전속록』간인(刊印) 이후 52년간의 수교과조(受敎科條) 중에서 법으로 삼을 만한 것을 뽑아 1543년(중종 38) 편찬한 법률서로,『후속록』이라고도 한다.『대전후속록』에 첨보된 내용은 이전 6항목, 호전 3항목, 예전 7항목, 병전 25항목, 형전 8항목, 공전 8항목 등으로,『대전속록』이후 새로운 조항이 그다지 많이 첨입되지는 않았다.

대제사(大祭祀): 종묘(宗廟)나 사직(社稷)에 올리는 제사. 종묘는 사계절의 첫 달(1월, 4월, 7월, 11월) 상순 및 납일(臘日)에, 영녕전(永寧殿)은 봄·가을 첫 달 상순에, 사직은 봄·가을 중간 달 첫 번째 '무(戊)'자가 든 날 및 납일에 지낸다(『經國大典』禮典 祭禮).

대진(代盡): ① 제사 지내는 대(代)의 수효가 다하였다는 친진(親盡), ② 자손이 없다는 무자손자(無子孫者)의 두 가지 의미가 있다. 친진(대진)이 되면 해당 신주

(神主)를 사당에서 꺼내와 땅에 묻는데 이를 조천(祧遷)이라고 한다. 그러나 국가에 공훈이 있거나 학문·도덕이 특별한 사람을 조정에서 불천위(不遷位)로 정하여 따로 사당을 세워 영구히 제사 지내도록 하였다.

대한(大限): 60년을 말함(『續大典』刑典 聽理).

도급(都給): 통으로 준다는 뜻.

도매(盜賣): 타인의 토지나 가옥을 자기 소유라고 거짓으로 속여 파는 것을 말함. 이에 대한 처벌은 『대명률』에 다음과 같이 규정되어 있다. "타인의 전지(田地)나 가옥을 도매하거나, 몰래 바꾸거나, 자신의 것이라고 거짓으로 주장하거나, 돈은 지불하지 않고 서류만 작성하여 전매(典買)하거나, 침범하여 차지하면 전지 1묘(畝)나 가옥 1칸 이하는 태(笞) 50이다. 전지 5묘나 가옥 3칸마다 1등급을 더하되, 죄는 장 80 도 2년에 그친다. 관의 것이면 각각 2등급을 더한다(『大明律』99 盜賣田宅).

도배(徒配): 도형을 선고하고 일터가 있는 지역으로 보냄(임상혁 『나는 선비로소이다』, 역사비평사, 2020).

독질(篤疾): 미치거나, 중풍에 걸리거나, 두 눈이 멀거나, 사지(四肢) 중 2개가 부러지거나, 양손에 모두 엄지손가락이 없거나, 혹은 사지 하나가 부러지고 눈 하나가 먼 것이다(『大明律附例』).

동송(同訟): 공동으로 취송(就訟)하는 것이다. 공동소송의 소장을 등장(等狀)이라고 칭하였으며 공동소송은 무제한으로 허용되었던 것으로 추정된다. 조선시대 노비소송은 사촌 이상의 친족이어야 동송하여 분득(分得)할 수 있다(『성종실록』, 18년 1월 23일). 동송인이 소송이 종결될 때까지 동송하지 않으면 승소해서 얻은 소송물의 분배에 불리한 지위에 놓였다(朴秉濠,『韓國法制史攷』, 法文社, 1974).

동종지자(同宗支子): 남편의 동성 친족 가운데 장자(長子)가 아닌 아들 항렬에 해당하는 사람. 입후 대상을 지자(支子)로 규정하여 장자를 입후 대상에서 제외시킨 것은 "적자(嫡子)는 친가(親家)의 가계를 이어야 하기 때문에 다른 사람의 후사가 될 수 없다"라는 의례(儀禮)의 구절에 근거한 것이었다(박경, 「15세기 입후법(立後法)의 운용과 계후입안(繼後立案)」, 『역사와 현실』 59, 2006).

동추관(同推官): 군현에서 살인사건이 발생하면 해당 관찰사는 인근 군현의 수령으로 하여금 해당 지역의 수령과 함께 조사하도록 하는데, 이때 인근 군현의 수령을 '동추관'이라고 부른다.

등문고(登聞鼓): 중국 송나라 제도를 모방하여 만든 것으로, 1401년(태종 1) 백성들의 억울한 일을 직접 해결하여줄 목적으로 대궐 밖 문루(門樓) 위에 달았던 북을 가리키는 말. 동년 8월 신문고(申聞鼓)로 고쳤다가 1434년(세종 16) 승문고(升聞鼓)로 다시 고쳤다. 중간에 폐지되었다가 1771년(영조 47) 부활되었으며 병조에서 주관하였다.

[ㅁ]

마위전(馬位田): =마전(馬田). 역마(驛馬)를 사육하기 위해 역리(驛吏)나 역노(驛奴)에게 지급한 토지. 『경국대전』에 따르면 역마의 크기에 따라 4~8결의 토지를 지급하였고 역호(驛戶)는 스스로 경작하고 세금을 면제하는 것을 원칙으로 하였다. 마위전은 역위전(驛位田) 매매금지 규정에 따라 매매를 금지했고, 또 불법으로 점탈하면 장 100·도 3년으로 처벌하였다(『大典通編』戶典 諸田 廩田).

매리(罵詈): 매(罵)는 악한 말로 능욕하는 것을, '리(詈)'는 더러운 말로 해하고 서로 헐뜯는 것을 뜻함.

매장은(埋葬銀): 살인하였을 때 죽은 사람의 장례비로 살인자에게 징수하던 은전.

만족(滿足): 배 속에 가득 찬다는 말이다(왕여 저, 최치운 외 주석, 김호 옮김, 『신주무원록』, 사계절, 2003).

명문(明文): 매매나 상속 등의 증명서.

모살(謀殺): 당률(唐律)에서는 인명사건(人命事件)을 여섯 가지 형태로 나누었는데, 모살(謀殺), 고살(故殺), 투살(鬪殺), 희살(戱殺), 오살(誤殺), 과실치사(過失致死) 등 육살(六殺)이 그것이다. 이 가운데 모살이란 사람을 죽이려는 계획을 세우고 그런 후에 살인 행위로까지 나아간 것을 말한다. 모살은 예모(豫謀)를 하였으니 공범(共犯)이 있으며, 죽이려 하였으니 살의(殺意)가 있고, 실행에 수범(首犯)과 종범(從犯)의 구분이 있으며, 기수(旣遂)와 미수(未遂)로 구분된다. 모살은 사전에 죽일 것을 모의하는 정상(情狀)이 가장 독하므로 육살의 첫머리가 된다.

모점(冒占): 터무니없는 거짓으로 남의 것을 차지함. 모점의 '모(冒)'는 허황되어 터무니없는 것이다(『大明律集解附例』).

모칭(冒稱): 터무니없는 거짓말로 일컬음.

무개(務開): 농사일이 끝나 서무를 다시 시작하는 것으로(『經國大典註解』後集 刑典), 추분일(양력 9월 20일경)에 송사의 심리를 시작하는 것을 이름. 송사란 중대한 옥사를 제외한 소송사건을 이르는 말로, 농사가 시작되는 춘분부터는 소송의 심리를 중지하였다가 농사가 마무리되는 추분에 이르러 다시 시작하는 것인데, 이 제도는 한성부에는 적용되지 않았다. 1431년(세종 13) 3월에 추분을 무개로 정하였다(『세종실록』, 13년 3월 19일).

무격(巫覡): 남녀 무당. '무(巫)'는 기원하는 것이다. 여자 무당은 '무(巫)'라 하고 남자 무당은 '격(覡)'이라고 한다(『經國大典註解』後集 刑典 禁制條).

무고(誣告): 없는 일을 거짓으로 꾸며내어 죄 없는 사람을 함정에 빠뜨려 해치려는 것을 말한다. 태죄를 무고하면 무고한 죄에 2등을 가중하고, 유죄·도죄·장죄의 경우 3등을 가중하되, 각각 죄는 장 100·유 3,000리에 그친다(『經國大典註解』後集 刑典 推斷條 誣告).

무복친(無服親): =단문친(袒免親). 포괄하는 바가 광범위하여, 오복 외에 족보에서 상고할 수 있으며, 존장(尊卑)·장유(長幼)의 명분이 여전히 있는 사람이 모두 이에 해당한다. 즉, 고조의 친형제자매, 증조의 당형제자매, 할아버지의 육촌 형제자매, 아버지의 팔촌 형제자매, 자신의 십촌 형제자매, 팔촌 조카 및 조카딸, 육촌 질손 및 질손녀로서, 모두 단문(袒免)에 해당하는 사람이다(『大明律附例』上). 만일 죽어 상사(喪事)가 있으면 비록 복제(服制)는 없으나 타인과 같을 수는 없으므로 백포(白布)를 머리에 두르고 오른쪽 어깨를 드러낸다.

무정(務停): 농사에 방해가 될까 염려해서 서무를 모두 정지하는 것으로 춘분일(양력 3월 21일경)에 송사의 심리를 중지하는 일이다. 여기서 송사란 중대한 옥사를 제외한 소송사건을 이르는 것으로, 농사가 시작되는 춘분부터 농사가 마무리되는 추분 전날까지 소송의 심리를 중지하는 것이다. 이 제도는 한성부에는 적용되지 않았다. 1431년(세종 13) 3월에 춘분을 무정으로 정하였다(『세종실록』, 13년 3월 19일). 농사가 끝나면 서무를 다시 개시하였다(『經國大典註解』後集 刑典 停訟 務停·務開).

물간사전(勿揀赦前): 사면령(赦免令)이 내리면 이 전에 지은 범죄는 모두 사면되는 것이 상례(常例)이다. 하지만 특수한 범죄에 대해서는 사면령 이전에 지은 죄라도 사면을 받지 못하게 하는데, 이를 물간사전 또는 '물론사전(勿論赦前)'이라고 한다.

물고(物故): 사람이 죽음.

[ㅂ]

반부(班祔): 제사를 받들 아들이 없는 사람의 신주(神主)를 할아버지, 할머니 항렬의 다른 신주에 붙여 합사(合祀)하는 제례(『經國大典註解』前集 禮典 奉祀).

반좌(反坐): 타인을 어떤 죄로 무고(誣告)하면 그 죄를 무고한 사람에게 과단(科斷)하는 것을 이르는 말(『대청률집주』下). 예컨대 무고당한 사람이 교형(絞刑)으로 죽었으면 무고한 사람을 교형으로 과단하고, 참형(斬刑)으로 죽었으면 참형으로 과단한다.

발제(髮際): 목 또는 목덜미. '제(際)'는 교차하고 마주치는 곳으로, 목과 두발(頭

髮)이 서로 마주치는 부위를 말한다(왕여 저, 최치운 외 주석, 김호 옮김, 『신주무원록』, 사계절, 2003).

방(房): 사무를 분장하는 부서. 예를 들면, 형조(刑曹)는 상복사(詳覆司)·고율사(考律司)·장금사(掌禁司)·장예사(掌隸司)의 4사(司)가 해당 업무 수행을 위해 각 2개 방의 분방체제(分房體制)를 갖추었다. 즉 상복사는 상일방(詳一房)·상이방(詳二房)으로 나뉘어 지방과 서울의 중죄수 상복(詳覆)을 관장하였으며, 고율사는 고일방(考一房)·고이방(考二房)으로 나뉘어 율령을 관장하였으며, 장금사는 금일방(禁一房)·금이방(禁二房)으로 나뉘어 형옥(刑獄)과 금령(禁令)을 관장하였으며, 장예사는 예일방(隸一房)·예이방(隸二房)으로 나뉘어 중앙과 지방의 노비(奴婢)를 관장하였다. 4사에 각각 두 개씩 있는 방과 금란(禁亂)과 죄수(罪囚)를 관장하는 형방(刑房)을 더해 모두 9개의 방으로 형조의 직무분장이 이루어졌다(『秋官志』職務分掌).

방역노비(放役奴婢): 당대에 한정하여 역(役)을 면제해준 노비. 속량(贖良)과는 무관하였으므로, 『경국대전』에서도 자손들이 이들을 다시 역사(役使)하는 것을 허용하고 있다.

방장(房掌): 형조의 4개 사(司), 즉 상복사(詳覆司), 고율사(考律司), 장금사(掌禁司), 장례사[掌隸司, 1466년까지는 도관사(都官司)] 등이 해당 업무 수행을 위해 각 2개 방(房)의 분설체제를 갖추었는데, 그 책임자인 정랑(正郎)·좌랑(左郎)을 이르는 말(韓沽劤 외, 『譯註 經國大典』 註釋篇, 한국정신문화연구원, 1985).

방전(方田): 네모반듯한 정사각형 논밭.

방친(旁親): 자신의 부(父)·조부(祖父)·증조(曾祖)·고조(高祖)를 정통(正統)이라 하고, 그 이외의 백숙고조(伯叔高祖)·백숙증조(伯叔曾祖)·백숙조(伯叔祖)·백숙부(伯叔父) 및 중자(衆子)와 곤제(昆弟)를 모두 '방친'이라 한다(『家禮輯覽』通禮).

백문기(白文記): 관인(官印)이 찍히지 않아 관의 공증을 받지 못한 문서.

번가(番價): 번상(番上) 의무를 가진 군인이 자기 차례의 번(番)을 서는 대신 내는 대가.

번질[反作]: 환곡을 상환받을 때 기한인 연말까지 상환받지 못한 분량을 다 상환받은 것처럼 곡부(穀簿)를 꾸며 감사(監司)에게 보고하고 이듬해 봄에는 다시 그 수량만큼을 환곡으로 나누어 준 것처럼 꾸며 감사에게 보고하는 등 환곡의 출납을 허위기재하는 행위. 겨울이 되어 곡식을 거두는 환봉(還捧)은 본디 연말을 기한으로 삼는데, 이에 아직 거두지 않은 것을 다 거둔 것으로 사칭하고 거짓 문서를 작성하여 감사에게 보고하고, 새 봄이 되면 원래 양곡을 나누어 주지 않았는데 다시 나누어 준 것으로 사칭하여 거짓 문서를 작성하여 감사에게 보고하는 것을 이르는데, 이를 와환(臥還, 구년·신년에 곡식을 뉘어둔 채 일으키지 않는 것과 같다)이라고도 한다(정약용 저, 다산연구회 역주, 『역주 목민심서』 III, 1981).

범인(凡人): 친소(親疏)·존비(尊卑) 관계가 없는 일반인 사이.

범투상(凡鬪傷): 존비(尊卑)·친소(親疎) 관계가 아닌 일반인끼리 다투다 상해한 경우를 말한다. 구체적인 처벌 내용은 『대명률』 325 투구에 규정되어 있다.

법사(法司): 금령(禁令) 단속을 관장했던 사헌부(司憲府), 형조(刑曹), 한성부(漢城府)를 가리킨다.

변원정배(邊遠定配): 변경의 먼 지방으로 장소를 정해 유배 보냄.

별장(別將): 제진(諸鎭)·산성·나루·포구 등의 수비를 담당하던 하급 관리.

병장(倂贓): 여럿이 물건을 훔쳐서 나누어 가진 경우, 각 범인이 훔친 총액. 병장죄(倂贓罪)란 총액을 모두 훔친 것으로 처벌하는 것을 말한다. 이를테면 다음과 같다. 10인이 여러 차례에 걸쳐 함께 관전(官錢) 80관(貫)을 훔치면, 비록 각각 장(贓)을 나누어 8관씩을 자기 것으로 삼더라도 통틀어 계산하여 1건으로 삼아 그 10인이 각각 80관을 훔친 죄로 보아 모두 교형(絞刑)이고, 10인이 함께 10관을 훔치면 모두 장(杖) 90인 따위이다(『大明律』 288 常人盜倉庫錢糧).

보관(保管): 죄인의 보증인이 되어 맡아 지키면서 관사의 판단을 기다림. 정식으로 수금(囚禁)하기 곤란한 죄수 등의 신병을 처리하는 방안의 하나이다.

보수(保授): 도피할 가능성이 있는 사람을 친척이나 이웃에게 책임지워 맡김. 죄수나 병자 부녀의 신병을 민간인에게 맡기되 그가 도망가면 그 민간인을 대신 처벌하거나 구금하는 방식으로 도망을 방지하였다. 조선에서는 민간인에게 맡기는 것을 보수, 신원을 인수한 민간인을 보수인(保授人), 관청이 죄수의 신병을 보수인에게 맡기고 석방하는 것을 보방(保放)이라 불렀다. 현대의 신원보증인이 보수인과 유사하다. 보수, 보수인, 보방을 합리적으로 제도화한 것이 근현대의 보석이다.

보충대(補充隊): 천처첩자녀(賤妻妾子女)가 양인이 되기 위해 입역해야 했던 병종. 천처첩자녀는 속신(贖身)으로 소유권 문제를 해결한 후 보충대에 입역해야 양인이 될 수 있었다. 다만 여성은 입역이 면제되었다. 천첩자녀(賤妾子女)가 노비의 신분을 면하고 종량(從良)되기 위해서는 보충대의 입속을 거쳐야 했다. 보충대의 전신은 1451년(태종 15)에 처음 설치된 보충군(補充軍)이었다. 보충군은 양천불명자의 문제를 해결하는 것과 함께 천인(賤人) 또는 신량역천(身良役賤)을 종량시키되 그 조건으로 소정의 역(役)에 종사토록 하기 위해 설치된 군종이었다. 보충군은 세조 대에 일시 혁파되었다가 1469년(예종 원년) 복설되면서 보충대로 개칭되었다(지승종, 「16세기 천첩자손의 신분 결정: 「安家奴案」을 중심으로」, 『현대자본주의와 공동체 이론』, 한길사, 1987).

복상(服喪): 상복을 입고 거상(居喪)함.

복예(僕隸): 중앙 관청의 사령(使令)이나 구종(驅從), 근수(跟隨), 지방의 관노나 사령, 양반이 거느리는 노복(奴僕) 등을 이르는 말.

복호(復戶): 호역(戶役)을 면제함.

봉사(奉祀): 조상의 제사를 맡아 받듦.

봉사조(奉祀條): 상속재산을 분배할 때 조상의 제사 비용을 충당하기 위해 설정한 재산. 『경국대전』에 따르면 제사를 받드는 후손에게는 재산의 5분의 1을 더 주었다(『經國大典』刑典 私賤).

부대시참(不待時斬): 일반적인 사형수는 춘분(春分)부터 추분(秋分)까지 사형(死刑)을 집행하지 않았다. 이는 음양설에 기인하는 것으로, 만물이 소생하고 성장하는 시기에 사람의 목숨을 끊는 것은 자연의 섭리에 어긋난다는 이치에 따른 것이었다. 그러나 반역이나 존속살인 등 흉악한 범죄에 대해서는 추분까지 기다리지 않고 사형을 집행했는데 이를 부대시참이라 한다. 흉악한 죄인은 살아 있는 것 자체가 자연의 조화를 해친다는 논리다.

부식(祔食): 후사가 없어 종가의 사당에 부제(祔祭)되어 조상들과 함께 제사를 받음.

부제(祔祭): '부(祔)'는 합친다는 뜻이다. 뒤에 죽은 자를 합친다는 것은 선조(先祖)에게 합하여 함께 봉사하는 것이다. 남자는 할아버지에게, 여자는 할머니에게 합하여 제사를 지낸다(『經國大典註解』前集 禮典 奉祀).

북도(北道): 함경도.

분(分): 노비 총수를 규정된 몫의 비율로 나눈 것을 가리키는 말(『經國大典註解』前集 刑典 私賤).

분등타량(分等打量): 등급을 나누어 결수(結數)를 계산함. 동일한 면적이라도 등급에 따라 결수가 다르게 산출되었는데, 1등전은 전재(全在)하고, 2등전은 1등전의 85%, 3등전은 70%, 4등전은 55%, 5등전은 40%, 6등전은 25%를 적용하여 결수를 산출하였다. 예를 들면, 길이 99척(尺) 너비 99척의 방전(方田)인 경우, 1등전이면 98부이지만, 2등전은 85부, 3등전은 68부가 된다.

분수(分數): 법에 규정된 분배 비율에 따라 나눈 몫.

분집(分執): 노비나 전택 등을 나누어 가짐. 부모의 토지나 노비 등을 그 자손들이 스스로 나누어 가진 일을 증명하는 문권이 자중분집기(自中分執記)이다.

불왕법장(不枉法臟): 타인에게서 재물을 받았지만 법에 따라 공정하게 처리함(『大淸律輯註』下). 왕법장·불왕법장은 전적으로 관리에 대해 말한 것이다. 관리가 아닌 사람에게는 왕법이나 불왕법이 없다(『大淸律輯註』下).

불한년(不限年): 도형(徒刑)의 형기는 죄의 경중(輕重)에 따라 1년에서 3년까지이나 중죄의 경우에는 연한을 정하지 아니했는데 이를 불한년이라 한다.

불한년정배(不限年定配): 도형(徒刑)에 해당하는 죄수에 대하여, 일정한 햇수를 정하지 아니하고 노역할 장소를 정해 유배 보내는 형벌이다.

비갈(碑碣): 비석(碑石)과 갈석(碣石)의 통칭. 빗돌의 윗머리에 지붕 모양으로 만들어 얹은 것을 '비(碑)'라 하고, 그런 것을 얹지 않고 머리 부분을 둥그스름하게 만든 작은 비석을 '갈(碣)'이라고 한다.

비리호송(非理好訟): 소송에 패배한 후에도 판결에 승복하지 않고 재차 삼차 계속 소송을 제기함. 비리호송의 폐단을 방지하기 위하여 『경국대전』은 "세 차례 심리에 붙여진 것은 다시 더 청리하지 않는다. 모든 쟁송이 같다"라고 하여, 삼도득신한 사안은 다시 청리하지 않는다는 점과, 이 규정은 모든 소송에 동일하게 적용된다는 사실을 명시하였다. 비리호송의 죄는 전가사변(全家徙邊)으로 처벌되었는데, 1744년(영조 20)에 전가사변을 폐지하고 유형으로 대체함에 따라 『속대전』에는 장 100·유 3,000리로 바뀌었다.

비법살인(非法殺人): 『대명률』의 '좌사살인(左使殺人)'을 『대명률직해』에서 번역한 말. 참언(讒言) 등으로 부당하게 사람을 사지에 빠뜨려 죽게 만드는 범죄로서 일반적인 사면(赦免)으로는 용서받지 못하는 상사소불원(常赦所不原)에 해당한다(『大明律』名例律 16 常赦所不原).

비유(卑幼): 조카, 손자와 같이 자신보다 항렬이 낮은 친속(親屬)을 뜻하는 '비(卑)'와 동생과 같이 자신과 같은 항렬이면서 아랫사람을 뜻하는 '유(幼)'의 합성어로, 친속 중에 자신보다 아랫사람을 의미한다(『大淸律輯註』上).

빙재(聘財): 남자 집에서 여자 집에 보내는 혼약 예물. 빙정(聘定), 재례(財禮), 빙금(聘金)이라고도 한다. "빙재는 무거운지 가벼운지에 구애되지 않는다. 중매쟁이와 함께 혼약을 언명하고 예물을 보내기만 하면, 그것이 바로 이에 해당한다.

만약 상견례할 때 예물, 예컨대 수건·머리띠 같은 따위는 곧바로 빙재라고 할 수는 없다(『大淸律輯註』上).

[ㅅ]

사건사(四件事): 형벌로 자신이 죽게 되는 형륙급신(刑戮及身), 부자관계를 분간하는 부자분간(父子分揀), 적·첩을 분간하는 적첩분간(嫡妾分揀), 양천을 분간하는 양천분간(良賤分揀) 등 네 가지 일. 이들 사안은 어가(御駕) 앞에서 상언하는 것이 허락되었다. 1543년(중종 38) 중종은 가전상언(駕前上言)의 모람(冒濫)을 금제하는 조치를 내리고 이를 어기면 월소(越訴)로 다스리도록 하였다. 그러면서도 지극히 원통하여 가전(駕前)에서 바치는 것이 합당한 사안으로, 형벌이 자신에게 미치는 일, 부자 관계를 밝히는 일, 적·첩을 가리는 일, 양천을 가리는 일 등 네 가지를 들었다. 가전상언할 수 있는 내용이 형륙급신·부자분간·적첩분간·양천분간 등의 네 가지에 한정되었는데, 이를 사건사라 일컫는다. 16세기 중엽에 이르러 가전상언할 수 있는 내용이 사건사로 범주화되기에 이른 것이다(한상권, 『조선후기 사회와 訴冤제도: 상언·격쟁 연구』, 일조각, 1996).

사급(斜給): =사출(斜出).

사손(使孫): 자녀 없는 사람의 유산을 상속받을 수 있는 친족. 『경국대전주해』 후집의 사손도(使孫圖)에서 '동생 → 삼촌질(三寸姪) → 사촌손(四寸孫) → 삼촌숙(三寸叔) → 사촌(四寸) 형제'의 순으로 사손의 상속 범위와 우선순위를 규정하고 있다.

사손도(使孫圖): 조선시대 사손(使孫)의 범위와 그 우선순위를 표시한 도표. 사손은 자손이 없는 이의 재산을 물려받을 수 있는 가까운 친척들을 말한다. 자손이 없이 죽었을 때 재산은 부계(父系)에 속한 형제자매가, 형제의 자녀가 없을 때에는 종손이나 종손녀가, 또 이런 사람이 없을 때에는 조부(祖父)의 백숙부나 고

(姑)가 상속하였다. 자손이 없을 경우에 재산은 나라에 귀속된다.『속대전』형전 사천에 "使孫圖見決訟類聚"라 하여, 사손도가 1649년(인조 27)에 편찬한『결송유취』에 수록되었다고 하였다. 그러나 사손도는 1555년(명종 10)에 편찬한『경국대전주해』후집 형전 사천조에 처음 보인다.

사송(詞訟): 문서로 다툼. 조선시대 재판은 옥송(獄訟)과 사송으로 구별되는데, 사송은 오늘날 민사상의 분쟁을 다투는 재판을 뜻하며 재판의 종국적인 목적은 분쟁의 해결에 있었다(박병호,『傳統的 法體系와 法意識』, 서울대학교 한국문화연구소, 1972).

사왕(四王): 조선 태조의 사대조(四代祖)인 목조(穆祖), 익조(翼祖), 도조(度祖), 환조(桓祖).

사위(詐僞): 본래 없는데 거짓으로 말이나 글의 뜻을 만듦(『大明律集解附例』).

사전(賜田): =별사전(別賜田). 주로 왕실과 관련해 일시적인 공로가 있어서 하사받은 전지. 과전이나 공신전 등이 일정한 제도적 규정에 따라 지급된 반면, 사전은 왕의 특명으로 지급 액수에 제한 없이 공신이나 측근자에게 주로 지급되었다. 사전을 지급하는 경우 그 이유를 명기한 사패(賜牌)를 내렸는데, 여기에 토지의 세전 여부도 기록하였다(이숙경,「조선초기 賜牌田의 확대와 田制의 변화」,『한국사학보』11, 2001).

사전(梭田): 마름모꼴 논밭.

사조(私造): 도량형의 크기, 무게, 길이 등을 법대로 하지 않고 사사로이 제작함.

사증(辭證): =사증(詞證). 범죄 사실에 대한 증언 또는 그 증언을 한 사람.

사출(斜出): 관을 경유한 것을 이르는데(『중종실록』, 19년 8월 23일), 관이 원본에 대한 사실을 확인하는 행위를 거쳐 사본을 작성해준다는 의미이다. 이러한 절차를 거쳐 작성된 입안이 사급입안(斜給立案)이다. 사급입안은 '발급신청-관의 사실 조사-입안 발급'의 과정에서 제출·작성되는 소지(所志), 허여문기·매매명문, 신청인·증인의 진술서, 관의 입안 문언을 차례로 이어 붙인 점련문기의 형태를 갖고 있다(박하늘, 「조선시대 사급입안 연구」, 한국학중앙연구원 한국학대학원 석사학위논문, 2017). 가사나 전답을 매매한 후 발생하는 폐단을 막기 위해 관아에서 사출 입안을 받는 것이다(『日省錄』 정조 5년 9월 21일).

사패(賜牌): 국왕이 신하에게 노비와 토지 등의 사여물(賜與物)을 하사하거나 향리(鄕吏)의 역을 면제할 때 발급한 왕명 문서. 사패의 발급은 중추원과 승정원에서 담당하였다(박성호, 「조선시대 사패의 발급과 문서양식」, 『고문서연구』 41, 2012). 사패와 함께 하사한 토지를 사패전(賜牌田), 또는 사전(賜田)이라 하고, 노비를 사패노비(賜牌奴婢)라 하였다.

사표(四標): 특정 지역의 위치를 나타내고 경계를 구분하는 동서남북의 표시. 특히 양안에서는 각 전답들의 위치와 경계를 표시하기 위하여 사표를 기재하였다.

사핵(査覈): 실제 사정을 자세히 조사하여 밝힘.

사화(私和): 사사로이 상대방과 화해함. 조부모나 부모를 죽인 원수와 사화하고 관청에 고발하지 않으면 이를 심각한 불효 행위로 간주하였으며, 당(唐) 이후에는 직접적으로 이를 사화죄(私和罪)로 규정했다. 국법이 비록 공개적으로 복수 행위를 장려하지 않았고 심지어는 때때로 엄격하게 복수 행위를 금지하기는 했지만, 사화에 대해서는 엄벌하지 않을 수 없었던 것이다. 사화 행위는 도덕에서도 용납되지 않았고 법률에서도 용납되지 않았다. 사화는 국가의 간적(姦敵)이 법망을 피함으로써 사법권의 존엄성을 손상시킬 뿐 아니라 효도를 파괴하는 것이기 때문이다(范忠信 외 저, 李仁哲 역, 『中國法律文化探究: 情理法과 中國人』, 일조각, 1996).

산노(山圖): 산소 자리를 그린 노형.

산송(山訟): 분산(墳山)에서 분묘를 근거로 발생하는 사송(詞訟). 묘지에서 일어나는 소송이기 때문에 정약용은 『목민심서』에서 이를 '묘지송(墓地訟)'이라 하였다. 법전에서 산송 용어가 등장하는 것은 『수교집록』부터다. 『경국대전』에서는 분묘의 보수(步數)를 규정하였으나 산송 항목이나 용어는 등장하지 않는다. 『수교집록』에 수록된「병인수교」(1686, 숙종 12)에서 산송 용어가 등장하고,『신보수교집록』에서 처음으로 〈산송〉을 독립 항목으로 설정하여 산송의 다양한 형태와 소송 절차를 정리하였다.

산업(産業): 전포(田圃), 산림(山林), 가옥 따위.

살옥(殺獄): 살인 사건. 통상적으로 살옥 사건은 초검, 복검, 양검관의 회추(會推), 녹계(錄啓), 차사원(差使員) 고핵(考覈)·고복(考覆), 관찰사친문(觀察使親問), 봉결안수계(捧結案修啓), 형조계하, 상복(詳覆), 계복(啓覆), 판부(判付)의 과정을 거쳐서 판결이 확정된다. 지경 내에서 살인 사건이 발생하면 고을 수령은 먼저 초검을 하여 시장(屍帳)을 작성하고, 이웃 고을에 복검을 요청한다. 관찰사는 초검안과 복검안을 받아 보고 복검안에 제결하여 양검관이 회추할 것 등 이후 사건 심리 진행을 지시한다. 회추의 사안을 보고 받은 관찰사는 사건에 대한 판단을 확실히 하여 녹계(錄啓)를 한다. 관찰사가 살옥의 녹계를 올린 다음 이에 대한 국왕의 판부(判付)로 추가 심리가 시행되기도 하고, 관찰사 스스로의 판단으로 추가로 동추(同推)를 지시하기도 한다. 각 도의 동추는 사건을 녹계하기 전이건 후이건 간에 달에 세 번 하도록 규정되었다. 살옥은 수사, 심리, 결안까지 관찰사의 책임 아래 모든 사법 과정이 이루어진다. 하지만 관찰사는 그 대부분의 과정을 죄수를 대면함이 없이 진행한다. 죄수를 직접 대면하여 형추하고, 형벌 판결에 따라 장을 때리는 현장에 있는 사람은 지방 군현의 수령이다. 대부분의 사법 과정을 군현 수령을 부려서 진행하고, 최종적으로 국왕에게 장계를 올려서 책임을 마무리한다. 관찰사는 지방 군현 수령과 문서를 계속 주고받으면서 심리를 진행한다(김선경,「감영의 사법기능을 통해서 본 조선후기 사법 시스템」,『판례집을 통해 본 동아시아의 법과 사회』, 2011).

삼겨린(三切隣): 가장 가까이 사는 이웃 세 집 사람들로 송사나 옥사의 증인이 된다.

삼광전(三廣田): =요고전(腰鼓田). 장구 모양과 같이 가운데가 잘록하게 생긴 전답(『經世遺表』권6〈地官修制 田制考 6〉邦田議).

삼도득신(三度得伸): 똑같은 판결이 두 번 내려진 사안에 대해서는 더 이상 청리(聽理)하지 못하도록 함으로써 소송을 확정적으로 종결하기 위해 마련한 규정. 송사에서 한 번 지고 한 번 이기면 다시 소송하는 것을 허락하였다. 그러나 어느 한쪽이 두 번 승소한 후에는 다시 같은 송사를 접수하지 않도록 하였다. 삼도득신 이후 동일한 소송물에 상송하는 경우, 문기유무(文記有無)나 사상곡직(事狀曲直)을 불문하고, 송자(訟者)는 비리호송(非理好訟)으로 논하여 전가사변(全家徙邊)에 처하고 송관(訟官)은 지비오결(知非誤決)로 논하여 영불서용(永不敍用)하도록 하였다. 삼도득신은 조선 고유의 사법제도로서, 송사를 최대한 세 차례 청리함으로써 판결을 확정적으로 종결하려는 취지에서 마련되었다(한상권, 「조선시대 소송에서 삼도득신과 판결의 확정력」, 『한국사연구』 196, 2022).

삼불거(三不去): 쫓아낼 수 없는 세 가지 사정으로, 시부모의 3년상을 함께 한 경우, 혼인할 때에는 가난하고 천했으나 뒤에 부유하고 귀해진 경우, 받아들인 곳은 있으나 돌아갈 곳이 없는 경우를 말한다(『大明律講解』 戶律 婚姻 出妻).

삼성추국(三省推鞫): 임금의 위임을 받아 삼성(三省)이 합동으로 주로 강상(綱常)과 관련된 범죄를 저지른 죄인을 대신 국문함. 정식 명칭은 삼성에 해당하는 기관이 한곳에 모인다는 의미의 삼성교좌추국(三省交坐推鞫)이며, 줄여서 '성국(省鞫)'이라고도 하였다. 삼성교좌추국으로 다스리는 사건은 '성옥(省獄)'이라고 하였다. 초기의 삼성은 임금의 잘못을 지적하고 관원을 탄핵하는 관청인 사헌부·사간원·형조를 의미하였다. 이 세 관청이 의금부와 함께 행한 추국이 삼성교좌추국이었다. 그러나 세조 대~성종 대에 형조는 삼성에서 제외되고, 삼성은 사헌부·사간원·정승을 가리키게 되었다(김영석, 『의금부의 조직과 추국에 관한 연구』, 서울대학교 박사학위논문, 2013). 『육전조례』에 따르면 "성국(省鞫)은 모두 추국과 같다(省鞫 並同推鞫)"라고 하였는데 추국은 의정부의 삼공과 원임, 의금부의 판사(判事), 지사(知事) 등 및 승지(承旨)와 양사(兩司)가 모두 참여하였다. 삼성은 원래 형조(刑曹)·사헌부(司憲府)·사간원(司諫院)을 가리켰으나, 조선 후기에 와서는 의금부(義禁府)가 모든 국문(鞠問)과 관련된 사안을 주관하였으므로, 기존의 삼성에 형조 대신 의금부가 포함되었다(『六典條例』 刑典 義禁府 鞫). 삼성교좌추국에는 삼성과 의금부 외에도 형방승지와 문서낭청 및 사관도 참여하였다. 삼성추국을 거행하는 강상과 관련된 범죄란 『속대전(續大典)』에 명시되어 있다.

상번(上番): 지방의 군인이 일정한 기간 동안 서울로 번(番)을 들기 위하여 올라감.

상송(相訟): 소장을 제출한 이후 소송이 성립되어 양 당사자가 송정(訟庭)에 나와 서로 다투는 경우.

상언(上言): 억울한 사정이나 청원(請願)을 임금에게 호소하는 것 또는 그런 내용으로 작성한 글. 상언할 수 있는 사안은 사건사(四件事)로 제한되었으며, 격쟁(擊錚)과 달리 본인이 직접 작성하고 제출하도록 의무화하였다. 상언한 사람은 3일 안에 호구단자(戶口單子)를 가지고 출두해야 했으며, 3일 안에 출두하지 않으면 해당 상언은 무효화하였다. 임금이 상언을 재가(裁可)하여 해당 관사에 내려주면 해당 관사에서는 5일 안에 처리할 대책을 마련하여 보고해야 하였다.

상인(常人): 일반 사람으로, 즉 창고에 보관된 재물을 감수(監守)하는 관원(官員)이나 이전(吏典)이 아닌 사람을 이르는 말. 존장(尊長)이나 비유(卑幼)와 관계없는 일반 사람을 지칭하기도 한다.

상제법(商除法): 구구법에 의한 나눗셈 방법으로, 오늘날 나눗셈의 필산법과 같음.

상피(相避): 경외관(京外官)으로서 소정(所定) 친등내(親等內)의 친척이 같은 관사에서 벼슬하지 못하게 하고, 청송(聽訟) 때의 원·피고와 과거 때의 응시자에 그러한 친척이 있을 때 재판관이나 시관(試官)을 피혐(避嫌)하도록 하는 규례. 상피의 법은 이미 1413년(태종 13) 편찬된 『원육전(元六典)』에 규정되어 있다(한우근 외, 『역주 경국대전』 주석편, 한국정신문화연구원, 1986). 구체적인 대상은 『경국대전』 이전 상피에 보인다.

서모(庶母): 아버지의 첩(妾)으로 자녀가 있는 여자. "아버지의 첩이 자녀가 없으면 '모(母)'라 칭할 수 없다"(『大明律集解附例』服制 齊衰杖期); "아버지의 첩이라 하더라도 그 첩이 자녀를 낳은 후부터 비로서 서모라고 부른다"(『朱子全書』禮2).

서북(西北): 평안도.

서사(書寫): 글씨를 쓰고 글을 베끼는 것, 또는 그러한 일을 하는 사람.

석(夕): =작[夕].

선두안(宣頭案): 내수사(內需司)에 속한 노비를 20년마다 자세히 조사하여 기록하는 원안(原案).

성저십리(城底十里): 한성부에 속한 성외(城外) 지역으로, 한성부 도성에서 4킬로미터(10리) 이내의 지역. 오늘날 서울특별시 강북구·동대문구·마포구·서대문구·성동구·성북구·용산구·은평구·여의도 일대와 종로구·중구 일부, 광진구 일부, 중랑구 면목동이 이에 해당한다. 성저십리에도 한성부 산하의 방을 두었는데, 서강방(西江坊), 용산방(龍山坊), 숭신방(崇信坊), 상평방(常平坊), 연희방(延禧坊), 반송방(盤松坊), 인창방(仁昌坊), 두모방(豆毛坊) 등이었다(세종대왕기념사업회, 『韓國古典用語辭典』, 2001; 서울역사편찬원, 『조선시대 다스림으로 본 성저십리』, 서울책방, 2019).

소공친(小功親): 상사에서 다섯 달 동안 복을 입는 친속으로, 본종의 증조가 같은 형이나 시집가지 않은 누나, 할아버지가 같은 시집간 누나이다(『大明律附例』下).

소두활(小頭闊): 사다리꼴에서 윗변.

소한(小限): 30년(『續大典』刑典 聽理).

속공(屬公): 일반적으로 주인이 없는 물건을 국가로 귀속시키는 것을 의미하나 범죄에 대한 처벌로 사용하는 경우가 많았다. 사손(使孫)이 평분(半分)해야 할 부모의 유산을 독차지한 경우나 사노비와 토지를 절이나 무당에 바친 경우에 대한 처벌로서 그 대상 노비와 토지를 속공시켰다. 또한 국가 전매상품이나 공물(公物)을 불법적으로 거래할 경우에 그 대상물이나 이용했던 도구를 속공의 대상으로 법전에서 규정하였다. 즉, 호조나 귀후서(歸厚署)의 첩문(帖文)이 없이 거래한 판상(板商)의 관재(官材), 조운선에 실은 개인 곡식, 공문 없이 왜관에 몰래 보낸 삼화(蔘貨), 또는 강계 지역에서 황첩(黃帖)을 발급받지 않고 매매한 인삼, 무단으로 평안도 군량 및 구황곡을 옮기기 위해 상인들이 조운시킨 배, 곡물로 빚을 주고 이자로 받은 전(錢) 등을 속공시켰다. 그 외 양안에서 누락시킨 토지, 요역을 회피하기 위해 양안에 타인의 이름으로 올린 전답 및 어승마(御乘馬)로 징발되는 것을 피하여 고의로 흉하게 만든 말 등 조세 회피적 성격을 띠는 행위를 한 경우에도 대상물을 속공시켰다.

속신(贖身): =속량(贖良). 공사천(公私賤)이 노비 신분을 면제받음.

속안(續案): 정안(正案)에 이어, 생산(生産)·물고(物故) 등의 변동 사항을 기록한 것. 1414년(태종 14) 2월 계월(季月)마다 변동 상황을 형조에 보고하고 그것을 토대로 3년마다 개적(改籍)하여 속안을 작성하는 법을 마련하였다(『태종실록』, 14년 2월 8일).

속전(贖錢): 나이 70세 이상이나 15세 이하 및 폐질(廢疾)인 사람이 유죄(流罪) 이하의 죄를 범하면 속전을 받는다(『大明律』名例律 21 老小癈疾收贖).

수교집록(受敎輯錄): 1543년(중종 38)에 편찬된『대전후속록(大典後續錄)』이후 1698년(숙종 24)까지 150년간의 전교를 수록한 법전이다. 각 관서에서 왕명을 받아들이는 것을 '승전(承傳)'이라 하고 그 받아들인 왕명을 '수교(受敎)'라 한다. 이러한 수교는 현실적 필요에 따라 수시로 제정되어 누적되었는데 후에 수교만을 모아 체제를 갖추어 정리한 법전이 '집록(輯錄)'이다.『수교집록』은 1698년(숙종 24)에 완성되었다. 국가적인 차원에서 수교를 정리하여 간행하자는 논의는 현종조부터 시작되었다. 그러나 현종 말까지는 예송논쟁이 전개되는 등 서인과 남인 사이의 권력이 교체되는 시기여서 미처 법제 정비에는 손을 쓰지 못했다. 1680년(숙종 6) 경신환국(庚申換局)으로 서인이 다시 권력을 독점하면서 수교를 간행하려는 움직임이 본격화되었다. 그러나 1689년 기사환국(己巳換局)으로 이 일을 주관하던 서인들이 밀려나고 남인이 다시 집권하면서 작업이 중단되었다.

1694년 갑술환국(甲戌換局)으로 다시 서인이 집권하면서 마무리 작업이 이루어져서 1698년(숙종 24) 3월에 활자본으로 간행하여 『수교집록』이라 하였다(한국역사연구회 법전연구반, 『수교집록』 해제」, 청년사, 2001).

수생파(收生婆): 자식 낳는 것을 돌보는 여자로, 산파(産婆)이다. '온파(穩婆)'라고도 한다(왕여 저, 최치운 외 주석, 김호 옮김, 『신주무원록』, 사계절, 2003).

수속(收贖): 죄를 재물로 대신 갚음. "'속(贖)'은 과실로 죄를 범하여 형을 받게 되면 재물로 속죄하는 것을 말한다. 『설문해자(說文解字)』에서 '속은 바꾸는 것'이라고 한다(『經國大典註解』 後集 刑典 推斷條 收贖). 속죄하는 재물은 시대에 따라 달라져서, 『대명률직해』와 『경국대전』은 오승포(五升布)로, 『속대전』은 면포(綿布) 또는 전문(錢文)으로 받다가, 이후에는 속전(贖錢)으로만 징수하였다. 속전을 징수하는 경로는 ① 형벌을 면하게 해주는 대신 걷는 방법과 ② 금령(禁令)을 어겼을 때 걷는 방법이 있었다. ①의 경우, 모든 죄인이 다 속전으로 형벌을 면할 수 있었던 것은 아니고 십악(十惡)을 제외한 70세 이상의 죄인, 문무 관원, 음관(蔭官)의 자손, 생원, 진사, 잉태한 죄인, 상중(喪中)인 죄인, 70세 이상의 부모가 있는 도형(徒刑)이나 유형(流刑) 처분을 받은 독자(獨子) 등이 대상이 되었고, 매우 춥거나 더운 시기에도 속전을 받고 형벌을 면하게 하였다. ②의 경우는 사헌부, 한성부, 형조에서 우금(牛禁), 주금(酒禁) 등의 금령을 어긴 사람에게 걷었다. 걷은 속전은 이들 법사(法司)의 재원이 되거나 소속한 이예(吏隸)들의 주된 수입원이 되었다(고전번역원, 『역사문헌 어휘해설 병합자료집』).

수양(收養): 3세 이하의 아이를 거두어 기름. 3세가 넘은 사람을 양자나 양녀로 삼는 것은 '시양(侍養)'이라고 했다(『經國大典註解』 前集 刑典 私賤).

수업사(受業師): 사찰이나 도관(道觀)에서 직접 경전이나 교리를 이어받아 스승으로 삼기에 합당한 사람. 수업사와 제자의 관계는 백숙 부모와 조카의 관계와 같다(『大明律』 名例律 45 稱道士女冠).

승중(承重): 조상의 제사를 받드는 '중(重)'을 계승하였다는 의미로, 부친이 먼저 사망하였을 때 손자가 조부로부터 가계를 계승하는 것, 또는 조상의 제사를 승계하여 봉사자가 되는 것을 의미한다.

승중자(承重者): 장손으로 아버지가 돌아가신 뒤에 조부모 상사(喪事)를 당하여 아버지를 대신하여 상주 노릇을 하는 장자손. 아버지와 조부모를 대신하여 조상의 제사를 받들 사람이다.

시마친(緦麻親): 상복을 석 달 동안 입는 오복친(五服親). 종종조(從宗祖), 삼종형제(三從兄弟), 증손(曾孫), 현손(玄孫) 등이 여기에 해당한다.

시집(時執): 노비(奴婢)나 전지(田地) 등을 현재 점유(占有)하고 있음.

식기상(食氣顙): 식도를 의미하며, '상(顙)'은 '상(嗓)'과 같다. 즉 목구멍이다. 식기상은 인후(咽喉)의 아래이다(왕여 저, 최치운 외 주석, 김호 옮김, 『신주무원록』, 사계절, 2003).

식년(式年): 그해 간지의 지지(地支)에 자(子)·묘(卯)·오(午)·유(酉)가 드는 해로서, 이 해에 과거 시험이나 호적의 정비 등이 이루어졌다.

신노비(新奴婢): 혼인할 때 분급받은 노비(『畏齋集』권8, 九龍山逸鄭公墓表).

신대전(新大典): 1485년(성종 16) 중외에 반포한 을사대전(乙巳大典). 갑오대전 반포 이후 새로 공포된 법령이나 필요한 법령은 왕의 재결을 얻어 『대전속록(大典續錄)』에 첨록하였다. 그러나 새로운 법령이 증가하면 할수록 대전이나 기왕의 법령에 저촉되지 않을 수 없을뿐더러 관리들이 시행하는 데 혼란이 따르기 마련이었다. 따라서 조종성헌(祖宗成憲)을 아무리 고수하려 하여도 법전개수는 불가피하였다. 드디어 1481년(성종 12)에 다시 대전개수론이 제기되었다. 성종도 수교가 번잡하게 늘어 대전과 저촉되는 것도 있으니 불가불 조사 고증하여 다시 개정하자고 하여 『경국대전』과 『대전속록』의 개수에 착수하게 되었다. 그러나 1484년(성종 15) 6월에 성종은 대전감교(大典勘校)는 신법을 제정하는 것이 아니라 조종조 이래의 수교와 속록에 있는 조문을 대전에 첨록하는 것뿐이며 설혹 개정된 곳이 있기는 하나 많지 않으니 재심할 필요가 없다고 하고 속히 확정지을 것을 명령하였다. 12월 감교를 완전히 끝마치고 1485년 정월 초하루부터 시행하게 하였다. 이것이 을사대전이다. 이로써 건국 이래 부단히 수찬을 거듭한 조종성헌인 만세대전(萬世大典)이 확정되었다. 오늘날 전해오는 『경국대전』은 을사대전이며 그 이전의 『경국대전』과 『대전속록』은 전해오지 않는다(박병호, 「『경국대전』의 편찬과 계승」, 『신편한국사』 22, 국사편찬위원회, 1995).

신문고(申聞鼓): 1401년(태종 원년) 7월 등문고란 이름으로 처음 설치되었고 다음 8월에 신문고로 개칭되었다. 신문고 설치는 하정상달(下情上達)을 위하여 언로를 넓히고 신민(臣民)의 언권(言權)을 보장하려는 데 있었다. 그러나 실제에 있어서 신문고는 주로 청원, 상소의 수단으로서 재경(在京)의 대소문무신료(大小文武臣僚) 사이에만 이용되었으며, 원래의 취지와는 달리 일반 민서(民庶)나 복예간(僕隷間)에 또는 지방의 관민 간에 있어서는 하등의 효용을 보지 못하였다. 그리하여 청원(請願)의 경우에는 특수신분층에 대한 군왕의 은총을 진걸(陳乞)하는 기틀이 되었고, 상소(上訴)에 있어서는 대소신료 양반층의 범람망고자(汎濫妄告者)와 권력남용자를 적발 징계하는 효용을 보았다. 이같이 하여 신문고의 효용은 민의(民意) 창달(暢達)이라는 관념적인 미의(美意)에 부합되었다기보다는 태종조 왕권을 강화하는 도정(道程)에 있어서 특수신분층에 은총을 베풀고 한편으로 관료의 발호를 억제하는 효용을 본 것이라고 할 수 있다(한우근, 「신문고의 설치와 그 실제적 효능에 대하여: 태종조 청원·상소 제도의 성립과 그 실효」, 『이병도박사화갑기념논총』, 일조각, 1956).

신장(訊杖): 죄인에게 자백을 받아내기 위해 고문할 때 쓰는 몽둥이. 신장은 한쪽이 둥글고 끝이 넓적한 형태인데, 『경국대전(經國大典)』에서 규정한 신장은 영조척(營造尺)을 사용하여 길이 3척 3촌으로, 윗부분의 1척 3촌은 원경(圓徑)이 7푼, 아랫부분의 2척은 너비 8푼에 두께가 2푼이었다. 신장을 아무렇게나 칠 수 있었던 것은 아니었다. 원래 신장으로는 다리를 치게 되어 있었는데, 구체적인 타격 부위는 피의자의 무릎 아래 종아리 부분이었다. 신장은 한 번에 30대 이상을 치지 못하게 되어 있으며, 한 번 신장을 친 후에는 사흘 뒤에 다시 치게 되어 있었다. 삼성추국에서 죄인을 심문할 때 사용하는 신장은 『속대전』의 규정을 보면, 너비 8푼, 두께 3푼이었고, 길이는 『대명률』에 따라 3지 5치였다. 그러나 1778년(정조 2)에 형구(刑具)의 규격 및 품제를 정해 놓은 『흠휼전칙(欽恤典則)』에서는 너비가 9푼, 두께가 4푼으로 원 추국 신장과 크기가 같아진다.

실결(實結): 재해를 입지 않아 정상적으로 경작이 이루어지는 토지. 국가에서 전세 수입의 근원이 되는 전답이다.

실인(實因): 죽음에 이른 실제 원인. 『증수무원록언해(增修無冤錄諺解)』를 보면 "치명(致命)한 근인(根因)이 '실인(實因)'"이라고 설명하고 있다(송철의 외 역주, 『增修無冤錄諺解』, 서울대학교 출판부, 2014).

실직(實職): 실제로 맡는 직무가 없는 산직(散職)이나 허직(虛職)의 상대적 개념으로, 실질적으로 담당하는 업무가 있는 9품 이상의 문무 관원을 이르는 말.

십악(十惡): 『당률소의』명례(名例)와 『대명률』명례율(名例律)에서 정한 열 가지 죄로, 모반(謀反), 모대역(謀大逆), 모반(謀叛), 악역(惡逆), 부도(不道), 대불경(大不敬), 불효(不孝), 불목(不睦), 불의(不義), 내란(內亂)이 이에 해당함. 십악은 '무군무친(無君無親) 반륜난덕(反倫亂德)'하는 죄악으로 이를 범하면 천지(天地)에서 용납할 수 없고 신인(神人)이 함께 분노하는 것이므로, 법률서 첫머리에 특별히 드러내어 세상에서 경계로 삼도록 하였다.

십일모(十一耗): 군자창에서 10분의 1의 비율로 덧붙여 받은 모곡(耗穀) 중 다시 떼어내어 회록하는 비율이 10%에 이르는 것이다.

[ㅇ]

암록(暗錄): 타인의 노비나 양인을 자신의 호적에 몰래 올림. 암록이 세조 때 호패사목의 규정에 처음 나타난 이래, "다른 이의 노비를 몰래 호적에 올린 것이 적발된 경우, 비리호송과 압량위천의 규정으로 처벌한다"라는 규정으로 법전에 정착된 것은, 자신의 호적에 몰래 기재해놓고 있다가 소송을 제기하는 사례가 자주 있었음을 짐작하게 한다(임상혁, 「1583년의 한 訴良事件과 壓良爲賤: 允元·林慶秀 소송문서의 분석을 중심으로」, 『고문서연구』 21, 2002).

압량위천(壓良爲賤): 호세가(豪勢家)가 강제적인 방법으로 양민(良民)을 노비로 삼음. 압량위천의 문제는 고려 말에 크게 불거졌고, 조선 건국 후에도 여전히 중요하게 다루어졌다. 1397년(태조 6) 노비소송에 관한 「합행사의(合行事宜)」의 열일곱째 조목에서 엄중히 처벌할 사항들을 열거하는데 압량위천이 첫 번째로 올라 있다. 이에 대한 처벌이 구체적으로 나타나는 것은 1405년(태종 5) 만들어진 「노비결절조목(奴婢決折條目)」으로, 압량위천하면 장 80을 치고 수군(水軍)에 충당하였다. 이후 1465년(세조 11)에 이르러 압량위천자를 장 100을 치고 전 가족을 변방에 입거시키도록 하였는데, 이처럼 압량위천을 전가사변(全家徙邊)이라는 중벌로 처벌하는 내용이 『대전후속록』에 수록되었다(『大典後續錄』 刑典 雜令).

양계(兩界): 동계(東界)와 북계(北界)의 합칭으로, 함경도와 평안도. 통상 동계는 함경도(咸鏡道)와 강원도(江原道)의 일부 지역이고 북계는 평안도(平安道) 지역을 가리킨다.

역가(役價): 노비 따위를 부려 얻은 이익.

역녀(驛女): 역민(驛民)은 신분에 따라 크게 역리(驛吏), 역녀(驛女), 역노(驛奴), 역비(驛婢)로 분류되는데, 역리가 양인 아내를 맞아들여 낳은 딸이 역녀이다. 역녀는 양인으로서 역역(驛役)을 담당하는 여자이며, 신분적으로 역비와 구별되었다(『大典通編』 刑典 公賤).

영불서용(永不敍用): 사판(仕版)에서 이름을 삭제하여 영원히 관직에 서용(敍用)하지 않음(『六部成語補遺』 吏部 革職永不敍用). 영불서용 죄를 범한 이들은 장리(贓吏)의 아들, 재가(再嫁)하거나 실행(失行)한 부녀자의 아들 및 손자, 서얼자손 등과 마찬가지로 문과, 생원, 진사시에 응시하지 못하였다(『經國大典』 禮典 諸科).

영불서용의 처분을 받은 사람이 관원으로 다시 임용되기 위해서는 벼슬길에 나올 수 있는 자격의 회복, 즉 탕척(蕩滌), 급첩(給牒), 서용(敍用) 등의 절차가 필요하였다.

영장(永葬): 이장(移葬)하지 않을 장소에 완전히 장사를 지냄.

영조척(營造尺): =목공척. 조선시대 목공과 건축에 사용하던 척도.

영집(永執): 남의 노비나 전답(田畓) 등을 불법으로 차지하고 영원히 돌려주지 아니함.

오결원리결죄법(誤決員吏決罪法): 소송을 적정(適正)하게 결절(決折)하지 못한 관원을 처벌하는 법. 이 법이 제정된 것은 1405년(태종 5)이다. 태종은 노비소송의 오결(誤決)을 둘로 구분하여 처벌하였는데, 관리가 무심코 판단을 그르친 '단순오결'과 뇌물을 받고 그릇되게 판단하는 '수증오결(受贈誤決)'이 그것이다. 이어 1413년 편찬된『속육전(續六典)』에서는 단순오결을 다시 혼미오결(昏迷誤決)과 지비오결(知非誤決)로 구분하여 처벌하였다. '혼미오결'은 편벽되게 꾸미는 말을 듣고 진위(眞僞)를 제대로 파악하지 못해 과오로 오결하는 것이며, '지비오결'은 인정(人情)이 호악(好惡)하여, 혹은 은원(恩怨)을 끼거나 권세(權勢)에 아부하여 오결하는 것이다. 오결을, 착오나 실수로 시비(是非)를 잘못 판단한 과오성(過誤性) 오결과 그릇됨을 알면서도 의도적으로 곡직(曲直)을 뒤바꾼 고의성(故意性) 오결 둘로 나눈 것이다. 그리고 혼미오결과 지비오결이 결과적으로는 똑같은 오결인데도, 그 동기에 따라 구분하여 결죄(決罪)를 달리하였다. 이는 처벌의 중점을 행위의 '결과'가 아니라 범죄의 '의도'에 둔 것이다. 중국 법에서는 옛 부터 고의와 과실의 구별이 분명하였고, 과실에 대한 독립된 법 개념을 갖고 있어 과실범은 벌하지 않거나 가볍게 벌하는 것이 원칙이었다. 이에 반해 그리스 법이나 로마 법, 게르만 계통의 고대 법에서는 유의범(有意犯)과 무의범(無意犯)의 구별이 없었다. 범의(犯意)의 유무에 관계없이 결과만을 보아 처형하는 '결과책임주의'가 원칙이었던 것이다. 1416년에 이르러 지비오결은 장 100을 치고 영불서용

(永不敍用)하는 반면, 혼미오결은 태(笞) 50에 현직에서 해임하도록 하였다. 무의범(無意犯)인 혼미오결의 경우 영불서용보다 경미한 책벌인 면직(免職)으로 바꾼 것이다. 그리고 은사(恩赦)가 베풀어지면 혼미오결은 사면하는 반면 지비오결은 사면 대상에서 제외하였다. 또한 혼미오결은 신체형을 재산형으로 대신하는 수속(收贖)을 허락하였지만 지비오결은 수속을 물허(勿許)하였다. 이 내용은 『경국대전』에 반영되었다(한상권, 「조선시대 詞訟에서의 誤決과 再訟」, 『고문서연구』 51, 2018).

오사모(五四耗): 진휼청 및 상평청에서 10분의 1의 비율로 덧붙여 받은 모곡(耗穀) 중 다시 떼어내어 회록하는 비율이 80%에 이름.

오살(誤殺): 말로 다투다 착오로 옆에 있는 사람을 구타하여 살상하는 경우로, 육살(六殺) 가운데 하나.

옥송(獄訟): 광의와 협의 두 가지 개념이 있는데, 첫째, '광의의 옥송'은 형사소송인 '옥'과 민사소송인 '송', 즉 재판 일반을 가리킨다. 『이학지남(吏學指南)』은 "죄를 다투는 것이 옥이고 재물을 다툼은 송(권6 獄訟)"이라고 하였다. 이때의 옥송은 죄를 다투는 형사적 소송에 한정되지 않는 보다 넓은 의미, 즉 죄를 다투지 않고 순수하게 재물의 귀속을 다투는 소송까지도 포괄하는 의미를 지니고 있다(田中俊光, 『조선초기 斷獄에 관한 연구: 형사절차의 정비를 중심으로』, 서울대학교 박사학위논문, 2011). 둘째, '협의의 옥송'은 사송과 대립하는 용어이다. 조선시대 재판은 사송과 옥송으로 이루어진다고 하는데, 옥송은 오늘날 형사법상의 범죄를 다루는 재판을 뜻하고, 재판의 종국적 목적은 공형벌(公刑罰)을 과하는 데 있었다(박병호, 『傳統的 法體系와 法意識』, 서울대학교 한국문화연구소, 1972).

와주(窩主): 도적이 의탁하여 숨는 이로 강도나 절도를 숨겨주는 주인(『大明律集說附例』;『大明律集解附例』).

완취(完聚): 부부의 인연을 맺고 단란하게 사는 것을 이르는 말.

왕법장(枉法贓): 왕법장은 두 가지 죄이니, 이미 수장(受贓)하고 또 왕법(枉法)한 것이다. 법에 기대어 간사함을 행하였으므로 그 죄가 무겁다(『大淸律輯註』下). 왕법장은 현대 형법의 '수뢰 후 부정처사'에 해당된다고 할 수 있다.

외성소공(外姓小功): 외가 쪽으로 종증조모(從曾祖母), 재종형제(再從兄弟), 종질(從姪), 종손(從孫) 등의 상사(喪事)에 다섯 달 동안 복을 입는 친족.

외지부(外知部): 소장을 대신 작성해주거나 타인의 소송에 관하여 이익을 취하는 것을 전문으로 하는 사람. 외지부는 노비소송을 담당하는 장예원이 도관지부(都官知部)였던 것에서 유래하였다. "장예원을 옛날에 도관지부(都官知部)라 하였다. 무뢰배가 법률을 잘 외어 문서를 위조하여서, 송사하는 자를 교사하고, 송사에서 이기면 자기가 그 이익을 취하였다. 이것을 이름하여 외지부라고 하였다(掌隸院古稱 都官知部 無賴之徒 譜誦法律 僞造文劵 敎唆訟 若訟而得勝 則已取其利 名曰 外知部)"(『중종실록』, 5년 3월 26일). 외지부는 15세기 후반부터 사료에 등장하기 시작하였다. 『대전후속록』은 외지부를 장 100 전가사변에 처하고, 타인이 체포할 수 있도록 고발하는 것을 허락하여, 강도를 체포한 법례에 따라 1인에 면포 50필을 상급(賞給)하였다(『大典後續錄』 刑典 雜令). 이렇듯 조선사회는 소송을 부추기는 외지부 처벌을 강화하고 이들에 대한 고발 장려를 통해 소송이 없는 무송사회의 이념을 실현하고자 하였다. 조선시대에서 이처럼 외지부를 무겁게 처벌한 까닭은 다음 이유 때문이었다. 조선시대 소송은 문서주의이고 복잡하기 때문에 당사자는 조언이나 협조를 받지 않고서는 성공적으로 진행하기 곤란하였다. 따라서 관사(官司) 주변에는 타인에게 소송을 교사하거나 유도하는 것을 업으로 하는 자들이 있어 당사자들은 소송에 통효(通曉)한 이러한 자들의 도움을 받지 않을 수 없으므로 이들을 고용하여 대송하는 일이 많았다. 이들이 업으로 하는 것은 의뢰자로부터 사정을 듣고 소장을 작성하거나 소송 기술을 조언할 뿐 아니라 대송자로서 고용된 경우에는 의뢰자를 위해 관사에 나아가 스스로 소송하며, 승소한 경우에는 보수를 받았는데, 이를 외지부로 속칭하였다. 그러나 고용 대송은 1478년(성종 9) 8월에 이르러 금지되었고, 엄벌에 처하게 되었다. 즉 관사에 나와서 타인에게 소송을 교사·유도하는 것을 업으로 하는 이는 관사로 하여금 수소문하여 형조로 이송하여 사실을 밝힌 후 장 100, 전가사변으로 처하며, 이를 체포하여 관에 신고하는 이는 강도를 체포하여 신고하는 법을 준용하여 1인당 면포 50필을 상급하도록 하였다(『성종실록』, 9년 8월 15일). 이 수교는 1905년까지 효력이 있었다. 이와 같은 법령이 공포된 이유는 당시의 소송 이념에서 나온 것이다. 당시의 소송 진행에 있어서는 당사자에게 사실대로 자기주장을 개진하고 증거를 제출할 수 있는 최대의 자유가 부여되어 있으며, 관에서는 당사자의 모든 주장을 듣고 판결을 하였으나 어디까지나 속결을 이상으로 하였다. 그런데 당사자가 그들 업자의 유도(誘導) 대송(代訟)을 받게 되면 사실의 왜곡, 증거의 인멸·위조, 소송의 고의적 지연 등으로 인하여 재판하는 데 여러 가지 난점이 있고, 또 의뢰자가 사기당하는 일도 있을 수 있었으므로, 이러한 폐단을 방지하기 위해 그와 같은 처벌 규정을 두어 처벌하였던 것이며, 당국에서는 이들을 '무뢰지도(無賴之徒)'라고 표현하였던 것이다. 따라서 이때부터 공공연하게 의뢰인을 위하여 소장을 작성하거나 소송을 유도하거나 대송하는 것을 업으로 하는 것은 엄금하게 되었던 것이며, 직업적인 법조인의 제도화의 길이 막혀버렸다(박병호, 『한국법제사고: 근세의 법과 사회』, 법문사, 1974).

용은(容隱): '용(容)'은 막는 것이다. '은(隱)'은 숨기고 덮는 것이다. 또 허물과 범죄가 있음을 알면서도 일부러 막아서 숨기는 것을 '용은'이라고 한다(『經國大典註解』後集 刑典 公賤).

원고(元告): 소송을 시작한 사람을 말한다(『經國大典註解』後集 刑典 私賤). 현대에는 '원고(原告)'라 한다. 조선은 계급사회였음에도 불구하고 양반, 상민, 천민의 구별 없이 모두 당사자 능력과 소송 능력이 인정되었으며, 상·천민이 사대부를 상대로 소송할 수도 있었다. 내시도 자기 이름으로 소장을 제출할 수 있었다. 『경국대전』에는 양반가 부녀자의 소송에 관하여는 자(子), 손(孫), 서(婿), 질(姪), 노비(奴婢)로 하여금 대송(代訟)하도록 규정되어 있었으나, 왕족, 양반이나 혹은 노비를 소유하는 이는 자신이 관사에 소송당사자로 출두하는 것을 기피하여 아들, 손자, 사위, 조카, 노비 등으로 하여금 대송하게 하거나, 타인을 대송자로서 고용하여 소송을 제기하는 관습이 있었다. 그러나 이 경우 법률상의 소송대리가 아니라 본인의 지시에 따라 수족으로 행동하는 사자(使者)에 불과하였다(박병호, 『한국법제사고: 근세의 법과 사회』, 법문사, 1974).

원고인(原告人): =원고(元告)(『大明律直解』357 告狀不受理).

원도(遠道): 전라도, 경상도, 평안도, 함경남도(『典律通補』吏典 考課).

원액(元額): 법전에 규정된 외노비(外奴婢, 지방 각 도에 배정된 노비)의 정원.『경국대전』에 외노비는 "원액이 채워지지 않으면 타 도에 주지 않는다(元額未准 則勿給他處)"라고 하였다.『경국대전』에 규정된 지방 관아의 노비 수는 병마절도사진(兵馬節度使鎭) 200명, 수군절도사진(水軍節度使鎭) 120명, 부(府) 600명, 대도호부(大都護府)·목(牧) 450명, 도호부(都護府) 300명, 군(郡) 150명, 현(縣)은 100명이었다(『經國大典』刑典 外奴婢).

원종공신(原從功臣, 元從功臣): 공신은 크게 두 가지 부류로 나뉜다. 왕업에 상당한 훈로(勳勞)가 있어서 공신에 봉해진 사람과 왕의 잠저 시부터 시종해온 공로만으로 '원종(原從)'이라는 사호(賜號)를 받은 사람이다. 후자가 이른바 원종공신으로 태조·태종 양조에서부터 원종으로 녹공사호(錄功賜號)한 자가 많았다. 세종 때부터 이미 그저 공신이라면 이른바 삼공신만을 가리키고, 원종공신은 여기서 배제되었다. 그것은 다름 아닌 '잠저원종지인(潛邸原從之人)'이라는 뜻으로 왕업에 특별한 훈공은 없었음을 의미한다.

원회부(元會付): 호조의 원회(元會, 경아문의 환곡)에 올라 있는 곡식 즉 군자창곡(軍資倉穀)(정약용 저, 다산연구회 역주, 『역주목민심서』 Ⅲ, 창작과비평사, 1981).

월소(越訴): 순서를 뛰어넘은 채 상급관청에 소송하거나 왕에게 호소함. 조선 왕조의 소원(訴冤) 제도는 『경국대전』에 수록되어 있는데 크게 소원의 절차, 내용, 주체 등 세 부분으로 이루어져 있다. 이 중 소원 절차를 보면, "원통하고 억울한 일을 호소하려는 사람은 서울은 주장관(主掌官)에게 올리고 지방은 관찰사에게 올린다. 그렇게 한 뒤에도 원억(冤抑)이 있으면 사헌부에 고하고 그리하고서도 원억이 있으면 신문고를 두드린다. 억울함이 있는 사람은 서울은 주무관서, 지방은 관찰사에 우선 일차적으로 정소(呈訴)할 것이며, 여기서 해결이 안 되면 다시 사헌부에 항소하고, 그래도 억울함이 해소되지 않으면 최종적으로 신문고를 두드려 국왕에게 직접 호소하라는 것이다. 이와 같이 ① 지방관·주장관 → ② 사헌부 → ③ 국왕(신문고)을 거치는 3단계 소원 절차는 조선 초기에 확립된 이래 조선시대 전 기간에 걸쳐 기본 틀로 유지되어왔다(한상권, 『조선후기 사회와 소원제도』, 일조각, 1996). 월소에 관한 처벌은 『대명률』 형률 소송(訴訟)에 있다. 관할 관사를 뛰어넘어 상급관사에 소를 제기하는 경우, 호소한 내용이 사실일지라도 태(笞) 50에 처하고, 황제의 행차를 맞이하여 호소하거나 등문고를 두드린 자가 그 호소 내용이 사실이 아닌 경우 장(杖) 100에 처하도록 했다(『大明律』 355 刑律 訴訟 越訴).

위전(位田): 세(稅)로 거두거나 자체 경작한 소출을 봉록이나 운영비 등의 공적인 용도에 쓰도록 설정하여 각 읍, 역(驛), 능(陵)·원(園)·묘(墓)·묘(廟), 아문(衙門), 사찰, 관학(館學), 향교, 사액서원(賜額書院) 등에 떼어 준 전답(田畓)(고전번역원, 「역사문헌 어휘해설 병합자료집」).

위조(僞造): 본래 황제 또는 임금의 명인 제서(制書)가 없는데 거짓으로 말이나 글의 뜻을 만듦.

위핍치사(威逼致死): 어떤 이치에 어긋난 일이 있다고 하여, 사람을 위세로 능핍(陵逼)하여 그 사람이 두려워 스스로 목숨을 끊어 죽게 하는 것을 말한다(『大明律講解』 322 威逼人致死). 위핍치사는 피해자가 자살한 데 대해 가해자에게 책임을 묻는 조목으로 당률에는 없으며 『대명률』에서 등장하였다. 자살 자체를 범죄로 인식하여 자살자를 처벌했던 서양과 비교해 볼 때 동양 형법의 독특한 면을 보여주며, 자살이란 자기의 자유로운 판단에 의한 자유로운 의사결정으로 인식하여

벌하지 않는 현대 법과도 차이를 보인다(한상권,「대명률 위핍치사(威逼致死)의 법리와 조선에서의 적용」,『법사학연구』 50, 2014).

유복친(有服親): 복제(服制)에 따라 상복을 입어야 하는 가까운 친척. 본종(本宗)에서 자신을 중심으로 하여, 위로 고조(高祖)부터 밑으로 고손(高孫)에 이르기까지 직계 및 방계의 친족, 즉 촌수로 따져서 팔촌까지와 외가 · 처가 · 이종 · 고종 등 가까운 인척이 해당된다.

유청(有廳): 충순(忠順), 충찬(忠贊), 충장(忠壯) 삼위(三衛)의 군사를 통틀어 이르던 말.

육귀법(六歸法): =귀법(歸法).

육부(六部): =육조(六曹).

의녀(醫女): 내의원 · 혜민서에 딸리어 궁중과 사족 부녀자들의 질병 치료에 종사하던 여자(『京都雜誌』風俗 聲技).

의득(議得): 주요 사안에 대한 국왕의 수의(收議) 요청에 따라 대신들이 함께 의논하여 결정하는 것 또는 논의하여 결정한 사안.

의자(義子): =의자녀(義子女).

의자녀(義子女): 핏줄이 아니라 의로 맺어진 자녀.

의절(義絶): 법정(法定) 이혼 사유로, 부부(夫婦) 일방이 배우자의 일정한 범위 내의 친족을 구타(毆打) 또는 살해(殺害)하거나 해당 친족과 간통(姦通)하거나 처가 남편을 모해(謀害)하여 의(義)가 끊어짐. 구체적인 사례는 다음과 같다. ① 남편이 처의 조부모나 부모를 구타한 경우, ② 남편이 처의 외조부모, 백숙부모, 형, 아우, 고모, 자매를 죽인 경우, ③ 부처(夫妻) 쌍방이 조부모, 부모, 외조부모, 백숙부모, 형, 아우, 고모, 자매를 서로 죽인 경우, ④ 처가 남편의 조부모나 부모를 구타하거나 욕한 경우, ⑤ 처가 남편의 외조부모, 백숙부모, 형, 아우, 고모, 자매를 죽이거나 상해 입힌 경우, ⑥ 처가 남편의 시마친 이상과 간통한 경우, ⑦ 남편이 처모(妻母)와 간통한 경우, ⑧ 처가 남편을 해하고자 한 경우 등이다(『唐

律疏議』권14, 戶婚 妻無七出).

이(以): 진범(眞犯)과 같다는 뜻. 율문에 정해진 형량대로 온전히 과죄(科罪)하여 죄가 사죄(死罪)에 이르면 사형에 처하고 부가형인 자자(刺字)도 가한다. 가령 감수(監守)가 관의 물건을 팔면 실제 훔친 것과 다르지 않기 때문에 왕법(枉法) '으로써[以]' 논하거나 도적'으로써[以]' 논하여 모두 제명(除名)하거나 자자하며, 죄가 참형이나 교형에 이르면 아울러 전과(全科)하는 것을 이른다(『大明律』例分八字之義).

이귀제법(二歸除法): 분모가 두 자리 이상인 수의 나눗셈 계산법. '귀(歸)'는 '제(除)'와 동일한 의미로서, 나눈다는 뜻이다.

이문(移文): =이첩(移牒). 관아와 관아 사이에 공사(公事)에 관계되는 일을 조회하기 위하여 공문을 보내는 일이다.

이십사절기(二十四節氣): 동지에서 대설에 이르기까지의 24절기로 동지(冬至), 소한(小寒), 대한(大寒), 입춘(立春), 우수(雨水), 경칩(驚蟄), 춘분(春分), 청명(淸明), 곡우(穀雨), 입하(立夏), 소만(小滿), 망종(芒種), 하지(夏至), 소서(小暑), 대서(大暑), 입추(立秋), 처서(處暑), 백로(白露), 추분(秋分), 한로(寒露), 상강(霜降), 입동(立冬), 소설(小雪), 대설(大雪) 등이다.

이전(吏典): 중앙 관청의 하급 서리. 관사에 따라 영사(令史), 연리(椽吏), 서리(胥吏), 전리(典吏) 등으로 불렸다.

인간위핍(因姦威逼): 강간(强姦)으로 인해 부녀(婦女)를 위세로 핍박하여 자진(自盡)하게 하거나, 화간(和姦)을 하려다 방해하는 그 남편이나 혹은 그 친속들을 위세로 핍박하여 자진하게 하는 경우 모두가 이에 해당된다. 이 경우 기수(既遂), 미수(未遂)를 구분하지 않고 참형(斬刑)으로 엄하게 처벌하였다.

인법(因法): =종횡인법(縱橫因法). 곱하는 수가 한 자릿수일 때의 곱셈법.

인혐(引嫌): =피혐(避嫌). 관원이 혐의 있는 일의 책임을 자기에게 돌리고 그 관직을 사양하여 물러감.

일본일리(一本一利): 원금과 이자가 같아짐. 돈을 빌리는 기간이 아무리 길어도 이자가 원금을 넘지 못하도록 했다.

입송(立訟): ① 소송이 시작된 이후 송정(訟庭)에 출두하는 것을 이른다(『決訟類聚補』聽理). ② 소송을 제기하는 것을 이른다(『大典續錄』刑典 雜令).

입후(立後): 후사를 이음. 본래 '後'는 자식을 의미했기 때문에 '계후'는 동성, 이성 여부, 성별에 관계없이 양자녀를 들이는 것을 의미했지만, 가계 계승을 위한 양자를 남편 측 동성 친족으로 세우도록 규정한 입후법을 제정한 이후로는 주로 입후(立後)와 동일한 의미로 사용되었다.

잉집(仍執): =결후잉집. 돌려주라는 판결을 받고도 불법적으로 남의 것을 계속 강점함.

[ㅈ]

자모정식(子母停殖): =일본일리(一本一利). 이자가 원금을 초과하지 못하도록 금지함.

자수(自首): 범인이 자발적으로 수사기관에 대하여 자기의 범죄 사실을 신고하여 소추(訴追)를 구하는 의사표시를 함. 『대명률』에서는 범죄를 저지른 사실을 '발각되기 전에', '사실대로', '빠짐없이' 자수하면 그 죄를 완전히 면해준다는 것을 대원칙으로 하여, 이에 준하는 경우와 이로부터 벗어나는 경우 등에 대해 규정하였다(『大明律』名例律 24 犯罪自首).

작[夕]: 용량의 단위인 '작(勺)'의 속자(俗字)이다. 10작은 1홉[合]이다. '작'으로 읽는다.

작목(作木): ① 미(米)나 태(太) 등의 물종을 목(木) 즉 면포로 바꾸어 놓거나 바꾸어 내게 하는 것 또는 낸 것. 주로 삼남(三南)과 관동(關東)의 산군(山郡)에 대해 전세(田稅), 대동(大同), 위미태(位米太)를 미나 태 대신 목으로 바꾸어 내게 하는 것 또는 낸 것을 말할 때 쓰인다. ② 작지목(作紙木)의 준말. 전지(田地), 가사(家舍), 노비(奴婢)의 매매(賣買)에 관련된 송사(訟事)에서 이겨 입안(立案)이나 소유권 증명서를 발급받아야 할 때, 관인(官印)을 다시 받아야 할 때 등에 수수료 내지 비용의 의미로 종이 대신 내는 면포를 말한다. 예를 들어 종이 1권은 목 1필이었다(고전번역원, 「역사문헌 어휘해설 병합자료집」).

작지(作紙): 관에서 입안을 작성하는 데 사용되는 종잇값의 명목으로 징수하던 일종의 수수료. 무릇 관부(官府)에서 결송(決訟)에 소비된 지필(紙筆) 값을 승소한 자에게서 거두는데, 이를 작지(作紙)라 한다(『중종실록』, 36년 2월 6일). 『수교집록』에는 입안 사급에 드는 수수료인 작지(作紙) 규정이 있다. 전답이나 가대를 매매한 후, 관에서 입안 사급에 필요한 작지를 법에 따라 받은 후 입안(立案)을 성급(成給)한다. 대신들의 의논에 대한 임금의 정탈(定奪)에 따라, 저주지(楮注紙) 1권은 상용(常用)하는 백지 1권으로 받되 20권을 넘지 않는다(『受敎輯錄』戶田 買賣). 『대전속록(大典續錄)』에는 전답이나 가대를 매매하고 관에서 입안을 사급을 받을 때 내는 작지의 수가 규정되어 있었다. 그러나 외방에서는 이 규정이 제대로 지켜지지 않아 많은 수의 작지를 납부하게 되자 백성들이 사급을 받는 것을 꺼리게 되는 현상이 발생했다. 이에 한성부(漢城府) 판윤(判尹) 유하익(兪夏益)은 숙종에게 이러한 실정을 아뢰고 규정대로 수납할 것을 청하였고, 숙종은 대신들과 의논하여 작지는 저주지 대신 백지로 대체하되 그 수는 20권을 넘기지 못하도록 명하였다(『승정원일기』, 숙종 16년 7월 23일).

잡범(雜犯): 잡다한 부류의 범죄로, 『대명률』 형률 잡범(雜犯)에서 도박(賭博), 실화(失火), 방화(放火), 청탁(請託), 위령(違令), 불응위(不應爲) 등 11가지를 잡범으로 규정하였다.

잡직(雜職): 조선시대 문무(文武)의 정직(正職) 이외의 여러 가지 잡다한 벼슬을 이르는 말. 조선 초까지는 잡류(雜類)가 반열(班列)에 섞여 참여할 수 있었는데, 사류(士類)와 섞여 반열에 참여하는 것을 막기 위해 잡직계(雜職階)를 두어 정직의 문무 양반과 차별했다.

장(贓): 범죄 행위로 부당하게 취득한 경제적 이익. "장(贓)이라 칭함은 범죄할 시에 사용한 물품이나 범죄로 인하여 득(得)한 것이나, 인(人)에게 취(取)와 여(與)함이 모두 범죄가 될 만한 재물을 위(謂)함이라"(『형법대전』 제1편 법례, 54조). 당률에서는 장을 다시 정장(正贓), 허장(虛贓), 배장(倍贓) 셋으로 나누었다. 정장은 유형의 재화 또는 그에 상당하는 평가액이고, 허장은 무형의 용역이며, 배장은 강도·절도의 경우 정장뿐 아니라 그만큼의 재화를 범인으로부터 추가로 징수하는데, 이때 정장 이외의 추가분을 말한다. 명률에서는 강도·절도의 경우 배장을 징수하는 규정이 없어졌다. 한편 당률에서는 정장은 징수하나 허장은 징수하지 않는 것으로 규정했으나, 명률에서는 급몰장물(給沒贓物)(23조) 및 사역부민부장(私役部民夫匠)(92조) 등을 보면 허장도 징수하도록 하고 있다.

장적(帳籍): 호적이나 양안 등 관아에 소장된 장부.

장획(臧獲): 노비(奴婢). 『경국대전주해』 후집에서 장획의 용례 및 유래에 대해 몇 가지 설을 제시하고 있다. 형회(荊淮)와 해대(海岱) 부근에서는 노(奴)와 비(婢)가 욕하는 말로 쓰이고, 연(燕)에서는 노와 비가 혼인하는 것을 지칭하는 말로 사용되었으며, 『춘추좌전』에서는 얻어 쓰는 것을 '획(獲)'이라 하였으며, 복건(服虔)에서는 죄(罪)로 관에 몰수된 노비를 '장(臧)', 도망가다 잡혀 노비가 된 자를 '획'이라 하여 죄지은 자를 노비로 삼은 데서 유래하였다고 보았다(『經國大典註解』 後集 禮典, 奴婢田土賜牌式).

재결(災結): 재해를 입어 면세 대상이 되는 토지.

저주지(楮注紙): 왕이 명령·지시하는 문서와 중앙 관부에서 왕에게 올리는 중요 문서에 사용된 종이의 한 종류로, 초주지(草注紙)보다 아래 등급에 속했다(손계영, 「조선시대의 草注紙와 楮注紙」, 『서지학보』 29, 2005).

적모(嫡母): 서자녀(庶子女)가 아버지의 정실(正室)을 이르는 말(『唐律疏議』 名例 諸稱期親及稱祖父母者曾高同).

적몰(籍沒): =초차(抄劄). 중대한 죄를 범한 이의 재산을 장부에 적록(籍錄)하여 관에 몰수함.

전가사변(全家徙邊): 조선시대 형벌의 한 가지로, 죄를 지은 사람을 그 가족과 함께 평안도나 함경도의 변방으로 강제 이주시키는 형벌이다. 세종 때부터 북변 개척의 한 방편으로 이용하였다.

전가사변율(全家徙邊律): 죄인과 그 가족 전체를 평안도나 함경도와 같은 변경 지역에 유배 보내는 형벌로서 『대명률(大明律)』에는 없는 조선에서 새로 제정한 형벌이다. 전가사변은 변원충군자(邊遠充軍者), 위노자(爲奴者), 속잔역리자(屬殘驛吏者)와 더불어 장 100·유 3,000리에 준(准)하는 형벌이다(『經國大典』, 刑典 罪犯准計). 전가사변은 사유(赦宥) 전에 발생했더라도 은전을 받을 수 없는데, 이는 종신불반(終身不返)을 의미한다. 전가사변죄의 종신불반성은 『경국대전』의 일반규정을 통해 통시대로 지속된 비교적 확고한 원칙이었다. 전가사변의 역사 성격은 사민실변(徙民實邊)과 제해징악(除害懲惡)의 두 가지로 규정할 수 있다. 사변정책의 시행 초기 단계인 세종조에는 전가입거(全家入居)라는 용어만 사용되다가, 세조 대에 이르러 전가사변이라는 용어가 대신 쓰이기 시작하여, 『경국대전』에 조선 고유의 형벌로 자리 잡았다. 전가사변형은 북방 먼 지역으로 죄인을 유폐시키는 유배형의 성격을 지니면서, 동시에 죄인의 가족들까지 동일한 처벌을 받는다는 점에서 연좌형의 성격도 동시에 지니고 있었다. 또한 적용 대상에서 사족은 원칙상 제외되었다. 1525년(중종 20) 전가사변 대상에서 양반 사족은 제외한다는 방침을 정함으로써 사족이 특권 신분으로 공인되었다. 이때 확정된 사족의 범주는 "친변(親邊)·외변(外邊) 가운데 한쪽이라도 사조(四祖) 내에 과거 혹은 음서로 문·무반 정직(正職) 6품 이상에 진출한 관료를 배출한 가문의 후손 및 생원·진사"였다. 반면, 향리, 서원, 색리, 감고 등 말단 하급 관리를 대상으로 하는 신분범성(身分犯性)의 죄목이 많았다. 조선 후기에 이르러 점차 전가사변이 갖는 연좌형의 부당함이 인식되면서 1688년(숙종 14), 1717년(숙종 43) 두 차례에 걸쳐 처벌을 완화하는 방향으로 법조문을 개정하였고, 마침내 1744년(영조 20) 전가사변 형률 자체를 완전히 폐지하고 유형(流刑)으로 대체하였다(金池洙, 「朝鮮朝 全家徙邊律의 역사와 법적 성격」, 『법사학연구』 32, 2005).

전가입거(全家入居): =전가사변.

전과(全科): 율문에서 '以~'라 할 경우, 사죄(死罪)에 이르면 사형에 처하고 부가형(附加刑)도 가하는데, 이처럼 율문에 정해진 형량대로 온전히 과죄하는 것을 '전과(全科)'라 한다. 율문에서 '이(以)'왕법론(枉法論), '이(以)'도론(盜論)이라 일컫는 따위는 그 일이 서로 동등하고 실정이 아울러 중하기 때문에, 그 죄를 모두 진범(眞犯)과 똑같이 하여 자자·교형·참형을 모두 본 율에 따라 과단(科斷)하는데, 이것이 '전과'의 뜻이다(『大明律集說附例』 권1 66장).

전답깃기[田畓衿記]: 전답의 소재지, 자호복수(字號卜數), 면적, 소유주 또는 경작자를 기록한 문서. 계쟁(係爭)하는 토지나 가옥은 가사통기(家舍統記)나 전답깃기 등에 의해 대조 확인한다(박병호, 『한국법제사고: 근세의 법과 사회』, 법문사, 1974).

전대전(前大典): 1474년(성종 5) 중외에 반포한 '갑오대전(甲午大典)'을 이른다. 『경국대전』 편찬 작업은 세조 대부터 시작하였으나 육전이 완비되어 형식상 법의 효력을 가진 통일법전으로 성립한 것은 1469년(예종 1)에 완성된 '기축년대전(己丑年大典)'이다. 그러나 예종은 이 대전의 시행을 보지 못하고 11월에 사망하였다. 1470년(성종 1) 2월에 다시 대전 교정의 필요성이 거론되어 11월에 완료됨에 따라 '신정경국대전(新定經國大典)'이 탄생하게 되었다. 이를 1471년(성종 2) 정월 초하루부터 시행하기로 결정하니 이것이 소위 '신묘년대전(辛卯年大典)'이다. 그러나 1471년 정월부터 시행된 대전도 누락된 조문이 있거나 불완전하므로 증수 개정할 필요가 생겼다. 대전 수찬(修撰) 작업은 일단 1473년 11월에 완료되어 1474년부터 시행하기로 하였다. 특히 이승소(李承召)의 의견이 받아들여져 누락되거나 새로운 법령 중 일부는 대전에 수록하고 대전에 수록되지 않은 조문

72개 조는 '속록(續錄)'이라고 이름 지어 『경국대전』과 『대전속록』을 1474년 정월 중외에 반포하였다. 이것을 '갑오대전'이라고 부르기도 한다(박병호, 「『경국대전』의 편찬과 계승」, 『신편한국사』 22, 국사편찬위원회, 1995).

전득노비(傳得奴婢): 매득노비와는 달리, 상속(相續) 또는 증여(贈與)를 통해 취득한 노비.

전모(前母): 후처(後妻)의 몸에서 태어난 자식이 아버지의 전처를 일컫는 말이다.

전복(典僕): 서울 소재 아문에 배속된 노비로 이들은 상당히 자유로운 처지에서 활동하면서 소속 관아에 일정한 노동력이나 재물을 역(役)으로 바쳤다.

전속록(前續錄): =대전속록.

전운노비(轉運奴婢): 역(驛)에서 사신의 복물(卜物)이나 진상(進上), 공부(貢賦) 등의 관수품을 운반하는 노비. 조선 초기 혁거사사노비(革去寺社奴婢)나 조선 건국에 불복한 무관이 소유한 노비, 작죄인(作罪人), 우마도살자(牛馬屠殺者), 도주한 역리를 용은(容隱)한 천인(賤人) 등이 역노비(驛奴婢)로 정속되었다(조병로, 「조선시대 역노비의 존재와 신역형태」, 『시민인문학』 2, 1991).

전천노비(專賤奴婢): 조선은 천출(賤出)을 부(父)의 신분에 따라 양반의 피가 섞인 비첩소생(婢妾所生)과 양반 피가 전혀 섞이지 않은 일반노비로 나누고, 후자는 '전이노비(專以奴婢)' 또는 '전천노비(專賤奴婢)'라 이름하였다(『태종실록』, 5년 9월 6일).

전택(田宅): 전답(田畓)이나 가옥을 이른다.

전패(殿牌): 각 읍(邑)·진(鎭)·보(堡)의 객사(客舍)에 봉안(奉安)한 '전(殿)'자를 새긴 나무패로 국왕을 상징했다. 각 고을에서 정조(正朝), 동지(冬至), 왕의 탄일 등에 전패를 설치하고 의례를 행했다. 전패는 국왕을 상징하는 존엄한 것으로 여겨졌기 때문에 변고(變故)가 생길 경우 당사자는 물론 해당 고을의 수령까지 엄중한 처벌을 받았다. 즉 전패를 부수거나 불태운 경우, 전패를 훔치거나 모욕한 경우에는 국청(鞠廳)을 설치하여 당사자를 역적과 동일하게 간주하여 사형에 처하는 것은 물론이고, 죄인의 집을 헐어 못으로 만들고 죄인의 처와 자식을 노비로 삼았다. 수령이 관리를 부실하게 하여 전패가 불에 타거나 잃어버린 경우에도 해당 고을의 수령을 파직하고, 해당 고을을 강등시켰다. 그러나 백성이 수령을 축출하려는 의도로 전패작변(殿牌作變)을 일으키는 사례가 자주 발생하자, 1660년(현종 원년)부터는 수령을 파직하지 말도록 했고, 1663년(현종 4)과 1671년(현종 12)에는 고을을 강등시키지 말도록 했다. 이는 『속대전』에 반영되었다(『續大典』 吏典 雜令).

절수(折受): 궁방(宮房), 아문(衙門), 공신(功臣) 등에게 특정 토지나 물품을 떼어 줌. 소유권을 인정해주는 경우와 수조권만 인정해주는 경우로 나뉜다.

접송(接訟): 소송사건을 수리함.

정거(停擧): 유생에게 가하는 형벌의 한 가지로 얼마의 연한(年限) 동안 과거에 응시할 자격을 정지시키는 벌.

정배(定配): 죄인의 배소를 정하여 일정한 기간 동안 거주를 제한하는 형벌. 배소란 도배(徒配)나 유배(流配) 등의 형벌을 받은 죄인을 일정한 기간 동안 거주하게 하는 지역을 말한다. 정배는 본래 '배소를 정하다'란 의미에 불과했지만 조선 후기에 하나의 형명(刑名)으로 확립되고, 유삼천리(流三千里)에 준하는 유배처분으로서 자리매김했다.

정범(正犯): =본범(本犯), 주범(主犯). 해당 사건을 주동한 범인. 살옥(殺獄)은 범행할 뜻을 먼저 내고 직접 손을 먼저 댄 자를 정범으로 한다(『檢考』 定色目).

정법(情法): 인정과 법률(『六部成語』 吏部). 전통시대는 사법 활동에 있어서 법률과 인정 양쪽 모두를 원만하게 고려해서 처리해야 한다. 법과 인정이 서로 모순되어 양쪽 모두를 원만하게 고려할 수 없을 때에는 법을 버리고 인정 쪽을 택해야 한다. 이것이 소위 '인정은 왕법보다 크다'는 것이다(范忠信 외 저, 李仁哲 역, 『中國法律文化探究: 情理法과 中國人』, 일조각, 1996).

정송(停訟): 조선은 건국 초부터 소송 때문에 실농(失農)하지 않도록 외방(外方)

의 소송은 농번기에 심리 절차를 정지하는 정책을 실시하였다. 시기적으로는 춘분일(양력 3월 21일경)에 정지되어 추분일(양력 9월 20일경)까지 6개월 동안 모든 잡송(雜訟)을 중지하였기에 실제적인 심리는 추분일에서 다음해 춘분일까지로 제한되었다. 다만 십악(十惡), 간도(奸盜), 살인(殺人), 도망노비(逃亡奴婢) 등 풍속에 관계되거나 다른 사람에게 침손(侵損)을 끼친 경우 등 중대 사안들은 정송(停訟)에서 제외되었다. 한편 서울의 소송에서 지방에 거주하는 자가 소송하는 경우는 귀농의 사유를 허용하여 소송을 정지할 수 있었으나 소송의 판결에 임박해서 형세를 보고 귀농하는 사유로 인한 정송 신청은 허용하지 않았다(『經國大典』刑典 停訟).

정신제법(定身除法): 몫을 정하여 놓고 그 몫으로 어떤 수를 나누어나가는 방법. '신(身)'은 곧 '몫'을 뜻한다.

정안(正案): 공노비의 원적(原籍)으로서 20년마다 속안(續案)을 토대로 고치는 것을 원칙으로 함. 1417년(태종 5) 윤5월에 〈각사노비쇄권색(各司奴婢刷卷色)〉에서 노비안을 2본 작성하여 본사(本司)와 가각고(架閣庫), 외방은 본관(本官)과 영고(營庫))에 각각 두도록 한 것이 공노비 정안의 시작이었다(『태종실록』, 17년 윤5월 6일).

정조시일(停朝市日): 국왕·종친 및 정2품 이상 졸거(卒去)하였을 때 애도하는 중례(重禮)로서 조회(朝會)와 저자를 정파(停罷)하는 날이다.

정훈공신(正勳功臣): =정공신(正功臣), 친공신(親功臣). 국가나 왕실에 공을 세워 훈공(勳功)을 나타내는 명호를 받은 사람.

제서(制書): 천자의 말씀을 '제(制)'라 하는데, '서(書)'는 곧 그 말씀을 기록한 것이니 조(詔), 칙(勅), 차(箚), 유(諭)와 같은 따위이다(『大明律集解附例』). 제서는 본래는 조서(詔書)였지만, 측천무후(則天武后)의 휘인 조(照)와 음이 같기 때문에 그것을 기피하여 제서라 하였다(『역주 일본율령』 6권). 황제가 신민에게 명령하는 방법은 두 가지였는데 문서로 명령하는 것이 제서, 언어로 명령하는 것이 조지(詔旨)이다.

제서유위(制書有違): 천자의 말씀을 '제(制)'라 하는데 '서(書)'는 곧 그 말씀을 기록한 것이니, 제서유위는 황제 또는 임금의 명을 어기거나 잘못 시행하거나 지체한 경우를 말한다.

제서유위율(制書有違律): 황제 또는 임금의 명인 제서(制書)를 어기거나 잘못 시행하거나 지체한 경우에 적용하는 형률을 가리킨다. 이 형률은 원래 『대명률』 제서유위(制書有違)조에 실려 있던 것인데, 조선이 건국되고 『대명률』이 받아들여지면서 조선시대 내내 통용되었다. 형량은 장 100이다.

제전(梯田): 사다리꼴 논밭.

조간(刁姦): 간부(姦夫)가 간부(姦婦)를 속이거나 꾀어 다른 장소로 나오게 한 다음 통간(通姦)하는 것으로, 역시 화간(和姦)의 일종이다(『大淸律輯註』下).

조율(照律): 범한 죄(罪)를 헤아려 태(笞) · 장(杖) · 도(徒) · 유(流)에 해당하는 율문(律文)을 적용함(『經世遺表』4 天官修制 考績之法).

조의자(造意者): 살인할 뜻을 처음 내어 공모(共謀)의 선두에 있는 사람으로 수범(首犯)에 해당한다.

조전(漕轉): 조운곡을 운송함. "조(漕)'란 물길로 곡식을 옮기는 것이고, '전(轉)'은 운송하는 것이다(『經國大典註解』後集 戶典 漕轉).

조천(祧遷): 대진(代盡), 즉 제사를 지내는 대(代)의 수가 다 되어, 종묘 본전(本殿) 안에 배향하던 신패(位牌)를 그 안의 다른 사당인 영녕전(永寧殿)으로 옮겨 모시는 것을 말한다.

조흘강(照訖講): 생원 · 진사시의 초시(初試)와 복시(覆試), 그리고 문과 복시 실시 전에 지정된 책을 고강(考講)했던 예비 시험으로, 합격자에게는 조흘첩문(照訖帖文)을 발급했다. 생원 · 진사시의 초시 전에는 『소학』, 복시 전에는 『소학』, 『가례』, 문과 복시 전에는 『가례』, 『경국대전』을 임문고강(臨文考講)하도록 했다.

존장(尊長): 백부(伯父), 숙부(叔父)와 같이 자신보다 항렬이 높은 친속(親屬)을 뜻하는 '존(尊)'과 형, 손윗누이와 같이 자신과 같은 항렬이면서 윗사람을 뜻하는 '장(長)'의 합성어로, 친속 중에 자신보다 윗사람을 의미한다(『大淸律輯註』上).

종고모[從祖姑]: 종조부의 딸, 5촌 고모로 소공친(小功親).

종반(宗班): 국왕의 근친(近親)으로 종반 서열에 오른 사람 또는 그 총칭. 친진(親盡) 이전의 왕족으로 왕을 중심으로 4대까지 적용되었으며, 왕의 처족이나 외족은 포함되지 않았다. 왕의 자손이라 하더라도 친진 이후에는 일반 문무관 자손처럼 관리가 될 수 있었다(『經國大典註解』宗親府). 따라서 친진 이전의 왕의 자손을 종반이라 했다. 다만 대군(大君) 또는 왕자군(王子君)의 종손은 친진 이후에라도 광의의 종반에 포함하였다.

종백숙모[從祖伯叔母]: 종조부 아들의 처, 5촌 백숙모로 소공친(小功親).

종자매[從父姊妹]: 당자매, 4촌 자매로 소공친(小功親).

종조고[從祖祖姑]: 할아버지의 누이로 소공친(小功親).

종조모[從祖祖母]: 종조부(할아버지 형제)의 처로 소공친(小功親).

존속(尊屬): 부모 또는 그와 같은 항렬 이상에 속하는 친속.

좌장(坐贓): 본래 장(贓)을 받은 것이 없으나, 장죄(贓罪)로 처벌함. 가령 세금을 그릇되게 징수하거나 면제하였으면 과죄하는 것인데, 이 경우 징수하거나 면제하는 것 모두 허장(虛贓)이다(『大淸律輯註』上). 또한 창고를 담당하는 관리가 관에서 내려준 섬·말·저울·자를 허가 없이 늘리거나 줄여 관의 물건을 거두거나 지출할 때 공평하게 하지 않는 따위이다. 이렇게 하여 늘어나거나 줄어든 물건을 장(贓)으로 헤아려, 얻은 물건을 자기 것으로 삼았으면 감수자도(監守自盜)로 논하고, 자기 것으로 삼지 않았으면 좌장(坐贓)으로 논한다. 본래 장(贓)을 받지 않았으나 장(贓)으로 처벌하는데, 이를 '좌장치죄(坐贓致罪)'라 한다(『大明律』368 坐贓致罪).

주장관(主掌官): 주무 관사로, 노비는 장예원(掌隸院), 가옥·전택은 한성부(漢城府), 살인 사건은 형조(刑曹)가 주장관이다.

주척(周尺): 가례(家禮)·상례(喪禮) 등에 사용되었으나 세종 이후 도로(道路)의 이수(里數)를 재는 데 사용되었다.

주초(朱草): 과거 응시자의 필체를 알아보지 못하도록 서사서리(書寫書吏)가 시권(試卷)을 붉은색으로 베껴 쓴 것이다.

준(准): '준(准)'은 진범(眞犯)과 차이가 있다는 뜻이다. 가령 왕법(枉法)에 '준(准)'한다거나 도적에 '준(准)'하는 것으로 논할 때, 다만 그 죄에 '준(准)'할 뿐 제명(除名)하거나 자자(刺字)하는 법례를 적용하지 않고, 또한 사죄(死罪)에 이를지라도 죄는 장 100·유 3,000리에 그치는 것을 이른다(『大明律』例分八字之義).

중자(衆子): 원래 장자(長子) 이외의 모든 아들을 이르나, 조선에서는 적처(嫡妻)의 아들로 대를 잇는 적장자(嫡長子)가 아닌 둘째 이하의 여러 아들을 이른다(『經國大典』禮典 奉祀).

중자녀(衆子女): 적자녀(嫡子女) 중 승중자(承重子)를 제외한 나머지 자녀.

중증(衆證): 3인 이상의 증인. '중(衆)'이라고 일컬으면 3인 이상이다(『大明律』44 稱日者以百刻). 『대명률』 30조 범죄사발재도(犯罪事發在逃)에서 피의자의 신병이 확보되지 않았을 때에는 가급적 성옥(成獄)하지 말도록 하였다. 그러나 범인이 도망하더라도, 즉 피의자의 신병이 확보되지 않아도 3인 이상의 증인이 있어 범죄의 실상이 명백하면 그 도망한 사람의 옥사를 성립시킬 수 있다고 하였다. 즉, 피의자의 신병이 확보되더라도 중증명백(衆證明白) 즉 3인 이상의 증인이 있는 등 여러 증거가 명백하여야 옥성(獄成)이라고 말할 수 있다.

중포(中脯): 나라의 제사 때 쓰던, 쇠고기를 얇게 저미어서 양념하여 말린 고기.

증좌(證佐): =증좌(證左). 증인 또는 증거.

지비오결(知非誤決): 송관이 사사로움을 용납하여 그릇됨을 알면서도 고의로 그릇되게 판결함. 권세, 은원(恩怨), 청탁 등으로 인해 변란흑백(變亂黑白)하고 곡직수세(曲直隨勢)하여 시비를 전도하는 것이다(한상권, 「조선시대 詞訟에서의 誤決과 再訟」 『고문서연구』 51, 2017).

지체(肢體): '지(肢)'는 손이나 발, '체(體)'는 허리나 목이다(『大淸律集注』下).

직전(直田): 직사각형 논밭.

진고(陳告): 관아에 고발함. "자세히 설명하여 알리는 것을 '진(陳)'이라 하고 관청에 접수하여 법의 문제로 삼도록 하는 것을 '고(告)'라 한다"(『吏學指南』).

진전(陳田): 전안(田案)에는 경지로 되어 있으나 오랫동안 경작하지 아니한 토지로, 면세전이었다.

질지(作紙): =작지(作紙).

집주(執籌): 공평하게 나누어 가짐. 조선 전기 상속인들이 유산을 나누는 방식으로, 현재의 '추첨' 또는 '제비뽑기'와 같은 무작위 추출을 의미하는 용어이다. '집주'는 분깃문기[分衿文記]에 투식처럼 기재되었는데, 이는 분재의 과정이 공정했음을 밝힌 것이었다(이종서, 「朝鮮前期 均分意識과 執籌」, 『古文書硏究』 25, 2004).

징채(徵債): 빚을 징수함.

[ㅊ]

찰방(察訪): 각 도의 역참(驛站)을 관리하는 종6품의 외관직. 역민(驛民)의 관리, 역마 보급, 사신 접대 등을 총괄하는 역로(驛路)의 최고 책임자였다.

창탈(搶奪): 폭력을 휘둘러 강제로 빼앗음. "싸워서 취하는 것을 '창(搶)'이라 하고, 빼앗아 취하는 것을 '탈(奪)'이라고 한다. "사람이 적고 흉기가 없으면 '창탈(搶奪)'이며, 사람이 많고 흉기가 있으면 '강겁(强劫)'이다(『大明律集解附例』).

청리(聽理): 송사를 자세히 듣고 심리함(『經國大典註解』後集 刑典 訴冤).

초사(招辭): 죄인이 범죄 사실을 진술한 말.

초차(抄箚): 기록하다. '초(抄)'는 등사하는 것이고 '차(箚)'는 기록한다는 의미이다(왕여 저, 최치운 외 주석, 김호 옮김, 『신주무원록』, 사계절, 2003).

총부(冢婦): 적장자의 처. 총부권(冢婦權)은 총부의 주제권(主祭權)과 부가(夫家)

계승자 지명권을 말한다. 총부권은 유교적 제사형태 아래서 봉사자인 적장자가 아들 없이 사망했을 때 그의 처인 총부가 가지게 되었던 권한이었다(박경,「16세기 유교적 친족질서 정착과정에서의 총부권 논의」,『조선시대사학보』59, 2011).

추관(推官): 죄인을 심문하는 관원.

추국(推鞫): 조선 초기에는 공적인 신문절차를 모두 추국이라 칭하였으나, 광해군 대~인조 대 이후로는 공적 국문 절차 중에서도 임금의 직접 통제를 받는 절차만을 추국이라 하였으며, 숙종 대 내옥(內獄) 혁파 후로는 의금부에서의 신문 절차만을 추국이라고 하였다. 의금부의 사법 절차는 금부단독추국, 국왕주재추국, 삼성교좌추국으로 구분할 수 있다. 금부단독추국(일명 추국)은 관원의 범죄를 다스리는 상대적으로 가벼운 절차이고, 국왕주재추국(일명 친국)은 국가적 차원에서 가장 큰 범죄로 인식된 반역사건을 재판한 가장 중한 절차이며, 삼성교좌추국(일명 삼성추국)은 반역사건에 준하는 관심을 받은 강상 범죄를 주로 담당한, 국왕주재추국에 버금가는 중한 절차이다. 금부단독추국은 19세기에는 '나국(拿鞫)'이라 불림으로써 국왕주재추국과 용어상으로 명백히 구별되고 있었다(김영석,『의금부의 조직과 추국에 관한 연구』, 서울대학교 박사학위논문, 2013).

추노(推奴): 도망간 노비를 수색하여 찾아냄.

추단(推斷): 철저하게 추궁하여 판정함(『經國大典抄解』, 推斷).

추쇄(推刷): 부역(賦役)이나 병역(兵役)을 기피한 사람 또는 상전에게 의무를 다하지 않고 다른 지방에 몸을 피한 노비 등을 찾아내어 원래 자리로 돌려보냄. 조선 초기에는 노비를 대장에 올리지 않고 숨기는 은루노비(隱漏奴婢)나 원래 속한 곳에서 달아난 도망노비(逃亡奴婢)가 많았다. 이에 정부에서는 임시로 노비추쇄도감(奴婢推刷都監)을 설치하고 정기적으로 공노비를 추쇄하였다. 전국적인 노비 추쇄는 세조에서 효종 때까지 약 6차례 이루어졌는데, 1655년(효종 6) 을미추쇄 이후에는 더 이상 노비추쇄도감이 설치되지 않았다.

추열(推閱): 송관이 양척(兩隻)을 심문하는 것을 이름(권이선,『조선시대 詞訟문서에 관한 연구』, 한국학중앙연구원 한국학대학원 박사학위논문, 2023).

추핵(推覈): 죄인을 신문하여 범죄의 실상을 캐냄.

추핵(推劾): 죄상을 추궁 조사함.

출빈(出殯): 시신을 염하여 빈소에 안치함.

충군(充軍): 범죄의 실정이 무거워 유형(流刑)으로는 그 죗값을 다 치를 수 없고 그렇다고 사죄(死罪)로 처벌하는 것 또한 합당하지 않을 때 가하는 형벌이다. 유형은 죄인을 평민으로 삼아 먼 지방에 보내 종신토록 돌아오지 못하는 데 그치지만, 충군은 영원(永遠), 극변(極邊), 연장(烟瘴) 등 먼 변방에 있는 위소(衛所)에 유배 보내 군역을 지도록 하는 것이다(『大淸律輯註』上).

충의위(忠義衛): 공신(功臣)의 후예를 우대하기 위해 1418년(세종 즉위년) 11월 설치한 특수 병종. 세종은 개국(開國)·정사(定社)·좌명공신(佐命功臣)의 후손을 입속시키기 위해 충의위를 설치하고 삼공신(三功臣)의 자손으로 나누어 충원하도록 하였다(차문섭, 「鮮初의 忠義·忠贊·忠順衛에 대하여」, 『사학연구』 18, 1964). 공신 자손은 충의위에 구전(口傳)되면 공신 자손임을 인정받아 각종 역을 면제받았다. 더불어 충훈부(忠勳府)는 이들을 경제적으로 예우하기 위해 공신 자손으로 이루어진 충좌위(忠佐衛) 충의위에 소속시켜 체아직(遞兒職)에 부록(付祿)해 녹봉(祿俸)을 받을 수 있게 하였다. 충훈부에서는 정훈공신(正勳功臣)의 적장(嫡長)과 차자(次子)를 모두 관리하였는데 그중 공신의 맏아들 계열인 적장 자손은 법전상 '공신적장(功臣嫡長)'이라 불렀다. 공신적장은 서반체아직(西班遞兒職)으로 병조(兵曹)의 오위(五衛) 중에서도 충좌위 충의위에 소속되었다(김명화, 「조선후기 충훈부의 공신적장 구전과 충의청의 역할」, 『고문서연구』 55, 2019). 공신의 석상손의 경우, 충의위 입속 대수의 제한이 없었다.

충익위(忠翊衛): 1616년(광해군 8) 선조 때의 여러 원종공신의 생존자 명단을 만들고, 이들을 충익위라 하여 그 수에 따라 분번작대(分番作隊)하여 창경궁에 입직토록 한 것이 그 시초이다. 원종공신 장자(長子)의 후손은 충익위에 소속되어

5대를 기한으로 하였다.

충찬위(忠贊衛): 조선시대 원종공신(原從功臣)의 자손으로 구성된 특수 병종. 정훈공신(正勳功臣)의 후예에 대해 충의위(忠義衛)를 설치하여 특별한 은전이 베풀어짐에 따라, 원종공신들의 후예들도 자신들이 충의위에 참여할 수 없다면 별도로 호종(扈從)의 길을 열어달라고 호소하였다. 이에 1456년(세조 2) 12월 원종공신의 후예가 입속하는 충찬위가 설치되어, 오위(五衛)의 충좌위에 소속되었다(차문섭,「鮮初의 忠義·忠贊·忠順衛에 대하여」,『사학연구』 18, 1964). 원종공신 중자(衆子)의 후손은 충찬위에 소속되어 3대를 기한으로 하였다.

취송(就訟): 당사자가 송정(訟庭)에 출두하여 소송의 심리에 응함.

치재(致齋): 제사를 올리기 전에 행하던 재계(齋戒). 제사를 앞두고 7일간 외적인 생활을 재계하는데, 이에는 산재(散齋)와 치재(致齋)가 있다. 제사 지내기 전 7일 가운데 앞의 4일은 산재하여 문서 처리를 내려놓고 밖에서 재계하여 정결한 방에서 자고, 뒤의 3일은 안에서 치재하여 반드시 본사(本司)에서 잔다(『大明律附例』上).

친공신(親功臣): =정공신(正功臣), 정훈공신(正勳功臣). 부조(父祖)의 공신(功臣) 칭호를 승습(承襲)한 것이 아니라, 자기 스스로가 국가나 왕실에 세운 공훈에 의하여 공신 칭호를 받은 공신.

친착(親着): 재판이 열리는 관아에 당사자가 몸소 나아가 출석했다고 서명함(『經國大典』刑典 私賤).

친착결절(親着決折): 불리한 당사자가 고의로 송정(訟庭)에 출두하지 않는 경우 다투는 사건의 시비를 따지지 않고 출석한 상대방에게 승소 판결하는 것을 이른다. 소송을 신속히 하고자 하는 정책이다. 조선의 법제에 영향을 준 중국의 법제에서는 불출석한 당사자를 국가기관의 강제력에 의하여 출석하게 하였을 뿐 출석한 당사자에게 승소 판결을 하는 친착결절법은 존재하지 않았다. 친착결절법은 중국 및 일본과 다른 우리나라만의 특유한 사법제도이다(손경찬,「조선시대 민사소송에서 당사자의 불출석」, 『법사학연구』 57, 2018).

칠출(七出): 부인이 쫓겨날 일곱 가지 죄로, 이는 아들이 없는 경우, 음탕한 경우, 시부모를 잘 섬기지 못한 경우, 말이 많은 경우, 도둑질한 경우, 투기한 경우, 몹쓸 병을 앓는 경우이다(『大明律講解』 戶律 婚姻 出妻). 『대명률』에서는 칠출에 해당하면 처를 쫓아내는 것이 용인되었다. 그러나 조선에서는 처의 실행(失行)이나 신분이 문제가 되는 경우를 제외하고 이를 모두 용인하지는 않았다. 실행이 문제가 된 경우는 그 실행 여부를 철저히 조사하여 사실일 경우에는 그 여성을 처벌하였고 무고(誣告)일 경우에는 남편을 무고율(誣告律)로 처벌하였다. 그리고 시부모에게 불효하였을 경우, 기처(棄妻)를 용인해주기도 하였지만 그 적용이 일률적이지 않았다. 이 외의 항목은 거의 고려 대상이 되지 않았다고 해도 과언이 아닐 정도로 인정되지 않았다(박경, 「조선전기 棄妻 규제 정책의 영향과 한계」, 『사학연구』 98, 2010).

침선비(針線婢): 상의원(尙衣院)에서 바느질하는 여종.

침손(侵損): '침(侵)'은 재물의 절도 등 재산상의 피해를 입히는 것이며, '손(損)'은 투구(鬪毆)·살상(殺傷) 등 신체상의 피해를 입히는 것이다(『經國大典註解』 後集 刑典 停訟 侵損).

침징(侵徵): 타인에게서 불법으로 재물을 받아내거나 빼앗음.

[ㅌ]

탈고신(奪告身): 관원에게 발급한 임명장인 고신(告身)을 빼앗음. 관원이 재임 중에 죄를 지었을 경우, 차등을 두어 고신을 빼앗았다. 관원의 범죄가 공죄(公罪)에 해당하면 수속(收贖)하고 고신을 빼앗지 않았지만(『典律通補』 刑典 推斷), 사죄(私罪)에 해당하여 장(杖) 60이면 고신 1등(等)을 빼앗았고, 차례로 1등씩 추가하여 장 100이면 고신 모두를 빼앗았다(『經國大典』 刑典 推斷).

투살상(鬪殺傷): "서로 말로 다투는 것을 '투(鬪)', 서로 때리는 것을 '구(毆)'라 한다(『大明律』刑律 鬪毆). 투구로 인해 상해하였을 경우의 처벌은『대명률』325 투구(鬪毆)에, 살해하였을 경우 육살(六殺) 가운데 하나인 투살(鬪殺)이 되는데 이에 대한 처벌은『대명률』313 투구급고살인(鬪毆及故殺人)에 규정되어 있다.

투살상죄(鬪殺傷罪): 투구살죄(鬪毆殺罪)(『大明律』313 鬪毆及故殺人)와 투구상죄(鬪毆傷罪)(『大明律』325 鬪毆)를 아울러 말함.

투장(偸葬): 남의 산림이나 묏자리에 불법적으로 자기 집안의 묘를 쓰는 행위를 말함. 다른 사람의 이목을 피해 몰래 투장하는 것을 암장(暗葬)이라고 하고, 세력으로 밀어부쳐 묘를 쓰는 것을 늑장(勒葬)이라고 한다.

투탁(投托): "'투(投)'는 가는 것이고 바치는 것이다. '탁(托)'은 기대는 것이다(『經國大典註解』後集 刑典 公賤). 공사천(公私賤) 또는 양인(良民)이 신공(身貢)·조세(租稅)·공물(貢物)·군역(軍役) 등의 무거운 부담을 피하여 왕실 직속의 내수사 또는 대군(大君)·제군(諸君)·권세가(權勢家) 등에 스스로 들어가 의탁(依託)하는 것을 말한다.

[ㅍ]

파가저택(破家瀦澤): 큰 죄를 지은 사람의 집을 허물어버리고 그 자리에 못을 만드는 처벌.

파출(罷黜): 파직시킴.

판하(判下): =판부(判付). 신하가 상주(上奏)한 안건에 대하여 임금이 검토하여 그 가부를 재가(裁可)함.

팔귀법(八歸法): =귀법(歸法).

팔의(八議):『대명률』에서 규정한, 황제에게 의논을 청하여 재가를 거쳐 형벌을 감면해주는 여덟 가지 특수 신분. 의친(議親)·의고(議故)·의공(議功)·의현(議

賢)·의능(議能)·의근(議勤)·의귀(議貴)·의빈(議賓) 등이다(『大明律』名例律 八議). 이들은 형법(刑法)으로 처벌되지 않고 조정 중신들의 평의(評議)를 거쳐 형량을 경감받는 특권계층으로, 이들에 대해서는 모두 평의한다는 의미의 '의(議)'가 들어가서 '팔의'라 하였다.

평분(平分): 평균분급(平均分給)함.

평석(平石): =소곡(小斛). 15말을 1섬으로 하는 계량 단위. 20말을 1섬으로 하는 전석(全石)과 구별된다.

평안도 강변(江邊): 압록강 연변의 7개 고을. 의주(義州), 강계(江界), 초산(楚山), 창성(昌城), 삭주(朔州), 위원(渭原), 벽동(碧潼)이 이에 해당한다(『續大典』刑典 禁制).

폐질자(廢疾者): 난치병자와 불구자 즉 백치, 벙어리, 난장이, 허리가 꺾인 사람, 한쪽 수족을 못 쓰거나 없는 사람을 말한다(『經國大典』兵典 免役).

품관(品官): 품계(品階)를 가진 부류에 대한 범칭.

피고(被告): =피론(被論), 원척(元隻), 척(隻). 원척(元隻)은 ① 피고만을 지칭하기도 하고, ② 원고와 피고를 합칭하기도 한다(『續大典』刑典 聽理).

피론(被論): 소송을 당한 사람으로 현대의 피고(被告)(『經國大典註解』後集 刑典 私賤). 『경국대전』형전 사천에서 "相訟奴婢 元告被論中 自知理屈"이라 하여, 피고를 '被論'이라 하였는데 이는 『대명률』의 용어를 수용한 것이다(박병호, 『한국법제사고: 근세의 법과 사회』, 법문사, 1974).

피혐(避嫌): =인혐(引嫌).

[ㅎ]

학관(學館): 이문학관(吏文學官)과 역학학관(譯學學官)과 같이 학습인을 지칭하기도 하고, 성균관(成均館)과 사부학당(四部學堂)의 학관처럼 교관(敎官)을 의미하기도 한다.

한기신정배(限己身定配): 종신토록 정배함. 법전과 사료에 나타나는 '한기신(限己身)'은 대부분 '자신 혹은 당사자가 죽을 때까지', 또는 '종신토록'이라는 의미로 사용되었다. 『대전회통』에 '한기신(限己身)'으로 기록된 것이 『전율통보』에는 '한신(限身)'으로 기록되어 있는데, 명확히 '자신이 혹은 당사자가 죽을 때까지'라는 의미로 사용된 경우『대전회통』에는 '한기신몰(限己身沒)'로 기록되어 있고 『전율통보』에는 '한신몰(限身歿)'로 기록되어 있다. 따라서 한기신은 한기신몰과 동일한 의미로 보인다. 『승정원일기』에서도 '한기신'은 '한삼년(限三年)'이나 '한십년(限十年)' 등과 같이 기간을 한정한 경우와 동일 선상에서 사용되고 있다. 이처럼 '자신이 혹은 당사자가 죽을 때까지'나 '종신토록'의 의미로 사용되는 한기신은 한기신금고(限己身禁錮)와 한기신충군(限己身充軍)처럼 금고(禁錮)와 충군(充軍) 등의 어휘와 함께 사용되기도 한다 (고전번역원, 「역사문헌 어휘해설 병합자료집」).

한년정배(限年定配): 도형에 해당하는 죄수에 대하여, 일정한 햇수를 정하고 노역할 장소를 정해 귀양 보내는 일.

합집(合執): 사손(使孫)이 평분(平分)해야 할 부모의 재산(토지, 노비, 가옥 등)을 한 사람이 독차지하는 것을 이른다. 부모의 재산을 합집하여 자손끼리 상송(相訟)할 경우, '사안이 5년이 지나면 청리하지 않는다(過五年勿聽)'에 따른 소송 기한을 두지 않는다.

합혈(合血): 두 사람의 피를 서로 합함. 옛날 아버지와 아들의 피를 물속에 떨어뜨리면 반드시 서로 섞인다고 하여 재판할 때에 정말 부자지간인가 아닌가를 검사(檢査)할 때 썼던 방법이다.

해택(海澤): 간척지. 조선시대는 초기부터 토지생산력과 과세 수취율을 높이기 위해 원야(原野), 산림, 해택지를 개척하여 경작지를 확대하고자 하였다. 해택지의 개간은 16세기부터 지주전호제의 발달로 개간이 활발해지면서 본격적으로 이루어졌다. 『경국대전』 호전 수세(收稅)에서 "해택지는 첫해는 면세하고 다음

해는 절반을 세금으로 거둔다"라고 해택지에 면세 혜택을 부여해서 개간을 독려하였다.

행리(行李): 몸에 지닌 물건으로, 길을 오가는 사람들이 싸가지고 다니는 잡물(雜物)을 일컫는다(왕여 저, 최치운 외 주석, 김호 옮김, 『신주무원록』, 사계절, 2003).

행이(行移): 행문이첩(行文移牒)의 준말로서 관사와 관사 사이 또는 관사와 관원 사이에서 주고받는 공문서, 또는 그것을 전달하는 행위를 말한다.

허록(虛錄): 실제로는 없는 것을 있는 것처럼 거짓으로 기록함.

현관(顯官): 잡직(雜職)이 아닌 동반·서반의 정직(正職)(『經國大典註解』前集 吏典 薦擧). 구체적으로 동서반(東西班) 정직(正職) 5품 이상, 감찰(監察), 육조낭관(六曹郎官), 부장(部將), 선전관(宣傳官), 현감(縣監) 등이다.

형지안(形止案): 사실의 전말이나 노비의 내력을 기록하여 관아에 비치한 문서.

형추(刑推): 집법자(執法者)가 피의자에 대하여 모종의 범죄에 대한 유죄의 의심을 가지고 있는데, 피의자가 집법자의 평문(平問)에 자백하지 않을 때, 형문(刑問)을 하면서 사안의 실체에 접근하기 위해 사용하는 강제 수단. 그러나 19세기 조선의 관찰사는 형추를 고문 수단으로 사용하는 동시에 장 100을 대체하는 형벌 수단으로도 애용하였다(심희기, 「조선후기 조선 관찰사의 사법적 행정」, 『고문서연구』 58, 2021). 형추 1차는 장 100에 상응하는 형벌이다(『續大典』 刑典 笞杖徒流贖木).

혜휼(惠恤): 은혜를 베풀어 길러주고[惠養] 근심을 돌보아주는 것[護恤]이다(『經國大典抄解』惠恤).

호세(豪勢): 권력을 가지고 있어 사납고 용맹스러움. 호(豪)는 사납고 용맹스러운 것이며, 세(勢)는 권력이 있는 것이다(『大明律集解附例』).

호세가(豪勢家): 권력을 가지고 있어 사납고 용맹스러운 사람.

화간(和姦): 남자와 여자가 서로 원하여 통간(通姦)함(『大明律集解』).

화랑(花郞): 무당의 지아비로, 방언에는 '광대'라 한다(『牧民心書』 戶典 稅法 下).

화리(花利): =화리(禾利). 전지(田地)에서 얻은 수익.

화명(花名): 판결에 따른 집행대상 목록으로, 승소자에게 귀속될 계쟁물의 목록 (임상혁, 「1583년 김협·고경기 소송에서 나타나는 법제와 사회상」, 『고문서연구』 43, 2013).

화회(和會): "'화(和)'는 양쪽이 도리에 따르는 것이며, '회(會)'는 양쪽이 응낙하는 것이다"(『經國大典註解』後集 兵典)라는 뜻으로, 화회란 재주(財主)가 사망한 이후 후손들이 모여 합의하여 재산을 분배하는 것을 말한다. 재주의 사망 이후 재산상속을 둘러싸고 상속자들이 합의하는 것이 화회이며, 이 내용을 정리한 문기를 화회문기(和會文記)라고 한다. 재주가 생전에 분재(分財)하는 허여(許與)와는 달리, 화회에서 분재의 주체는 부모가 아니라 자손들이며 이들 남매들이 한자리에 모여 동의하고 합의해야만 분재가 성사된다.

환자미[還上米]: 국가가 춘궁기에 양식을 농민에게 대여했다가 추수 후에 회수하여 비축한 곡물. '還上'는 '환자'라고 읽는다.

환자제모법[還上除耗法]: 환자곡[還上穀]에 대한 이자인 모곡(耗穀)을 제하는 방법. 각 고을의 창고(倉庫)에 저장한 양곡(糧穀)을 봄에 백성들에게 대여했다가 추수 후 돌려받을 때 말[斗]이 축나거나 손실이 생기는 것을 보충하기 위하여 10분의 1의 곡식을 덧붙여 받았는데, 이를 모곡 또는 '모미(耗米)'라 했다.

환퇴(還退): 매입했던 전토나 가사를 도로 무름. 일종의 매도담보제도, 즉 매도 형태의 담보제도다. 이와 유사한 것으로는 관습법상의 양도담보(讓渡擔保)가 있다.

활(闊): =구활(句闊). 밑변.

회록(會錄): 전세(田稅)나 환곡(還穀) 등의 세곡(稅穀)을 징수할 때, 모손(耗損)을 보충하기 위해 미리 덧붙여 거둔 1할의 모곡(耗穀)을 다른 목적에 전용(轉用)하기 위하여 다른 회계 장부인 회안(會案)에 기록함.

회부(會付): 금전이나 곡물을 해당 관아에 넘겨주기 위해 회계 장부에 회록(會錄)함.

회피(回避): 회피(回避)를 비롯한 기피(忌避), 제척(除斥)은 현대 재판에서 공정한 심리와 판결을 보장하기 위해 마련한 제도이다. 이 가운데 회피는 법관이 스스로 기피의 원인이 있다고 판단할 때 자발적으로 직무 집행을 피하는 것이다. 반면 기피는 재판의 공정(公正)을 의심할 만한 사유가 있는 때에 당사자의 신청에 따른 재판에 의하여 직무집행으로부터 배제되는 것이고, 제척은 법정사유(法定事由)가 있으면 법관이 법률상 당연히 직무 집행을 할 수 없는 것이다. 조선시대에는 회피를 피혐(避嫌), 기피를 귀구(歸咎)라 하였다(한상권,「조선시대 소송에서의 忌避와 回避」,『고문서연구』49, 2016).

효시(梟示): =효수(梟首). 여러 사람에게 보이기 위하여, 죄인의 머리를 베어 저자에 달아놓은 일. 조선 후기에 군대 내부에서 집행하는 특별한 형벌로서 효시형이 출현하였고,『대명률』의 형벌보다 중형이었다. 조선 전기까지만 해도 군법으로 사형을 집행할 때 참수형에 처했으나 조선 후기에 오면서 이보다 한 단계 더 무거운 효시형으로 바뀌었다. 효시는 참수한 머리를 눈에 띄는 곳에 며칠간 게시하는 내용까지 추가되어 부대시참형보다 무거운 형벌로 인식되었다. 양란이라는 두 차례의 큰 변란을 거치면서 조선 후기에 군율로 시행하는 형벌이 한층 엄해졌던 것이다. 다산 정약용은 그의 저서『흠흠신서』에서 대명률의 사형 등급을 능지처사(凌遲處死), 참결(斬決)[부대시참(不待時斬)], 참후(斬候)[대시참(待時斬)], 교결(絞決)[부대시교(不待時絞)], 교후(絞候)[대시교(待時絞)]로 구분하면서, 효시(梟示)는 참결(斬決), 즉 가을까지 기다리지 않고 즉시 참수하는 부대시참(不待時斬)보다도 무겁다고 주(註)를 달았다(심재우,「조선시대 형벌과 형정연구의 진전을 위한 모색: 矢木毅,『朝鮮朝刑罰制度の硏究』(2019, 朋友書店) 분석을 중심으로」,『역사와 현실』118, 2020).

후속록(後續錄): =대전후속록.

희살(戲殺): 육살(六殺) 가운데 하나로, 장난하다가 사람을 살해함.

AKS 역주총서 041
결송유취보 역주 決訟類聚補

편저 | 이지석
역주 | 한상권·김경숙·전경목·김현영·김영철·박경·양진석·이혜정·한효정·허문행

제1판 1쇄 발행일 | 2023년 12월 10일

발행인 | 안병우
발행처 | 한국학중앙연구원 출판부

출판등록 | 제1979-000002호(1979년 3월 31일)
주소 | 경기도 성남시 분당구 하오개로 323
전화 | 031-730-8773
팩스 | 031-730-8775
전자우편 | akspress@aks.ac.kr
홈페이지 | www.aks.ac.kr

ⓒ 한국학중앙연구원 2023

ISBN 979-11-5866-727-6 94910
      978-89-7105-761-2 (세트)

· 이 책의 출판권 및 저작권은 한국학중앙연구원에 있습니다.
· 이 책 내용의 전부 또는 일부를 재사용하려면 반드시 저자와 발행처의 서면 동의를 받아야 합니다.
· 값은 뒤표지에 있습니다. 잘못된 책은 바꿔드립니다.
· 이 책은 2017년 한국학중앙연구원 고전자료의 현대화 연구과제로 수행된 연구임(AKSR2017-J02).